田中秀央

近代西洋学の黎明

『憶い出の記』を中心に

菅原憲二・飯塚一幸・西山 伸［編］

口絵1　田中秀央（上）、と田中の生涯の座右の銘であった“Festina lente”（「ゆっくり急げ」の意）（下）

(注) 押＝押込
戸＝戸棚
(　) 内の数字は畳数

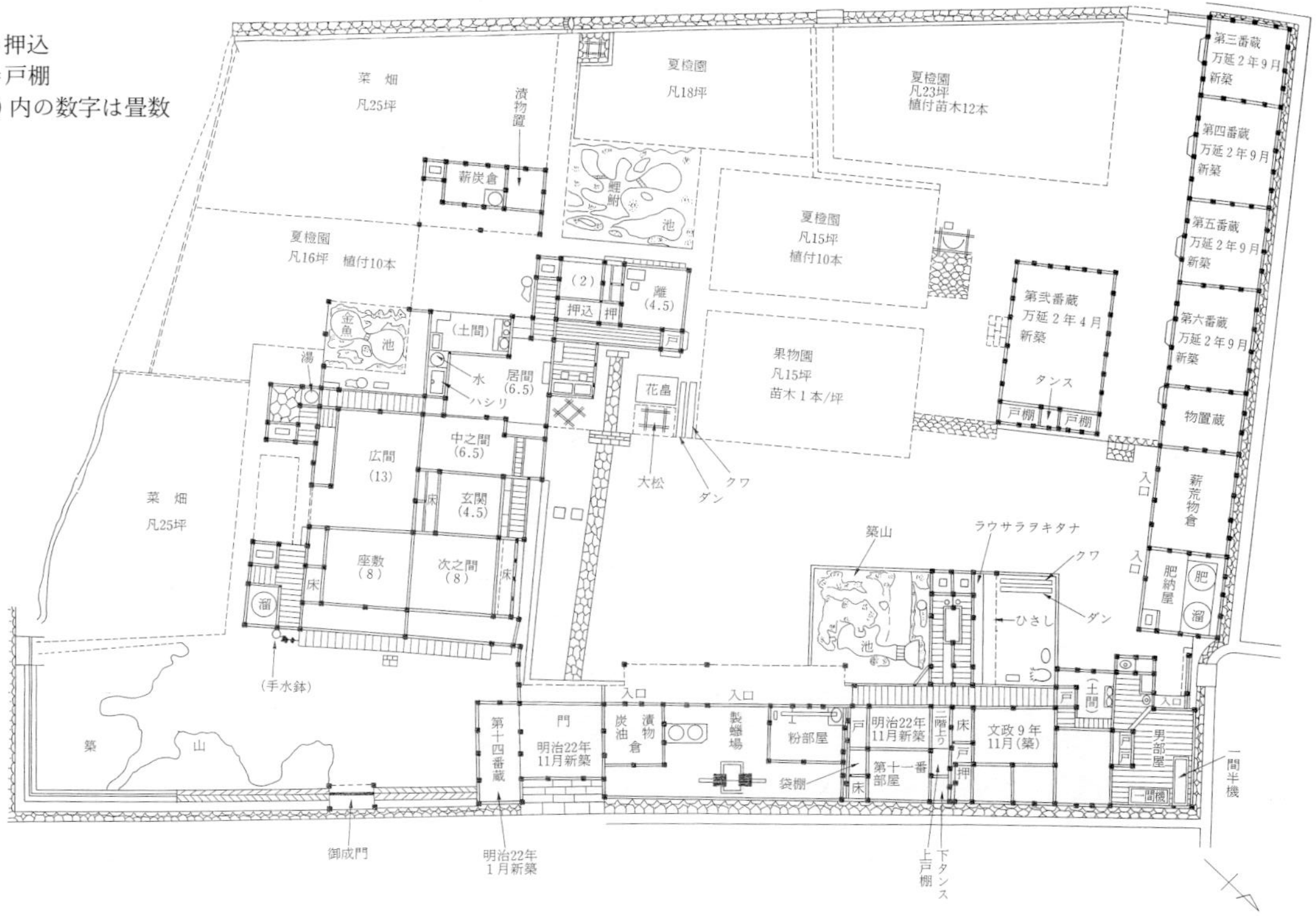

口絵2　田中家屋敷間取図（幕末～近代）〔『愛媛県宇和島市三浦田中家文書目録』第1集に掲載したものを再録〕

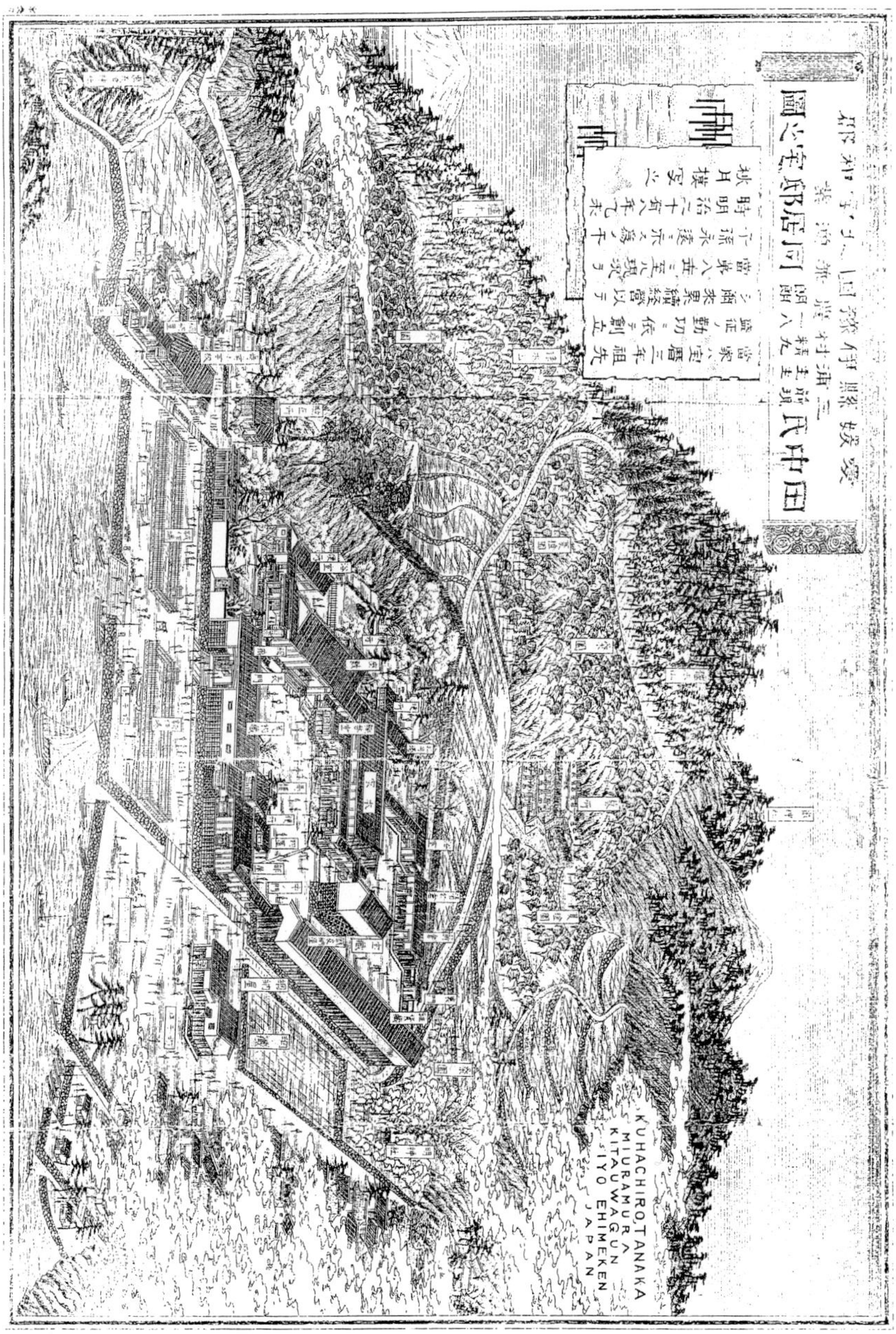

口絵3　1895年　田中家屋敷および大内周辺図（田中正明氏蔵）（原寸横24.9×縦17.3cm）

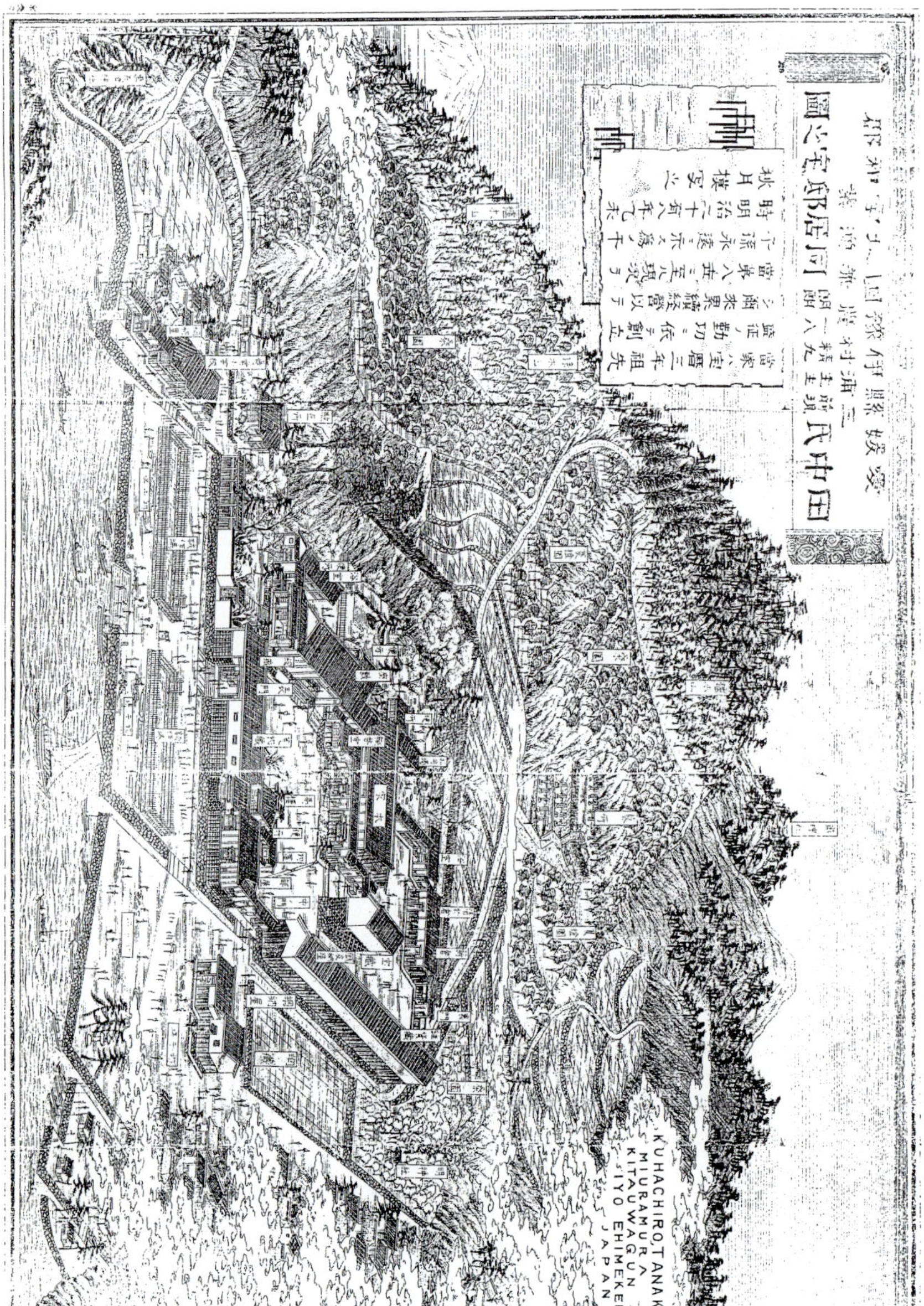

口絵3　1895年　田中家屋敷および大内周辺図（田中正明氏蔵）（原寸横24.9×縦17.3cm）

目次

第二部　史料編

1　追悼文・回想文

2 田中秀央宛書簡

第三部　解　説

凡　例

一　本書は、第一部に田中秀央の自叙伝『憶い出の記』を、第二部史料編1に田中秀央・市河三喜・土居光知・松平千秋などが執筆した回想文・追悼文を、第二部史料編2に京都大学大学文書館寄託田中秀央関係資料中の田中秀央宛書簡を、第三部に解題を収録した。

一　漢字は原則として常用字体を用いた。

一　第一部については、現代仮名遣いを用い、原文を一部改めた。また算用数字は漢数字に改めた。

一　第一部については、著者田中秀央が使用している‘　’や“　”を、和文については「　」に改めた。

一　第一部については、明らかな誤字・脱字等は訂正したが、方言と思われるものは残した。田中秀央が（　）を用いて補足をしている場合はそのままとしたが、（　）の中に振り仮名を書いている個所は、（　）を取ってルビとした。また田中秀央が?を付した個所は、(?)として本文中に入れた。

一　第一部については、田中秀央が抹消している部分は採用していないが、一部抹消していても前後の文章が通じ、しかもその内容に意味があると思われる個所は［　］に入れて残した。

一　第一部については、田中秀央が空白のままとした個所が多数あるが、それについては［　］で示し、編者の調査で埋められる場合には［　］内に補足した。

一　第一部については、同一人物や同一地名を欧文で表記する際に、異なった綴りが見られるが、原文通りとした。

一　第一部については、人物の生没年が判明する場合には、原則としてその人物の初出の際に［　］に入れて示した。

一　第一部については、田中秀央本人、山岡悠紀子が付した補注があるが、その部分は「　」で示し、その直後に［秀央注］、［悠紀子注］と記した。

一　第一部については、プライバシーに配慮して削除した部分がある。

一　第二部史料編1については、算用数字を漢数字に改めた他は、原則として原文通り採用した。

一　第二部史料編1の配列順序は、回想文・追悼文の発表年代順とした。

一　第二部史料編2の配列順序は、発信人名別、五十音順とし、同じ発信人の中は差出年月日に基づき編年順に並べ番号を付した。また書簡中に明記してあった消印から判明する以外に、書簡の内容から差出年がわかる場合には、［　］に入れて示した。

一　第二部史料編2については、翻刻にあたり可能な限り原史料の記載を尊重したが、以下の諸点については改めた。

（一）適宜読点「、」・並列点「・」を付した。

（二）汚損等による判読不能部分については、字数分を□で示した。

（三）原文に抹消・改変がある場合には、その個所の左傍に「〻」を付し、改変した文字がある時には文字を右傍に付記した。

一　校訂者による注記は、以下の通りである。

（一）朱書、封筒等については、該当部分を「　」で囲み、右肩に〔朱書〕、〔封筒表〕、〔封筒裏〕などと注記した。

（二）編者の調査で人名が判明する場合には、［　］に入れ傍注とした。

一　人物の履歴については、特に断りのない限り、各年の『第三高等学校一覧』、神陵史編集委員会編『神陵史：第三高等学校八十年史』（三高同窓会、一九八〇年）、『東京大学百年史　部局史一』（東京大学、一九八六年）、『日本キリスト教歴史大事典』（教文館、一九八八年）、『愛媛県史　人物』（愛媛県、一九八九年）、『［現代日本］朝日人物事典』（朝日新聞社、一九九〇年）、京都女子学園学園史編纂委員会編『京都女子学園八十年史』（京都女子学園、一九九〇年）、『京都大学百年史　部局史編一』（京都大学、一九九七年）、『京都大学百年史　資料編三』（京都大学、二〇〇一年）、臼井勝美・高村直助・鳥海靖・由井正臣編『日本近現代人名辞典』（吉川弘文館、二〇〇一年）、上田正昭・西沢潤一・平山郁夫・三浦朱門監修『講談社日本人名大辞典』（講談社、二〇〇一年）により作成した。

一　本書には、身分を表す呼称や、障害を持った人々の呼称が出てくる。これらは当時の社会の厳しい現実を示したものであるが、現在の私たちには到底容認し難いものである。これらの翻刻に当たってはそのまま掲載したが、利用に際しては人権に十分配慮し、注意されることを望む。

三浦田中家略系図

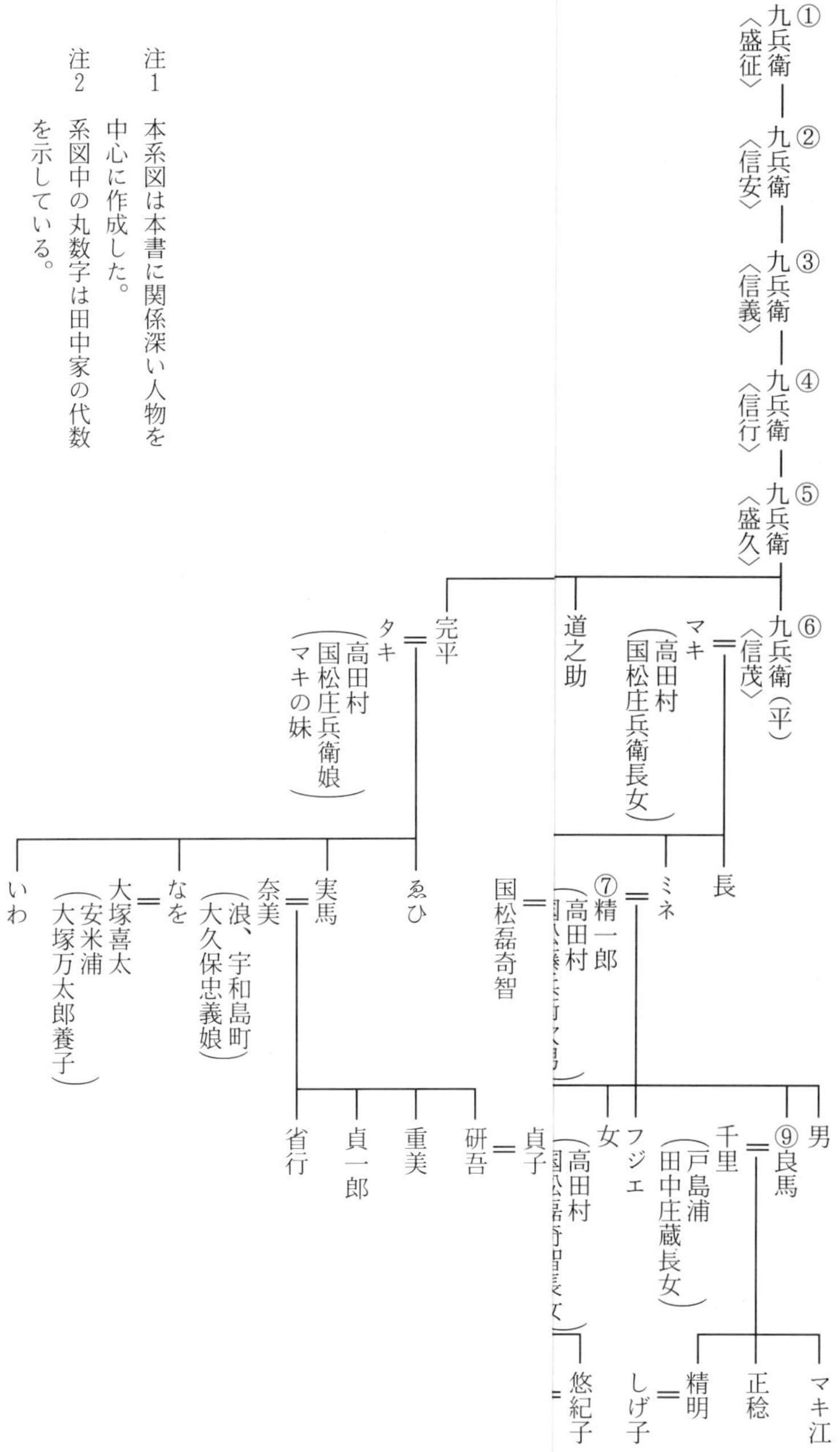

注1　本系図は本書に関係深い人物を中心に作成した。
注2　系図中の丸数字は田中家の代数を示している。

三浦田中家略系図

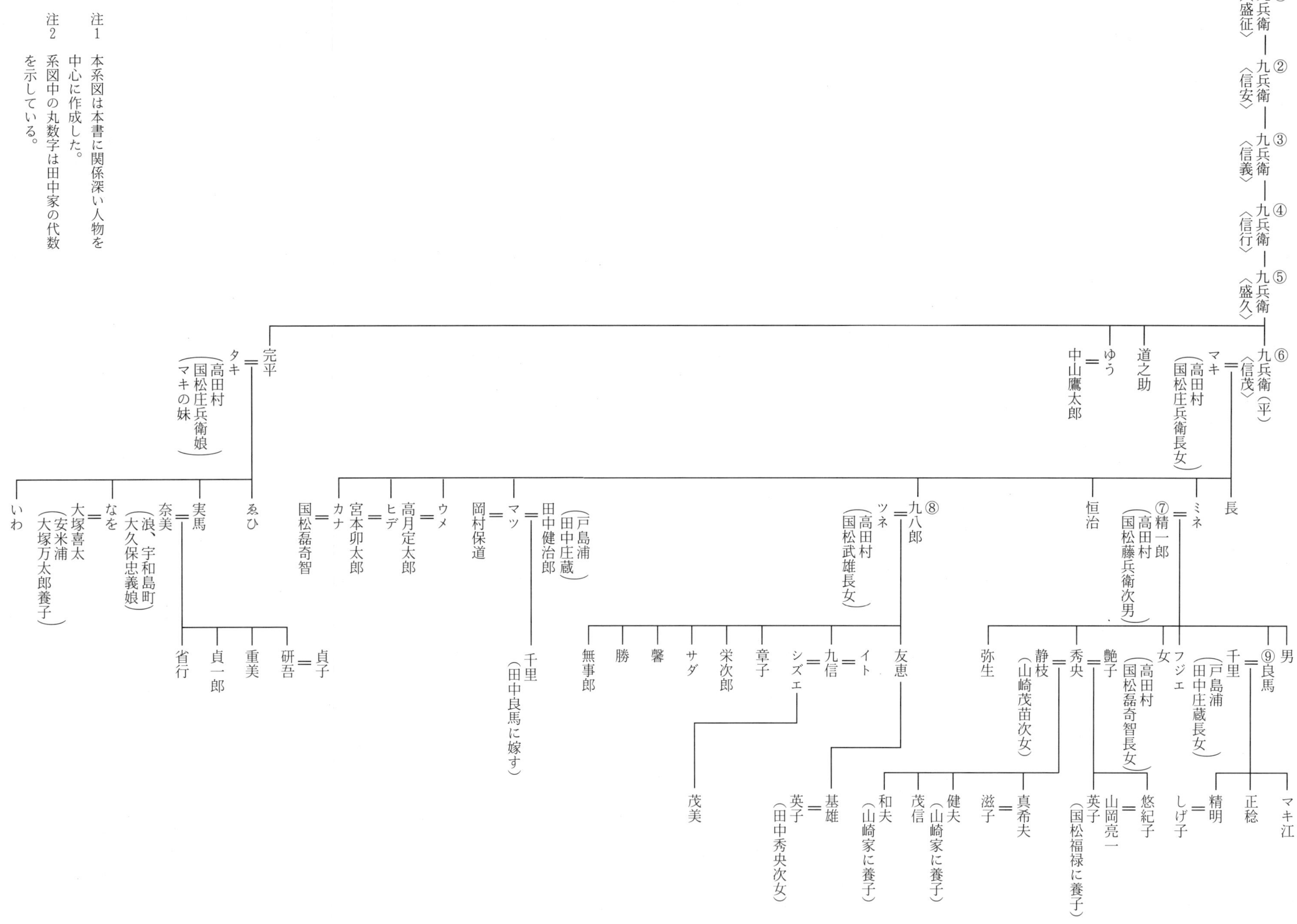

注1　本系図は本書に関係深い人物を中心に作成した。

注2　系図中の丸数字は田中家の代数を示している。

田中秀央　近代西洋学の黎明

『憶い出の記』を中心に

第一部　田中秀央自叙伝『憶い出の記』

憶い出（昭和四一年三月三〇日午前一〇時）

田中秀央（明治一九年三月二日生）
田中精一郎次男
（原）愛媛県北宇和郡三浦村大内浦西一三〇一番地
（現）京都市左京区北白川上池田町一

今年の三月二日で満八〇歳となった。天地の恩、父母の恩によって、この永い年月大過なく大病もなく過ぎ来たことは有がたき極みである。幸いに未だ京都女子大学教授の現職にあり、学生と楽しく過しうるのみならず、去年より、小生一生の仕事の一つである羅和辞典の改訂増補版の仕事に着手して、昨今はその校正が主なる仕事である。その他にも何か書くことを求められてはおるが、色々と考えた結果、新しい著作をするよりは、自分の今日までの歩み来し憶い出を書き残すことの方が有意義であろうと思い、生れ月三月に拙い筆を取りあげて、憶い出すままにかくことにした。大体

Ⅰ　幼年時代　肉親の憶い出
Ⅱ　小学生時代
Ⅲ　高等小学生徒時代

I　幼年時代

田中の家は宝暦三（一七五三）年田中盛征（善功院）［一六八二〜一七六八］の功によって創立された大庄屋[1]で、その所有地は別冊田中家文書[2]にあるとおりであるが、家敷は七一〇坪で、左八頁［小さな額となりおるものから取り入れた[3]］の図面がこれを示しており、田中家が隆盛であった頃の家の間取も別紙［口絵2参照］の如くであった。
幼い頃に本家《おもや》の茶の間で食事して、その西側の広の板の間で数人の下男や下女が食事をしておったこと、本家の間

［1］大庄屋というのは誤り。大庄屋の制度は宇和島藩にはない。秀央が生まれたのは冒頭にもある通り、旧宇和島藩領であった両（東西）三浦で、彼の生家は六代続いた庄屋であった。三浦はいくつかの集落＝枝浦から成り立っていた。宇和島に近い方から海岸線沿いにその名前を掲げておく。船隠、夏秋、千代浦、豊浦、名切、大内、安米である。秀央が生れたのは庄屋の居宅＝庄屋所のあった大内（浦）であった。

［2］「別冊田中家文書」が何であるかは具体的には不明。現地三浦には、秀央の生家に伝えられた庄屋所文書を中心とした古文書・資料が、現在まで多くの関係者の尽力によって保存されている。この古文書類を中心とした田中家文書については、現在田中家文書調査会（代表・菅原憲二）が目録を三冊（『愛媛県宇和島市三浦田中家文書目録』第一集を一九九五年、第二集を一九九九年、第三集を二〇〇三年に刊行、以下『目録』と略記）、史料集『宇和海浦方史料――三浦田中家文書』全四巻（二〇〇一〜〇四年、以下『史料集』と略記）を臨川書店から刊行している。田中秀央が見た「別冊田中家文書」とは、愛媛大学歴史学研究会宇和島支部編（三好昌文）『三浦庄屋史料――田中家史料』一〜一四（一九六四〜六六年）の可能性が高い。

［3］原本である田中秀央『憶い出の記』一冊目八頁の該当部分は空白で、この文言がある。この額に入っている田中家の屋敷の図面とは、秀央の家に現在住んでいる田中正明氏に伝わっているものであろう。一八九五年の田中家を中心とした三浦の情景を描写したエッチングである。同じ図面は田中氏の一族の多くが所有している（口絵のものは田中正明氏所蔵のもの）。

取などは、今でもかなりよく覚えておるが、自分達が本家に寝おきしたこと、茶の間で各自のお膳でたべたこと、寝室は八畳ほどの暗い全く日の入らぬ室であったことなど、それの南に父上の書斎があって我々は御用場と呼んでいたことなど、極く僅かしか記憶に残っていないので、自分が物心ついた七才頃には、自分達は両親と共に部屋に住んでいたのであろう。

私達の幼年時代には田中家には風呂場は一つしかなく、本家の南側の大きなナツメの木のあるところに、五右衛門風呂があった。この風呂の中で母の膝の上に立ったり、膝を台にして風呂の外に出た記憶や、二畳ほどの更衣場も覚えておる。我々が部屋に住むようになってからも、かなり長くこの風呂のお世話になったが、父が新しく部屋に一室の小さな物置を新築して、その東側の室を風呂場にして、使用することになった。

さりとて全く全くかすかに覚えておること、即ち我々一家は未だ本家に住んでいて、母の実父で田中家六代目の主人公田中九兵衛信茂［一八二六〜一八八九］というかなりえらくてやかましかった人が、当時すでに私の父に世を譲って七代目とし、自分は同じ家敷内の西北の一角に部屋（現存するもの）[4]をたてて、其処に住んでおり、彼氏の還暦の時、即ち明治一九年に小生が生れたので（その三月七日に撮られた写真（別紙）[5]あり）、非常に悦ばれて、私に秀央という名をつけ、自分の身代りじゃと言うて、頭でっかちの福助のような小生を非常に愛して下さった。私のためにとて当時の金で一六円五〇銭を貯金して下さった。

一昨日（昭和四一年七月七日の午后）母の残せし写真などの入りおる小曳出しを何げなく開きしところ、その中に父の筆にて「明治廿一年一月道本院様御遺書入（但御病中）御自筆」と表書きし、裏には「高三封通数九通入　内天印一封弐通入　地印一封壱通入　神印一封六通入（天印、地印、神印は朱書き）」と書ける封筒を見出したので、あけて見ると、天印

の最初の数行の頭に

秀央儀拙者六十一の年に産候孫に付懐中の中に在之候金五円は秀に差遣候ては如何

九平

精一郎殿　おみねどの

私の母（九兵衛の次女）の弟で父について田中家第八代の当主となった田中九八郎（祖父の長男で兄弟姉妹六人）の長男で身体もふとく、小生より二才年長の九信君[6]［一八八四〜一九七五］が小生と一緒に部屋に祖父（痛風をやむ）（彼の妻で我々の祖母マキ［一八三二〜一九〇五］は一三年も痛風の夫に仕えたという）のところに行くと、祖父はいつも九信君をおいのけて、小生をコタツにあがらせて悦んでいたのを、これもかすかにかすかに覚えておる。この頃は第七代田中精一郎一家と第八代九八郎一家は本家に一緒に住んでいたようである。この両家が一緒に住んでいた頃の記憶は、上に

［4］この部屋について、田中家分家間取図（図1）を、幕末期から近代初期、全盛期の田中家の様子を伝える「田中家屋敷間取図・方位占付」（旧隠居所二階押入木箱文書8、『目録』第一集、復元所収、以下「屋敷間取図」と略記）（口絵2）と照合すると、現在は旧隠居所と呼ばれる二階建ての建物から男部屋にかけての西北角の建物と思われる。二〇〇一年六月、二階建ての建物を残して、男部屋などは全て取り壊された。

［5］該当写真は現在未確認である。

［6］田中九八郎とツネ（高田村国松武雄長女）の次男。秀央とは従兄弟になる。一九〇八年京都府立医学専門学校卒。同年七月熊本県球磨郡人吉病院に就職。一〇年釜山府立病院内科に勤務、一七年には釜山府西町に内科病院を開業した。二二年には北里研究所結核教室に入所、二四年スイスのベルン大学に留学。帰国後再び釜山府西町の病院に戻り診察を続け、釜山府医師会長にも就任した。戦後、三浦に迎えられ無料診療で地域医療に貢献した。三浦公民館西三浦分館初代館長、宇和島市名誉市民（『三浦誌ふるさとの歩み』、三浦誌編纂委員会、一九八七年、以下『三浦誌』と略記、『三浦の文化』、三浦公民館、二〇〇〇年）。彼が三浦の青年に与えた影響力の大きさは大内浦青年団『聖燭』（一九五一年、二〇〇一年に復刻）を読めば明らかである。

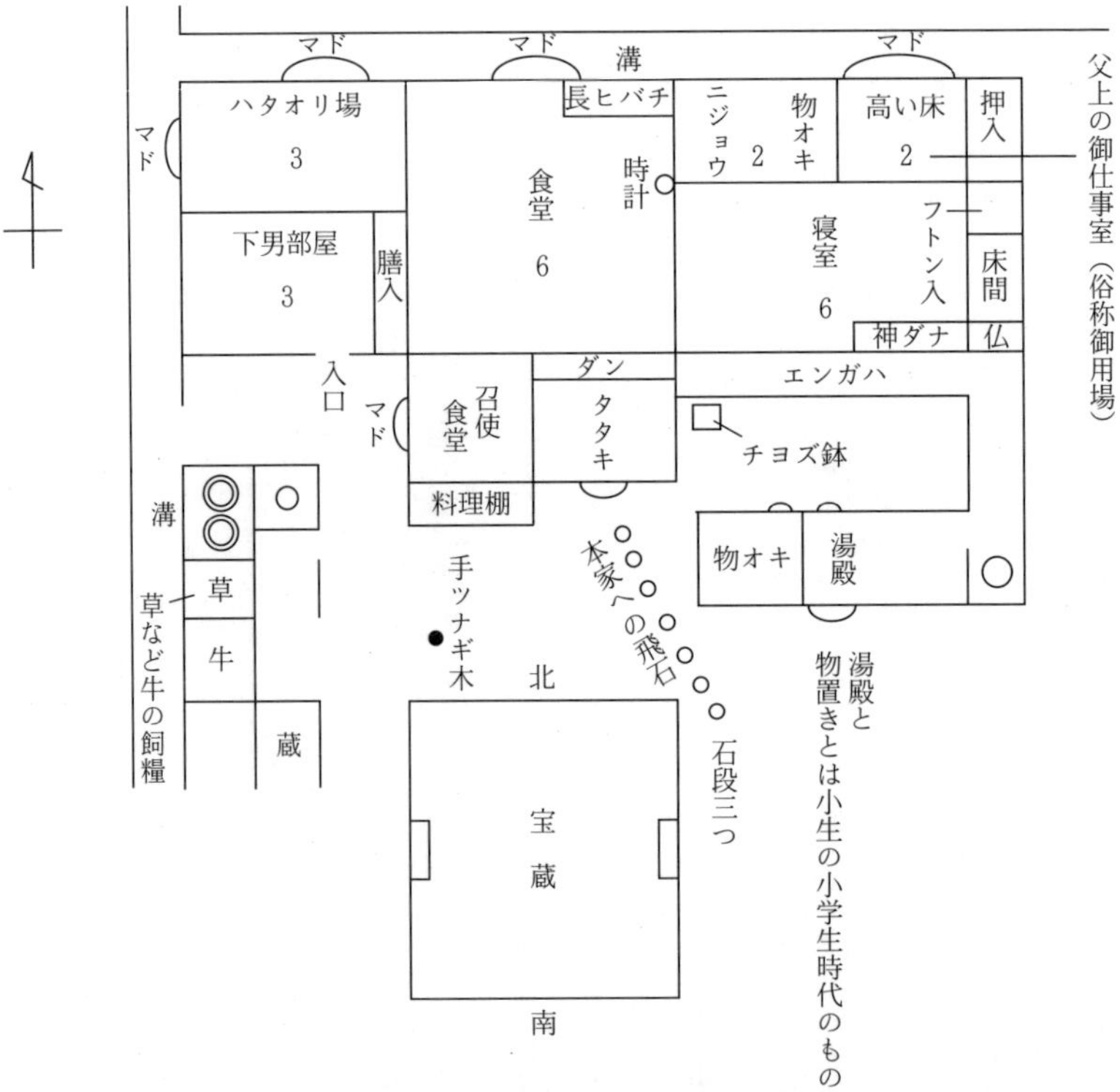

マド
マド
溝
マド
父上の御仕事室（俗称御用場）
ハタオリ場
3
マド
長ヒバチ
ニジョウ
2
物オキ
高い床
2
押入
食堂
6
時計
下男部屋
3
膳入
寝室
6
フトン入
床間
神ダナ
仏
入口
マド
召使食堂
ダン
タタキ
エンガハ
チヨズ鉢
料理棚
溝
草
草など牛の飼糧
牛
蔵
手ツナギ木
本家への飛石
物オキ
湯殿
湯殿と物置きとは小生の小学生時代のもの
北
石段三つ
宝蔵
南

図1　田中家分家間取図

も述べたようにまことにうすい。祖父が［六三］才で痛風でなくなってから[7]、我々一家は祖父の住んでいた家に分家として移り住むようになった。

私の記憶はこの頃から大分にたしかになる。我々の住んでいた分家の間取り[8]（図1）は宝蔵は東向で、その入口と本家とは雨にぬれぬために二間ほどの屋根で連絡してあった。宝蔵は二階建で白壁の間口三間《げん》、奥行三間ほどの頑丈なものであり、聞くところによると、火事の用心のため、屋根は全くのせたもので、必要に応じて取り去りうるようになっていたとのことである。入口は二重の戸で塞いであった。下の間には大体客用に使用するフトン、膳椀などが置いてあったが、窓はなかった。二階には東と南とに小さい窓があった。四方が厚い壁であるので、夏など涼しく、私はよくそこで、二階にあった多くの刀剣や銃などや色々の品々を度々いじったものである。これらの品々は、九八郎叔父が多く売払い、残りは田中家没落の際[9]、なくなったものであろう。これらの品々の中、大小一振を母がなき宝の形見として保存して小生に下さったが、先の大戦で金や刀剣を出す必要があったので呈出したが、その中の小刀のみは返却されて、今私の宅で昔を告げている。

夏休みで帰省した際、私も度々この蔵の二階で世話になった。

田中家はかなり金のあったこともあり、藩主伊達家に御用途金を時々差上げたとか、あるいは、その一人が彼の持ち金の若干をこの蔵の土の中に埋めておりはせずやということも夢で見て、多少はあるいはと考えることもある。愚

［7］一八八九年一月一一日没。

［8］口絵の「屋敷間取図」と、秀央が記す分家の間取図とは、細かい点で一致しない所があるが、それは秀央の生活した時代の改変と考えられる。また宝蔵は、「屋敷間取図」では万延二（一八六一）年建設の第二番蔵が相当するが、秀央の記す所の家の向きとは若干異なっている。

［9］第九代当主田中良馬が本宅を売り渡し三浦から退転したのは、一九一四年である。

かなことだが、私も人間だと思うて一人で笑うことがある。

幼年時代、少年時代には、この蔵の周囲を遊び友達と共にほんとに度々周り周って、たのしんだものだ。蔵よ蔵よ、有がとう。この宝蔵は田中家没落の際人手に渡り、その材木がよいので、使用されて宇和島港の奥の方の右手の海岸に建っている。

幼き頃に特に御世話になったのは両親と祖父とであったが、次ぎは乳母中川サノ（写真）[10]と子守山下トラと義従姉妹大塚ナヲ（祖父九平の弟で学問ずきの完平[11]［一八三〇〜一八七四］と祖母満喜の妹タキの次女で、安米の旧家大塚万太郎さんの養子喜太の妻となりし女性なるが、早く孤児となりしため、妹お岩、弟実馬と共に田中本家九平の世話になる）と、大内浦の東部釜床[12]に住んでいて、子のない山口利太郎と妻サワとの五人である。

祖父についての記憶は上に述べたくらいしかないが、色々の人から聞くと、祖父は随分やかましい、きつい人であったとのことである。写真も残っている。

祖母については、不思議にも幼少時代には祖母の姿が全く目に浮ばないばかりか、その存在も全く憶い出せぬのである。祖父の記憶が強いのと、祖母の妻としての人となりのためであろう。少年時代の初期、即ち尋常小学生時代には、上記の如く部屋に父母と一緒に住んでいたので、本家で九八郎叔父一家と住んでおられた祖母との接触が少なかったためであろう。しかし少年時代の後期、即ち高等小学校時代から中学初期である数え年（先々年齢は数え年をかく）一一才ないし一五才頃までは、祖母には殊にお世話になったことは先々述べる通りであって、御恩は忘れられない。

父（精一郎）[13]なる人［一八四八〜一九一二］は、隣村高近村[14]の庄屋、高田の国松藤兵衛氏［一八一七〜一八七三］の次男であるが、祖父九兵衛の次女峯［一八五二〜一九二九］（長女お長は美女であったが、一六才で逝いた）の婿となり、田中家第七代の当主である。父についての幼少時代の憶い出はない。父は五尺五寸ほどの肩巾の広い色のよい立派な体格の持主で、剣道も皆伝をもっておられた。父がフンドシ一つで門から出で、家の北側にある網乾場を通ってダンガキ（その海岸の中央部に幅二間ほどの一〇ほど階段をして海中に入っている石段で、船をつけるためのもの）で海水につかり、泳いで後、裸身で又家に帰って来られる姿をよくみた。父は海水浴が健康に益あることを度々言われた。普通にいう気の長い性質であって、私は父が怒ったのを見たことが一度もなかった。酒を嗜み煙草ものまれた。それで庄屋の主人公でもあり、村人達の宴会にはいつも首座に席をとり、酔えば求められずとも、浄瑠璃「お半長右衛門」[15]などを歌うのが常であった。ただ一つ困ったことは、私の少年時代青年時代における記憶の一つとして、我々分家の者が又再び本家に住むようになった（当主九八郎氏の県道路受負事業上の失敗と芸者あそびとにより、三浦を去られ廃嫡されしため、父と兄とが、その借財つきの田中家当時の所有地の大部分をひきうけて、当主となる）頃（明治三二年（?）頃）[16]、父の夕食の際の一合あまりの晩酌があまりに長くかかるので、仕事ずきの母が、何かにつけて、それを早くせんとして、何かの言動にもその気持を表わすことが多かったため、父が不快に思うていたことは事実である。しかし、そのような際にも父は決して怒らなかった。私はそのような時には、いつも母にそんなにやきもきしなさんなと云うて、父に味方したよ

[10] 該当写真は現在未確認である。
[11] 田中盛睦。
[12] 大内の集落は近代には東から釜床、東前、西前に分かれていた。
[13] 一八七〇年家督相続。一八七二年穴井浦庄屋、同年宇和島県第三五区戸長副、翌年神山県第六大区二小区戸長、同年愛媛県第一三大区二九小区戸長、一八七六年地租改正総代人、一八七七年愛媛県第二〇大区二九小区戸長。一八七九年同県北宇和郡三浦戸長等を経て一八九〇年初代三浦村長となる（一八九四年退職）。また一九〇〇年から一九一二年に三浦郵便局長を務めている（柚山俊夫「明治期の田中家当主田中精一郎の経歴について」、『三浦通信』第四号、一九九七年、参照）。
[14] 一八九五年から一九三八年まで存在した行政村。近世の名称で言えば高田村と近家村がこれに該当する。のち岩松町となり、現在は津島町。ここでは高田村が正しい。
[15] 菅専助作「桂川連理柵」の通称。安永五（一七七六）年初演。
[16] 「田中家過去帳」によれば、九八郎は一九〇四年一〇月一日廃嫡され、同居人となった旨、記されている。

うである。

今一つ困ったのは、昔から大内より宇和島へ行くには殆んど常に田中家で宇和島行の便船を作り、船の堂の間には雨や日をさけるために、屋形を作り、屋形船として、そこに田中家の者がはいり、他のあいた場所へ村人達をのせてやる、所謂便をやった（船便代は最初のうちは全くただであったが、田中の財政が苦しくなると共に一銭か二銭もらっていたようである）。朝、村を出て三丁櫓で宇和島までの三里ほどの海路を一時間半ほどで行き、宇和島で用事をすませて帰村するのが普通であったようだ。私の少年時代にも左様であった。というのは、途中に島が二つあって、汐がみちておる時るのであるが、その途中の汐の満干の都合で近道があった。宇和島行の船は大抵朝八時半頃にダンガキから出は陸地と島との間の二つの海峡（ジノマとよぶ）を船で通過すると二〇分位早く宇和島へ行けるのだが、汐がひいておれば、島のそと側をまわらねばならないので時間がかかった。汐のひき具合によって、客が船からおりて船をかるくして、一同で船をかいて海峡を越すこともあった。第一の海峡では度々このようなことがあったが、第二の海峡は少しふかいし、又第一の海峡の具合で航路をきめるので、そのようなことはなかった。第二の海峡を過ぎてから、やがて右手にみる九島の堂先の観音様[17]の美しい松林は今でも美しく、又記憶にも残っておる。

私の小学生時代までは、田中の威勢もつよかったので、いつ村を出発しようと、いつ宇和島町を立とうと、全く自由で、誰一人何らの小言もいわなかったが、田中の家運が傾くと共に、誰いうとなく、「お庄屋さんの便をもらうは有がたいが、どおも長く待たされるので困る」というのが、私の耳にもはいって来た。これも父の気長さがわるい方面に現れたのであろう。この宇和島行の船便について憶い出すのは、宇和島近くのエビスガ鼻という海岸、そこにはエビス様をまつった社[18]があり、そこに来て手をたたくと、必ず多くのチヌ（黒鯛）が浮いて来るので、我々田中の者は必ずチヌに与えるために白米のニギリメシを用意していた。

父は、衣服などちゃんと着てよごさず、字もきれいであり、手先も器用であったので、色々と細工もされたようである。又、掃除がすきであったので、度々お手伝して悦んでもらった。又、毎月の初めに、神棚に新しい榊をそなえられていたが、その榊はどんなものがよいかを見て覚えて、後々は、榊取りは私の仕事となった。又、築山の掃除の際、松のシンを取除いて、松のきままな発育をおさえ、築山の松にするのも小生の仕事になった（但しこれらの仕事は小生が休日で村へ帰省している際のことである）。しかし長い歳月のうちに、私の性質も変化して、今では草木の枝を切ることは勿論、庭の雑草でも引抜くことは恐ろしく、松のシンを取るなどは到底出来ない。八五才頃、草木の声を耳にして作った歌、「人のいうやくざの草でわれあれど自然の恵みわれもはぐくむ」という拙作に自分の心境を托している。

父は田中家第七代の当主であり、明治維新と共に三浦村の戸長（＝村長）[19]となり、長くその職にあったが、後三浦村郵便局長[20]にもなった。田中九八郎氏によって、田中家の大衰運の種子がまかれ、上述の如くそれをばん回すべく、息子良馬[21]［一八七四〜一九四二］と一緒に努力され、度々父子の間に新旧の意見の衝突を見ることが多かったが、晩年に

［17］正しくは堂崎。九島浦の枝浦である石応浦にある臨済宗妙心寺派の堂崎観音寺。

［18］現在の宇和島市恵美須町にある恵美須神社。毎年六月一〇日が神事。浦方の信仰が厚く、しばしば漁事祈祷が行われた。

［19］厳密に言うと正しくない。精一郎は、一八七二〜七三年、穴井浦（現八幡浜市）の庄屋を務めた後、所轄する地域（範囲・区名ともに変化する）の戸長を歴任し、九〇年に初代三浦村の村長となっている（前出注［13］参照）。

［20］田中家が郵便局経営に乗り出すのは一八八一年一月で、「三浦ノ内大内郵便局」と称し、初代局長は義弟九八郎であった。精一郎が郵便局長となるのは一九〇〇年で、三等郵便局三浦郵便局であった。彼の死後は一二年三月、長子良馬が後任局長となる（『三浦誌』、柚山俊夫「明治時代の三浦郵便局」科学研究費補助金研究成果報告書『漁村文書の総合的研究』、研究代表者菅原憲二、一九九九年、所収）。

［21］秀央の兄。良馬については後出。なお、飯塚一幸「田中良馬の思想遍歴について」（前掲『漁村文書の総合的研究』所収）参照。

は兄にまかされていたが、ついに長らく胃潰よう（？）をわずらわれて六四才（明治四五年二月七日）で逝かれた。その時私は二七才であったが、その頃毎夏東京より帰省して故山で夏休みを過すことをしていた私は、父の胃痛をみて、いても立ってもすわってもおれず、父の手をとって度々泣いた。勿論当時父は、父が世話して医士にした名医田中実馬のお世話になっていたのだが、ボレーとかいう、カキのカラを粉末にしたものが、胃痛をおさえるというて、それをハッカの粉のように、時々口に入れておられた。実馬兄はこれを知っていたか否か。先にも述べたようにゆったりした父であったが、私には、その父の性質は伝わらず、私は母の性質を受けついでせっかちである。それでいて私は父からしかられたり、小言をいわれた記憶は一つもない。又、父は私にこうせよああせよと教えるようなことはなかった。

母（峯）　母は九兵衛の次女であるが、「仕事の権化」とでもいうべきか、その長い生涯（昭和四年六月一日丹毒のため七八才で京都市左京区北白川仕伏町六一で逝く。母は晩年には大分と腰が曲っていたが、それでも少しも苦しそうなこともなく、時々休んでは元気よく歩まれた）において、母が居眠りしておられるのをみたことは、上述の如く父の晩酌があまり長いので、それにたえかねて時々居眠りされたのと、晩年に自分の室で仕事をされながら時々うつらうつらの境を数回みただけである。それで下男や下女に対してもやかましく仕事させたのである。しかも人使いが上手であったので、召使達はあえて不平らしくなかった。性質はせっかちといっては失礼だが、仕事はあとまわしにせず、とんとんと片付けて行かれた。私はこれを受けついでいるようだ。私は幼き時や少年時代にはおとなしい子であったのだろうか、私の妹が母にしかられるのを見たことはあるが、自分が母からしかられた記憶はない。

私達の家の裏には檜木ズリと呼ぶ檜木や杉の大木のほかに山桃やマメ木、水引等の雑木の茂った山があったが、そこで鳴くある声（後に知ったことだが山鳩）は、私には何だか恐ろしいものであった。今では私の家の庭に来て鳴くその声は私の好きな声の一つであり、有がたい郷愁の種にはなったが。

母は家では二人の召使女をつかってハタを織らせていたようで、その註文の反物の縞が一寸四角ほどの型として縞帳にはったものが今でも私の家にある。[22] 母は易の信者であって、小泉という易者に家族の各自の一代精易というものを作らせたが、その私の易は私の手許にある。この易で私の性質、長所短所を書いておるところは、自分ながら全く驚くほどであって、私にかんする限りで言えば私は易を信ぜざるを得ない。私も妹もよく歯痛でくるしんだが、母はそのまじないとして、家のエンガワの桁の上に兄妹のために別々に二つの呪の釘を奉じ、歯のいたむときはそれを打つと歯痛がなおると信じ、又、裏山の畑の中にある大きなホービキスの木(棕櫚)の根元で毎年一度お祭をした。おまいりする時は一文銭(一厘)をもっていてそなえた。この祭は色々の病気を封するためのもののようである。又、我々が腹痛をうったえると、小生の乳母の夫の母である中川トラという老女に腹をあんまさせて腹のわるい虫をおろすことにしていた。又、下痢してよく便所に通うと、「オバさん、もう来ませんよ」と言いながら、後を見ずに石をなげて便所を去ると、便所に通わなくなると信じていた。私達兄妹は度々これを実行した。

当時、大内浦で時計があったのは、田中の本家と分家と学校と駐在所(田中の貸家)だけであったが、分家の下の往還(主通路)を通る百姓さんは、よく下から声をかけて、旦那さん今セコンド(時計のこと)は何時ですかと問うのを耳にした。その当時の八角時計(USA製)は、当時昼は我々の食堂の東の中央の柱にかけてあり、夜は我々の枕許の時計台にかけてあったものだが、現在は私の家の応接室にある。ずっと時も告げえぬものとのみ思っていたところ、昭

[22] 二〇〇三年八月、田中正明氏の家で現存を確認した。

和四四年の夏、偶然に山岡亮一[23]（長女の夫）君［一九〇九～一九九一］に、この時計の話をしたら、京女の時計屋に見せて、修繕出来るものなら修繕してはと言われたので、多分駄目であろうと思いつゝ、スイスで買求めて、大丸の時計部でもう駄目だと言われていた小さな腕時計と共に、山岡君に托したところ、半年ほど経て何れも昭和四五年二月二八日に修繕が出来た。その八角時計の音をきくと、昼は我々一家の者や村の人々に時を知らせ、夜は幼年時代、父母兄妹に枕元で時を告げた百年前のこの古い時計で父かとぞ思う母かとぞ思うである。実にうれしい。又本家には男女の四人か五人の、分家には男一人女二人の三人の召使がいたので、その人達にも正午を知らせるために、本家ではヒヨシ木（標示木、二つの五寸程の長さの角材でそれを打ち合わせて音を出す）をうった。それは大内浦の人々にとって午砲でもあった。

我々両親と私と妹との四人は寝室で枕をならべてねたが、朝目がさめて、この時計が六時を告げる頃父が煙草をのむために、マッチをすり、煙草の火がつくと、「明るうなった、明るうなった」と兄妹が悦んだのはつい昨日のようだが、それも七十余年の昔のことになった。分家は早起であって、我々はいつも、雀と共に起きたが、本家の方は朝ねの方であった。平常台所で使用する水は本家の西側の屋根下に井戸があって、そこから樋で本家の台所まで水を送っていた。飲料水は大内部落の共同井戸（真砂《マサゴ》）[24]（とはいっても田中の所有）から女中が二つの水桶を肩にして運んで来るのであって、何だか気の毒であった。部屋の水はすべてマサゴ水であった。

この二つの井戸は毎年一回井戸更《イドガエ》といって、田中専用の井戸は田中の下男達が、マサゴはその井戸を利用する村の人達が一緒になって、井戸の水を全部汲び出すことをした。鰻などが井戸にいた。大内部落には共同の井戸が西前と東前と釜床との三部に各一つずつあったが、若干の個人所有の井戸もあった。

風呂は本家の風呂場でたくのであったが、五右衛門風呂であった。風呂の水は田中の屋敷内にあった専用の井戸の水である。母のスネの上に立ってよろこんだ記憶がつよく残っておる。

母は夫の死後（明治四五年二月七日、六五才）お経を読むようになられたが、ある時私に浄土宗の信者が毎日よむことになっておるお経の漢字のところを、平仮名にしてくれと言われたので、左様にした記憶がある。最近（昭和四一年七月二五日）にそれを母が筆で写したものを発見して母を偲んでおる。

兄（良馬） 私には兄が二人と姉が二人と妹が一人の同じ腹からがあったが、私が物心ついて知っているのは、次兄良馬（私より一二才年長）と妹弥生［一八八八〜一九〇三］（私より二才年下）の二人である。そのうち兄は祖父が長兄の逝いた後に生れた田中家の大切な世つぎと考えたのか、大いに甘やかされたようであり、両親もまたそれと同じであったので、かなり我ままであったようである。私の幼年時代においての兄の記憶は全くない。その上早く家をぬけ出て京都の同志社で新島［襄］先生［一八四三〜一八九〇］のもとでキリスト教の教育もうけたので、家にあっても我々弟や妹と一緒に話すことのないのは勿論、両親と親しく話しておられるのを見たこともない。食事なども家族と一緒にたべることなく、別に新部屋（下記）の二階を自分が占有して、そこへ持たせて食べていた。この新部屋というのは、我々の寝起きしていた家の東にひっつけて父が田中の山からクスやセンダを切り出して明治二五（？）年に建てた二階六畳、下四畳半、三畳の立派なものである。[25] 今でも私達が帰省すると此処の二階に泊る。下は梶原光四郎（蘭子）さんに貸しておる（年六〇〇〇円）。後に「おぐしば」と「風呂場」（これは昭和一一年（？）頃）がつけ加えられた。父は自分がゆっくり

［23］著名な経済史の研究者。一九四六年京都帝国大学経済学部助教授、一九五二年教授、農業経済学を担当した。後高知大学長（石井嘉平・森田義明編『紅もゆる』、財界評論社、一九六五年など）。

［24］現在も加茂神社の北側にある。

［25］田中家文書が伝存していたのは、この二階建ての建物である。現在は旧隠居所と呼んでいて、田中家の建物では唯一残っている遺構である。「屋敷間取図」では、この箇所に貼紙があり、「明治二十二年十一月新築」とある。口絵3の図版に「高楼」と記してある二階建ての建物が、これである。

昼寝でもするつもりで建てた二階を兄が独占して、実際に他人には「入らずの間」にしていたのをこぼしていた。兄は同志社でキリスト教的の学問をして、一時は宇和島の新聞[26]にも筆をふるい、キリスト教の説教にも熱心していたが、そのうちに戸島村[27]の旧庄屋田中正造〔庄蔵〕の長女千里[28]〔一八八一〜一九三一〕（従妹）と結婚した。その後、備中高梁の順正女学校[29]で英語の先生もしていた。

その頃田中家の家運はすでに大いに傾いていたが、それを挽回すべく兄は終に教職を去って、故山へ帰り、父に代って、家勢挽回につとめ、色々と事業に手を出したが、することなすこと失敗で、終に住みなれた先祖伝来の古い家の本体は宝蔵等をのこして人手に渡って、毀されることとなり、その後一家は先祖伝来の家の東にひっつけて建てられており、平常はあまり使用せず、主として藩侯などが御出でなった時をはじめ客用にあててあった部分[30]（後には三浦村役場にも使用されていた）で平常の生活をすることとなった。この部分も大正三年一〇月二三日に人手にわたり、こわされた。[31]

その後兄一家（妻千里、長女マキエ〔一九〇二〜二〇〇〇〕、長男正稔《まさとし》〔一九〇五〜一九三八〕、次男精明《きよあき》〔一九〇九〜一九六二〕）は、母を伴って京都市に来り、上京区相国寺東門前頭に住んでいた。その際兄はつてを求めて同志社につとめていたが、色々と都合があって、京都をひきあげ、小生が口をきいて、築地の夜間の商業学校につとめることとなった。その頃からしばらくは兄の一家も多少楽なようであったが、大正一二年の東京大震災、次いで苦労して立派な医学士（東大）に仕上げ、満洲国につとめて、将来大いに有望であった長男正稔の死〔一九三八年[32]〕により大打撃をうけて別の家に引越をした。その時から母は小生の家に来て下さることになった。それから大正一一年夏の小生海外留学まで小生と一緒にあられたが、小生の留守中は兄のところへかえられ、代りに兄の妻千里の母で、小生の母の次の妹で未亡人であった岡村マツ叔母に来てもろうた。

小生の世話で末子精明(青山学院英文卒)が京都府の宮津中学校の先生となって、兄一人を東京に残して一家は宮津へ引越した。兄は東京で一人で住んでいたが見附に［一九四一］年なくなった。この精明はその後京都市内の九条中学につとめていたが、交通事故で［一九六二年］逝いた。

妹弥生　妹についての幼年時代の記憶はあまりないが、ただ妹と時々けんかしてなかされたことぐらいである。妹は丈夫な子であったが、宇和島高等小学校に入学するため宇和島へ出て、田中実馬兄の家に下宿していたが、宇和島高等女学校（桜町）[33]に入学するや、色々の都合で、曽て御殿につとめていられた婦人尾本［　］さんの宅［　］で御世話になることになった。その御宅には先輩で南宇和郡御庄《みしょう》の庄屋宮下さんの娘さんがおられた。妹を非常に可愛

---

［26］田中家文書には、伊予日報への投稿を目的に一九〇二年一一月に書かれた、「洵涓録」という文章が残されている。その中で良馬は、東京で結成された理想団の影響を受け、興味深い禁酒論を展開している。飯塚一幸前掲論文参照。

［27］旧宇和島藩領戸島浦。現宇和島市。三浦田中家は、戸島浦の庄屋田中家の後見を務めた時の功績もあって、三浦庄屋大塚氏が処罰された時、新たに庄屋に任じられた（宝暦三年）。以後戸島浦田中・三浦田中・高山浦田中（三浦田中の分家）は親密な協力体制、姻戚関係を取り結ぶ。

［28］田中秀央の母ミネの妹マツと戸島浦の田中健治郎（のち庄蔵）との間に、一八八一年四月一〇日に生まれた。事情があって八九年からは田中精一郎の下で養育されている。のちに結婚する田中良馬とは従兄妹の間柄となる。

［29］金森通倫によってキリスト教徒となった福西志計子が、一八八一年岡山県高梁町に私立裁縫所を設立した。それが発展して八五年、キリスト教主義女子教育機関順正女学校が成立した。田中良馬が教頭として赴任した当時の校長は、同志社英学校別科神学科を卒業して、一九〇〇年末まで高梁教会の牧師をつとめていた伊吹岩五郎であった。

［30］田中家の屋敷は、近代になって田中家が村から購入した「庄屋所」であった（柚山俊夫「旧庄屋宅と附属の物品の払い下げ」『三浦通信』第五号、田中家文書調査会、一九九八年）。田中家がこの時に住んでいたのは、この庄屋所の内「御用屋敷」と呼ばれた部分を指している。

［31］当時の持主は宮本熊太郎（宇和島市本町）であったが、金三一五円で遊子村真光寺に売却されたという（田中良馬「旧本宅家屋図面入封筒裏書」、田中正明氏所持）。

［32］「田中家過去帳」によれば、一九三八年六月九日、「満州新京にて死」とある。死因は不詳。享年三二歳。

がって下さって、真の妹であるかの如く、しばしば床を同じくしたようであった。ところが、お互の不注意にも彼女は肺結核であったので、不幸にもそれが感染して女学校三年一六才で発病した。驚いた両親は早速に妙典寺[34]の離家を借って、母が一所懸命に看護につくした効があって、大分よくなったので、三浦の家につれて帰って養生させていたが、再発して［明治三六年二月一一日］逝いた。その時の母の嘆きは言葉ではあらわせない。

乳母中川サノ　サノは三浦村豊浦の貧農黒田某の娘であって、小生の父の世話で田中家の旧臣[35]の一人中川磯吉の妻になった。豊浦は大内浦から東半里強(二キロ)位のところにある戸数八〇戸ほどの部落であったが、そこの鎮守の森[36]と神社の様子は眼底に残っており、時々夢にも見る。ほかの神社は殆んど夢に出ないが、これは不思議である。サノにつれられて半里ほどの山や谷をこえてその里家へ行くことがあり、その豊浦近くにあった地蔵様には度々おまいりしたが、八〇年ほど昔のことであるので、御健在であろうか。サノの里は豊浦の真中ほどにある数本の松の大木の生えている丘にあったが、勿論くず屋で六畳ほど一間のみすぼらしい家であった。サノは私より廿ほど年長で、御世辞にも美しくはなかった。サノには二人ほど兄弟があったように記憶している。サノの婚家中川は田中の南門(うち門)から約半町ほどのところにあったが、六畳と六畳とタタキ庭との三室(境の戸を見たことなし)であり、東面していたが、その窓からは私は度々出たり入ったりした。彼女の家族は姑トラ、主人磯吉、長女オイワ(小生より二才若い)と圭一(小生より五才若い)の五人であった。家の裏には権現山より発する三つの河の一つが流れており、大きな柿の木があった。

子守おとら　大内から四五丁西の安米浦の山下某の娘で、彼女の背にいた私は、よく若い男が何かしら彼女に話すのをよくきいた。彼女が私を眠らせるために歌った子守歌の当時の記憶はないが、その歌は、おそらく、私が少年になって後に、村の乙女達がその背の子をねらすために歌っていたものと同じであったろうと思う。彼らは、子を背に

して数人がむれて、田中の浜（網乾し場）を、子守唄をうたいながら往復したのである。その子守唄の若干をあげると

子守唄

一．ねんねねんねと寝る子は可愛い、おきて泣く子はつらにくい

二．ねんねんねんねんおころりよ、ねんねの御守はどこへ行た
　　あの山越えて里へ行た、里のお土産に何もろうた
　　でんでん太鼓におしよろの笛、ねんねんねんねんおころりよ
　　（この民謡は私が今でも時々口ずさむ）

三．大内安米がいくさに出たら、安米負けそな切られそうな

四．安米ズンズ（井戸の名）は狸のしょんべ、大内真砂《マサゴ》（井戸の名）は嶽の水

五．一夜なれなれ　またなれなれと　山の木かやの身ではない

［33］一八九九年町立宇和島高等女学校、一九〇一年県立宇和島高等女学校として設立。現在は宇和島南中学校・高等学校。当時の所在地桜町は現桜町。五一頁に掲載した図２「実測宇和島市街図」（田中家文書、部分、一九一〇年）参照。

［34］日蓮宗弘経山妙典寺。宇和島市神田川原右岸にある。宇和島藩領の村民は、寺の維持費を毎年「妙典寺初穂米」として年貢とともに納めていた。

［35］田中家が宝暦三（一七五三）年、庄屋として三浦へ来たとき、共に三浦へ随行してきた百姓が三家あった。「家来百姓」と言われたが、近代までその呼称が残っていた。秀央も「旧臣」という言葉を使い続けている。現在でも墓地は田中家のそれの一角にあり、菩提寺も同じ大超寺であった。

［36］現在も豊浦にある新田神社のこと。

これらの子守唄は故郷で自然に出来たものと思われるが、次の童謡は、それを謡うたびに、今になっても七十有余年の昔を偲ばせる、非常に美しいものである。

赤蜻蛉　　三木露風[37]［一八八九〜一九六四］

夕焼小焼の　あかとんぼ
負われて見たのは　いつの日か
山の畑の　桑の実を
小籠に摘んだは　まぼろしか
十五で姐やは　嫁に行き
お里のたよりも　絶えはてた
夕やけ小やけの　赤とんぼ
とまっているよ　竿の先

そして私が今でも（昭和四五年三月以来）勤めておる京都女子大学英文科卒業生の謝恩会（毎年三月）で、余興として何かを小生に求められると、生来音痴かも知れない私は心よく立って、この童謡を歌うのである。そのために私は数年前にステレオを買うて練習して、この歌だけはどうにか歌えるようになっている。この歌を歌うと何かして眼頭があつくなる。遠い昔がよみがえる。ああその昔恋しや、故郷の山や父母恋しや。

山口サワ　彼女の夫利太郎と共に子なしであったが、家は大内浦の東の部分なる釜床の往還にそうて山手にあった。

家はやはり、六、四、タタキの三間であったが、子なしであるのできれいに生活していた。利太郎さんは反物とかニボシを二つの荷かごに入れて年に二三回奥へ行って金儲けしていたようである。奥へ行くというのは、この荷物をもって土佐境までいくことなのである。赤い帯をしめて出かけるので赤帯利太郎といわれていた。前(東)に一〇坪ほどの庭があって、そこには梨や柿の木があった。よい夫婦であったので、小生の大従姉田中ナヲ(小生(当時四(?)才)より一二才年長で田中で養っていた)は小生の子守しながら、度々この山口の家へ行ったようである。そのある日のこと、お直さんは、私のために小さな畑をつくって、そこにヨメナ菊などをうえて私をよろこばせていた。何かの用でそこをはなれていた間に、そのすぐ近くの百姓森川宇兵衛の次男鶴松(小生より二才年長)がそこへ来て私の畑の花のことから私とけんかになった。私はそのとき銀紙でまいたおもちゃのサワベリ(刀のこと)をさしていたので、それをぬいて彼をおどした。すると鶴君はオノレーといいながら自宅に帰って台所からウスバ包丁をもって来て私の前額(みけん)を切った。悲泣に驚いておナヲさん達がかけつけて来て、おナヲさんは大いに心配したが、幸いに別状なくてすんだ。その時のキズは今でも私の前額に残っておる。

この山口夫妻には全くお世話になった。幼年時代の末頃のことであったと記憶するが、彼らの畑のある水谷や油田《アブラデン》(名切の奥の方にある一地区)にサツマ芋ほりによくつれていってもらった。疲れると利太おじのホゴロ(畚《ふご》)の中に入れてもらって坂道をのぼった。帰りは利太おじ手製の小生専用の小さなホゴロにサツマ芋を若干入れて、得意になって帰った。この小さなホゴロも多分故郷の家のどこかにあろう。

[37] 兵庫県生まれ、詩人。「赤蜻蛉」は『樫の実』一九二一年八月号に掲載された。与田準一編の岩波文庫版『日本童謡集』(一九五七年)に収録されている。

山口利太郎さん夫婦には御世話になり切りであったが、そのうちに利太おじは死んで、おサワおばだけとなったので船隠浦へひきこした。養子に鉄太郎という親類のものを貰い、その嫁にサワエ（船隠浦の物持増田さんの娘）をもらい、彼らの間に男の子が生れ、小生にあやかって秀央という名をつけた。そのうちに鉄太郎は胸の病でなくなり、サワエは姑と二人でこの子の生長をたのしんでいたが、第二次大戦の時戦死した。私も帰省すると船で千代浦の天満天神宮（三浦村の氏神）に参詣し、その帰途おサワおばを訪ねたことがあった。

又、この頃には大内にお菓子屋というほどのものはなかったが、ただ一軒大内浦の中心を流れている川で、中川熊吉の家（後記）と川をはさんで西側に、小さな、それこそ四畳半ぐらいの家でオクミさんで知られている老婆が、豆板、コンペイ糖などの駄菓子を売って生計を立てていた。田舎のこととて田中家でも度々御菓子の種ぎれのことがあり、私達幼ない者は子守につれられて、オクミさんの店へ行ったことを覚えておる。オクミおばは小さなよい人であった。

大内浦には庄屋田中の威光も手伝ってか、小生の生れる以前より医師が来ていた。田中の借家にいたようである。しかし、それも時々はきれることもあったようである。私は病気になって、村の医者に見てもろうた記憶はないが、病気の時は船で宇和島へ行き、堀の船つき場から母にだかれて人力車で医者に行った。その途中悪い道の石や溝にかかった大石に人力車がぶつかること、殊に一度大石の上にあがって、次に落ちる時の気分は私にはとても不快を越えて、一種の恐怖であった。その医者は裏町のずっと奥の方の裾町《おが》[38]の老医八島星海さんであった。大がらの名医であった。今でも宇和島でこの家の前を通ることがあるが、その時はその当時が彷彿とする。

II　小学生時代

少年時代の記憶は全く沢山ある。たしか私の六才の頃（明治二四年）であったと思うが、父が上述の新部屋を増築[39]した。ある日、本家で釣菓子《ツリガシ》（柳の大枝に所々モチの小粒をつけ、又、その所々に色々の小さいきれいなおもちゃや菓子になっておるものをつりさげて、その大枝を柱にしばりつける。一月中の行事の一つ）がつれたときいたので、大急ぎで見に行こうと思い新部屋の縁側を下りる際ころがり落ちたが、その時うけた傷は、今でも頭の後部にビスカン（禿）となってのこっている。

小生はよほど勝気であったと見えて、何でも一番がすきであった。数へ年六才で特別に小学生にしてもらったが、朝起きると直ちに朝食もせずに、田中の網乾場の東隣にある小学校へカバン（当時村でカバンを持っているのは田中家の少年のみ）をおきに行って、小学校の戸があくかあかぬに第一にカバンを置いて、この豆小学生はひき返して朝食をした。当時の立派な皮カバンは今でも大切にしておる。そのカバンには父が田中秀央と筆あとあざやかに書いておる。小生は幼き時より今日に到る八五年間未だ一度たりとも寝ていて、他の人から呼び起こされたことはない。時間にかんしては不思議な位におくれたことがない。

---

［38］現在の鋸町。旧宇和島城下南側、宇和津彦神社の門前から北へのびる通り。

［39］「屋敷間取図」によれば、「明治二十二年十一月」とある。

小生専属の遊び友達が二人あった。その一人は村の名主兵頭友右衛門[40]の長男幸七（小生より二才上）と、他の一人は旧臣酒井万作の長男金作（小生より二才上）であって、幸七の方が色々の点で優っていた。そのうちに従兄九信君の方で専属の友達がほしいということになったので、金作をその方にまわした。朝遊びに来て夕方帰宅する際には母が白米のニギリメシを与えるのが習慣であったが、彼らは「チンチ・マンマもろた」というて悦んで帰って行ったのは、つい昨日のようであるが、その間に七十余年が流れておる。

私は上に述べたように数え年六つで見習小学生として入学させてもろうた。小学校は三浦村立大内浦簡易小学校[41]であり、先生は三瀬貞太郎先生一人であった。校舎は田中の網乾場の東隣に三尺ほどの溝をへだてて南北一二間東西五間ほどの木造瓦葺の一棟一室で西面しており、その南端は先生の居宅として一室が仕切ってあった。私が正式の小学生となってからは卒業までずっと加藤昌壽という一人の先生であった。教室は一年から四年まで一教室であって、各学年の間に何の仕切りもなかった。生徒は全部で五〇人位、西側に生徒の姓名が各学年別に成績順に木札でかいてあった。その東側の壁に黒板が四つあり、その北から第二番目の黒板のあたりに先生専用の机があった。そこの傍の壁には日月火水木金土ときれいに書いた時間割があったことは、今でも覚えておるが、その曜日のことは先生から一度もきいたことなく、その曜日の名も日曜日という名しか私には残っていないが、これは恐らく当時の大内浦の小学生はすべて左様であったことと思う。先生はその時間割に従って、一人で一年から四年まで教えられていたので、色々そのおとなの時間の配合に骨を折られたことと思う。一年生、二年生の頃の記憶はない。恐らく大庄屋の次男坊の大頭のおとなしい成績のよい少年であったと思う。その頃一二年生に習字があったかどうか忘れてしまったが、三年生の頃にはあった。そして小生は小学生としては上等の硯箱、墨、筆、草紙を用意してもらって習字をしたが、上記の幸七君がよい墨が買えずわるいガス墨、筆もちびったのを用いて、所謂チョチン字[42]をかくのであるが、それが少年の眼にはきれいに見えたので、私はその真似をして筆の先を切り、それをガス墨で固めて竹のようにして書いた。でも先生はいつも百点をつけて下さった。父は字が上手であったので、遺伝的には何とかなるのであろうが、この百点が小生に潜在的にうぬぼれとなったのか、私はついに字は全く下手でこの歳になってしもうた。又、幸七君が小刀が買えぬので、彼の母のおれたハサミをもって来ていたので、それも真似て母にねだって、似たようなものを貰うた。

小学校では山本タニ（妹の友達であるが小生より二才ほど年長）と私とが首席をあらそっていたが、三年の時に私が首席になった。ところで九信兄達のいる四年生の末席は、当時宇和島より大内浦へ来て酒屋をやっていた三好という婦人の娘でノブという子であったが、大内浦校では上述のように一年より四年生まで一教室であって、四年生の一番が教室の北西隅に彼の席をとり、二番がその右に、三番以下は順次二人宛、このようにして席をとるのであるが、上記の四年の末席の三好ノブ子が一人であったので、その右に三年生の首席の小生が行くことになった。女の子、しかも村ではシャレ者として見られていたノブ子と同じ机にすわると、他の生徒の口がいやなので、とうとう学校の窓からとびおりて泣いて家に帰った。母にその理由を問われたので、上の事情を話し、母から先生に御願いして二番の山本タニと席を変えてもらった。

またこの頃の記憶であるが、読本の試験の際には我々同じ学年の者は、田中の大門の中のタタキ床の室（八畳）で待機していて、拍子木《ヒョウシキ》がなると順次に其処から学校の試験場へ急いで行くのであった。その距離はわずかに十数間であっ

［40］「なぬし」と読むのではなく、「めいしゅ」あるいは「めいし」とでも読むか。

［41］三浦で大内簡易小学校が出来たのは、他の三校とともに一八八七年のことである（『三浦誌』）。

［42］提灯字。書道の時に、一筆で書かないで何回も継ぎ足したり修正したりして書いた字のこと。提灯を製造し売る人が提灯に文字を書く時にする所から来ている（『日本国語大辞典』の「提燈屋」の項参照）。

た。明治二七、八年の日清戦争は私の尋常小学校三四年生の時であった。

(1) 畑造り：この頃私は田中の東側の裏山で幸七と二人で度々頗る小さな畑ごっこを作って（半畳ほどの）、そこに小さな松や色々の小さい木を植えて楽しんだものだ。その畑は今はどうなっていることか、何だか今でも残っていて会えるような気がする。

この頃幸七などと一緒に遊んだことの一つに、多くの立派な蟹をとって来て、縁側に木片でカニの家を立て、必要に応じて、そのカニの大爪に糸をつけて、左右にわけて、曳き合いをさせた。そしてその力の強いカニには、当時盛んであった牛のつき合からヒントを得て、その牛の名をつけた。この頃子供達のある者は、よくカニとカニとを大爪でつかみ合はせて、それをねじ、つめのはずれたのを負けとする遊びもあったが、私は何だかそれはしなかった。

又、その頃、夏の夕食後ゆかたを着て、家の南側に竹製の涼台を出して、妹や友達と共に、南方に聳ゆる嶽《だけ》山[43]をみて、全くドライ[原本は平かな]な私ではあったが、何かしら何かしら思うたことがあったようである。大分に後に第三高等学校の学生となった頃、伊藤小三郎[44]先生からアメリカの文豪Nathaniel Hawthorne［一八〇四〜一八六四］のGreat Stone Face[45]を教わった時、その主人公Earnestにいたく同感したことがあったが、それはあるいは私の少年時代のこの気持であったのではなかろうかと、今にして思われるのである。Great Stone Faceを今一度読んで見ようと思っていたが、孫の田中正明に英語を教えるため、その教科書とすることとなり、昭和四四年の夏一気に読んだ。よい本だ。青年は読むべし!!

(2) 蜘蛛：この頃私には幸七のほかに、中川磯吉の隣家の中川熊吉（旧臣）の次男亀松とその隣家の内田弥吉の息子金《キン》［　］、弥吉《ヤキ》、弥《ヤー》代八の四人の側近が出来た。熊吉は熊おぢと呼んでいたが、彼は目白を取ってこうていた。その亀は中々の悧巧者であったが、彼と私とはジョログモ［女郎蜘蛛］によって結ばれていた。彼の家の裏の大木（梅であった）には多くのエライ強いジョログモがいた。私は家のナンテンをはじめ物置の屋根裏などに木をさして蜘蛛を養うていたが、度々亀のジョログモがうらやましかった。ジョログモを取るために近所のクモの居そうな場所は勿論、かなりの遠方まで取りに行くこともあり、又、私がジョログモ好きであるを知って、郵便配達夫（当時九八郎叔父か父かが郵便局長であった）さんが、道でみつけた大きなジョログモを取って来てくれた。トーサマ（小生達田中の少年の通称）は悦んだ。

（3）ネンガリ：又、その頃トーサマは度々多くの少年をつれて、斧や鎌をもって裏山へ出かけた。それはネンガリ（又はネンガラ）造りのためである。ネンガリというのは一尺五寸ほどの真直ぐな木の幹又は枝の先をとがらして、それを打ち振って土地に立て、相手はそれめがけて彼のネンガリを打ちつけ、早く相手のネンガリを倒した方が勝者となり、相手のネンガリを没収するのである。この遊びは多く寒い季節のものであって、一同は、山で多くのネンガリを造って、それを両腕にのせて、「山草よ、裏白よ」というかけ声をくりかえしつゝ、白い呼気をはきながら、田中の

［43］標高四八九メートル。権現山とも呼ばれ、近世には修験の修行場であり、御城下組浦々の地域の漁事祈祷や旱魃時の雨乞祈祷などが行われた。三浦には常に数人の修験者が住んでいた。後出。

［44］第五章注［137］参照。

［45］アメリカの小説家、『緋文字』は有名。Great Stone Face は「人面の大岩」と訳される。初出は一八五〇年、一八五二年に短編集 The Snow-Image, and Other Twice-Told Tales に収録された。その内容を要約すれば以下の通りである。

ある渓谷に温和な表情の人面に見える大岩があり、人々は、いつかこの岩のやさしい表情と同じ顔をした偉人が現れる、と言い伝えていた。地元のアーネスト少年はこの言い伝えを耳にし、また飽きることなくこの人面の大岩を眺め、その表情から無言の教えを吸収しながら、目立つことなく着実な人生を歩んでいた。渓谷には一山あてた商人、武名とどろく軍人、弁舌の冴えをもってなる大物政治家、人面の大岩を見事に詩に表現する詩人などが現れたが、アーネストにはいずれの顔も大岩に似ているとは見えなかった。しかしその詩人は、大岩と同じ表情を持つ人物とは、大岩と会話しながら生き、老境に達していたアーネスト自身だ、ということを発見したのだった。

以上の Great Stone Face についての詳細は、千葉大学文学部講師橋川健竜氏の提供による。

屋敷に帰った。多くの場合、前の蔵（宝蔵）の南側の暖かいところで、勝負をしたのである。勝負が終るとみな一緒にしてしまっておき、又、思い立つとひき出して勝負をするのであるが、上等のつよいネンガリは誰でも手に入れたいので、勝手に取らないようにすべてのネンガリを並べて、交代に一二三四五とかぞえながら一〇にあたったネンガリをその者が取り、次の者はそのネンガリの次のネンガリから数えて一〇にあたったものを取るのである。その際力があれば大きな真直ぐなネンガリを手に入れたら有利なのであるが、力がないのに、そのようなのを手に入れたとて、かえって困ることはわかっていても、やはり大きなえらいネンガリを手に入れることに勝気なトーサマはいらいらしていたようである。

（4）大ナメラ：又、この頃大ナメラというて、先述の乳母の家の裏をながれる川の上流にある大きな岩のあるところへ、冬にはつららを取りに行った。大なめらよ。水の清い大なめらは夏もよかった。

（5）目白とり：又、この頃秋の末から冬にかけて、私のよくやったことは、金をつれて山（ほとんどすべて田中の所有の山）へ目白を取りに行ったことである。おとりの目白の入っておるカゴを風呂敷でつつみ、鳥モチ（時々は椿の花）と今一つ空の鳥カゴを持って、朝食後すぐ出かけた。朝早い方が目的達成上よいのである。目白は多くマメギの木の多いところにいたが、そこへつくと先づ程よいところにおとりの鳥かごをかけ、その周囲の目白が来てとまりそうな小枝に鳥モチを直接にのべつけ、又は小さなものにとりモチをまきつけて、それを枝の上におき、椿の花があれば、それを鳥かご近くにほどよくおく。そして其処から四五間はなれて隠れて見ている。すると囮《おとり》の雄の目白が雄の鳴声をして鳴き始めると、どこからともなく山の雌の目白がそれに応じて雌の声で鳴きながら次第に近よって来る。そしてモチのつけてある枝にとまると、鳥モチにひっついて哀れや逃げることは出来ないで、ぱたぱたしている。それを見ると隠れていた私達は急いで近づいてつかむのであるが、その際、目白は度々さかさまにぶらさがっていた。又、目白といっしょ、度々チャッチャッ（鶯の子）もとれた。

風の木ごとに言っていた、もうすぐ春の来ることを
ちゃっちゃっが鳴いて谷あいの雪もほどなく消えること
風は田畑に知らせてた、おっつけ木の芽の出ることを
畦《あぜ》には蕗《ふき》の薹《とう》が萌《も》え、子供がつみに来ることを
風は僕にもそう言った、復活祭《いすた》もあとから来ることを
春の帽子を街《まち》で買い、いなかの従妹《いとこ》の来ることを

巽聖歌[46]［一九〇五〜一九七三］

今ではこのような目白捕りなど思いもよらず、自分の庭に来る鳩、雀、ちゃっちゃっ、目白、百舌鳥などは私には天使のような心地がする。目白などに昔の罪の許しを乞うておる次第である。

大抵一度行けば数羽はとれた。家に帰ると目白かごより大きな箱に入れて、大切にして養うのであるが、度々命を失わせたし、又、時々は飛ばせて山に返した。雌の目白はよく取れたが、鳴声がわるいので、よく解放した。声のよい雄の目白はりこうで中々取れなかった。

（6）川えび： この頃、大内の川や名切の川で小さな川エビをとらえることがあったが、時々はウナギのおりそうなところでは水をせきとめ、石灰をウナギのおりそうな穴や岩の間にぶちこんで、ウナギをよわらせて取ったことがある

［46］童謡詩人。この童謡は「風」と言い、『赤い鳥』一九二九年一月号に掲載された。与田準一前掲『日本童謡集』に収録されている。

が、その際にかなり大きな川エビもとれた。

（7）山桃：田中の山には多くの山桃の木があった。殊に大内浦の神社大神宮[47]の森には多くの立派な山桃の木があったが、その木に登って、美しく熟した全く新鮮な山桃の実を選りすぐって食べた。その味は今でも舌に残っている。父は山桃の実を種子ごとたべたので、それを問うと、種子をくだいてはいけぬが、丸のみなら大丈夫そのまま便に出ると言われた。普通には外《そと》の肉をたべて、種子は出すのである。安米《あこめ》の安米崎《あこめざき》の横山源吾所有の山にも多くの山桃の木があったので、時々行っていただいた。又、北灘[48]（大内と嶽山でへだてられた部落）から大きな美しい山桃の実（赤いののほかに白いのもあった）を荷籠に入れて売りに来ることもあった。買ってもらって、塩をもぶってたべたが、一層うまかった。

（8）梅の木：田中の墓所[49]へ行く坂道の右側の崖に大きな梅の木があり、又墓所の東方の畑にそうても大きな梅の木と竹ヤブとがあったが、この梅取り、

ドングリ山のドングリは、落ちても落ちても草の中
どんぐり山の枯草は、分けても分けても分けきれぬ
草を分ければ手が冷える、どんぐり拾えば日が沈む
（島木赤彦[50]［一八七六〜一九二六］）

の言葉のように、自然におちたり、たたき落して草の中にある梅の実を集めることは、少年時代の年中行事の一つであった。

(9)枇杷:おサワおば[父の乳母《うば》の名前——悠紀子記]の家の裏のすぐ上に大きな枇杷の大木があって、九信君や友達とよく取りに行って登って、とってたべた。

(10)椎の実:おサワおばの家のすぐ東の山に大きなシイの木があって、朝早く拾いに行った。小さな石ころの間に可愛いシイの実が沢山おちていた。

(11)栗の実:田中の山には多くの栗の木があったろうが、山で栗拾いをした記憶はない。ただ田中の屋敷の東側の崖に大きな樫の木や種々の灌木と共に大きな栗の木があった。夜中に落ちた栗の実を毎朝本家の子供と競争して、先に自分のものにしようとして競っていたが、本家の子達は朝ネ坊であったので、大抵は早起坊である分家の我々が先に拾った。

(12)コマ廻し:小学生の頃には、よく独楽《こま》まわしをした。その独楽には二種類あった。その一つは木で作ったコマの中心に穴があり、そこへ適当な竹の串を通したもの(稀にはそのようにせずと全部木で造ったものや、金製《かね》のものもあった)であって、コマの土台の出来ふでけ[不出来]のほかに、その表面と裏面の串の長さや、先端の尖《とが》らし具合でよくまわるのと、よくまわらぬのとがあった。縁側でそれをまわして、音をたててよくまわるコマはうれしかった。恐らく大小五〇位はもっておったと思う。

[47] 名切崎にある天満神社のこと。明治初期「宇和郡三浦　社地絵図面」(田中家文書文箱20:103)では「神明社」とあるのが、それを指すか。

[48] 現津島町。

[49] 田中家の墓地は現在も同じ場所にあり、三浦公民館西三浦分館の運動場の南側すぐ上のあたりである。その墓地には田中家の前の庄屋大塚氏の墓、旧臣三家の墓もある。

[50] 長野県生まれ、歌人。「どんぐり」は『童話』一九二三年四月号に掲載された。与田準一前掲『日本童謡集』に収録されている。

今一つのコマは普通直径一寸から一寸五分位の真直ぐな木の枝を石垣の穴に指し込んで、その一端を鋭利な鎌で▽の形にけずり、適当な長さのところで切ったものである。それをまわすのは、一尺ほどの竹の先端にねばり強い梶《かじ》の木皮をはいで作ったのを縛りつけ、その先端をコマの上部にまきつけ、それを地面に斜にねらせて不意にひっぱってコマに廻りはじめてもらい、その後はそのコマの廻りやめぬうちに、またたいて廻りつづけさせ、甲のコマと乙のコマとを次第に接近させ、掛声と共にその二つのコマを衝突させ、その結果まわりやめた方が負者である。そのようにして後から後からと戦をいどむコマと勝負するのである。このようなコマを廻すのはその地面が固ければどこでもよいのであるが、多くは田中の大門の中の広いタタキ場が土俵であった。

(13) 隠坊：

おもいだすのは　かくれんぼ
待てどくらせど　来ぬ鬼に
さびしい納屋の　櫺子《れんじ》から
そっと覗《のぞ》けば　裏庭の
柿の木にいた　みそさざい（西條八十[51]〔一八九二～一九七〇〕）

小学生時代にはよく「かくれんぼ」をしたものだ。広い家敷に多くの別々の棟の家があり、樹木も多く、隠れ場所には事欠かなかったので、我々は殆ど毎日のようにかくれんぼをして遊んだ。たしか一三歳頃のことであったが、中学生になったばかりの私は夏休みに父母の許へ帰省して、楽しい有がたい毎日を過していた。そのある日私は村の少年二人ほどを集めて海水浴をした後、隠坊をすることになった。私と一人の友達とは隠れる方、今一人は鬼となった。

今でも明らかに眼底にやきついているが、我々は田中の裏門の屋根の南側に登って隠れ、北の方から来ることになっている鬼を、屋根の峯瓦を眼隠にして見ていた。鬼が近付いて来たので私は屋根の上を後退しつゝ身を隠していた。すると門の屋根の端まで退いたとみえて私は将に屋根から落ちそうになった。それに気付いて私は無意識に側の垣根をなしていた方竹を掴んだ。その御かげで、急に落下せず、ゆるりと落ちた。その際、はじめは気付かなかったが、よく見れば左脚の向脛の上の方がかなりひどく傷ついていた。早速、母に知らせて応急の手当をし、やがて村の医師の手当を受けて、大したこともなくてすんだが、その傷跡は今もかなり明白に残っておる。しかしそれら家外でのかくれんぼのほかに、広い家の中でも度々やった。今頃（昭和四三年春）山岡の大きな孫達（三人）が山崎の小さな孫達（二人）を相手に北白川の寓居でかくれんぼをしているのを見ると、幼少なりし頃が偲ばれて、頭の中には旧田中の家や屋敷がまざまざと現われて来る。

（14）木登り：私はこの頃よく、木登りをした。田中の五戸前の蔵の最南の背後の少し高くなったところに、田中家の守護神加茂様の御宮[52]があった。その御宮の南（背）には、樹齢何年ともわからぬ椋《ムク》の大々木があり、その下の方には大きな洞窟があり、幹には葛がひどく上の方までまといついていて、夜は「弟子恋し」（フクロウ）がよくないた。その椋の西側にかなり大きな玉ガラ木があった。お宮の向って右には通称小銀杏《いちょう》があり、左手には大銀杏と猿滑の大木があった。これら二つの銀杏や猿滑の木には非常に度々登って、その適当な枝を舟の櫓に見做して、よくこいだものだ。今でも大椋と大銀杏は健在だ。

［51］東京生まれ、詩人。「かくれんぼ」は『赤い鳥』一九二一年七月号に掲載された。与田準一前掲『日本童謡集』に収録されている。

［52］前掲明治初年「宇和郡三浦　社地絵図面」によれば、加茂神社は面積一九歩。現在も小さな祠が三浦公民館西三浦分館の下の所に残っている。秀央が記す椋の大木はすでにないが、銀杏の木は健在である。口絵の図版では田中家の西側に「明神社」とあるのが加茂神社である。

(15)猪の子：旧暦一〇月の亥の日のイノコつきは村の子供の年中行事の一つである。大内浦本浦は三区にわかれていて、西前、東前、釜床であるが、その各区に直径一尺ほどの石製で⊟形をしたイノコがあった。このイノコの中上に円に管がついており、それに八つほどの小さな丸管がついており、その管には長さ一丈ほどの丈夫な大きな麻縄がついていた。御祭の日には各区の子供達は鉢巻をして各区の大将に率いられて、各区の主要な場所や家でイノコ歌を歌いながら、どしんどしんとイノコをつくのである。田中分家は東前組に、本家は釜床組に属していた。各組は他区へは出ていかぬのであるが、庵とか石燈籠とか各区共通の公共の場所へは区の区別なく出ていって、イノコをつくのである。ところが、故意か偶然か、西前組のイノコと東前組のそれとが同じ公共場で出会うことがあった（釜床組は勢力が弱かったので、そのようなことのないように自粛していたようであった）。初めのうちは

一に俵ふまえて　二ににっこり笑った
三に酒を造って　四つ世の中よいように
五ついつもの如くなり　六つ無量《（病）》息災に
七つ何事ないように　八つ屋敷をひろめたて
九つ小蔵を建てならべ　十で米で納めた
ふんえー、ふんえー

とか、

猪の子の由来を申すなら　富士山の巻狩に
仁田《（新田）》んの四郎という人が　猪子の背中にとびのって

一刀でさし殺す　　日本国中島々よ
十月の十月の　　亥の日を祭ってつくならば
おだやかなろうと申します　　ふんえーふんえー[53]

の掛声いさましく、どしんどしんと地しびき立てて[54]イノコをついておるうちに、足をふんだ、肩にあたったとか何との口実で喧嘩になるのが常であった。喧嘩がひどい時はイノコとイノコをぶち合って、割ることもあるので、もしかくなりては高価なものを失う恐れがあるので、大抵の場合は若干の子供達がイノコをかついで逃げたものだ。去年昭和四〇年一一月五日はわれらの大内浦校の九〇周年になるので、乞わるるままに久々振りに帰省した[55]が、その日は旧暦一〇月の亥の日にあたったと見えて、村の子供達がわが家の垣の外に来てイノコをついてくれた。八〇の老人も全く全く久々振りにイノコのひき綱を手にしてイノコ歌を歌った。うれしかった。今一度一〇月の亥の日に帰省して、今は忘れておる多くのイノコ歌を蒐集しておきたいものだ。

(16) 竹網：田中の盛んなりし頃には四帖（四くみ）の網（二艘一対よりなる）があったそうだが、小生の少年時代には九八郎叔父が一帖だけを経営していた。何様にも海辺だから、村の子供は網には関心があった。「竹あみ」というのは孟

---

[53] 亥の子歌については『愛媛県史　民俗下』（愛媛県、一九八四年）参照。西村浩子「言語資料として見た田中家文書」（前掲『漁村文書の総合的研究』所収）参照のこと。『県史』には秀央が記したものと似たものが紹介されている（五四七〜八頁）。『三浦誌』にも亥の子歌が収載されているが、秀央の記したそれではない。

[54] 宇和島地域で「地しびき」と、「ひ」を「し」と発声することについては、島田中家）である。

[55] この時、田中家を代表する三人の人物が、三浦に集まってきた。田中秀央、田中九信、それにカトリック教会高松教区初代司教田中英吉（戸

宗竹を長さ一間ほどに切って、その先端は網船の船首《みよし》のようにし、後尾には木片でもって網船の船尾《とも》を真似たものである。必要に応じて船尾には旗や幟《のぼり》が立てられるようにしてある。

竹あみ遊びをする場所は田中家と海との間にあるかなり広い網乾し場である。そこには所々に網代《あじろ》と称する網船が構えておるべき場所がある。そこに甲や乙の網船が位置をとって構えて、魚の来るのをまっておる。魚をつとめる子供はその網乾場をあちこちとはねまわるのであるが、その際「山あがり」と称する魚見の人の[56]「おお」という声と共に網船は左右にわかれて魚をかこうのである。囲うには何のしるしもないから、魚の方が網船より早く走りにげたらそれはとられないのである。逃げることの出来なかった魚は次第に網のひきしめらるると共に一緒になってとらえられる形をとる。その際にも各自の「山あがり」の声で、各自の網船が網ひきをはじめることがあるので、時々けんかが起った。[57]

(17) 凧揚：凧あげは日本国中至るところに行われているし、ところによっては大人まで参加するそうであるが、私達は子供だけであった。大内浦は南に嶽山を背おい、北によい入江の海をもっていた。我々は田中の網乾場で凧あげするのが常であった。そして大抵は北風の時に、即ち海の方から風がふく時に凧をあげるのであって、南風の時は上げなかった。子供心に風は何だか海の方から来るもののように印象づけられていた。タコには二種あって、ダルマ凧と四角形の凧とであったが、私達は殆んどダルマ凧を用いた。勿論遠く高くあがるのが自慢であって、それには母にねだって長い凧糸を買うてもろうた。糸の切り合いなどは私達には全く知られていなかった。ただ何かのはずみで甲の凧の糸と乙の凧の糸とがからみあうことはあった。いちばんつらかったのは、凧が大椋とか大樫にひっかかったり、くるくるまいしてどこかにおちること、殊に糸が切れて遠く遠く飛び去ることであった。しかしこのような時には、不思議と多くの子供がその凧の行衛を追ってとことんまで捜すことであった。凧あげは京都で住んで後も子供相手によくあげたものだ。

(18) 蹴合《けあい》：私は雄鶏の蹴合を見るのが好きであった。本家の玄関は頗る広く、おそらく二〇坪位の敲床《たたき》があって、その左側は漬物蔵、その隣が炭入れ場であった。右側には大きな釜が三つあったと思う。その敲床上に鶏が十数羽いた。彼らの間ではお互に誰が強いか弱いかをよく知っていたので、めったに喧嘩せず、喧嘩しても決してひどくはない。分家でも矮鶏《ちゃぼ》を養うていた。鶏は知らぬもの同志では大抵烈しく争うものだ。それを知っていた私は、上記内田金のとこの雄鶏を田中の雄鶏と何とかして戦わせたいと考えた末、田中の雌鶏を内田の鶏の目にとめるために、上記の加茂神社の東側にあった田中の桑畑へ投げあげる。すると内田の雄鶏がそれを追うて来るが雌鶏は田中の屋敷へ逃げ込む。それを追うて来た内田の雄鶏を門をしめて、帰れぬようにしておいて、用意の田中の雄鶏と戦わせて後帰らせた。このいたずらは数回やった。

(19) 枯草焼：田中屋敷の東側はかなり急な丘陵になっていて、その頂上には、先祖が風よけのために植えた二列の松並木が檜木ズリから北へと連なっていて、山の神様[58](丘陵の東側で大分に北へよったところにある)の森までずっと続いていた。今はなくなった。この丘陵の頂上近くの西側に山アガリがあった。山アガリというのは土を盛りあげて造った高さ一間一坪ほどの土饅頭であって、そこには一本の松があった。これは村人の漁夫のうちで魚の存在する場所を海面の色で見わける眼のよい頭領格の人[59]がそこに立って、海上で待機している網船に、どこそこへ船をやって網をおけ

[56] 網組織の中で村君に次ぐ地位にいる「山村君《やまむらぎみ》」のこと。漁場に魚が入ったことを知らせる役割を担う。

[57] 近世の三浦地域の網争論については、山下堅太郎「近世後期における漁業争論と漁業秩序―近世後期宇和島藩領の浦方を事例に―」（菅原憲二編『記録史料と日本近世社会』、千葉大学大学院社会文化科学研究科、二〇〇〇年、所収）参照のこと。

[58] 前掲「宇和郡三浦　社地絵図面」によれば、大内地域に境内一〇歩の「山神社」がある。

という合図をオケヤーの声と共に手にもてる柴で示す場所である。この山アガリの附近には小松をはじめ色々の灌木が生えていたが、ただ雑草だけの土地もあった。秋から冬にかけて、私達はよくここに出かけ、その草をやいたものだ。勿論風の方向などを考えて、延焼せぬようには各自その場所につき、手には青い松の枝をもっていた。火をけすためである。このようにして枯草をやいて暖を取り、おしまいには入念に火を青い松枝で消して帰るのであった。

(20) 犬：私は戌の年の生れであるからか、小さい時から犬がすきであった。友人の一人に吉《きち》(竹林)の名で通っている子供がいたが、彼は犬と何かしら親交があるようであって、彼の家の西側にある「小宮様」の温かいところは、彼が犬とあそぶところであったようだ。私は吉からよく犬をもろうた。時には家に三疋の犬ころがいて、夜は逃げないようにと、物置に入れておいたが、夜、親犬が来て子犬と戸をへだてて鳴き合ってやかましいこともあって、父母をはじめ下女下男に迷惑をかけたことであろうが、私はそのようなことを考えもせず、ただ夜が明けて、かわいい犬ころを見ることをのみ楽しんでいた。

(21) 犬の喧嘩：こんなわけで、田中には勢い強い犬もあつまった。私が知ってる犬は「テシ」と「シロ」とである。テシという名はおそらく喧嘩上手という意味で、「手師」とでもいうのであろう。シロはその犬が白であったからの名である。

ところで、この白の尾は短かかった。昔のことであるから大内と安米とは何かにつけて、度々よくいえば競争、わるく言えば喧嘩をしていた。大人のそれは大内網(田中網)と安米網とが魚領の問題などから、その網船の乗組員がなぐる、けるの喧嘩は勿論、場合によっては、各々の部落から応援隊までくりだしたこともあった。安米の人の方が船こぎなどの点では優っていたように、我々少年には思われていたが、大勢に無勢でけんかは多くは大内が勝った。

この競争意識の一端が我々少年にも及んでいて、それが犬の喧嘩に現われた。犬の喧嘩というのは、大内と安米との中間ほどのところに、通称「中ノ山」というところがある。祭の日とか休日には多くは大内の少年達の方から（勝つのがきまっていたからでもあろうか）「手師」を、後には「白」を中ノ山までつれていって、そこから声して安米にいどむのである。安米には浅野という家があって、そこにも犬がいた。いどまれると安米の少年達は浅野の犬を連れてやってくる。犬は一度けんかして負けたらその後は、その犬には立ち向わぬときいていたが、この浅野の犬は勇敢に何度でも安米の少年にひきいられてやって来た。「中ノ山」の平地が土俵で、二つの犬はしばらく組打ちをするのであるが、いつも白が勝つのであって、相手は逃げるのである。白は強くておとなしい犬であった。時々郵便配達について、処々に行ったようであるが、未だ負けたことはなかった。白は我々の知らぬように晩年に姿を消した。白よ白よと言いたいな。

今一つ犬のことで思い出すのは、私の少年の頃に旧宇和島藩の城主伊達宗徳《むねえ》侯[60]（一八三〇〜一九〇五）が御子息の一人九郎様（後に伊達宗彰）[61]などを伴れられて、兎や雉子狩に御出でなったが、その時には田中の家の御成門[62]を開いてそこから御入りになり、壺の内に面せる御屋敷に御宿りになったことを二回ほど覚えている。その際には数疋の狩犬もついてきて、二枚戸蔵の中で夜を過さすのであった。朝狩に御出かけの際、その犬達と田中の犬白とが喧嘩をしたが、いつも白が勝ったが、子供心にあとで父母が叱られはせぬかと心配した。

---

[59] 前出「山村君」のこと。

[60] 第九代宇和島藩主。藩主在任は安政四（一八五七）年〜明治四（一八七一）年。

[61] 伊達宗彰は伊達宗徳三男紀隆の三男で、一九二三年に宇和島伊達家を継いだ人物であり、本文中の「九郎様」とは異なる。恐らく「九郎様」は後に二荒芳之の養子となった伊達芳徳のことであろう（霞会館華族家系大系編輯委員会編『平成新修旧華族家系大系』下巻、吉川弘文館、一九九六年）。

[62] 「屋敷間取図」には、海に面した北側、田中家の大門の向かって左側に、「御成門」が記されている。

昭和四三年三月二一日に末の子山崎和夫一家が満六ケ年後に恙なくドイツから帰って来た（和夫は前後九年半）。彼らが出発前に養っていた小犬はその後六ケ年間主として隣家の山岡で世話になり、私達も世話していて、両家の番犬としてよくつとめてくれていた。名はアル（Odysseia の Argos にちなんで小生がつけたのであるが）、後にはロジであるが、山崎が帰ることがきまったので、私は殊に注意して世話していたが彼らが帰って一週間ほどすると姿が見えなくなった。二〇日ほどもまって帰らぬので、悠紀子が九条の犬取りさんのところへも行いて質してみたが、終に帰ってこない。[63]可哀そうでならない。Odysseus の犬 Argos が主人が二〇年目に帰国するのを見て逝いたことを考え合わすと、犬は大任を果して安心して消えたのであろうか。犬は自分の最後の姿を見せぬとのことを「白」と「ロジ」とで知った。

(22) 水泳：海岸の村であるため、水泳はかなり早くから覚えていた。私は深いところでおよぐのは何でもないが、浅い海底の見えるところ、殊に色々のもののついている美しい(?)ところでは泳ぐのは好かなかった。遊び友達と陶器の破片を二間ほども深い海底になげしずめて、それの取り合いをよくやったが、その際ではつとめて、よそを見ず、その白いもののみを見ることにしていた。モグルことも得意であって、友達と真直ぐにもぐったり、段ガキを回てんして泳いで、その長さ又は回数を競うた。時々大内へ来る千石本《モト》船の高いトモ（船尾）から飛び込んだのもよい憶い出である。大学生の頃帰省して夏休みにただ一人ダンガキから沖へと悠々と遠く泳いだもんだ。村では未だそんなに遠泳をする人がなかったので、人々は私を網のタル（樽）と考えたり、又、私の身を心配してくれた。

(23) 押合い：私は櫓漕ぎにはたしかに自信がある。船尾《トモ》櫓を持たせてくれたら今日でも大丈夫と思う。これも少年時代に多くの友達と一緒になって船漕ぎ競争をしたためであろう。当時船漕ぎ競争はただに少年達がやったばかりでなく、何かところ[64]（部落のこと）の休みの日には大内部落の若い人達が船を仕立てて、多くは五丁櫓でいやらー、いやらーと板で合の手を打ちながら競ったばかりでなく、安米の若い衆とも競った。

(24)タライ(盥)乗り:水泳や魚つりの際に、よく盥《タライ》に乗った。家にあった最も大きなタライを頭と背とでささえて海にもって行き、一間ほどの長さの多少しわる竹で左右の手で交互に海をかいて進むのであるが、時々それで早さの競争をしたり、タライ合戦をしてお互に相手のタライを転覆させた。

又、何かの都合で船を使用せぬときには、タライにのって魚釣にも出かけた。

(25)魚釣り:田中には自家用の舟が必ず一艘はあったので、それに乗って友達と共に水泳に行ったり、魚釣りに行った。魚釣りは前の日にシャク(シャコ、蝦蛄)か小エビ(蝦)、餌《エ》を取っておいて、翌朝多くは一人で朝八時頃の朝なぎの時に出かけて、一〇時頃には帰るのが普通であった。魚は多くはメバル、ヤハゲ、アカマ、青ギザ(ハナタレ)、赤ギザなど海岸近くの磯の岩に住んでいる雑魚である。ここがよいと思う釣場についたら、イカリ(錨)(岩の間にはいって取り出しがたくならぬために、イカリの手をイカリ綱でまいておく)を海中に投ずる。大抵の場合はそれだけで船は十分定位置におるのであるが、何かの都合で船を安定さす必要あらば、石を綱でしばって船尾《トモ》イカリも投入した。

私は特に魚をたべるために釣に行ったのではないが、釣ることが面白かった。釣にあけば水泳もした[65]。少年の頃の魚つりは全く自分のたのしみにやったのだが、私が大学生となってから後の魚つりは、必ずしも左様ではなかった。父は酒がすきであり、晩酌には二合ほどは飲んでいたが、それには肴が必要であった。田中が盛んな頃は網で取れたマジリ魚(主なる魚の中にまじって取れる鯛、チヌ、キス、カレイ、ヒラメ等)は田中が優先的に取っていたので、肴に困

[63] 一九三三年には次のようなことがあった。同年四月一二日、犬を捜して下鴨警察七条署にまで赴き、七条の内浜で偶然に喜田貞吉に会っている。そして彼を通じて崇仁校長にも犬捜しを依頼している(田中秀央「日記」)。

[64] 近世でも、大内、安米、名切などの集落を「所方」と呼んでいた。

[65] この部分に鉛筆書で「あきると」と注記がある。

ることはなかったが、[66] 田中が傾いて来て、網もやめると共に、台所も不如意になると、そのような魚もなくなり、魚を売りに来る人から買わざるを得なくなった。しかし場合によっては、買えぬこともあった。しかも父は寝酒《ね》の肴はほしいのである。それを知った私は、夏期休暇で帰省すると、日課のように魚釣に出かけた。私が釣る魚は上記の如く全くつまらぬものではあったが、それでもそれを父にたべてもらって、父のよろこぶ様子を見ると全くうれしかった。多く釣れると、カゴに入れて海に投じ、翌日の分にまわすのである。今は魚つりなど思いもよらぬ恐ろしいことである。

(26) ボラ（鰡）たたき：田中家の名切新田[67]の北端に、即ち海岸に沿って道路があったが、その内側に道路に沿って長さ一五間、巾三間ほどの長方形の堀があった。平素は三尺ほどの深さの水がためてあるが、その西端の北に水門があって、それによって、この堀と外の海とが必要に応じて開閉される仕組になっていた。したがって、その堀の水は必ずしも真水ではなく海水も混じていた。従って、その堀には五寸ほどのボラが沢山に生殖していた。私達は夏にはこのボラを取るのである。その方法は、巾一丈、深さ三尺ほどの網をはり、それの後方に巾一丈、引巾三尺ほどの竹簀をつって、その網を東から西へと、堀の中を歩きながら進むのである。そうするとボラは飛んで後方の竹簀の上に落ちるのであるが、それを叩いて取るのであった。

(27) 牛の突合《つき》：ところ（部落）の休みの日には、上に述べたように、若人達の船の押し合も度々あったが、牛のつき合は九月二五日(?)の三浦村の天神祭につぐ、大内浦最大の行事であった。牛の突合を行う場所は田中家所有の竹ケ鼻岬のつけねのところにあった。牛の突合場を左に見て東に進むと通称小島と呼ばれる美しい海浜に行くのであるが、その小島へ降りるところに大きな松の木があった。突合場というのは直径一〇間ほどの人工の窪地であって、その周囲には小松や灌木の生えた見物席があった。その南の一隅に牛を曳いて入れる道があった。牛の突合は今日でも宇和島市に南予の一名物として残っているが、その昔は田舎の所々で行われていたのである。突合に出す牛は、大体大内《おうち》、安米《あこめ》、豊浦《とようら》あたりで養うていた農耕用の牛であった。田中にも大牛という強いおとなしい牛がいた（私はこの牛の背にのって、下男にひかれて、平《ダイラ》（地名）まで五六町いったことがある）。突合に出す牛は、その日に各自がつれて来て、つき合場の周囲の木につないで、順番をまつのである。突合に出す牛には、元気をつけるために、前もって食物にまぜて、乾したハメ（まむし）の肉や骨を喰べさせた。

突合の行われる日には、各自船を仕立て、御馳走を用意し、よそ行きの衣服をきて、海路一〇町ほど行いて、突合場の下に船をつけ、上陸して、突合場の周囲に己がじし陣取るのである。いよいよ二疋の牛が勝負するとなると各自、自分のすきな方へ応援するのであるが、負者が脱げだして突合場をかけめぐる際、見物席へかけあがらんとすると、見物人は柴で土地をたたいて、牛を撃退した。負けた牛は度々突合場から外へ逃げることもあったが、めったに大事はなかった。

（28）お祭：少年の頃のお祭といえば、それは九月二五日の三浦村の氏神天満宮（在千代浦）の御祭であった。この日には三浦村の船隠《ふながくし》、夏秋《なつあき》、千代浦《ちようら》、豊浦《とようら》、尾崎《おさき》、大内《おうち》、安米《あこめ》の七部落から各自祖先より受けついだネリ（練）を出すのである。[68] 即ち船隠は鹿の子、夏秋、千代浦は牛鬼、豊浦は大江山、頼光、尾崎は頭《カブ》（獅子の頭に似たもの）、大内は相撲、安米は山伏（？）、各部落からはネリをのせた特別の船のほかに、あるいは一艘から四五艘の船が参詣人を乗せて千代

[66] 一九世紀なかばに、田中家が持つ大内網が貸株となった時、田中家は相手方に次のような定を提示していた。「生魚入用之節ハ趣次第、其時々生魚受取可申、菜魚漁事ニ応し受取可申事」（「漁事繁栄記」『史料集』第四巻）。

[67] 文化一一（一八一四）年以来、田中家によって開発された新田。

浦に行くのである。田中家は必ず自家用の船を仕立てて行った。田中家の者は千代浦の名主大塚信一さんの家に陣取った。大塚さんは千代浦の名家であり、田中一家の者がそこに来ておるので、牛鬼《ウシュウニン》[69]がその長い首を座敷につっこんだり、マワワレ、マワワレ鹿の子がその邸内の広場で踊った。

お宮へ参詣する途中でカブに会うのは恐ろしかった。お宮はかなり多くの石段を登った高い場所に森に囲われてあったが、其処の広場には色々の店が出ているほか、相撲場もあった。お宮のおこもり堂には多くの絵馬があった。時々ここの夢を見ることがある。お祭の帰途には、度々大内と安米との祭行船が押合をしたが、安米の方が勝つことが多かった。

(29) 島原：忘れてならぬは島原よ、島原よ。島原こそは少年、中年、老年にわたって、色々な意味で私の脳裏に刻みつけられておるのである。あゝ島原よ。

幼年の頃にも、おそらく誰か、兄か姉か、従姉などに伴われて、島原に行ったことと思うが、その記憶はない。少年の頃には、三月三日のヒナ（雛）祭には、雛荒《ヒナアラシ》[70]のために妹や本家の子供や友達と一緒に舟をしたて、各自自分のすきな人形をもち、母に雛祭の弁当を作ってもらい、御菓子をもって出かけた。島原は田中の家から約一〇町ほど海路で大神宮岬をまわった東側の入江、即ち大内浦の小字である名切の入江にある。対岸は籾入で周囲二町ほどの小さな島で、そこには若干本の松と小さな豆木とがあった。大体こわれやすいうす赤い土砂からなった島で、その北側には通称カワソ（かわうそ、川獺）の穴という深い穴があった。この穴は父の故郷高田村と岩松町との間を流れる川であって、島原から陸路三里ほどの岩松川に通じておると伝えられておる。潮が満ちると陸へは二〇間ほど泳がねばならないが、汐がひいた時は数間泳げば行ける。その島の周囲は魚が釣れるし、砂の中には貝もいた。私は田中の家の前で十分泳げるにもかかわらず、船で島原へ行って夏の日を過すのがすきで、それは青年になっても、中年になっても、老年になっても、私が帰省すれば必ず行うた。田中家が没落してこの島もその他の多くの土地と共に抵当流れで従兄の医師田中実馬さんの手に帰した。そのうちに今から三十有余年前(?)のある年の夏、私は実馬兄にこの島を私に下さらぬかと願ったところ、あげようと云って私のものとなった。口約束であったが、お互に親しいので、別に登記はせなかった。ところが実馬兄が逝き、継子研吾君［一八九八〜一九四七］も逝き、その未亡人が高橋とかいう人と一緒になるや、この島の所有権を主張しておるのであるが、村人は皆なそれが私のものであることを知っておるのみならず、その後実馬兄の未亡人田中浪さんから三五円で買い戻して、その受取証もある。

その後歳月が流れて昭和四二年夏になったが、度々島原のことを夢に見るので、それを名実共に早く受け戻して田中家のものにしておきたいと考えることになり、高橋貞子さんに手紙で交渉したところ、快よく返すとの返事があったので、梶原蘭子さんの忠言によって三浦西選出の宇和島市会議員川井又一郎[71]氏をわずらわして登記変更の手続をと

[68] 三浦天満神社祭礼は、現在宇和島市の無形文化財に指定されている。祭礼日は現在、一〇月一九日である。なお秀央が記している各浦の出し物は、『三浦誌』が記すそれとは多少異なっている。以下『三浦誌』から引用すると、船隠—鹿踊り、よいやさ、天満(夏秋、千代浦)—お鉄砲、牛鬼、豊浦—お弓、荒獅子、尾崎—桃太郎、大内—相撲、安米—大江山となっている。ちなみに弘化元(一八四四)年では、大内浦—角力、船隠—よいやさ、千代浦—牛鬼が確認できる(『史料集』第一巻)。

[69] 牛鬼とは、旧宇和島藩およびその周辺部の祭礼時に出る練り物。恐ろしげな鬼面、尻剣に象られ白弊を付けた尻尾、長い髪の毛、左右の太く長い角、五、六メートル余りの胴体を棕櫚の毛や、赤や赤紫の布で覆って、数十人が入って練り歩く。古い伝承では妖怪もしくは荒ぶる神であったが、一八世紀後半以降「悪魔払い」の機能を持つものとして祭礼に登場し、南予独自の民俗を代表するものとして現在に至っている(宇和島市文化財保護審議会編『宇和島の自然と文化』、宇和島文化協会、一九八五年、大本敬久「牛鬼論——妖怪から祭礼の練物へ——」『愛媛県歴史文化博物館研究紀要』第四号、一九九九年)。

[70] 中国・四国地方では、三月の雛祭の供え物を子供たちがもらい歩く風習があったが、ここでは重箱などに馳走を詰めて近くの山や海辺に出かけて食べたりする山遊び、磯遊びのこと。

り、川井君の甚大なご協力によって島原は昭和四四年一月八日に小生の手に復帰した。実にうれしかった。「島原よ島原よ、よくこそ恙なく帰り来たりし」というのが私の心情である。

この島原についての憶い出の一つに、妻が歳四三才の夏、家族一同が帰省して島原へ海水浴に行った際、私は妻に水泳を教えたところ、存外早く覚えてくれて、爾来水泳には自信が出来たようである。

［四〇の手習いといいますが私どもも（子ども達四人）側面からお母さんしっかりと母の水泳の練習（父コーチ）をはげましました。今もこの島は私共の思出の場所となっています（悠紀子記）］

（30）小宮様：小宮様というのは大内浦の西端にある小さな森で、そこには小さなお宮があった。[72] 東側は日あたりのよいところで、野生の犬達はよくそこで成長した。

（31）おだい様（お大師様の意）：村の人々がおだい様と呼んでいるのは、村の中央の南側に岳《嶽》山から延てきている一つの小さな山脈の先端のところにあって、大師様を祭っている庵である。三浦村には、大内浦と海を隔てて北の方の尾崎浦に光明寺[73]という寺（禅宗）が一つあった。［及び各部落に大なり小なりの庵があったが、庵の中では大内浦のが最も大きかった。］そこには一人前の僧侶がいたが、他の部落には寺はなく、庵があって、そこには庵主さんがいた。大内浦の庵は上に云ったように、山脈の先端のところに、高さ三間ほどの石垣を築いて、その上のところを三〇坪あまりの平地とし、そこに庵を建て、その前である北側の空地とにした。庵の前面即ち北側は眼下に大内浦百軒ほどの各家があり、その北側には大内浦の良港があった。私の友である海が。後側は坂になっていたが、そこは大内浦部落の人の墓地である。

私の少年の頃の庵主さんは色の黒い大きな人であった。そこには甚だ古い大きな糯《モチ》の木[74]があった。この庵には地獄極楽の様子を書いた絵があって、地獄で多くの鬼にいじめられたり、様々の苦しみを受けておる様子は子供心におそろしく、正面から見ることが出来なかった。その絵は今でも残っておることと思うから、次に帰省した時、現在の庵主である兵頭禅悦氏を訪ねて見せてもらおうと思う。

その頃この庵は大内浦の会館の役目を果しておったので、大内浦の老若男女は村の休みの日には昼食弁当をこしらえて朝から己が自《じし》、ここに集って、所謂「おこもり」をして談笑しながら楽しい一日を過すのである。このようなことは今では夢であろう。

(32)権現様：我々の家のある三浦村大内浦の南方に聳え立っているのが岳山〔嶽〕である。この山は宇和島の東方の山脈から南方にのびている山脈がこの地で急に高くなっているのであって、そこへ登れば東西南北の海も山も眼下にあった。そこには権現様が祭ってあって、毎年〔六〕月〔一八〕日[75]の祭日には四方から人々が朝早くより急な爪先あがりの坂を登って参詣するのである。私も二回ほど朝暗い内に家を出て村の人々と一緒に参拝した。その岳山が北の方へのびて、我々の大内浦の真南にせまっているのが通称鉢権現という山である。そこには登ったことはない。

---

[71] 一九九〇年より、田中家史料保存委員会代表。秀央から川井氏への委任状の日付は一九六八年七月一七日である。

[72] 前掲「宇和郡三浦　社地絵図面」によれば、大内浦に反別四歩の「小宮社」がある。

[73] 田中家等を除く三浦の殆どの家の檀那寺。正保年間(一六四四〜四七)に龍華山等覚寺の末寺として開山。現在は臨済宗妙心寺派末寺。

[74] くろがね糯の大木二本のうち一本は、宇和島市指定の天然記念物であった。一九九六年の台風一九号によって被害を受けて、次第に樹勢が衰え、ついに二〇〇四年枯れたため伐採され、指定も解除された。

[75] 嶽山の祭礼日は原本では空白となっている。『三浦誌』では、二月と八月を祭礼としているが、「御廻文寄記録」によると安政六(一八五九)年では六月一八日を祭礼日としている(『史料集』第二巻)。

（33）お盆：田舎に住む人々にとって、一年中の最大行事の一つであるお盆は旧暦の七月一三日—一五日の三日間であるが、田中の家ではお盆には家の仏壇を入念にふききよめ、一三日の夕方には父母兄妹と共に海岸に出で、そこでお迎い火（お迎い火は麻がらを一尺ほどに折ったもの一〇本ほどと、お香とシキミとから成っていたようである）をたいて先祖様の御霊をお迎えし、それから樒《シキミ》や水の入った手桶をさげて、お先祖様の御墓所に参り、先祖の墓所を丹念に掃除して、お線香を供えて御挨拶をするのであった。村人はお盆の夜は田中家所有の浜で太鼓をたたいて、歌をうたい、その音頭に合わせて存分に踊りぬき夜明に及ぶのである。この盆の夜は村の若い男女の愛のむすばれるよい機会でもあった。色々の歌があったことと思うが、昔から早寝の私は夜おそく歌われたこれらの歌の記憶は全くなく、ただその歌い始めや中や終りに、「よーほい、よーほい、よーいやな」の句が度々出て来たのを覚えているばかりである。

一五日は夕方には家族一同がまた海岸に出てお迎い火の場合と同じことをしてお送り火をたいて、お先祖様達のお霊を御仏の国へお送りするのである。そのあとでまた墓参をした。

私達が教えを受けた小学校は先に述べたように、海岸近くの田中家所有の網乾場の東に建った長方形の小さな建物であったが、それが狭くなったため、建て替えられた。今度の場所は先に述べた田中家の神社加茂様の南側にあり、もとは田中家の野菜畑と旧臣、秋月儀一、中川磯吉、中川熊吉などの家があった場所である。そしてその校門は旧田中家の大門を移したものであるから、非常に立派であって、はじめての訪問客は、その門を見て驚くとのことである。建て替えられたのは［一九一七年］であったが、爾来［五〇］[76]年多くの少年少女を育てた、このなつかしい三浦西小学校[77]も近年の村落過疎現象のため、終に昭和四五年三月二［五］日、三浦東小学校に綜合されて廃校となった。[78]ああ、なつかしの小学校よ…、よくお世話になりました。有がとう。

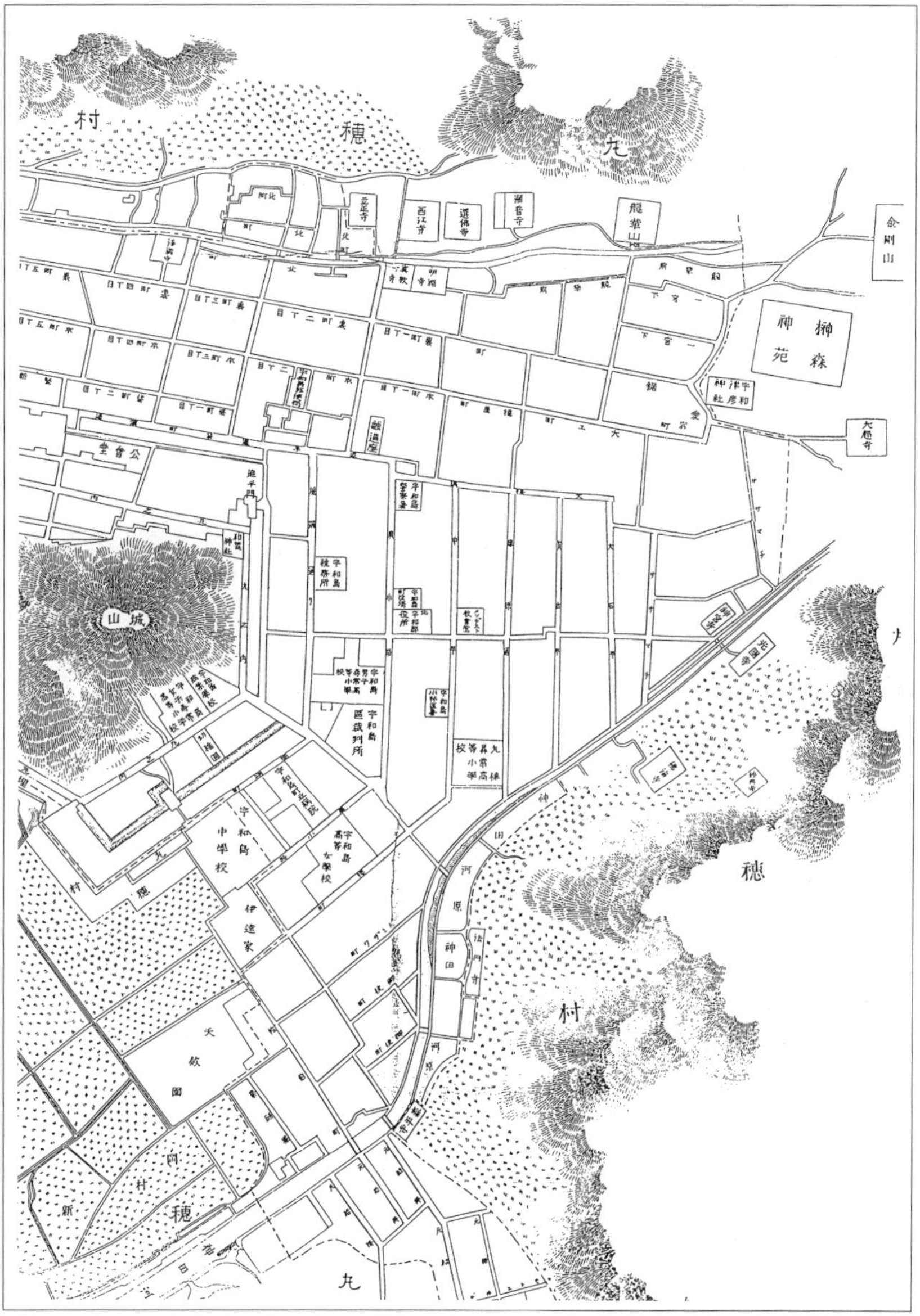

図2　1910年の宇和島の地図（「実測宇和島市街図」）

III　高等小学生時代

私達の頃（明治の中期）には小学校といえば尋常小学校のことであって、このような小学校は、明治大帝が教育を重んぜられた結果として、全国の田舎にもかなり多くの小学校があった。三浦村でも大内尋常小学校（大内浦・安米浦）、豊浦尋常小学校（豊浦・尾崎）、千代浦尋常小学校（千代浦・夏秋）、船隠尋常小学校（船隠浦・無月）と四つの尋常小学校があった。[79]何れも村立であり、これは義務教育であった。しかし高等小学校となるとその数は甚だ少なく、重要な町に町立として一つ宛ある位であった。それで当時愛媛県では松山市につぐ大きな町であった宇和島町にも一つしかなかった。それで宇和島町に近接している尋常小学校の卒業生の中で色々な点で恵まれておる者は、この宇和島町立高等小学校へ入学したのである。勿論義務教育ではない。それで、当時この高等小学校へ入学した者は三浦村からは田中家の者だけであった。

私が三浦村々立大内浦小学校を一番で卒業して、いよいよ宇和島町立高等小学校へ入学したのは、明治二九年四月、数え年一一才の時であった。私と従兄田中九信君とは祖母田中満喜女の監督のもとに堀端通岡村保道氏[80]（黒住教の宣教師で、祖母の三女松子の再婚者[81]）の本宅に隣せる黒住教会々所の北側の三室を借りて住み通学することになった。我々二人は玄関横の三畳を勉強室にもらい、夜は祖母と一室に寝た。家から学校までは堀を右に見て、約五分位であった。今でも忘れられないのは、毎朝配達され未だ温かい、牛の臭のするような生の牛乳を一合宛飲んで出かけることであったが、この時が生れて初めての牛乳であり、その時の牛乳のうまかったこと、今でも今一度その時のような牛乳がのんで見たい。眼の前で牛乳屋の主人が大きなブリキ罐から、小さな器ではかってくれたのである。我々高等小学校一年生甲組の担任訓導は平田和三郎[82]という先生であったが、先生は宇和島町の南に接する来村《くのむら》[83]の旧家の出で、その年愛媛県尋常師範学校[84]を卒業されたという容姿端麗な先生であった。一年甲組は学校々舎の東北の隅にあって、そのすぐ北側は運動場の東北隅でその東北の角に木製の唖鈴や球竿など、運動用具の入っておる小さな建物があった。私の組は四〇名ほどの生徒数であったが、背丈の順に二列にくみ、私はその中程であった。教室で私と机を共にしていた生徒は金子重成とて、宇和島町北町[85]の子であって、後に関西学院で勉強されたときいておる。

いよいよ他流試合で授業を受けることになったが、その際、私が最も困ったのは、読本の時、私の順番が来て私が読むと必ず同組の多くの生徒から笑われたことである。それも読誤りで笑われるのならよいが——先生は決して笑われ

---

[76] 簡易小学校成立を起点とした場合の年数は八〇年、一八七六年を起点とすると九〇年を超える。

[77] その後大内浦尋常小学校は、一九四一年には大内浦国民学校、四七年大内浦小学校、五五年三浦西小学校と改称していった。

[78] 現在は三浦公民館西三浦分館となっている。同館が一九九〇年に改築された後、田中家文書等が調査を経て順次、同館の図書室に収蔵されている。

[79] 一八七六年には四つの小学校があったが、八七年にはそれぞれ簡易小学校に、九二年には尋常小学校と改称している(『三浦誌』)。

[80] 堀端通は、宇和島城の東南部の堀に面した通り。現在は宇和島市堀端町広小路。

[81] マツの初婚の相手は戸島浦の田中庄蔵である。

[82] 一八七二年北宇和郡来村の生まれ。九四年、愛媛県尋常師範学校を卒業後、北宇和郡明治尋常高等小学校訓導を経て同年七月宇和島高等小学校に転じた。その後愛媛県師範学校、愛媛高等女学校、県立松山高等女学校と渡り歩き、一九〇九年から宇和島中学校教諭となり数学を担当、一時舎監を兼務した。二五年退職したが、三一年から二年間教授嘱託として教壇に復帰した(宇和島東高等学校所蔵文書、以下『東高文書』と略記)。

[83] 宇和島城下の南側にあった大村。近世の宮下、川内、寄松、保田、祝森の五ケ村が含まれている。

[84] 前身である伊予尋常師範学校の開校は一八七六年。

[85] 現在の宇和島市本町追手町一〜二丁目、大宮町一〜二丁目。

ないし、訂正もされないので読誤りではない——何だか知らず、必ず笑われるのである。殊に隣席の金子君は大笑した。初めはその理由がわからぬので、勝気な田舎出の蛙[86]はただ赤い顔をしていたようであった。次第にその理由がわかった。私が声をひく即ち田舎風のアクセント［で町風でない］方言的の読み方をするためであった。金子君はよい生徒ではあったが、彼がいつも私の読方を笑うのに腹を立てた結果、私は彼を金子でなく銀子といった。それは彼がよく鼻をたれるので、それが袴の上に落ちて、袴の前のところが銀光りであったからだ。

しかしそれは月日のたつにつれてなおったが、今度は週に二回(?)、先生につれられて宇和島高等小学校の講堂へ行って、そこで唱歌を教えられたが、その際蛙はオルガンと言うものを初めて見、その音も初めてきいた。唱歌といえば「君が代」だと思うていたので、そこで色々の唱歌を教わった時の驚きと当惑は、恐らく眼をくるくるしていたことと思う。勿論、時に歌わされたが笑われた。更に一番困ったのは習字と図画とであった。村の小学校でいつも百点の習字が、ここでは下となり、図画というものは正式に書いたことがないため、これも下であり、この二つは確かに組では最下位であった。それが月に何回となく眼の前に現われるのである。学期試験ではこの二つを除けば何れも優等で、組でも最上位あたりであったが、この二つのために首席などにはなれなかった。当時の蛙の習字や絵は残してある。勝気の蛙はこれが辛くて、土曜日の午后は度々三里の道を通って母の許にかえり、もう学校へは行かないと駄々をこねたことを覚えておる。その際父は何も言わなかったが、母は懇々と訓してくれたので、又、翌日曜日には下男の嘉助爺に舟で無月まで送ってもらい、あとの一里半を一人で宇和島の祖母のもとへ帰った。

私達が宇和島へ往復する道は三つあった。[87]その一つは先にも述べたような船便によるもので、大体三里、三つの櫓の舟なら一時間、今一つは大内浦から三浦村の一端である無月(船隠浦の一部)まで船(一つの櫓で一時間)、それから陸路で山坂を越えて来村の石曳[引]をへて約一時間半即ち一里半、今一つは全部陸路で大内浦から豊浦の東を通り、千代浦の東端を過ぎ、そこにある三浦村の氏神天神宮の前を通り、そこから直ちにかなりきつい坂である天神坂を越えて、北側の来村の字祝の森[88]に出で寄松[89]の松並木をすぎて宇和島へ出るのである。私は上の二つの道は度々利用したが、第三の道は帰途に二回、往くに一回だけ利用したように覚えている。この第三の道を通ったのは、いつも一人であったが、今考えて見ると、その時の自分の姿や山や道の有様がかなり明らかに頭に浮ぶが、これも大分変ったことであろう。なつかしきかな故郷の道よ、山河よ。

この間平田先生は蛙の成長を見ておられたのか、年末の学年試験には優等賞をもらった。二年生になってから、努力の甲斐あって少し字と絵がよくなったのか、何れも中となり、副級長になった。二年生の時の悩みは「馬跳び」と「鉄棒」とが標準以下であることであったが、二年生の時はほかにはなやみもなくすくすくと成長した。

平田和三郎先生にはこの高等小学校二年間御世話になったが、自分の心なしか、先生は田舎出の小生を常にそれとなく可愛がって下さったようである。私も先生がすきであって、御世話になった多くの先生の中で、この先生にだけは先生が亡くなられるまで通信をし、帰省するとお訪もした。

この高等小学校二年生の頃に祖母は我々のために桜町の伊能永成氏[90]（伊能先生は旧伊達藩の上位の武家で桜町に大きな家敷に住んであられ、当時高等小学校の校長であり、後に中学校の修身、漢文と習字の先生になられた）の部屋を借りて、九信君はじめ国松豊[91]など数人の親族の学生を世話しておられた。祖母には全くたえずお世話になった。

---

[86] いつのころからか、秀央は自分のことを「蛙」と呼ぶようになる。理由は不明。

[87] 宇和島と三浦を結ぶ交通路は一九六一年、西三浦にバス道路が通じるまで、秀央が記す三つの経路であり、殆ど変わる所が無かった。

[88] 近世は宇和島城下南側の村。当初来村に含まれていた。

[89] 近世は宇和島城下南側の村。祝森と同じく当初来村に含まれていた。村を通る街道（現在国道56号線）の両側に松並木があったが、第二次世界大戦中に全て伐採された。

その頃高等小学校四年生の従姉田中千里（戸島の田中庄蔵氏と叔母マツとの長女で後に私の兄良馬の妻）の同級生に長瀧トミ子（宇和島裡町三丁目の酒造業長瀧富三郎氏[92]の長女）という美しい少女がいた。私は何かしら、この少女を姉ともいうべき一種の愛情を感じはじめて、学校へ行く途中で、彼女が校舎を歩んでいるところや、体操の際運動場へ来るのが眼にとまるとうれしかった。今に考えると一種の恋であったろうか。

そのトミ子さんがある日我々祖母の家に千里姉と一緒に来られた際、突然に会わされた時には、全く赤い顔をして困ったことを覚えている。

その頃は高等小学校二年修了生は中学校受験の資格があったので、蛙は明治三一年春三月の愛媛県立南予分校（松山中学校の分校として中学三年まであった）[93]の入学試験を受けようかと考えていた。兄の良馬に相談したら、まだ早いから止めとのことであったので、その言葉に従い止めることにして、高等小学校三年生になった。ところが、その時中学校の方で九名の補欠の募集があった。蛙は、その時同じ組の中島慎一（現三好）君と相談して、私の兄良馬は私の小さいのを考えてか、反対であったが、ためしに受けてみることにした。結果は蛙は九番であったが、中学校の方の取計いで、全部（たしか一八名）入学が許可された。全くうれしかった。蛙は第一学年（五級という）での最年少者であった。

IV　中学生時代（明治三一〜明治三六）

1　中学一年

私が数え年一三才の春四月、うれしくも入学した松山中学南予分校は、宇和島町の美しい城山の南側の麓に接して建っていた。校舎は宇和島の殿様伊達侯の何かの建物を修復したものであった。南予分校は中学校五年のうち、最初の三年があるだけで、四年生と五年生は本校の松山へ行くのであった。私達明治三一年四月の新入生は一〇一名であって、それがたしか二組に分けられた。私はこの同学年中の最年少者であって、従兄の田中九信君はこの年に入学せず、翌年二年生の編入試験を受けてはいって来たので、その年の二年生には田中が五名おったが、その中の四名は何れも親

[90]　旧名は伊能英次郎。先代は嘉永四（一八五一）年に知行高三〇七石、文久二（一八六二）年若年寄、元治元（一八六四）年には「御系譜書継御用掛」を命じられている。明治初年「旧藩士家禄付」では家禄二〇石で、桜町に居住していた（『宇和島藩庁伊達家史料六　家中由緒書下』、近代史文庫宇和島研究会、一九八〇年）。

[91]　一八八〇年愛媛県北宇和郡高近村字高田に生まれる。一九〇五年東京高等商業学校本科卒。〇七年同校専攻部領事科卒。同年私立中央商業学校教員、一一年小樽高等商業学校講師、教授。二一年名古屋高等商業学校教授となり、三五年同校長。四四年官制改革により名古屋工業経営専門学校長兼名古屋経済専門学校長。四五年退官。その後、愛知学院大学教授、商学部長などを務めた（宇都宮仙太郎編『経済と経営　国松豊先生喜寿記念論文集』、国松豊先生喜寿記念祝賀会、一九五七年）。専攻は会計学。

[92]　一九一〇年「実測宇和島市街図」（田中家文書、図2）に併せて印刷されている「宇和島実業案内」には、酒造業者が二名ある。うち一名が「宇和島裏町三丁目長瀧嘉三郎」となっている。

族であったので、体操の伊藤先生[94]は名を呼ばずにA田中、B田中と出席簿名（それは成績順にならべられていた）の順にＡＢＣＤＥをつけて田中をよんでおられた。[95]

私は上述の如く同学年の友人の中で最年少者であったばかりでなく、背丈もしりから三番というところであった。ほかの学科は普通であり、中でもよいのは英習字・綴字・会話は八七、読方書取八五、訳解九四であり、悪いのは習字七二、図画六五であって、学科平均七七であって、その点だけではまだ一〇番ほどは上れるのだが、操行が八一であったので、この両方の平均で席次を定める規定上、一〇一人の中で六五番であった。それもつらかったが、その頃度々医者で従兄である田中実馬氏に算術の問題を教わって暗記して登校したのであるが、あたると出て黒板にそれを書いたが、いざ説明せよと言われると頭をかいて自分の席に帰ることが度々であった。しかし学年が進むと共に私の学力ものびて来て、三年生になった時には全三年生七二名の中で二五番になった。

私が中学生になると父は、我々の祖父田中九平の実弟田中完平の孤児で、私の父と母とが亡き親に代って世話をして京都医科専門学校を卒業させて医師にした田中実馬氏[96][一八七〇～一九二九]に、宇和島大石町士族大久保忠義氏の長女浪子[97]を妻として貰いうけ、宇和島町裡町五丁目で開業させたが、そこへ小生を預けた。この家は中々大きく、二階は三間あり、その一間に小生達はいたが、その北側の室は甚だ広く暗くて何だか気味わるく恐かった。ここから中学までは三〇分ほどかかったと思う。中学になって初めて新調の机と本箱を造ってもらったが、それは今では故郷の家の二階にある。

田中実馬医師は名医であったので、非常にはやった。一年ほど経つと、近くの横新町角の更に大きな家へ引越されたので、私も一緒に引越し、一室がもらえた。何か知らぬが、この家は今でも度々夢や脳裏に出て来る。田中実馬という人は医専でも甚だ成績がよかったそうだが、開業しても頗る名医であって、六〇才にならぬうちになったが、その間宇和島第一の名医として名を馳せた。その妻浪子さんは丈の低い人であったが、小さな士族の長女として生れたので、節約第一主義で家を守り、夫婦が協して次第に金をため、終に堀端通にある家、しかも小生が祖母につれられて、はじめて宇和島町で生活した家を全部買取り、そこへ新築して発展した。田中家の者はすべて御世話になったが、我々が宇和島へ出れば、ここが宿であった。又、三浦の田中家が傾きかけると実馬兄に物質的の援助を乞うことが度々であったが、実馬兄に相談すると「お浪と相談して返事する」というのが、実馬兄の平常の答であり、援助をことわる時には「お浪が承知せぬから」が理由であった。そのような時父や母は何も言わなかったが、兄は立腹して、父や母が世話して医師にしてやったのに、恩を知らぬと言っていた。それをきくと私はいつも双方に理があると思った。

[93] 宇和島の中等教育機関は、一八七六年一〇月に変則中学南予学校が設立されたことに始まる。翌年八月宇和島南予中学校、七九年一月県立予中学校、八三年六月には愛媛県第三中学校と変遷したが、八六年四月公布の中学校令で一県一中学校と定められたため同年八月廃校となった。その後私立明倫館を経て、九六年四月一日、愛媛県尋常中学校南予分校が宇和島町大字丸の内第一二一番地に設置された。同年四月二〇日には入学式を行い一九三名が入学を許可された。本文中の「愛媛県立南予分校」はこれに当たる(『開校九十年創立七十周年記念　宇和島東高等学校沿革史』、一九六六年、以下『東高沿革史』と略記)。

[94] 伊藤朔七郎のこと。安政五(一八五八)年宇和島藩士族の家に生まれる。八七年戸山学校体操科を卒業した。九〇年伊予尋常中学校雇教員兼書記、九三年愛媛県尋常中学校助教諭兼書記に任じられる。九七年～一九〇二年宇和島中学校で助教諭兼書記として体操科を教えた(『東高文書』)。

[95] 秀央・九信・武治郎・弥三右衛門(南宇和郡一本松村)・耕平(東宇和郡高山村)の五人(愛媛県立宇和島中学校同窓会『昭和七年十月末調　会員名簿』、以下『会員名簿』と略記)。

[96] 一八九四年京都府立医学専門学校卒。松山病院勤務を経て九五年一二月に岩松の国松医院に移り、九七年宇和島町裡町五丁目に病院を開いた。一九〇〇年からは一時北里柴三郎博士の下で教えを受けている(田中家文書)。時期は不明であるが京都でキリスト教に入信、〇三年京都市の洛陽組合教会から宇和島組合教会に転入会している。以後、執事として同教会を支え続けた(『宇和島信愛教会百年史』、一九八八年)。

[97] 一九一一年三〇歳の時に受洗してキリスト教徒となった。その後長く宇和島組合教会の婦人会の会長を務めた(前掲『宇和島信愛教会百年史』)。

田中の者はすべて病気の時は御世話になり、私なども東京大学々生の際、盲腸炎をわずらった時（後に大学生時代で述べる）も御世話になったし、大学生の最終の年には田中実馬氏（当時、熊本県の人吉病院長）から授業料を出してもらったとか聞いておる。三浦の田中家が倒れそうになった時、父や兄は、田中の土地を実馬兄が買取ってくれぬかとの相談をもちかけたようであるが、実馬兄は後々の面倒を恐れて辞わられた。しかし田中の土地のうち若干は色々の関係をへて実馬兄のものになった。その中に島原があった。私はそれがほしくてある時実馬兄に懇請したところ、それほどに御望されるなら差上るとの言葉であり、浪子夫人も同意した。しかし登記変更をせずに年月がながれ、実馬兄は死亡し、長男の研吾君の代となった。研吾君は父の後をついで医師であり、その夫人は土門氏の長女貞子さんであった。しかし不幸にして研吾君の死するや実馬兄の家はがたがたと倒れ、貞子夫人は浪子夫人や妹の信子さんとも別れた。

ところで、この貞子さん達が島原は自分達のものだから自由にし、観光地にすると言っておるということを聞いたので、小生は驚いた。村の人々は実馬兄と小生の約束を知っておるので、小生のものだと味方をしてくれておるが、未だ決着がつかない[98]。

2　中学二年

中学二年になってから、また祖母のお世話になることになった。というのは、私が中学二年生になってから、祖母は大石町の岸田さんの家（獄舎の東側が大石町）を借りて、女中をやとって九信君と小生との外に親族の中学生の世話をせられたのである。この頃私は、アゲハ蝶の幼虫の青虫が最もこわいものであったことを記憶しておるが、その虫は今でも私の最もこわい虫であり、その虫のおる葉なり枝は直感する。祖母のこの家でけんかをすると、小柄の私は他の人々から頭からたたかれたばかりでなく、この虫でおどかされた。

その後我々が中学三年生になった時、叔母の宮本秀子が主人と別居することになって、鎌原町の小桜田家の古屋敷を借りて素人下宿をはじめることになった。この家老屋敷は中々に広く別棟の部屋もあった。下宿人は従兄の国松豊（五年生）をはじめ、藤井武夫、田中武治郎[99]、田中九信のほかに他人もいた。

その頃私に与えられた室は部屋の入口の二畳であった。そこを通って奥に二室あったが、私は一人がすきなので、ここをもらった。この頃私は時々眠小便をしたが、それを早く起きて人に知られぬように片付けるのは骨がおれた。

中学では修学旅行といって、毎年秋に上級生は船で早吸の瀬戸をわたり、佐賀の関に上陸し、九州の大分、別府、臼杵、日出、竹田や、杵築、中津へ五泊、下級生は松山へ二泊で行くことになっていたので、私は同行したかったが寝小便が気になるので、年によってはあきらめて行かなかった。

3 中学三年生

三年生になった時に中西保人[100]という英語の先生が来られた。教頭であった。話では先生は当時日本第一の中学校である東京第一中学校の英語の先生であったが、何かの理由で片田舎の宇和島中学校の先生として島流しにあわれたのである。この容姿の美しい先生の島流しは、先生御自身にはまことに御気毒であったが、私や田舎の中学生にとって

［98］島原の所有権については「II　小学生時代」の「(29) 島原」の項参照。　［99］熊本医専卒。一九三一年現在、秋田県小坂町病院勤務（『会員名簿』）。

は、何とも言えない幸福であった。というのは、それまでは普通の英語の先生の英語を教えられていたので、大して力もつかずにいた我々は、この中西先生によって、文法の利用法をたえずびしびしと教えられ、英語というものをたたきこまれたからである。例えば誤訳をすると、その際その文にある動詞の主語は何であるか、関係代名詞の先行詞は何語であるかを問われるので、勢い自分の誤訳の理由が組織的に判然として来るので、やがては英語をしっかり確かに読むことができるようになった。又、先生は訳文でもしばしばよいことを教えて下さった。例えば、Let us go という文を、それまでは「我々をして行かしめよ」と訳すように教わっていたのだが、中西先生は、それを「行こうじゃないか」と訳するようにと教えられた。即ち一方では、文法的に正確に教えられながら、一方ではこのような風にうまく訳すことを教えられた。そのおかげで、少なくとも私は英語に非常に興味を抱くようになって、力も大分について来た。

先生には「ジャナイカ先生」という綽名がついた。又 civilization という語の発音を我々はそれまでシビリゼーションと言っていたのを、先生はシビライゼーションと教えられたので、それが普通の正しい発音であるにもかかわらず、我々のと違うので、おかしい発音と思い誤って、それにちなんで先生をシビライと綽名した。その頃の生徒や学生は、たくみに先生に綽名をたてまつったものである。これは今から六五年前ほど以前の話だが、八〇才になった今でも女子大学で教壇に立っておる私にはどんな綽名がついているだろうか。それとも現代の学生はそんなことはやめておるだろうか。

又、中学三年の頃であったと思うが、当時宇和島町大榎通の東端のつきあたりの洋館に、Turner[101]［一八六四～一九一二］というキリスト教の宣教師の居宅（教会は中の町）があったが、この米人が英語を教えてくれるとのことで、我々宇和島中学校の学生の有志が一〇人ほど一組になって教わることになった。中には五年生の首席の宍戸千穎[102]などいう英語のよく出来る人もいたが、最年少数え年一五才の少年の小生もいた。一同が先生のところで一人宛はりきって何か英語の本を読んだのであるが、先生は我々の耳や眼には最上であると考えられる宍戸さんをほめずに、最年少の小生をほめられて、気取らぬ方がよいというのが講評であった。又この頃、鎌原通の比企家の離れ家におられた中学校の英語の先生安部[103]先生も時々お訪ねした。

4　中学四年生

四年生になった頃、習字と図画との学習がなくなったので、これらが殊に苦手であった私は大いに喜んだ。数学として幾何や代数がはじまったが、一年生の時にはただ無我夢中で致し方なくやっていたので点数もよくなかった算術とはちがって、何れの学科も若干の公式があるので、記憶はよい方であった私は、その公式をわけなく覚えたので、この方の点は相当であった。今考えて見ても算術、幾何、代数、三角の四つの数学では、算術が、殊にその四則雑題

[100] 一八六七年大分県生まれ。青森県尋常中学校、同県尋常師範学校、大分県尋常中学校、埼玉県第一尋常中学校、神奈川県中学校で教えた後、一九〇〇年四月宇和島中学校に赴任、教諭として英語を教えた。〇二年九月、東京府第一中学校に転任（『東高文書』）。したがって東京第一中学校から何らかの事情で片田舎の宇和島に島流しにあってやってきたとの田中秀央の記憶は、前後関係を誤っている。

[101] アメリカ南メソジスト監督教会宣教師。一八九一年YMCA教師として来日、九三〜九六年関西学院とバルモア学院で教えた。九六年宇和島中町教会に着任、後に来任した三戸吉太郎とともに同教会の基礎を築いた。一九一〇年松山地区の監督、一一年には広島地区の監督に移った。

[102] 宇和島中学第一回生で国松豊と同学年。東京外国語学校英文科卒。一九三一年現在、三井物産長崎支店長（『会員名簿』）。

[103] 阿部欽次郎の事。安政四（一八五七）年新潟県生まれ。工部大学予科卒業で愛媛県尋常中学校南予分校開校当初からの教員であった（『東高沿革史』）。

が最もむつかしく、三角が一番点がとりやすいように思われる。そのためか四年生の学年試験では数学は優等で、全級で一番であったそうだ。

私が四年生の時であったと思うが、宇和島中学校に同盟休業という当時よく日本の学校で行われていた一つの騒動があった。それは宇和島町出身の文学士尾田信直[104]という校長を排斥しようとして中学生が学校で授業を受けることを拒否したのである。[105]下級生達がその際にどんな風であったかは忘れてしまったが、少なくとも我々四年生以上は極く僅かの生徒以外はこの同盟休業に参加したのである。そしてこれら同盟休業をしている生徒は度々どこかに集合して色々と目的達成の方法を議したのである。私は尾田校長に対しては、何も特に排斥すべき理由を自分としてはもっていなかったのであり、従って同盟休業する必要もないのではあるが、同級生の殆んど全員がこれに参加しておるので、若も参加せぬと、何かと恐ろしいことをされるらしいので、大勢にまかれてただただ参加していた。この同盟休業は先にも述べたように、尾田校長の排斥ということであったが、ある生徒達は英語の授業をはじめ万事に厳格であった中西先生排斥も加わっていたとも言われる。それがあらぬかどうかは知らぬが、明治三五年四月尾田校長に代って文学士（西洋史）松村伝[106]先生が校長になって来られた時に、中西先生は東京へと去って行かれた。

このストライキの行われていた頃に兄良馬が結婚して賀古町に家をもった。家は高等小学校の先生兵頭さんのものであった。その家は上記宮本叔母の素人下宿と裏続きともいうべきものであったが、私は勿論、兄の新家に宮本叔母の家から移っていた。

5　中学五年生

四年生までは甲組乙組と二組であったが、五年生は一組で五〇人位であったと思う。一年生の時には背丈は全一年生中で下から三人目であった私は、歳と共に丈ものびて来て五年生となり、やがて明治三六年三月卒業の時は上から三人目となった。私の丈ののびた原因の一つは、何かしら私が中学校にはいってから常に高机を利用したことであると思う。そのためと思うが私は脚が長いので、洋服屋などは服の寸法を取る時に、度々再度とることがあった。恐らく腰から上と下との割合が普通の人のそれとはかなり違っておるのであろう。

五年生になって数学に三角が加わった。三角はわりに点の取りよい学課のようである。学年試験の時であったと思うが、三角の試験の際に対数表をひいて答案を書こうと努めていたところ、驚いたるかな、その対数表にある細かい数字の各数字を判然と区切って見ることが不可能になった。不思議に思うて、眼を拭いたりこすったりしたが一向によくならない。致し方ないので残念ながら諦らめて眼を閉じてじっとしていた。先生が近寄って来られて、どうした

〔104〕愛媛県尋常中学校南予分校は、田中秀央が入学した翌年の一八九九年四月一日、南予分校を本校として宇和島中学と改称した。尾田信直は初代校長で、慶応二(一八六六)年宇和島藩士族の生まれ。幼児から旧藩の儒生末広静に就き漢学を修める。九四年帝国大学国史科卒。大分県尋常中学校・神宮皇学館で教鞭をとった後、宇和島中学に赴任した(『東高沿革史』)。一九〇二年、山口県立豊浦中学校長へ転任(『東高文書』)。

〔105〕この同盟休校については、一九〇二年一月二九日付の『海南新聞』に、「●宇和島中学校生徒の陳状書」と題された記事が掲載されている。

〔106〕一九〇二年三月三一日、初代校長尾田信直は休職を命じられ、同日、高知県立第一中学校教諭松村伝が学校長に任じられた。松村伝は一八七二年高知県士族の家の生まれ。九九年七月、東京帝国大学文科大学卒業(『東高沿革史』)。

のかと問われたので、事情を御話した。私はいつも答案を書くのは頗る早いので、その時もこの問題だけがのこっていて、しかもこの破目であったので、先生が御同情下されたのか、一二学期の点が考慮されたのか、何かしらぬが大してわるい点ではなく、二番で卒業することが出来た。

先年（［一九六五年八月二一日付］）新愛媛に従兄田中九信君の話として、私の横顔（profile）が出ていたが、[107] よいとこわるいとこ従兄は小生をよく見ておると思う。たしかに私は生れつき（?）時間の観念がつよく、大抵のことは時間割を作って、それをかたく守って行動をしたようである。中学五年にもなるとそれが益々つよくなり、高等学校入学のことも意識していたかも知れぬが、それは大してつよくなかったようであり、ただ朝は早く五時半におき、夜も早く九時半にはねて、毎日かなり規則正しくかなり勉強はした。それに理屈をつければ勉強さえしておれば自分は目的を達しうるとでも考えていたかのようである。この習慣は七五才になるまで続けられたが、七五才の時、心臓をわずらい、友人平沢興氏[108]［一九〇〇～一九八九］の忠告に従い、朝起床六時五〇分、夜臥床九時と更めた。私のこの時間のやかましいことは親友の市河三喜君の随筆集『旅・人・言葉』の「ある友人の話」の中に面白く書いてある。[109]

勉強につかれるとよく散歩したが、土曜日の午后はひとりで山に行くことに時間割がきめてあった。その山は大抵は超当寺［愛宕山、または丸山カ］（?）山であり、その頂で宇和島の町や港をながめ、父母います三浦の権現様をおがんだ。それから足を延して大杉山の方へ行き、途中モウセン苔を見つけて独りよろこび、モズの行為か、バッタのなきがらが木枝にささっているのをもって帰って、机の上に立てて長らく大切にしたことを覚えている。大杉山へは数回行って、大超寺奥へおりて、宮本（下宿）へ帰った。

今にして思うのだが、小旅行である散歩にしろ、普通の旅行にしろ、旅は一人ですべきものと思う。一人なら自分のすきな時に、自分のすきな場所に止って、考えることも出来るし、ぼんやりとすることも意のままだ。人と一緒ではそれが出来ない。人に迷惑をかけるし、自分も迷惑する。

上記の宮本（下宿）というのは、中学二年の頃にお世話になった叔母宮本秀子が、別れていた主人宮本兎八郎［卯八郎］と一緒になって、宇和島町富沢町に一家を構え中学生数人をおいて生活の資を得ておられた家であって、中学校へは五分ほどで行けた。そこには五年生の小生のほか、田中武治郎、三年生の竹内潔真[110]、岡村弥九郎[111]、二年生の宮本吉太郎[112]などがいた。冬の朝などよく芋粥をたべたがうまかった。

又この頃の記憶の一つに、私が夏休みで三浦へ帰っていた頃、足に腫物が出来て、膿をもった。母がその膿を出してやるとて、新部屋の下の六畳の床の間の前で、枳殻の刺でその腫物を突かれた。そこまでは覚えているが、その時失神したらしく、気付いて見れば、母が私の名を呼んでおられた。爾来私は注射など、この種のことは恐ろしい気がするが、今頃は何とかやれるようになった。

6　私の初恋

扨、中学時代を顧みて、決して忘れられないことは、私の初恋である。私の父の生家国松家は三浦の東南、山を一

［107］史料編1―6参照。

［108］医学者、新潟県生まれ。一九二四年京都帝国大学医学部卒。四六年京都帝国大学医学部教授となり解剖学を担当した。五七年から六三年まで京都大学総長を務めた。

［109］史料編1―3参照。

［110］宇和島中学第六回生。東京帝国大学卒、工学士。一九三二年現在、倉敷紡績会社玉島工場勤務（『会員名簿』、なお同書では「武内潔真」となっている）。

［111］『会員名簿』には岡村弥九郎の名は見えない。第六回生には「岡村清馬」がいるが、両者の関係は不明。

つ越えた高近村の高田の庄屋である。当主は父の兄国松武雄[113]〔一八四一〜一九〇四〕の長男国松磊奇智氏[114]〔一八六八〜一九三五〕であり、その妻カナ子は小生の祖父九平の末娘であり、私の母の妹である。磊奇智氏には幹雄[115]、福禄[116]〔一八九〇〜一九五八〕、艶子〔一八九三〜一九一八〕、文雄の四人の子があった。このように国松と田中とは色々と関係があったので、お互によく往来していた。カナ夫人が里の田中へ来る時にはいつも艶子をつれて来ていた。私が艶子についての記憶の最初は、私が一三才、彼女が六才頃のことである。彼ら母子は下男を伴って、ウラヤス越えで三浦村大内へ来るのであるが、その帰りには私は必ず船で彼らを大内浦小字関浦まで送って、少しでも彼ら母子の足を楽にするのであったが、艶子に魅せられはじめた私は少しでも彼女の側に公然として居るために、このようなことをしたという方が本当であったと思う。実際六才の幼女艶子は可愛かった。私は彼女に純な初恋を感じたのである。それから小生二九才、艶子二二才の時の我々の結婚するまで、約一五年間に小生は多くの美しい従妹や親族の娘達や又は人の勧める女性を見たり、あるいは近づく機会を作られ与えられたけれども、決して心が動くことなく、ただ一ずに艶子をのみ自分の意中の女性として恋しくしとうて、一日も早く自立して彼女を妻として迎えることの出来る日の来らんことを、これ願うていたのである。

従兄の田中九信君は医士たらんとして、明治三九年に京都府立医科大学の前身京都医学専門学校に入学したが、血族結婚の恐ろしさを知っていたので、小生に我々は血族結婚は止めんかと小生に求められたが、その時忘れえぬ艶子を考えると反対せざるを得ぬ筈であったが、意志が弱かりしか、将来の変化を期待してか同意した。そのうちに、従兄九信君の田中九八郎一家と国松磊奇智一家（後には宮本兎八郎一家も）は、傾ける自分の家を挽回せんとして、朝鮮の釜山へ渡り、各自何かの事業を始めた[117]。艶子も勿論釜山へ行って釜山女学校に入り、首席で通したそうである。その入学当時の袴をはいた写真を小生の母のところへ送って来たのを見て、私の胸はあつかった。

歳月は流れた。私はすでに父を私の二七才の春二月失っていたが、この頃東京帝国大学の講師であり、自立も出来ると思うたので、夏期休暇で帰省した時、母に私の胸のうちを打明け、当時小倉市（?）にいた国松カナ夫人に私の願いを話してくれと頼んだ。母はすぐ交渉してくれたが、返事は少しおくれた。その間の私の待ち遠しかったこと。返事のおくれた原因は、宇和四郡の屈指の金満家である西宇和郡の事業家の佐々木長治氏の御曹子[118]からも申込みがあったとかであり、当時金銭を必要としていた磊奇智氏の心がその方に動いていたためである。しかしついに吉報が来た。私の兄は多少不賛成であったようであるが、母は悦こんでくれた。当時三浦の田中は財政的に困っていたので、私は父母からは貰ったものはなかったが（大学生時代参考）、艶子は私の彼女に対する熱愛と将来の発展を信じて貧しい学士の妻となることに同意したのであろう。艶子は美しいばかりでなく、顔付もしゃんとしていたので、結婚後、渋沢家

[112] 宇和島中学第九回生。東京商船学校卒業。一九三一年現在、文部省練習船海王丸船長（『会員名簿』）。

[113] 戸長・県会議員。天保一二（一八四一）年、宇和郡高田村（現北宇和郡津島町）の庄屋の家に生まれた。維新期に同地区の戸長を拝命。九〇年から九四年まで県会議員に在職、大同派―自由党に所属した。

[114] 国松武雄の長男。一八九九年から一九〇七年まで二期にわたり県会議員を務めた。

[115] 宇和島中学第七回生。慶応大学卒業。一九三一年時点では亡くなっている（『会員名簿』）。

[116] 弁護士・県会議員・宇和島市長。国松磊奇智の次男。一九一七年東京帝国大学法科大学卒。翌年宇和島で弁護士を開業。二六年宇和島市会議員に当選、三一年九月から一年間県会議員に在職した。四〇年宇和島市会議員に戻り、傍ら宇和島新聞の経営を引き受けて『南予毎日』と改題した。四七年宇和島市長に当選、五一年再選を期したが、中平常太郎に敗れた。

[117] この内田中九八郎一家は、息子九信が一九一〇年親友の林技師に誘われて釜山府立病院内科主任として勤務することになったのを機に、一家を挙げて朝鮮に渡った。

[118] 実業家・社会事業家佐々木長治の息子長治のこと。西宇和郡伊方村の生まれ。一九一六年東京高等商業学校卒。西南銀行、第二十九銀行、予州銀行、伊予貯蓄銀行の頭取を歴任。二四年の総選挙に政友会から立候補して当選。二八年に再選。三九年貴族院多額納税者議員に選ばれ、四〇年から翌年までの短期間八幡浜市長。戦後は愛媛民主党代表に推され、五一年の県知事選に出馬したが、久松定武に敗れた。

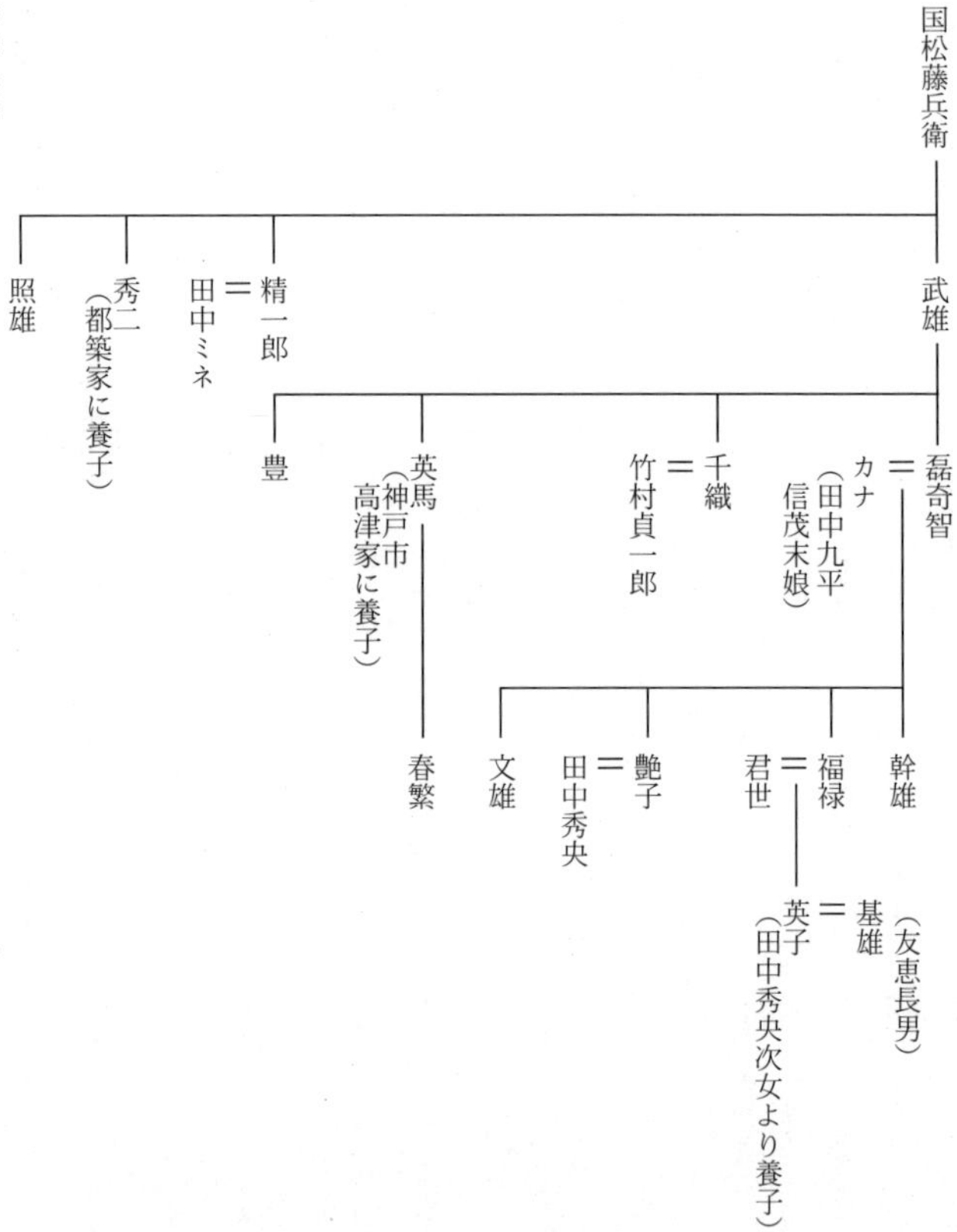

図3　国松家略系図

[原文注]

国松艶子は田中秀央の母峯の妹カナ子の長女（つまり従妹）
　父精一郎の兄国松武男の長男国松磊奇智の長女

別の言い方では
　国松艶子は（母方の叔母　国松カナ子の長女）
　（父方の従兄の妻　〃　）

へ二人でお伺いした時から、敦子夫人は彼女が好きになられたようであった。

7　中学時代における先生

先にも述べたように、小学生時代は四年間を通じて加藤昌壽という先生唯一人が私のみならず大内浦小学校の先生であったが、高等小学校在籍二ヶ年は、学校の多くの先生の中で平田和三郎という先生のみから全課程を教わった。ところが中学校にはいると、さすがに先生の数も多く、各科目はそれぞれ専門の先生であった。

中学五年間に御世話になった多くの先生の中、今印象に残っておるのは、伊藤先生（体操、通称ウルメ、眼がうるんでおられた）、安岡徳之助[119]先生（高師出身の小さい先生、東洋史を教わった）、大塚[120]先生（漢文、倫理）、伊佐芹精太[121]先生（国語）、宮千代鉄蔵[122]先生（理化、数学）、中西保人先生（英語）、松村伝三先生（西洋史）などである。この松村先生は土佐人で校長であったが、東京帝国大学文科大学の西洋史学を優等で卒業され恩賜の銀時計をもらわれたということである。先生は我々に

[119]　一八七一年高知市生まれ。一九〇〇年高等師範学校漢文専習科卒業後、宇和島中学校教諭として赴任した（『東高文書』）。

[120]　大塚敬のこと。弘化元（一八四四）年大洲藩士族の生まれ。七一年陸軍兵学寮青年舎に入学、翌年に陸軍少尉に任じられ、七四年には大尉にまで進んだ。七六年免本官。以後、東京・大阪・兵庫・京都などの私立学校で教えた。九一年帰郷後喜多義塾を設立して教育に携わった。九八年、愛媛県尋常中学校南予分校の嘱託教員となり、一九〇〇年まで漢文・習字などを担当した（『東高文書』）。

[121]　一八七六年愛媛県周桑郡周布村の士族に生まれた。九九年神宮皇学館専科卒業。一九〇〇年宇和島中学校教諭として赴任し国語を教え、翌年から宇和島高等女学校教諭を兼任した。〇三年山口県立豊浦中学校へ転じた（『東高文書』）。

[122]　一八七〇年山梨県生まれ。八九年から二年間、理科大学簡易科第一部で数学・物理・化学を学ぶ。九七年以降、新潟県中頸城郡立中頸城中学校、京都府第一中学校、宮崎県中学校、埼玉県粕壁中学校を転々とした後、一九〇二年宇和島中学校教諭として赴任した（『東高文書』）。

西洋史を教えて下さったが、その初講義は、忘れもしないが、われらの校舎の一階の西端の階段教室で行われたが、そこで先生がされたのは、たしかナポレオン三世の普仏戦争の話であり、雄弁な先生が熱をこめて我々四年生の前でのこの御話しには、全く魅せられた。

※この後に、「年代をしらべて適当なところに入れる。」として、以下の文章がある。

九八郎叔父は、明治［　］年に三浦を去られたので、私の父と兄とは祖先代々の土地の大部分で九八郎叔父の所有であったものを借銭つきで引受けて、本家の家（別図）に復帰して住むことになり、且つ兄が父に代って家政を司ることになった。しかし、その方面には全く素人の兄は、することなすこと失敗であった。母は一生懸命で働かれた。殊に養蚕でかなりな収入もあった。私は夏休みに帰省すると、よくかいこ籠をあげさげして御手伝をした。その際もカイコの類の大きらいな私はその方を見ずと御手伝した。しかし、いよいよ多日の骨折の末繭が出来て、金にならんとする時、それが高利貸に差押えられる光景を見たが、その時の母上の御心は如何であったろう。次の童謡のようなことも考えて御働きになったのであろうにと思うと、今でも泣きたくなる。

繭のお山（古村徹三[123]［一九〇九〜一九八二］）

まゆのお山を、積みました
青い畳に、しろいかげ
まゆのお山は、ころころと
くずれてかすかな、音がする

まゆのお山の、そばに寝て
　なみだためてる、お母さん
まゆのお山よ、ぼくだって
　わくわくしてる、ねむられぬ
まゆのお山を、積みあげて
　家中あかるく、なりました

この童謡のような結果を眼の前にしながら、それが一瞬にしてくずれるのを度々見た。おかあさん、おかあさんと今でも声を出して思いきりおなぐさめがしたい。

V　高等学校時代

1　第三高等学校志願

私は明治三六年三月に宇和島中学校を三番で、丈も三番で卒業した。入学した時は丈が末尾から三番であった蛙は

［123］広島県生まれ、童謡詩人・日本画家。「繭のお山」は『生誕』一九三五年七月号に掲載された。

卒業の時は三番であった。私は父母に願って大学へやってもらうことになり、その第一歩として高等学校を、天下の三高をと願っていた。しかし、現今のように家庭教師という者や、そのような考がなかったので、私は卒業すると故郷へ帰って新部屋の二階で例の如く規則正しく勉強して入学の準備をした。しかしその時に使用したのは、ただ中学校四五年生の時に用いた教科書だけで、それを入念に繰返し繰返して勉強した。ただ一つの例外は英語の問題集（一〇〇頁ほどの）だけであった。この本は恐らく故郷の二階のどこかにあると思う。

私はいよいよ天下の三高に志願した。その頃の入学試験は何月であったか忘れたが、多分六月ではなかったかと思う。今のように汽車の便がなかったので、我々はみんな宇和島起点、大阪終点の宇和島丸にのって、午后五時頃宇和島港を出港して、吉田――八幡浜――川の石に立寄って、早吸の瀬戸（豊後海峡）を渡って、豊後の佐賀の関、別府、臼杵など九州の港に寄港し、再び早吸の瀬戸を渡って愛媛県の長浜、三津ケ浜、後には富浜、今治を経て香川県の多度津、丸亀、高松に寄港し、次に神戸に着くのである。宇和島港を出るのが大抵午后五時頃であって、神戸につくのは約三〇時間ほどの後の午后一一時頃であった。汽船は神戸で二時間ほど滞在して後大阪へ向うのが普通であったので、我々乗客は夜中に神戸にあがっても仕様がないから、なるたけ船にいるのが普通であり、ある者は上陸しては汽船の待合室で夜明けを待った。宇和島丸は最初は三艘しかなく、私達は第三宇和島丸（二五〇トン位？）の中等の切符を買うのが普通であった。後に第五宇和島丸（五〇〇トン位）が出来た。

2　京都初旅

明治三六年六月第三高等学校受験のため単身京都へ向った。当時京都では田中実馬氏が研究のため上洛して、丸太町の熊野神社より二〇間ほど東の南側の川合さんという家に下宿しておられたので、それをたよって行った。京都駅からの電車は川端二条までしかなかった。宇和島中学よりの三高受験生は小生と桑山亀雄君[124]（医）とであった。桑山君は私の下宿から三高の受験場へ行く東山通（この間歩いて凡そ一〇分弱）の右側の家（たしか小さな庵寺）にいたので、私はいつも彼を誘うて一緒に受験しにいくことにしていた。ある日の朝いつもの通り彼を誘いに立寄ったところ、一寸あがって待っていてくれとのことであったが、私はいつも時間を十分にとって下宿を出ることにしているので、あがって待つことにした。そのようになったのも私の幸運であった。桑山君は支度しながら立体幾何学は勉強したかと問うた。私達は中学校では立体幾何学は定理5までしか教わらず、立体幾何の大部分は全く知らないので、私は立体幾何は放棄したと答えた。すると桑山君が定理5は面白いよというたので、彼の支度を待ちながら彼の本を借りて、この定理5を読んだ。記憶力もよかったので、それを丸覚えした。桑山君は私の恩人の一人である。というのは、その日の数学の問題にこの定理5が出たのである。私は全くうれしく、忘れぬうちにと、それを他の問題より先にと書いた。この時のことは今でもよく覚えておる。その御蔭で数学の一問は完全に出来た。恐らく二五点位もうけたと言えよう。その御蔭で田舎出の蛙は明治三六年七月の第三高等学校一部甲類の中央位の順番で入学が許可されたのであると思うが、その当時は私は割合にのんきであったのか、多分その年には入学はむつかしいであろう位な気持ちであった。

ちょうどこの明治三六年夏には大阪で第五回内国博覧会[125]が催されていたので、母はその見物を兼ねて私を迎えに来て下さった。兄良馬も一緒になって（当時兄はどこにいたのか記憶がない[126]）、小生の入学の合否は未だ不明であったが、

---

[124] 東京帝国大学卒。一九三二年現在、宇和島市丸之内町住（『会員名簿』）。

[125] 第五回内国勧業博覧会は、一九〇三年三月一日から七月三一日まで大阪市天王寺で開かれた。出品点数は二七万六七一九点、来観者は四三五万六九三人に上り、過去四回を遥かに上回る盛会であった。

親子三人は母のお金でお伊勢参宮をした。伊勢大神宮様に入学許可を祈った後、我々三人は大阪へ出で、大阪港から宇和島丸で三人共用で帰ることにした。ところが、いつもよくあって、わが家のごたごたの原因の一つをなすことが、この際に起った。それは兄上が例の如く約束の定まった時間に汽船に来ないのである。本来せっかちの母と私とは全くいらいらした。将に汽船が出港せんとする寸前に兄は来た。母は怒った。私も腹が立った。兄はいつもの如く、後れさえせねばよいだろうと存外平気でいた。亡き人のわる口は言うべきではなかろうが(de mortuis nil nisi bene)、兄の一生には、この性質が色々の形で現れて、多くの人々を困らせた。

我々三人は、汽船が宇和島の樺崎につくと人力車三台で宿にむかった。その宿がはたして何処であったか記憶がない。恐らく賀古町に家をもっていた(?)兄の家であったろう。とにかく人力車は進んで堀端通の中程から東にむかう街を東へとがたんごとんと進んでいたが、中の町と広小路との間の辺で、中学時代の友人の比企員雄君[127]に会った。ところが、彼が車上の小生を見て「田中駄目だったね」と言った。入学試験に大した自信のなかった小生のこと故、大して驚きもせず、やっぱりなと思うた。宿につくと、やはり合格不合格をたしかめるために宇和島町役場(広小路通の北の方の西側にあって、昔は山家《やんべ》清兵衛[128]様のお邸であったといわれる古い暗い家)へ官報を見にいった。それは当時は高等学校をはじめ高等専門学校や大学の記事は、すべて官報にのっていたからである。当時高等学校は第一から第七までの七校であったが、その中では天下の三高の合格者の中に小生がいた。しかも宇和島中学校からの受験者中での合格者は私のみであった。その際私はうれしさのあまり、すぐには信じ得ず、何度もくり返して見た。恐らく私の一生の中で最大の悦はこの三高入学であったと思う。理屈をつければ、他の悦は来るものが来たと考えられぬこともないが、この三高入学の悦は、上に述べたような具合で初恋が実った時の悦びと相並ぶ最大の悦びであった。

3　三高生

蛙は愈々天下の三高生となった。[129] 先日三高同窓の谷川瑛君より聞いた話では、小生が最年少者であったとのこと。明治三六年九月のある日のこと、我々新入生には天下の名校長折田彦市先生[130]〔一八五〇〜一九一〇〕の個人謁見式が行われた。その頃の三高は北側一条通りに正門があり、大体左の図表［図4］に示せる如きものであった。

1　正門	2　東門	3　西門
4　門衛［所］	5　校長室	6　控え室
7　教員養成所	8　二本松	9　本校舎（木造二階建）
10　雨天体操場	11　別校舎（木造二階建）	

［126］田中良馬は、同志社人脈の縁で、一九〇三年四月から岡山県高梁町の私立高梁順正女学校教頭に招かれ赴任していた。同校については第一章注［29］参照。良馬はここで一九〇五年一月まで教育に携わった。

［127］宇和島中学第五回生。一九三二年時点では亡くなっている（『会員名簿』）。

［128］近世初期、伊達政宗が宇和島初代藩主秀宗に付けた家老の一人。藩財政危機の克服をめぐって秀宗と対立し、元和六（一六二〇）年に斬殺されたという。死後、祟る神と見なされ、和霊社に祀られ、和霊大明神として民衆の信仰を集めた（桜井徳太郎『民間信仰』吉川弘文館、一九九〇年。『愛媛県史』近世上、一九八六年。山田忠雄「民衆史料論」『岩波講座日本通史』別巻3、一九九五年）。

［129］史料編1—5参照。

［130］鹿児島県生まれ。一八六九年から七六年までアメリカに留学、帰国後文部省に勤務し、八〇年大阪専門学校長に就任した。学校の改編とともに、大阪中学校長、大学分校長となるが、八五年文部省参事官に転じた。その後八七年第三高等中学校（のち第三高等学校）長となり、一九一〇年まで在職、三高の自由の校風を築いたと言われる。

（講堂としても使用）
12　図書館（鉄筋）と閲覧室　13　二部、三部実験室
14　北寮（木造二階建）　15　中寮（　　）　16　南寮（　　）
17　食堂　18　校庭　19　広場
20　官舎　21　京都帝国大学校門
22　A　美留軒　B　松月

三高生になって第一の重要事項は校長の謁見であった。明治三九年秋九月のある日、我々新入生は折田校長に一人一人が謁見した。第一部甲類の中程で入学した私は、この日一同と共に図表6のところの廊下に並んでいたが、名を呼ばれるままに、図表5の校長室にはいった。校長室といっても頗る質素なものであった。室が甚だ質素であったばかりでなく、校長、名校長で名の通っていた折田校長も大いに質素であった。校長に面して大きな机をへだてて座を与えられた小生は、校長の姿が自分の考えていた人とは全く容姿が違っていたのに先づ第一に驚いた。古武士の実際の姿を見たことはないけれど、古武士とはかくもありなんと、画いていた古武士の姿であった。言葉もとつとつとしており、小生の家のこと、父母兄弟のこと、三高を志望した動機や将来の目的などを問われたが、私は何かしらこれが有名な校長かと思い得ないほどに心安さを私が感じて、平気で答えた。その時の折田校長の印象は、やがて学生となってから、度々校長が雨の日に洋服に下駄をはき、雨傘をさして校内を校長室へむかわれる御容姿を時々見た印象と全く一致することや、時折校内で一学生として御挨拶せし時の記憶とたがわず、先生が校長をやめられ、多年の後御逝去なされ、小生は京大へ奉職する事となりし後も、河原町広小路近くの校長の御私邸の前を通る時は、電車の上

より、いつも心で敬意を払っていたのであるが、その御邸も今はこわれてなくなり、その跡は京都府立医大の建物が建っておる。

三高生となって、第二の出来ごとは、学寮生活であった。それまでは小学校を数え年一一才で出て以来、父母の膝下を離れて一八才になるまでの八年間は宇和島町での生活であったが、その間は祖母と共に、さなくても親族の誰かの家で御世話になっていたのだが、明治三六年九月以来は三高自由寮にはいった。小生達一部（注、文）の学生は北寮、二部（理）の学生は中寮、三部（医）は南寮であった。寮は一階は自習室、二階が寝室であった。北寮の一階には寮務室のほか、多くの室があり、小生達六人の室は入口から各二室めであって、高机であった。二階の寝室は自習室より広く、従って同じ自習室の友人のほかに他の室の学生も来て寝るので、夜はたしか一〇人ほどであったと思う。便所は二階の廊下を西へ歩み下へおり、少し南へ行ったところにあった。東の方にもあった。寮は起床六時、就床九時であったと記憶するが、これは時間を定めて早寝早起を習慣としていた私の時間割と全く一致するものであって、私にとっては全く好都合であった。しかし同室の寮生中にはこれを守らぬ学生も多々あったが、朝寝の方は小生には全く無関係であったが、夜の消燈時間九時を厳守して床につく小生にとって、それを守らず夜更かしの学生が一人二人とぞろぞろ寝室の戸をあけてはいって来るのには、目ざとい私は全く堪えられず、大抵は彼らの最終の入室者があって後にはじめて寝られるという状態であった。これはかなり苦しかった。しかしはじめての寮生活の楽しみのために、これらの苦は何とか忍ぶことが出来た。

私のいう寮生活の楽しみは、ラッパで三度の食事の時間が報ぜられると寮生が三々五々と南寮の西の一階の食堂に行くの際、その中に混じながら食堂に入って、多くの学友と食事を共にすることであった。これが田舎出の私にはとても悦しくて、そのために夜の就床の際の苦は先述のように忍ばれていた。しかしそれも三ケ月ほどすると、一向に

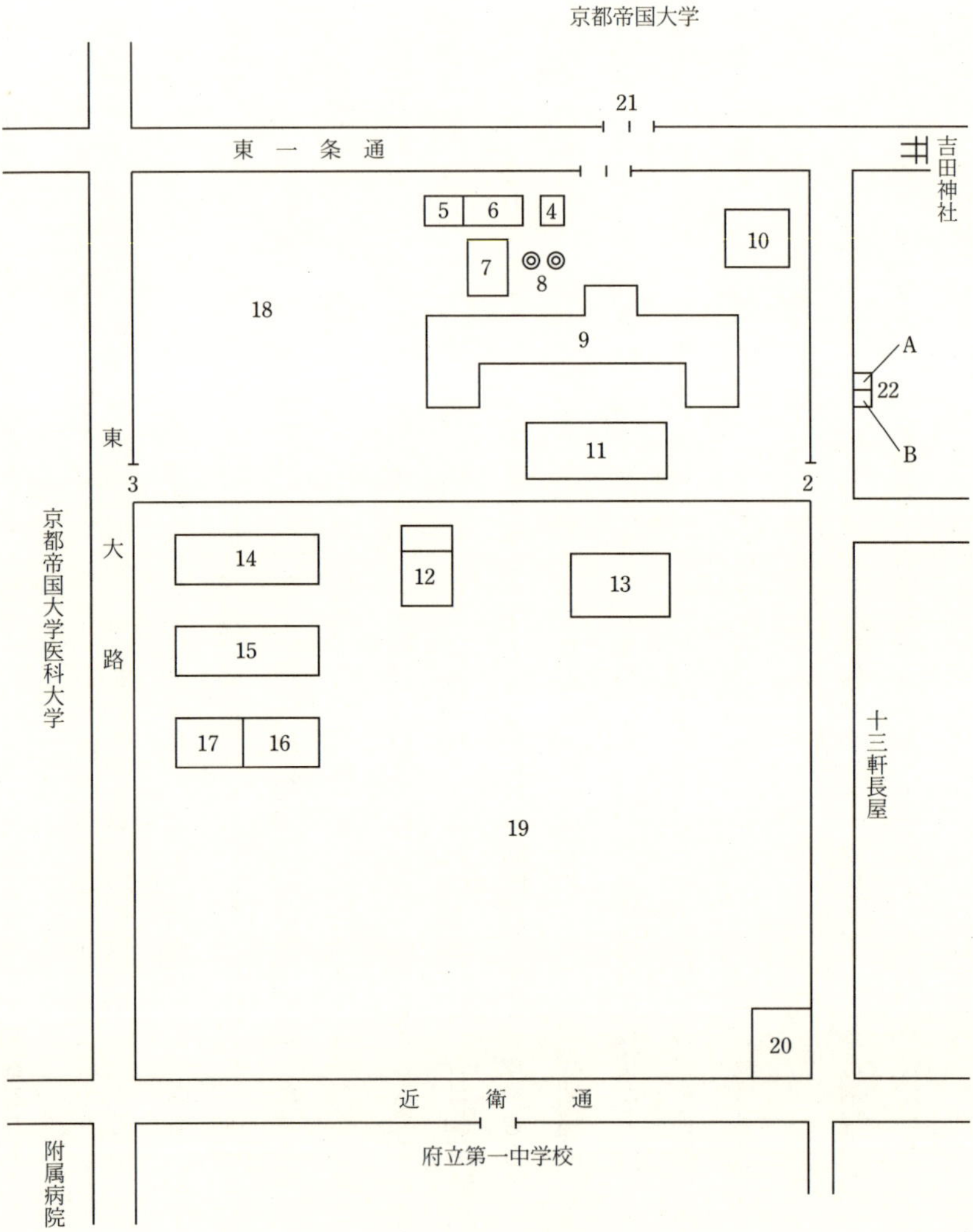
京都帝国大学
21
東一条通
吉田神社
5
6
4
7
8
10
18
9
A
22
B
11
東
3
2
京都帝国大学医科大学
大
14
12
13
路
15
17
16
十三軒長屋
19
20
近衛通
府立第一中学校
附属病院

図4　三高の建物配置

悦しくなくなり、夜の安眠の方が気になり始めた。それでたしか明治三六年一一月のある日のことであったと思うが、思い切って、私は寮の舎監室を訪ねて、夜よく寝られぬから退寮させてほしいと願った。しかし、どこか身体がわるければ退寮も許可するが、一応校医に診察してもらえとの返事であった。それで早速、校医鈴木先生に診てもらったが、この鈴木校医はトラ・カッケという綽名の持ち主であって、——というのは、この医者は我々学生のすべての病気をトラホーム(trachome)又は脚気と診断されるという風評があったからである——私には少しも病気はないと言われた。このことを舎監に報告すると、病気でない者を退寮さすことは出来ぬと言われた。でも私は夜寝られないのが苦しいので、終に当時、京都帝国大学附属病院へ来て妻君と共に京都近衛の京都第一中学校の東側の小さな家に住んでいた、医師田中実馬兄(上述)に相談した結果、実馬兄が診断し、保証して、自分の家から通わすという条件で退寮許可になった。[131] そのうちに実馬兄達は研究の目的を達して京都を去られることになったので、明治三六年一二月からは、神楽坂の中腹から南へ延びる通りで、今の崇神中学(?)の南にあって、壁の赤い下宿の二階に下宿することになった。これが私の単独で全く他人の家で室代と食費とを払うて寝起きするようになった、生れて初めての経験であった。さすがにその時には淋しくて、泣いたことを記憶しておる。

[131] この時三高校長宛に提出された願書の下書きが田中家文書の中に残っており、田中秀央・精一郎・田中実馬および山本美越乃が出願者となっている。山本は、秀央の兄良馬の同志社在学中における同級生で、長く親交のあった殖民政策学者である。三重県生まれ。一八九九年四月から同志社教員となったが、同年九月京都帝国大学法科大学が開設されたのに伴い入学した。一九〇三年大阪高等商業学校教諭。良馬が秀央の保証人を山本に依頼したのはこの直後である。その後山口高等商業学校助教授を経て、一二年京都帝国大学法科大学助教授、一八年教授、三四年退官。三三年京大事件の最中に小西総長が辞任するや、松井新総長が就任するまで総長事務取扱を務めた(京都大学経済学部『経済論叢』第三八巻第一号、一九三四年、同第五二巻第六号、一九四一年)。

その後、何かの都合で、岡崎北御所町の下宿の二階に移った。そこには親族で中学の同窓であり、当時京都府立医学専門学校の田中耕平君[132]〔一八八三〜一九一〇〕がいた。しかし私は性質として、多くの人と共同下宿の生活には向いていないと見えて、一人の下宿をさがしたあげく、見出したのが念仏堂（別名換骨堂）であった。これは尼寺であって、その場所は真如堂の東麓にあり、地名は元真如堂であった。元真如堂は一五軒ほどの家のある小さな集合である。この尼寺は東に面しておりかなり広い前庭があり、右方には竹藪や山があり、神社もあり、山からの水を受ける小さな井戸もあった。久我老尼さんのほか二人の尼さんと一人の尼弟子がおった。私はこの尼寺の仏間の南で、この寺の座敷ともいうべき六畳一間を、月二円で借りることにした。食事もはじめは朝食だけ尼寺に願っていた。この尼寺からは、真如堂の北側にある小さな道を通り、吉田山を越えて三高へ行くのであるが、一五分ほどであった。お寺のこととて朝は五時頃より読経があったが、早起きの小生には二〇分ほどの朝の読経は何ら苦にならなかったが、ただ少女である尼弟子がお経を中々覚えぬので、先輩から度々しかられたことを覚えておる。

私はお経をききつゝ起き、京都医専の医学生で従兄なる田中九信君（元真如堂の最も大きな家小林の一室に下宿）に勧められ、健康のためよいとのことで、上述の山井戸へ行って冷水摩擦を始めた。これは数え年一九歳の春のことであったが、爾来七五才に至るまで（この時に二ケ月ほど臥床したので、平沢興さんの忠言――即ち七〇過ぎたら鍛うということはやめて、それまでに鍛うて持っておる力を出来るだけ小出しにせよ――に従って、この冷水摩擦と朝と寝る前との柔軟体操とをやめた）、これを続けた。

祖母満喜様はこの年の翌年明治三八年一月に逝かれたので、九信君は帰省したが、私は帰らなかった。この尼寺ではよく勉強が出来た。しかしこの尼寺で私は私の私有物で最も高価で最も記念すべきものを失うた。それは、私は土曜日には天候の許すかぎり、三高から帰るなり、直ちに縁側ごしに机の上に教科書入りの風呂敷と父が三高入学祝に買うて下さった懐中時計を置いて、一人で鹿ケ谷から大文字山へ登り銀閣寺北へ降りてくることを一つの日課にしていた。ところが三七年夏の六月のある日、例の如くして、大文字へ登って帰って見たら、大切な時計がなくなっていた。それには全くよわった。

三高に入学してからは授業料は別として毎月父母からは一五円送金してもらった。食事はごく最初のうちは朝食は尼寺でしてもらったが、やがてそれも気の毒なので、神楽坂を降りて吉田本通に出たところ右側に大塚という食堂があったので、そこで朝と夕とをたべることにした。朝食は五銭、夕食は一〇銭であった。昼食は三高東門の松月食堂一〇銭であった。それで大体毎月の食費は八円、室代二円であったから、五円ほどあまったので、それで書物も買えた。松月食堂の昼食の際、他の学生が特別にコロッケや煮肉を食べているのを見ると、時には食べて見たかったが、本のことを考えていつもやめた。

三高時代は私も多少感傷的であったようであるが、その時分の気持の一端を次の三木露風さん(私の殊に好きな詩人)の「初夏」[133]が表わしておると思う。

藪の筍、丈のびて、袴の皮の落ちるころ
李の花が白くさき、柿が青々、茂るころ
柳が塀の外に垂れ、燕の来るのを待てるころ
赤鯛、真鯛がよく漁れて、遠い町にも売れるころ

[132] 東宇和郡高山村田中三郎治信達の息子。秀央の宇和島中学時代の同級生。

[133] 「初夏」は『少年倶楽部』一九二一年六月号に掲載された。与田準一前掲『日本童謡集』に収録されている。

わがふるさとを思いだす、白い日かげを見ておれば
ひい、ふう、みいと梅の実を、かぞえて待つたは、何時のこと

4　先生

三高在学中は折田校長をはじめ色々の先生に御世話になったが、その中で特に印象に残っておる若干の先生を挙げると、

（1）榊亮三郎先生[134]〔一八七二〜一九四六〕

先生は梵語学の専攻であられたが、英、独、仏の近代語に通じておられたほか、ギリシア語、ラテン語にもかなりの学力をもっておられた。当時は日本帝国に文科大学のあったのは東京帝国大学だけであり、そこには高楠順次郎[135]先生〔一八六六〜一九四五〕（榊先生とは気が合わぬ）が梵文学の講座をもっておられたので、榊先生は三高の教授としてドイツ語を教えておられた。先生にドイツ語を教わったのは二年生になってからであるが、先生の訳は頗るたしかであったが、読み方はお世辞にも上手とは言えなかった。授業は随分きつく、おくれて来る者、草履ばきの者は入れてもらえぬか、必ず何かあった。

二年生の時に、先生が昔ギリシア語、ラテン語という立派な言葉があって、世界の文化に大いに貢献したと話されたことがあったが、それが私をして西洋古典語をやってみようかという気持の種子となったのである。それまでは私は将来は英語の先生になるつもりでいたのである。

三年生の時はAndersenのBilderbuch ohne Bilderを教わったが、その時は先生も熱がこもって、平素のむしろdryと

図5　第三高等学校正門

思われる先生が別人のようであった。御蔭で私のような頗るdryな学生まで、その中にひき入れられて、この時間は三高の授業で私の最も憶い出多い時間となったばかりでなく、この本は私のように書物は殊によいものを選び、それを反復して読むべきだと考えている者の愛読書の一冊となっておる。是非人々に読んでもらいたい本である。

三年生になって榊先生のある授業の時、私は眼を閉じていた。すると「田中眠っておる」という雷声である。私は眠っていたのではないが、中学五年の三角対数表をひいていた時、はじめて起って、私を今に至るまで警告している病気、即ち顔には何らの変化もないが、三〇分間ほど眼力が正確でなくなり、細かい文字は区別が出来なくなる病気、随って、甲と乙との人を間違えたり、物にあたったりすることは決してないので、人にはあるいは癲病とも考えられる病気がこの時に起ったので眼を閉じていたのであったので（これを私は眼が起ると称する）、そのことを先生に申し上げたら、「そうか」の一言で師弟共に何のこともなかった。榊先生は明治四一年京都帝国大学文科大学に文学科が創設されるや、直ちに迎えられて、その梵文学梵語学講座の教授となられた。[136] 私の五大恩人の一人であって、私が後年、京都帝国大学へ奉職するようになり、今日に至ったのは先生の御尽力によるのである。

（2）伊藤小三郎先生[137]

先生は小柄な頭の大きなはげた人であった。聞くところによると先生は東大の卒業の席次はあまりよくはなかったとのことであるが、英語を読まれる力はすばらしいとのことであった。先生は三高の英語主任であられたが、我々は幸いなことに、この先生から三ケ年間英語を教わった。しかし何故かしら、先生の方から教科書の英文を訳されたことは、覚えていない。学生にあてて訳させられるのであるが、仮にその学生の訳が時に誤っていても、必ずしもその際に訂正して正しい訳を教えられるとはきまっていず、むしろ、誰か他の学生から質問が出ると、その際は委しく正確に誤訳を訂正されるというやり方であった。つまり先生は学生の勉強を信用されていて、勉強されぬ者は先生の授業を受ける資格がないというやり方であった。私はよく質問する一人であったが、その際、かくかくの英文は、かくかくと訳してて差支えないかと言うべき時に、よく「訳してもかんませんか」と言ったようである。「かんまんか?・」は「差支えなきや?・」の方言であるが、方言の中々にぬけない小生はさかんにこれを使用した結果、小生は「かんまん」という綽名を頂戴した。

（3）内田新也先生

先生は帝国大学出でなく、検定か何かでドイツ語教授の資格をもっておられた。私達は一二年生でドイツ語を教わったが、一年生の時は先生の草案になるドイツ語文法の口述で、筆記であった。その第一学期の試験は、私は幸いに満点近い成績であった。それで思ったことをずばずば言われる先生が、ある時間に、「田中君は成績が頗るよいが、何かを見たのではないか」と言われたので、身には覚えはないことながら、田舎出の秀央青年は起立して赤い面して、それの説明をしようとしたところ、井上徳之助君[138]が立って、「田中君は決して、そのようなことをする人ではありません」と言って下さったので悦しかった。

[134] 梵文学者、和歌山県生まれ。一八九五年帝国大学文科大学卒。九九年三高教授。一九〇七年京都帝国大学助教授、のち教授。仏教大学・大谷大学でも教鞭をとった。史料編1―2参照。

[135] 仏教学者、広島県生まれ。一八八九年西本願寺立京都普通教校卒。在学中有志とはかり『反省会雑誌』を刊行。九〇年留学、インド学・梵語学を学ぶ。九七年帰国後、東京帝国大学講師、九九年から教授。また一九〇〇年から〇八年まで東京外国語学校校長を兼任。二七年退官。その後、武蔵野女子学院長、東洋大学長を歴任。

[136] この記述は正確ではない。榊亮三郎は注[134]にもある通り、一九〇七年京都帝国大学文科大学助教授に就任、その後ヨーロッパ留学とネパールにおける写本収集を終えて、一九一〇年梵語梵文学講座開設とともに教授に就任した。

[137] 教育者。一八九八年から一九二一年まで第三高等学校教授を務め、英語を担当した。

[138] 大阪府井上万次郎の三男。一九一〇年東京帝国大学法科大学政治科卒。一九三二年現在、三菱海上火災保険（株）火災部長。

先生は若干の学生に嫌われていた。ある日のこと、その学生達は先生の授業の始まる前に、その教師机の下に犬の子を置いて知らぬ風をしていた。先生が何げなく教室へはいって来られて教壇へ立たれると犬の子が出て来たので、先生は直ちにそれを捕えて二階の教室の窓から下へ落した。そこで学生達はこのような無慈悲な先生の授業は受けぬと云って、ストライキもせんと寄り寄り相談をしていたが、事なくてよかった。

（4）坂口昂先生[139]［一八七二～一九二八］

先生は西洋史専攻であられたが、榊先生と同じ理由で三高教授であった。お蔭で私達は先生の熱のある名講義を拝聴することが出来た。私達は二年生の時即ち明治三七年九月から先生の講義をきいたのであるが、少し暑い日には、先生は特徴ある顔容で、流れる汗をふきふきの講義であった。三八年の学年試験に「Timurのことについて記せよ」との問題が出た。私はどんな学科の試験でも試験には決して山を掛けることをせぬのであるが、従って歴史などでは、その筆記したものを時の許すかぎり何度でも繰り返し読んで、いつとなしに頭に残ったものをもって試験場に臨むのである。ところで先生の御講義ではTimurの話は処をかえて二三ケ所に出ていたのであるが、幸いそれらがうまく頭に残っていたので、よい答案が出来たようであった。他日、友人から聞いた話であるが、先生は他の組で私の答案がよく出来ていることをほめられたそうである。先生も明治四〇年京都帝国大学文科大学に史学科創設と共に抜かれて西洋史教授となられた。[140]後日、榊先生の特別の御配慮で私を京都帝国大学へ迎えんとの話の出た際、坂口先生は波多野精一先生[141]［一八七七～一九五〇］と共に大いに骨折って下さったのも、三高時代に先生の頭の中に私というものが上のようなことで、少し認められていたためであろう。

（5）山内晋卿先生[142]

先生からは漢文を教わった。というよりは、色々と人の世のことを教わり承った。教室では先づ高等学校用の漢文読本を机の上に出し、その一頁を時には数行を解読して時間があまれば、あるいは何かのきっかけがあると先生は脱線して、その方でその快弁を振われた。それで我々はいつとなしに、先生を我々のペースに入れることを知り、さかんにこの術を用いたので、試験の際は復習する頁が甚だ少なくてすんだ。教師として先生のこの方針がよいかわるいかは色々と論はあろうが、私が先生となっての経験からいうと、この脱線は狭義の専門学科の見地からすると、反対するべきであろうが、教育というもの、殊に昨今の如く、教師と学生との人間的接触の頗る少ない時代においては、人を造るために大いに大切なことと思う。

英語には米人ケディー先生と「グードリッジ先生」、ドイツ語にはブラッシュ先生がおられたが[143]、当時の三高にはフランス語はなかった。

5　友人

私は学校では運動と名のつくものは何もやらなかった。休息時間は校内の小松林の下の草原で横になって過した。ただ同級生に野草省三君[144]という丈の高い人がいて、その人が私の世話で念仏堂の茶室（二畳）に来たので、その人に誘

---

［139］西洋史学者、兵庫生まれ。一八九七年東京帝国大学文科大学卒。一九〇七年京都帝国大学文科大学助教授、〇八年留学、帰国後一二年教授となり史学・地理学を担当した。ランケ史学の伝統を継承し日本におけるその学風の定着に努めた。『概観世界史潮』は著名。

［140］この記述は正確ではない。注［139］にあるように、坂口は一九〇七年には助教授に就任している。

［141］史料編2—25参照。

［142］教育者。一八九九年から一九二一年まで第三高等学校教授を務め、漢文を担当した。

われて、日曜日には大津のビワ湖迄徒歩で行き、そこで三高のボートを艇庫から出して、ボートを漕いで石山寺へは度々行った。帰途は疏水の川舟で帰った。ただ野草君がよく風邪をひくので、室の関係かとも考えられたので、室の交換をして彼を助けたこともあった。

私はやはり勉強家なのであろうか、三高でも同級生中の二三番であった。一年生の時の同級生には色々特徴のある人が多かったが、その数人をあげると、

永井栄蔵君[145]〔一八八一～一九四五〕――この人は日露戦争に参加したため復帰して我々の組に入ったので、当然我々より三つ四つ年長であった。文章も巧で、殊に即席の絵に秀でていた。後に朝日新聞社に入って、天声人語の名付けの親となり、釈瓢斎というペン名でその名論を朝日紙の天声人語で発表していた。この人には可愛がってもらった。神戸の本山町で大東亜戦のバクダンに倒れるまでずっと彼と文通をしていた。彼氏は正月には年賀状としてその年の干支を絵筆で書いて送って下さった。大切に保存しておる。彼氏が朝日新聞京都支局(三条通堺町西)長であった頃は、時々御訪ねして昔を語った。

溪内一恵君[146]――三高柔道の主将。三高では中位であったが、東大では国史科を首席で卒業した。彼氏にすすめられ、三高の柔剣道場で、生れて初めて柔道着をつけて、彼氏にその第一歩をつけてもらったが、肩越しに投げられ肩をいためたのですぐやめた。たった一日のたった一回で。

井上徳之助君――東京の人とか、美男子。

山口(篠田)周之君[147]――よく出来る人で、三高文科丙を首席で卒業した。山口君とは東大卒業後(明治四二年)一向に会わなかったが、彼氏が養父篠田氏の経営する京都の精華高等女学校の校長となっておられた頃、小生も京都帝国大学に奉職することになったので、二度ほど学校にお訪ねして昔話をした。

図6　第三高等学校の卒業生たち。後列左から6人目が田中秀央、前列右から6人目が折田彦市校長

瀬川（木村）満三君[148]――瀬川君は山口君と共に小柄なおとなしい人であった。私より三才ほど年長である。歌人であられたので、dryな私とは三高時代にはあまり交際はなかった。東京帝国大学英文科を明治四二年に卒業され、中学校や女学校で英語の先生をしておられたが、自分は教師には適せぬと考えられて、郷里山口県の西厚保村に引込んでおられたが、その後、縁合って私と協力してローマの大詩人Vergiliusの Aeneisを邦訳（岩波文庫）して出版した。今日でも文通しておる。

彼氏は老いたので此頃は神戸市長田区の息子さんの宅で起臥しておられる。今日(昭和四五・五・一九日)は彼へ見舞のハガキを書いた。

三高の名校歌「紅萌える丘の上[花]」の作者沢村専太郎君[149]［一八八四～一九三〇］や、日本新聞学会々長小野秀雄君[150]［一八八五～一九七七］などは、組がちがっていたので、二年生の時は一緒でなく、三年生になって丙組(文科)で一緒になって卒業した。私は三高在学中級長になったことはなかったが、先生からは信用されていたようである。例えば、何かの都合で先生に休講とか繰上げを願う交渉の際は、大抵級長のお供をしていて、我々は詐を言うていないと無言で告げていたようである。

6　皮長靴

私の生れた家はかなり大きく家敷は七一〇坪、室の数も三〇あまりあったし、倉も宝庫のほかに五戸前あった。その宝庫の天井に皮で造った長靴がつってあった。冷しいこの庫へ度々何かと出入するのであるが、長靴はちゃんといつも同じ場所にぶらさがっていた。高校二年生になって夏帰省した時、思い切って母にあの長靴はどうしたのですかと問うた。母はあれは父が村長の時に造らせたのだが使用せずに吊ってあるのだと言われた。そこで私がそれを下さらぬかと御願いしたところ、父と相談してとのことであったが、やがて貰えた。上等の長靴でうらには鋲が沢山うってあった。履いてみると少し小さいようであったが、父の長靴が履けるとの悦しさで、少し位何とかなる（足の方が合わしてくれるか）と考えて、上京の際荷物と一緒に携えていった。ある雨の日、その靴を履いて登校することになり、履いて見ると少し痛かったが、そのうちに足が何とか合わしてくれると考えて、痛いのを我慢して尼寺を出て辛棒しながら吉田山を越えて降りかかったが、最早到底我慢が出来なくなったので、脱いで靴をさげて吉田神社の南の方の

〔143〕当時の『第三高等学校一覧』には、英語の傭外国教員として、「チアーンシー、マルヴィン、ケディー」「ジョーセフ、キング、グードリッジ」の名が、ドイツ語の傭外国教員として、「ブリッツ、エス、ブラッシュ」の名が掲載されている。

〔144〕兵庫県生まれ。一九〇六年第三高等学校を卒業し、東京帝国大学法科大学へ進学している。

〔145〕新聞記者、号は瓢斎、島根県生まれ。一九〇八年第三高等学校卒。東京帝国大学を経て大阪朝日新聞入社。約一〇年間「天声人語」の執筆を行った。

〔146〕石川県生まれ。一九〇六年第三高等学校を卒業し、東京帝国大学文科大学へ進学している。

〔147〕京都府の山口利右衛門の長男。一九〇四年篠田時化雄の養子となる。一九〇九年東京帝国大学文科大学史学科卒。東京府属を経て東京府立第四中学校教諭。一九二〇年佐賀高等学校教授。

〔148〕山口県生まれ。一九〇六年第三高等学校を卒業し、東京帝国大学文科大学へ進学している。ヴェルギリウス著の『アエネーイス』上・下を秀央と共訳で出版している（一九四〇・四一年、および一九四九年、岩波書店）。

〔149〕美術学者、滋賀県生まれ。第三高等学校を経て京都帝国大学文科大学を卒業。一九一九年京都帝国大学文学部助教授に就任、一九三〇年教授となり美学美術史学を担当した。三高寮歌「逍遙の歌」（紅もゆる）の作詞者としても著名。

〔150〕ジャーナリスト、新聞学者、滋賀県生まれ。東京帝国大学を卒業後、一九一一年万朝報入社、一六〜一九二一年東京日日新聞記者。新聞研究にも従事し、二二年『日本新聞発達史』を刊行。第一次世界大戦後、東京帝国大学大学院に入り直して新聞研究に打ち込む。二五年東京帝国大学講師、二九年東京帝国大学新聞研究室主任、四九年教授。四九年新聞研究室が新聞研究所に発展改組された際、初代所長。五一年退官後、上智大学教授。同年日本新聞学会初代会長。

下降道の左側の切石の上を歩んで降りて行った。それがたまたま誰かに見られたのか、あるいは私がこの話をしたためか、その翌朝登校すると私が靴を下げて坂を降りておる画が黒板に書いてあった。その絵をかいた人は永井君に間違ない。爾来私達の中では私は靴が惜しくて、人の居らぬところでは、裸足になって靴をさげて歩むということが、まことしやかに噂されて、渓内君の如きは私を見ると手真似で、この光景を示して私をからかった。今や永井君も渓内君もおらぬ、昔恋しやである。

三年生になった時、乾哲蔵君[151]という同級生があった。三年生になるまで彼はどんな組にいたかということをはじめ、それ迄の彼の経歴は全くわからぬが、とにかく三年一部丙組で一緒になった。彼は全く変っていて、口もきかず、友もないようであった。しかし英語はずばぬけてよく出来て、先生も時には困ったことがあった。彼は三高の同窓会会員名簿には生存者の中にあるが、その住所も職業もわからず、只生存者の中に名がのっているだけである。何とかして知りたいが、知人、友人の少なかった彼氏のことで中々確かめがたい。

三高には講堂というものがなかったようである。[152]従って入学式でも卒業式でも大きな行事は東北隅にあった雨天体操場で行われたのであろう。とにかく私には三高における式の記憶がない。

すべてまだ　きのうの如し
今更に　時の歩みの
速きことかな

VI　大学生時代

1　東京生活

明治三九年九月のある日、私はいよいよ東京帝国大学文科大学言語学科の新入生となるべく、父母に別れて宇和島より第三宇和島丸によって夕方宇和島港を発し、海路瀬戸内海を通って一昼夜半を経て朝神戸港につき、そこで船をおり、三の宮の従兄高津英馬[153]（小生の父の兄国松武雄の次男で同志社卒業後高津家の養子となる）氏を訪ねて、一休みしてのち三の宮を午后汽車で東京へむかった。途中京都駅では多くの学生が下車するし、自分はそれから一三時間ほど東海道を夜行汽車の客であることを思うて、京都に大学があればよいにと思うた。東京の新橋駅についたのは、翌朝であった。私が東京で差当り頼って行くのは、従姉竹村千織（上記英馬の姉で、当時東京の第一師団の砲兵中尉（?）竹村貞一郎[154]に嫁ぐ）さんを訪ねることであった。

---

[151]　京都府生まれ。一九〇六年第三高等学校卒。

[152]　三高に式典を行うための講堂（新徳館）が建てられたのは、一九一八年のことであった。

[153]　高津英馬は、一八九五年四月に神戸市三宮町の豪商高津柳太郎方に養子縁組が成立、五月三日に婚礼を挙げた（田中家文書）。

[154]　各年の職員録（国立国会図書館蔵）によれば、竹村貞一郎は一八九七年一一月時点で第六師団野戦砲兵第一二連隊（小倉）砲兵大尉、九九年二月時点で第九師団野戦砲兵第九連隊（金沢）砲兵大尉、一九〇三年五月時点で第一〇師団野戦砲兵第一〇連隊（姫路）砲兵大尉である事が確認できる。したがって文中の「明治三九年」で「砲兵中尉」との記述は田中秀央の記憶違いである。

その頃竹村家は青山五丁目(?)に居られたので、新橋から青山までの人力車はかなり長かった。それと同時に、竹村家について、その母堂と千織姉は温かくむかえられたときは全く悦しかった。その頃青山方面の電車は青山一丁目(?)迄しかなかったので、竹村からそこまで歩いて、それから一時間ほど電車にのって東京帝国大学へしばらく通ったと思うが、時には全部歩いたことを覚えておる。当時の電車賃は片道五銭(?)であったが、それを節約しようと思うて歩いたのではなかろう。歩くのがすきであったのであろう。大学生になってからは、授業料以外は毎月二〇円の仕送りであった。

しかしそのうちに、通学の時間があまりかかるので、三高時代の同窓小野秀雄君の御世話で、同君の知人が上野動物園の裏のほとりで営んでいる下宿へうつることになった。下宿部屋は二階の二室、下に一室あって、私は二階の二畳を、三高の同窓で法科生の井上盛義君は下の六畳にいた。そのうちに下宿の美しい一人娘が、過失で井上君に石油をのますということが起り、娘は自殺するとて家を出たりして、色々面倒であったので、千駄木林町の諸橋さんという老夫婦の住んでいる家の座敷六畳を月三円で借ることにして、そこへ引越した。そこから大学までは徒歩で二〇分位であったと思う。そこで私は大失敗をした。というのは、例の如く早寝早起、冷水摩擦は三高二年生の時にはじめてから連続しているのであるが、ある朝、マッチをすって時計を見たら、まだ少し早かったので、そのまま寝たところ、何だか変なので目を醒ますと、敷布団が燃えていた。びっくりして、消して事なきを得た。その頃はランプであった。その後、ある日、諸橋さんが、大学前のカシマ屋で鶏の腹わたを買うて来てくれと言われたので、そんなきたないものはよう買わぬとことわったら、そんな服装の者が鶏の臓物をよう買わぬかと言われたので、腹が立って、その家を出て駒込の大観音近くの下宿に引越した。そこは老母と女中との二人のほかに下宿人が私も入れて五人ほどいたと思うが、ある朝早く、女中が田中さん田中さんというので、何かと思うて下へ降りて行ったら、下の下宿人の室を指し、あそこに盗人が来たというので行って見たら、大したことはなかった。そこで何故私をよんだかと問うたら、他の人々は盗人が来たら、こわいから何でもやると云っていたのに、私は何も言っていないからだとのことであった。これら三軒の下宿を軽々と変えたのは、明治三九年の一〇月から明治四〇年の三月頃のことであった。

下宿になやんでいた小生は、この頃私の従兄国松豊(上記千織の末弟)君から自分の下宿しておる伊藤ヒサさんとこへ来ないかと言われた。伊藤さんの家は当時の名称では豊多摩郡大久保百人町とて当時は東京市外であり、大学までは大久保駅から水道橋まで鉄道で二〇分、それから徒歩で一五分位であったが、家族は老媼と未亡人ヒサ夫人(四〇才位)と一人の女の子(良子)だけであり、附近には大久保ツツジ園や戸山ケ原練兵場があった。我々国松豊(従兄)、国松幹雄(従弟)と私とが下宿人であり、私は幹雄君と四畳半に二人が同居した。私は高机、幹雄君は低机であり、私は夜は机の下に頭を入れてねるという具合であったが、幸いに幹雄君は慶応義塾のテニスの選手であったので、室におることは寝る時だけであったので、勉強には個室のようなものであった。私が此処に下宿したのは明治四〇年の夏のことであったと思う。そこで明治四二年七月の卒業までおった。

VII 東大卒業後一二年の東京生活

1

その後伊藤家が近くではあるが淀橋角筈の大きな二階屋へ引越すと共に我等も共に動いた。そしてその秋から私は東京帝国大学の大学院の学生となった。この頃は、日本一の東京帝国大学にさえ講堂というものがなかったので、卒業式など大きな行事は附属図書館の閲覧室を片付けて、その用に供していた。明治四二年七月の卒業式には明治大帝が御臨幸になったが、玉席の左右に氷柱（はじめて見た）が立っていた。言語学科の首席で卒業した市河三喜君[155]［一八八六〜一九七〇］は恩賜銀時計をもらった。私は市河君の話では卒業論文の点は市河君と同じであったそうであるが、口答試問で彼に負けて二番であった。西洋古典語を専攻する日本人としては私が最初であった。卒業式後直ちに父母にそのことを打電し、その足でケーベル先生[156]［一八四八〜一九二三］を訪ねて御礼をのべたら、小生のせっかちを学生時代に十分に知っておられた先生からFestina lenteをもらった。

2　憶い出

学生時代の憶い出を二三あげて見ると、私は中学校を卒業する頃までは、英語の教師になるつもりであったし、父母もそれを願って、出来ることなら故郷近くの中学校の先生になることを希望していたようであった。それが三高へ入学して上記の如く榊先生から西洋古典語というものの重要性を聞き、少し意が動き、そのため東京帝国大学では言語学科[157]を志望し、そこでKoeber先生の御人柄にひかれてその御授業をうけおるうちに、終に西洋古典の深山に日本人としてはじめて斧を入れることになったのである。

扨、西洋古典をやるつもりになって卒業はしたものの、その頃ギリシア語・ラテン語で生活することは到底出来ないことは知っていた。しかし東京のKoeber先生の許をはなれては、この研究は出来ない。父母の願（出来れば故郷の中学校の先生となること）は十分に知っていたので、大分に迷ったが、終に意を決して、あるいは父母には一時的に不孝になるかは知れぬが、中学校の英語の教師となり、父母を迎えるか又は父母に若干の御小費を御送りするかよりも、自分の選んだ道において名をなし、大局的に父母に孝行することの方がよいと決心した。それで大学を出ると、当時財政的に困っていた父母（父母からは決してこの苦境を小生には知らされはしなかったが）からは物質的・金銭上の御援助は一切うけまいと決心して、卒業後第一回の帰省の旅費（一〇円）も田中実馬兄から借りた。又、学士となって第一回の上京の旅費も同様にして上京し、その後は中学校の英語の嘱託講師をして自立しつゝ、大学院にはいって西洋古典語を勉強することにした。

東京での私の生活、即ち明治三九年九月から大正九年八月迄の一五年間の生活中、私は竹村貞一郎氏一家でたえず御世話になった。最初は明治三九年九月初めて東京についた日であり、その後、竹村中佐一家が千葉県市川市に引越されてからは、数回御訪ねした。後竹村さんが退役されて小石川の宇和島藩の明倫館[158]の監督をされていた時も、度々御邪魔した。そのある時、竹村邸で高津春繁君[159]〔一九〇八～一九七三〕（当時第六高等学校学生）に千織姉が「君も秀さんみたいにギリシア語・ラテン語をやったらどうだ」と言われたが、それがあるいは今日の高津君をこの道に歩み入らし

---

〔155〕史料編2－3参照。また史料編1－7・8も参照。

〔156〕Raphael von Koeber　ロシアのニジニ・ノヴゴロド生まれのドイツ系ロシア人。当初音楽を志しモスクワの高等音楽学校に入学、ピアノをルービンシュタイン、作曲をチャイコフスキーに学んだ。卒業後志望を転じて、哲学をオイケン、クーノー・フィッシャーに学び、ドイツで音楽美学と哲学を教えていた。一八九三年ハルトマンの推薦で東京帝国大学哲学教授として招聘され、一九一四年まで西洋哲学を教え、日本の哲学界・思想界に巨大な影響を与えた（久保勉「ケーベル博士畧伝」『思想』一九二三年八月号「ケーベル先生追悼号」所収）。史料編1－1参照。

〔157〕一八八六年、博言学科として設立され、一九〇〇年六月に言語学科と改称した。

〔158〕明治維新後、伊達家学事会の奨学事業として本文にある寄宿寮「伊達明倫館」が創立された。一九四二年財団法人伊達奨学会と改められたが、四五年建物が焼失した。戦後、五三年に目黒区上目黒に新寮舎が完成、現在は小金井市に移り継続している。

める一つの導火線となったとも考えられるのである。

3　Koeber先生

東京について翌日、先生の御都合を御伺いしたら、その翌々日の夕食に来いとのことであった。御指定の日時に先生の神田駿ケ台鈴木町の御宅に御伺いして、夕食に色々と御馳走になった。その席で私が家の都合で今後は自立して勉強せねばならなくなったこと、それには中学校の英語の先生をすれば一時間五〇銭（市河君は京北中学校[160]（?）で銀時計特別待遇で七五銭とか）が相場であり、私は大学院学生になっても月二〇円あれば生活出来るので、そのために一週間一〇時間即ち五円働けばよいから、左様にしたいと先生に申し上げた。すると先生はしばらくして来週の土曜夕食に来いと言われた。それで私はその日時に御伺いして御馳走になったが、帰らんとした時、先生は私に中学校の先生はさしたくないから、これを持って行けと言われ、そら色の小さな封筒（今も保存せり）を渡された。話の上から推定すると、その封筒の中には金銭が入っておると思われたが、先生の言われるままに持ち帰えった。帰宅して封筒を開いて見たら三〇円入っていた。私は考えた。先生の御意思は大体わかっておるが、このままいただくのも苦しいので、今一度先生に御会いして御話を承わろうと思った。それで翌日先生を御尋ねして、この三〇円のことを御伺いしたら、先生は、やをら、「君に中学校の先生はさしたくない。三〇円位なら僕には心配ないから、受取っておけ」と。そこで私は考えた結果、御受けして、先生の重じておられる西洋古典の教育を日本に広めんとの御志の一部にも御手伝が出来たら、先生の御恩に報いる最もよい方法だと考えた結果、御言葉に甘えさせていただくことにした。それが明治四二年九月中頃のことであった。

私はこの少し以前から、東京市駿河台のニコライ神学校長瀬沼恪三郎氏[161]〔一八六八〜一九五三〕の依頼によって、ニコライ堂の創始者故ニコライ氏に信望のあった中井木菟麿さん[162]〔一八五五〜一九四三〕に古典ギリシア語を週一回二時間教えることになった。中井氏は明治初期の有名な漢学者で大阪にいた中井履軒先生[163]〔一七三二〜一八一七〕の孫であって、背高の頗る低い五〇才位の人であった。ギリシア語を学習せんとするのなら、何か一つの外国語は知っておられることとのみ思うて引受けたのであったが、彼氏は欧米の言語は何一つ知らぬとのことがわかって一寸困ったが、私がWhiteのGreek Bookを使用して、その英語で書ける説明を日本語で説明すると、それをはじめすべてたん念に書き取られた。私が京都へ引越して後若干年して彼氏も京都へ移られ、京都市中京区柳馬場のニコライ教会に住まわれていたが、そこでなくなられた。

[159] 史料編2—12参照。ただ、春繁が第六高等学校に入学したのは一九二四年四月で、田中秀央が京都帝国大学に赴任した後である。また春繁の妻久美子は、春繁が初めてギリシア古典文学に心をかき立てられたのは高等学校の時であった、と記しており(「想い出——ミノア文化の夢——」『人文学会雑誌』第五巻第三・四合併号、武蔵大学人文学会、一九七四年)、それが本文での挿話に関係があるかはともかく、近い親族に田中秀央がいたことが影響していたと考えるのは自然であろう。

[160] 一八九八年、仏教哲学者井上円了が京北尋常中学校の設立許可を受け京北学園を創立、校長に就任したことに始まる。一九〇六年、教育学者湯本武比古が第二代校長となる。現在の京北高等学校・京北中学校。

[161] 正教会神学者、東京生まれ。主教ニコライの説教を聴き、家族の反対を押しきって神田駿河台の正教神学校に入学。最初医者になるためロシアに派遣されたが、キエフ神学大学で神学を専攻して帰国。正教神学校教授、のち校長。トルストイとの交友は有名で、『アンナ・カレーニナ』の日本初訳を出版。

[162] 中井木菟麻呂のこと。正教会の聖書・祈祷書の翻訳者、書家。一八七八年受洗。八一年ニコライに呼ばれて上京し彼の聖書・祈祷書翻訳を助けた。ニコライ死去後関西に帰り、一九二〇年大阪梅花女学校、専門学校の教師となる。田中秀央との関係は関西転住後も続き、秀央が中井に揮毫を依頼したりしている。

[163] 江戸時代後期の儒学者。兄中井竹山とともに大坂の懐徳堂で朱子学を学ぶ。水哉館という私塾を開いていたが、竹山没後は懐徳堂で教えた。

4　特選給費生[164]

それから四ケ月、一二月末先生から毎月三〇円宛をいただいて大学院学生として西洋古典語の勉強に専念して、先生の御恩にそむかないことを心がけていた。ところが明治四三年一月に東京帝国大学特選給費生第二回の公募があった。この特選給費生というのは、各二年に一回、その二ケ年間に卒業した文科大学々生の中から三名を選んで、毎月三〇円を給与して勉強させる制度であった。第一回には英文科卒業の千葉勉氏[165]〔一八八三～一九五九〕と言語学科支那卒業の後藤朝太郎氏[166]〔一八八一～一九四五〕が選ばれたのである。この第二回の公募を見て私も応募しようかと思い、Koeber先生と藤岡勝二先生[167]〔一八七二～一九三五〕（言語学教授）とに御相談したところ、申込んで見よとのことであったので応募した。ところが、市河三喜君も応募した。その結果言語学科から二人の応募者が出ることになった。そのことを心配されたJohn Lawrence[168]〔一八五〇～一九一六〕（英文科教師）が市河君を呼んでの話では、なるほど市河君は銀時計受領者であるから、その点は田中より有利であるが、第一回の特選給費生の一人が英語関係の者であるのに、第二回にも英語関係の者では、我々両人に等しく好意をもっておる諸教授の票がわれて、第三者を利することになる心配がある。然るに田中は日本初めての西洋古典研究者だから、その点は田中の方が有利である。財政的に田中よりめぐまれておる市河が応募をやめぬかと言われたが、「君は実際に困っておるのか」とある日の文科大学大教室での合同講義が終わった時、市河君がその入口の戸のところに小生を呼んで言われたので、私は事の事実やKoeber先生より毎月三〇円宛いただいておることを話し、出来ればLawrence先生の言われるようにしてくれぬかと言った。市河君は承知してくれたので、第二回の特選給費生は哲学科の木村泰賢君[169]〔一八八一～一九三〇〕、宇井伯壽君[170]〔一八八二～一九六

図7　ケーベルと久保勉（1919年）

三〕と小生との三人であった。このようにして、先生の御配慮、友人の好意によって第二回の特選給費生になって、明治四三年一月からはKoeber先生からの毎月三〇円の御援助も打ち切ることが出来た。

市河君の好意に感謝し、且つその学力に感心していた小生は（というのは私のそれまでの学生々活で、ほかの人には語学なら、自分がその語学を専攻せば、先づ負けることはあるまいと自負していたのであるが、市河君と大学で席をならべて、この人は手ごわい、これにはかなわんと心ひそかに思っていた）、このような人と寝食を共にする共同生活をすることが出来たら、大いに益するであろうと思い、且つ下宿生活では色々の不便もあって困っていたところ、John Lawrence先生から市河君と二人で共同生活してはどうだとの御言葉があったので、いよいよ思い切って、ある日私の方から市河君に二人で家を借って共同生活をせぬかと提案した。市河君は東京市下谷区御徒町生れであって、大学生時代はそこから通学しておったようであるが、当時は色々の都合で下宿住いであったかと思う。しかし市河君はこれには応じなかった。致し方ないので、そのままでいた。すると二三ケ月経って、市河君の方から、Lawrence先生が私と一緒に生活することをすすめられるから、一緒に家を持たぬかと申込んで来た。私には異存のある筈はなく直ちに同意した。すると土居光知君[171]〔一八八六〜一九七九〕（明治四三年東京帝国大学英文科を二番で卒業した人で、私と同じく三高卒、一番は小生と共に明治三九年に三高を卒業した、大分年長の八木又三君[172]（当時Lawrence先生の学僕））がこの話を聞いて、自分もそれに加入さしてくれぬかとのことであったので、いよいよ三人が東京市本郷区駒込神明町八三番地に一軒家をかって住むことになった。それは明治四三年九月であった。家には我々三人のほかに市河君のお世話すべき老婆津田八重さんと女中（三五才位）とがいた。

私は明治四三年、即ち私が東京帝国大学文科大学大学院の第二回目の特選給費生になった（明治四三年一月二七日）年の夏休みに帰省した。当時の大学の夏休みはかなり早く始まり、大抵六月上旬頃からであったが、時によっては故郷では漸く田植を終った位であって、百姓さん達は、はや夏休みですかといって驚いた。この夏（明治四三年八月九日）、私は母から西宇和郡の出石寺《しゅっせきじ》[173]に御願ほどきに参詣してくれぬかと頼まれた。それは私の意中の人であった国松艶子が、朝鮮釜山でチブスにかかった時、母は彼女の平癒を祈って、病気全快の上は、必ず御願ほどきに参詣しますと出石観

---

[164] 東京大学百年史編集委員会編『東京大学百年史　通史二』（東京大学、一九八五年）によれば、特選給費生とは、「明治四十年十月二十二日、大学院学生中特に優秀な若干名に対し学資を給与するために」設けられた制度である。給与金額は一人一か月五〇円以内、二年間支給と定められていた。給費学生数の内訳は、法学九名、医学二九名、工学二六名、文学三一名、理学二五名、農学二〇名、経済二名、総計一四二名。

[165] ローレンスに最も愛された弟子の一人とされる。英文学から実験発音学へと研究領域を移していった。一九〇七年東京帝国大学英文科卒。一〇年東京帝国大学文学部講師となり、また東京外国語大学講師をつとめる。四五年東京外国語大学退職。五〇年上智大学教授。佐藤良雄編『千葉勉の仕事と思い出』がある。

[166] 中国語学者、愛媛県生まれ。一九〇六年東京帝国大学言語学科卒。四五年、敗戦直前に右翼によって暗殺された。

[167] 京都市生まれ。一八九七年東京帝国大学博言学科卒業。一九〇五年東京帝国大学助教授、一〇年教授、三三年退官。〇八年刊行の『国学院雑誌』一四巻に収められた「日本語の成立」で、日本語とウラル・アルタイ語との結びつきを証明しようと試み、日本語系統論に大きな指針を与えた。

[168] イギリス人。苦学してロンドン大学とオクスフォード大学を卒業した語学者。英文法の歴史的研究を推進。教え子の中から、市河三喜・土居光知・佐藤清・豊田実らのすぐれた英語学者・英文学者が育っている。一九一六年病没、雑司ケ谷墓地に埋葬された。なお、特選給費生選定をめぐる本文で述べられた経緯については、史料編1－7参照。

[169] インド哲学・仏教学者、岩手県生まれ。一九〇三年曹洞宗大学林を卒業。〇九年東京帝国大学哲学科印度哲学専修卒。一二年より東京帝国大学講師、一七年同大助教授。二三年から東京帝国大学印度哲学講座の初代教授。

[170] インド哲学・仏教学者、曹洞宗僧侶、愛知県生まれ。一九〇九年東京帝国大学印度学科卒。一〇年曹洞宗大学講師、後教授。一九年東京帝国大学講師、二三～三四年新設された東北帝国大学印度学教授、三〇～四三年東京帝国大学教授を兼務。四一年駒沢大学総長。

[171] 史料編2－21参照。回顧録に『文芸その折り折り』（荒竹出版、一九七三年）がある。

[172] 一九一〇年東京帝国大学英文科卒。土居光知と同期、言語学科の市河三喜より一年後輩にあたる。二四年現在、大阪高等学校教授（『大正十三年六月　東京帝国大学文学部出身者氏名録』東京帝国大学文学部学友会）。代表的著作に『新英文法』（裳華社、一九二三年、二〇〇一年ゆまに書房から『20世紀日本　英語学セレクション』第七巻として復刻）がある。

音に祈願したからである。母はこの頃から艶子を私の妻とも考えていたのであろうか。勿論、私は喜んで引受けた。一人で出かけて、途中卯之町の安岡勉君[174]の父君の宅で一泊した。翌朝安岡家を出で、出石山へと向い、かなりの坂を真夏の天の下で登りに登り、昼前に御寺についた。あまり喉がかわいたので、そこの茶店で雪氷を三杯たべた。そこで中食を終えて、八幡浜へと降り小蒸気船で宇和島へ帰り、一泊して三浦へ帰った。三浦ではいつもの如く午前中一寸勉強して、天気の都合で一人で魚釣りや泳ぎに出かけた。すると若干日後に右側の下腹部が少しいたいように感じたが、大したこともないので、そのままにしていたが、どうも変なので宇和島へ出て実馬兄に診断してもらったら、盲腸炎とのことであり、その原因は上記の雪氷にあることがわかった。それでそのまま実馬兄の家の二階の一室で養生することになった。軽いので氷でひやすことに専念したところ、一週間ほどで殆んど全快した。その間食養生は医士の指図を厳守した。そこへ艶子の祖母の貞子老女が好物のカステーラをもって見舞に来て下さった。そこで全く不注意にも多量のカステーラをたべた。すると痛が再発して、二週間ほど臥床し、実馬兄にお世話になった。この時、出石寺参詣の際求めたエハガキは父がわざに袋をつくり、年月日まで記入したものが、この夏（昭和四一年九月）私の所有せる古い物の中から現われて、私は色々な意味で考えさせられた。若し私に文章の才があらば、直ちに父母と語るという新しい文学のgenreをはじめて見たいと思う。

5　共同生活

我々が借った家は東京市本郷区駒込神明町八三にして、駒込から田端へ通ずる道の一つのゆるやかな坂道の将に降りきった左側にあった。たしか東向の家で二階が二室、下が三室であり、二階の南側の室に私が、北側の室に土居君

図8　市河三喜

図9　東大学生時代の土居光知

がおり、市河君は下の四畳半（玄カンのそば）におり、その西側に小さな室があり、その西側に六畳の食堂があった。食事のことは大体は津田老婆が女中に指図してやってくれるのであるが、我々は三人が一週間交代で食事当番をやることにしていた。市河君と小生とは煮豆が好きであり、土居君は豆腐が好物であったので、その好みは自然と毎週の食卓の上に現われるのであった。そしてこの煮豆にしろ豆腐にしろ、街を車を曳いて売り歩く商人から買うた。

この頃、市河君は阿部伯爵家の英語の家庭教師であり、土居君は大森あたりにあった日蓮宗大学[175]の教師であり、私は東京帝国大学大学院の特選給費生であった。私はこの頃、上野直昭君[176]〔一八八二〜一九七三〕（当時東大美学研究室助手）が書いた尚美資料の解説を英訳することで若干の収入をはかった。英作では度々市河君や土居君の力をかった。

又三人はよく一緒に銭湯に行って、互に背中をすりあったが、あるとき、私が市河君の背をタオルですっていたところ、市河君が「アイタ」といったので、やめてよく見ると背中の一部が少し血がにじんでいた。たしかに市河君の皮膚は私たちのより柔かく出来ているようで、この時も私が何も特に力をこめてすったのではなかったのに、しかもこの仕末であったから、私が自発的に「恥を知れや」といったが、この言葉は爾来私の口癖になってしまい、お互が何かヘマをやるといつもこの言葉が私の口をついて出るのであった。両君は私のこの言葉をどう思われていたか、一向意にかいせぬ様子であったが、しかし何かの機に一矢報いんと考えておられたのかも知れない。それというのもある日我々三人は何かのために三人共フロックコートをきて家を出た。家から我々が乗らんとする電車（巣鴨の瘋癲病院前）までは約一〇分位かかると思うが、三人は途中富士前神社の前を過ぎ巣鴨瘋癲病院の横の通りを歩いていたが、市河君、土居君が何だかしきりに私の腰の辺に眼をやるのである。私は何故かわからぬままに歩んでいたが、やがて電車通りもなくなると両君のどちらだったか、多分市河君であったと思うが、「田中恥を知れや」と突然の声。同時に私のズボンの前を指した。指されるままに、そこを見ると、こは如何に、そこからワイシャツが遠慮なしに出ている。私は慌てて、そこをととのえた。両者としても、そのような風体の仲間と一緒に電車に乗るのは困ることであったし、また、小生にも同情されたものと思う。このような「恥を知れや」であるが、何か知ら、私はその後も、この句を度々用いていたのである。[177]

6　渋沢家曙町学寮

そのうちに明治四五年となったが、当時土居君はすでに結婚していたが、何かしら一家を構えず、我々二人と同居していたので、我々二人は、我々に遠慮なく一家をもたれるようにとすすめたが、その効がなかった。

丁度この頃、渋沢子爵家[178]では、その嫡孫敬三君[179]〔一八九六〜一九六三〕はじめ御孫さんたちのために、本郷区曙町一

［173］長浜町（二〇〇五年から大洲市）と八幡浜市の境、出石（いずし）山頂にある寺院。真言宗御室派別格本山。空海ゆかりの寺として民衆の信仰をあつめ、近世には近隣諸藩の祈祷所であった。

［174］宇和島中学第九回生。東京帝国大学卒、法学士。一九三二年現在、大日本紡績上海工場勤務（『会員名簿』）。

［175］現在の立正大学。一九〇四年専門学校令による日蓮宗大学林が設置され、〇七年に日蓮宗大学と改称。二四年大学令に基づく立正大学となった。

［176］美学者、美術史家、神戸市生まれ。一九〇八年東京帝国大学哲学科卒。一一〜二一年東京帝国大学副手として絵巻物を調査。二一年京城帝国大学講師、二六〜四一年同大教授。四一年帰国後大阪市立美術館初代館長、四四年東京美術学校校長。四九年東京芸術大学初代学長となり、六二年まで在任。六六〜七二年愛知県立芸術大学長。

［177］史料編1－4参照。

［178］渋沢栄一家のこと。渋沢栄一は実業家。武蔵国の生まれ。一橋慶喜が将軍を継ぐとともに幕臣となる。維新後大蔵省租税司・大蔵大丞などを歴任するが、一八七二年辞職。退官後は、七三年第一国立銀行を創設したのを始め、王子製紙・大阪紡績・東京瓦斯など多くの企業の設立に関わった。

三番地ほの三に家を借り、学寮とすることになった。その学寮の監督が加賀谷真一[180]君とて小生と同郷人で、小生より一年おくれて宇和島中学校を出で、第三高等学校―東京帝国大学法科大学を優秀な成績で卒業して、第一銀行本店に入社すると共に、穂積陳重先生の御推薦による人であった。ある日同君から、自分は銀行員で朝に家を出で夕方に帰るのであるから、学寮生の勉強の世話が出来ぬから、小生にも学寮に来てくれぬかとの話であった。それに対し小生は、何も学問上のお世話など自信がないと言ったところ、同君は小生はよく勉強するのだから、寮に来てもただ勉強していて、寮生に模範を示してくれればそれでよく、時に英語の質問があったら、それに答えてやってくれれば十分だとのことであった。

この話を市河、土居君に告げたところ、両君とも賛成であり、土居君は上述のような状態だから、尚更のこと、この際共同生活も考えて何とかするとのことであった。

それで私は大正元年の秋から渋沢家の曙町の学寮へ引越した。学寮は加賀谷君と小生とのほかに、渋沢敬三、信雄[181]（敬三君令弟）〔一八九八〜一九六七〕、尾高朝雄[182]〔一八九九〜一九五六〕（栄一子爵の娘《〔ママ〕》の子）、女中マスの六人であった。この借家のカギになった室六畳が私と信雄さんとに与えられた室であった。寮生達については御遠慮なくやって下さいとの渋沢敦子[183]夫人〔一八八〇〜一九四三〕よりの御話であったのだが、ただ私は当時附属中学の三年生であった敬三君をはじめ他の寮生にたいして、彼らの中学の始業時間には決して後れないようにと言っていた。これは朝起きの習慣のついておる私には何のこともないのだが、一四、五才の少年達には冬の寒い朝早く起きることはかなり苦しいことであったようだ。殊に敬三君は朝寝坊であったので、度々私を心配させた。それで敦子夫人のお言葉もあったことだし、後れることを最も嫌うていた私は度々敬三君の蒲団を「恥を知れや」と言いながら、下の方からまくったのである。そのような時、敬三君は慌てて起きて朝食もそこそこで登校の途につくのが常であった。[184]

図10　還暦の春の渋沢敬三（1956.3.4）

渋沢家曙寮の者達は、大体一ケ月に一回渋沢家王子の別邸で催される論語会に出席のため、一同つれだって曙町から徒歩で王子の御邸まで行った。論語会の講師は栄一男爵[一八四〇〜一九三一]御自身であり、出席者は渋沢家に関係ある中年、青年、少年であった。先づ支那料理を御馳走になって後、栄一男が自分の経験をおりまぜながらの論語の御講釈は実に面白かった。[185]その後論語の辞句などについて栄一男にも不明の点ありしためか、東京帝国大学助教授宇野哲人[186]先生[一八七五〜一九七四]を講師に迎えたが、我々には栄一男の御講釈の方が面白かった。

その後、穂積重行[187]さん[一九二一〜]より、昭和三一年一〇月一二日に父君重遠[188]さん[一八八三〜一九五一]の著『新訳論語』[189]を送ってもらったが、何かしら論語には小生をひきつけるものがあると見えて、時折それを読んでおり、妻からは「論語読みの論語知らず」と言われながら、続けていたが、そのうちに「読書百遍書自ら通ず」ということを思い、百遍繰り返して読むことを思立ち、実行にうつして、昭和四五年四月三〇日で終に百遍となった。五月からは毎日一篇を読むことにして実行を続けている。序ながら下村湖人著『論語物語』[190]には感銘を受けた。人々がこの本を読むことを願う。

寮生活で今一つの思い出は、私は蚕の類、殊に柑橘類につく青い虫(アゲハ蝶の幼虫)が最もきらいであり、恐ろしいものであるということを何かの際に寮生達に話していたものと思われる。ところで平常から監督上多少寮生達から不平をいだかれていたのにもって来て、彼らの茶目心も手伝って、私がある日帰寮して自分の机の方へ行こうとすると信雄君が、「先生いいものがお机の上においてあります」と言うので、何気なく机のところに行って見ると、これはさて硝子製の壺の中にカラタチの小枝に青い虫がくっついているのが入れて置いてあった。私は全くびっくりして、信雄君をしかると共に早く取り去ることを要求した。そうすると信雄君はその硝子壺を持ちながら近づいて来、もうその中には虫はおらんと言われた。しかし十分に恐れていた私はそれを信ぜず、裸足で外へ逃げた。信雄君は虫はおらんおらんと言いながら私を追いかけて来るので、私は逃げに逃げて小石川の阪谷家[191]の近くまで落ちのびた。今でもこれを思い出すと、その頃の寮の生活がなつかしい。この信雄さんは私より一まわり即ち一二年若かったので、当時

〔179〕史料編２－15参照。渋沢敬三伝記編纂刊行会『渋沢敬三』上・下（一九七九・八一年）、佐野眞一『旅する巨人―宮本常一と渋沢敬三―』（文藝春秋、一九九六年）、同『渋沢家三代』（文藝春秋、一九九八年）などがある。

〔180〕愛媛県生まれ。一九一二年東京帝国大学法科大学独法科卒。第一銀行に入り、札幌支店支配人を経て、三二年現在函館支店長。また史料編１－４参照。

〔181〕史料編２－16参照。

〔182〕法哲学者、ソウル生まれ。渋沢栄一の妻千代の兄尾高新五郎の孫。一九二三年東京帝国大学法学部卒、京都帝国大学哲学科に移り西田幾多郎などに学び二五年卒。二八～四四年京城帝国大学法理学講座助教授、教授。留学時はケルゼン・フッサールに師事した。四四年から東京帝国大学法学部法理学講座（後法哲学）教授。

〔183〕史料編２－14参照。渋沢篤二と敦子との結婚については、佐野眞一前掲『渋沢家三代』第四章が詳しい。

〔184〕渋沢家曙寮での渋沢敬三等と田中秀央との共同生活については、渋沢敬三伝記編纂刊行会前掲『渋沢敬三』上に、秀央からの聞き取りなどを基にした、本文での内容と類似した記述がある。

〔185〕渋沢栄一の『論語講義』は、現在講談社学術文庫に全七冊として収録されている。史料編１―４参照。

〔186〕中国哲学者、熊本市生まれ。一九〇〇年東京帝国大学漢学科卒。東京高等師範教授、東京帝国大学助教授、一九～三六年同教授を歴任。この間東京文理大学教授も兼任。退官後、中華民国の北京大学名誉教授、東方文化学院長、東方学会理事長、実践女子大学長などを務めた。

〔187〕穂積重遠と児玉源太郎の次女仲子との間に長男として生まれる。東京教育大学名誉教授。『明治一法学者の出発―穂積陳重をめぐって―』（岩波書店、一九八八年）、『穂積歌子日記』（みすず書房、一九八九年）、『欧米留学日記（一九一二～一九一六年）―大正一法学者の出発―』（岩波書店、一九九七年）などの編著書がある。

〔188〕史料編２－28参照。

〔189〕『新訳論語』は、一九四七年一月に財団法人社会教育協会から初版が出版され、五六年に現代表記に改めた普及版が出された。八一年に講談社学術文庫に収められ現在に至っている。同書「はしがき」によれば、穂積重遠が本書刊行を思い立ったのは、長女夫婦の間に初孫が誕生したのを機に、「おじいさん」になった記念として、自分が「おじいさん」である渋沢栄一から授かった家庭的論語を、現在及び将来の孫たちのために書いておこうかと考えたことによる。

〔190〕下村湖人の『論語物語』は、孔子や弟子たちを描いた小説集である。一九四三年に講談社から出版された後、六八年に角川文庫に収められ、さらに八一年に講談社学術文庫として刊行されて、現在に至っている。

数え年一五才であったと思うが、ほんとに世にいう美少年であって、一緒に散歩などすると若い女子が振り返って見たことも度々であった。

今一つの思い出は、寮生達は曜日〔ママ〕には寮で生活し、土曜日午后から日曜日の夕までは各自その家庭に帰って父母と共に寝食をすることを原則としていたのだが、時々曜日〔ママ〕に寮生に御馳走をしてやりたいことが起ると、三田綱町の渋沢邸の敦子夫人を我々の寮へ御招待するのである。御土産を期待してのことである。そのような際、時々私がその御案内文を書くのであるが、その御案内文は私が小学校で祭に人を案内する文、船おろしに人を案内する文など案内文を教わったものを内容によって適当に変えて書くのであるが、私の案内文はいつも「お出浮き下され度候」と結ばれていた。ところで、ある日寮生一同と共に渋沢家の夕食に招かれた際、敦子夫人から、小生の案内文にはいつも「お出浮き」という言葉があるが、あれは日本語ですかと問われた。小学校の先生からいやほど聞かされ書きもした「お出浮き」のことであるから、一言のもとに日本語ですと答えた。字引にありますかと問われるままに、渋沢家で辞典を調べたが、字引には載っていない。席に帰って辞典には見当らぬと答えたところ、一同から笑われた。しかし、私には「お出浮き」という言葉は少年時代の思い出の縁《よすが》として、すきな言葉である。しかし字引にないから困ったなと思いつつ、その後もやはり使用していた。後年、敬三氏が日銀総裁として京都へ来られた際、関西の財界人が彼氏を北野のスッポン料理へ招待した時、私は敬三さんに招待されて同席した。その席に、柳田国男氏[192]〔一八七五〜一九六二〕もおられ、宴終えての帰途、柳田さんと同車することとなったので、彼氏に「お出浮き」の経緯《いきさつ》を話したところ、同氏は字引になくても立派な日本語であるから遠慮なく使用せよとの言葉であった。私は全く悦しかった。「お出浮き」は大手を振ってわが国語の中を闊歩することが出来るのである。

今一つの思い出は、ある日の午后渋沢栄一子爵が我々の寮に立寄られたが、その際、彼氏は私に私が平常「恥を知れ」という言葉を度々使用するが、この言葉は武士の言葉であるから、やたらに使用せぬようにとの教であった。爾来この言葉は私の禁句となった。

更に今一つの思い出は、私は渋沢家曙町寮の一人となったが、同郷の大先輩であり、日本学士院長で当時東京帝国大学法科大学長であった穂積陳重先生[193]〔一八五六～一九二六〕は小生のことを考えて下さったのか、当時先生が考えておられた随筆（法窓夜話）の手伝をしてくれぬかとのことであったから、私は有がたくよろこんで御引受けした。私の仕事というのは、一週に一回、先生の牛込区払方町九の御邸に御伺いして、先生の書斎で先生が口述されるものを筆記して、宅へ持ち帰り、その筆記の中にある多くの西洋古典語は勿論、全部を清書して次の週に持参するのであった。[194]かくして先生は私の財政をたすけて下さったのである。

〔191〕阪谷家は、渋沢栄一の次女琴子が嫁いだ阪谷芳郎家のこと。阪谷芳郎は儒学者阪谷朗廬の四男。一八八四年東京帝国大学政治学理財学科を卒業後、大蔵省に入省。一九〇三年大蔵次官。第一次西園寺公望内閣の大蔵大臣。一二～一五年東京市長。一七年から貴族院議員。〇七年男爵、死去直前に子爵。故阪谷子爵記念事業会編『阪谷芳郎伝』（一九五一年）、阪谷芳直『三代の系譜』（みすず書房、一九七九年）参照。

〔192〕民俗学の創始者、兵庫県生まれ。一九〇〇年東京帝国大学法科卒。同年農商務省に勤務、一四年貴族院書記官長、二〇年東京朝日新聞社客員、二一年国際連盟常設委任統治委員会委員、二四年朝日新聞社編集局顧問論説担当。四九年日本民俗学会を結成し初代会長。

〔193〕史料編2－30参照。

〔194〕穂積重遠『法窓夜話』（岩波文庫版、一九八〇年）冒頭の穂積重遠執筆（一九一五年七月ロンドンにて）「序」に、同書成立の経緯が述べられている。なお、穂積重遠著、穂積重行編前掲『欧米留学日記（一九一二～一九一六）――大正一法学者の出発――』によれば、穂積重遠がドイツ留学に向けて神戸で乗船したのは、一九一二年一〇月二六日であり、田中秀央が同年秋に渋沢家曙寮に引越してから、洋行した重遠に代わって陳重の話の書き取りに携わったとの記述と符合する。

7 父の死

その頃即ち明治四五年三月から私は東京帝国大学文科大学の講師となって、古典ギリシア語と古典ラテン語とを教えていた[195]。しかしこの任命の前に父は私の出世を期待しつゝ明治四五年二月七日胃潰瘍のために長逝した。私がとんで帰省した時には、多くの村人達が仏間に集まって、私の帰国を待っていて、私は父の遺骸に縋りついて、泣けるだけ泣いた。父は剣道の皆伝をとっており、五尺五寸位の丈夫そうな体格をしていた。平素酒と煙草とをたしなんでいたから、それが原因であったろう。実馬兄の御世話で薬をのむこともあったが、持薬としては、誰から教わったか、牡蠣《カキ》の殻を粉にしたものを胃がいたむと飲んでいた。ある夏私が帰省していた時、私の眼前で胃の病が起った。私は驚いた。父の苦しむのを見て何ともすることが出来ず、只背をさすり、手を取っておろおろするばかり。父は心配するな、やがては痛みもやむと云われた。私は悲しくて悲しくて父の膝に臥して泣きに泣いた。母もいた。そのうちに痛みがしずまったのでほっとした。その父は私を一度も叱ったことはなかったが、田中の家運が大いに傾いたことは、父の失敗によるものでなく、九八郎叔父の失敗と良馬兄の学者の商売の失策によるものとは云え、大いに責任を感じておられた。その父は私の社会的立身をのみ自分の楽しみにしておられたし、私はそれに沿うよう心懸けてはいたが、ようやくその第一歩である東京帝国大学文科大学講師となるより一ケ月半ほど以前に、この悲しい御旅立ちであった。せめて母上には物心両面から孝をつくさんと心に誓った（昭和四五年五月二二日午前一一時五〇分、このところを再読して涙が出て出て、昔の我に帰って父母を見た）。

そのうちに家主の請求によって、曙町一三番地（?）の寮は家主に返却し、大正二年（?）に同じく曙町一二番地（?）

に寮がうつって、私も一緒に引越し、ここでも私と信雄さんとが別棟の室にいた。

8　差押え

たしか大正二年の夏休みに帰省した時のことであったと思うが、帰省して新部屋におると差押えが来て、新部屋の物を差押えんとするので驚いて母に尋ねたところ、母は涙ながらに、田中の家が財政的に窮迫していて、このままでは田中の物は全部他人のものになると考えられたので、大分以前に父母や兄が相談して小生には全く知らさずに小生を分家させ、部屋の家と土地（一二〇坪）とを小生所有にしておいた。そのうちに債権者が次男が東大の先生だそうだから、その人が保証人になるなら借金取立てを待ってもよいというので、小生を保証人として請判して借用証書を出していたが、それがうまく行かず、終に保証人の小生にまで累を及ぼして来て、この仕末となったのだから我慢してくれと話して下さった。私は全く驚いたが、私が知らぬと言ったら父や兄に累が及ぶので、その場は一通り話して差押人に帰ってもらった。すぐ翌日私は債権者［　　］を訪ね、一切の事情を話して、将来は私が借主となり、友人の法学士を保証人にするから、この借金（高利貸のため元金一〇〇〇円ほどが五〇〇〇円ほどになっていた）を半分にしてくれぬかと申し込んだら、彼も私の誠意をみとめて同意した。私はその夏東京へつくと、加賀谷真一君にこの事を話して保証人になってもらい、その後時日を違えることなく全部返却した。

---

［195］東京帝国大学講師としての田中秀央については、東京大学百年史編集委員会編『東京大学百年史　部局史一』（東京大学、一九八六年）八一三頁に記述がある。

又その夏、兄が東京銀座の日米商会（代議士岡崎久兵衛社長[196]［一八七四〜一九四二］）から、自転車を取り寄せて宇和島で自転車商売を始めたが勿論失敗した。その時岡崎氏に入れた契約書には私が保証人となっていたので、そこからも差押えが来た。これにも驚いたが、致し方ないので、東京へ行くと直ちに銀座の岡崎氏の店を訪ねて、岡崎氏に会い、事情を話して、何とかならぬかと懇請した。私の言葉を聞くと、岡崎氏は多分そのようなことであったろうと思うていたと言いながら、私の顔前で、その借用証書を破って下さった。全く悦しくて泣いた。東京にいた時は、正月の年始には御伺いしていたが、京都に移ってからは、忘恩にも御便りをしていない。当時すでに恐らく五〇才ほどかと思われた岡崎久兵衛氏は今頃は御在世ではあるまいが、今この思い出を書くにあたり、今更に有がたく御恩を偲ぶのである。人は決して自分一人で一人前になるものではなく、それには陰に陽に世の人々の御恩があることを決して忘れてはならぬ。

大正三年に私は兼て婚約していた国松艶子と結婚することを決心して、夏休みに帰省して挙式し、同道して東上して一家を構えようと思った。それで帰省する前に家を見つけておく必要があった。渋沢寮から三〇歩ほどのところに、棟割長屋があり、その一つは空家になってはいたが、貸家にあらずと紙がはってあった。それを見て私は家は古くて全く小さいが、私の人生スタートには全く手頃のものと考えたので、その家主を訪ねて、借り度と願った。ところが取次の人は、主人は日光に避暑しているから、返答は出来ぬと言った。そこで私は日光のその主人のいるところへ電話して、自分の身分を告げ、心から懇願した。するとその人は貸してやるとのことであった。私は全く悦しかったし、この際も人の誠意は相手に通ずるものであることを知ったが、これまでにもまた先々にも度々このようなことを経験すると共に、私はこれを信条とすることになり、現在（昭和四一年）奉職している京都女子大学の学生達にも時にふれ折によって、これら自分の経験を話して彼らに真の熱意こそ物をなしとげる秘訣だと説いておる。

9 結婚

大正三年夏は私にとって、最も嬉い時であった。それというのは少年時代より意中の女として恋いこがれていた国松艶子といよいよ結婚したからである。媒介者は形式上田中実馬氏の夫人浪子の両親大久保忠義氏夫妻に御願することとし、式は宇和島町追手通の料亭水月であった。全くうれしく、早く式が終ればよいと思っていた。そのうちに式が終って我々二人をはじめ田中一統の者は宇和島港で待機していた別仕立の船で帰途についた。大内浦へついたのはその夜の二時頃であったと思う。新部屋の奥の方の室で恋女房を抱いたのは、おそらく午前三時過であったろう。母は去る時、紙は床の下にあると言われた。

私達は二日間大内浦にいて、乳母サノをはじめ色々の人々からの祝いを受けた後、三日目の朝大内を出発して、下男一人をつれて、嶽山越え(国長越え)で艶子の故郷高近村高田に向った。何故に高田から大内へ来る普通の道筋である浦安経由の道を取らなかったのか私にはわからない。高田の国松家について、色々の親族の人々に会った。上京の都合もあるので、その翌日高田を立って宇和島に出で、竹村へ一泊して、翌日の夕方、一同に見送られ、艶子の父上の世話で第五宇和島丸の特別一等室の客となった。いよいよ我々二人きりになったのである。私は嬉しかった。それ

[196] 神奈川県選出の代議士岡崎久次郎のこと。東京都生まれ。一八九五年東京高等商業学校卒。九九年日米商店を創業。一九一六年大日本自転車(株)設立。それぞれ社長となる。昭和絹靴下(株)、北海道水力電気(株)取締役。一九一二年五月に行われた総選挙で当選したのを手始めに、通算六回衆議院議員となる(『議会制度百年史　衆議院議員名鑑』一九九〇年)。『裸一貫より光の村へ〈日米商会三十五年史　岡崎久次郎奮闘回顧録〉』(日米商会、一九三四年)がある。

から海路船をすすめて、翌々朝神戸港につき、三の宮の立派な家に住める艶子の叔父高津英馬（父の弟）氏の邸に人力車で行った。一泊して東上せんとしたところ、東海道は汽車の線路の故障で不通であった。致し方ないので、我々は中央線を利用して東上することになった。そして一夜を汽車であかして、東京の飯田町駅についた。そこから人力車で曙町のわが借家にとついた。艶子は疲れたことであろう。

10　新婚生活

そこで我々の新家庭が始まった。艶子は色々な必需品を求めに度々出かけた。我々の家（東京市本郷区曙町一三はの一四）[197]は、玄関二、居間六、勉強室四・五の三間であり、裏（東）には三坪ほどの畑があった。家賃は月三円五〇銭であったかと記憶する。ここで私は艶子をあるいは溺愛したかも知れない。又、新生活のスタートとして一銭でも正確にするため、彼女を泣かせたことも多かった。新婚生活は実に楽しかった。しかし私は前にも述べたように、当時の新学士の身としては、かなり多額の借債を負うていたので、東京帝国大学講師としての毎月三〇円の月給では不足であった。それである人のおかげで目白中学[198]の英文法・英作文の嘱託教師となった。たしか毎月二〇円ほどの俸給であった。又神保格氏[199]［一八八三〜一九六五］の紹介で侯爵浅野家の学事主任広田氏が来り、浅野侯爵家で一週一回二時間浅野長勲侯［一八四二〜一九三七］令孫長武氏[200]［一八九五〜一九六九］の英語の家庭教師になった。そこで毎月四〇円もらった。

この私の初家庭はそのわずか二ケ年ほどの間に色々なことを経験した。その一つはある日、当時の学士院長であられた穂積陳重先生が学士院からの帰途車をつけられた。その用件は、学士院会員の芳賀矢一[201]先生［一八六七〜一九二七］

の話では、近日帰朝する市河三喜君（文部省留学生）は将来頗る有望な青年であるから、穂積先生の末女晴子さん[202]〔一八九六～一九四三〕を嫁にやっては如何。それについては田中君が市河君をよく知っておるから質して見よとのことだが、如何なるものかとのことであった。私は市河君は甚だ立派な人であるから、近日訪ねて、これについての意向を質して御返事することを約した。そこで翌日の夜市河君をその住所（飯田橋の近く土手に沿うた反対側の家の一軒）に訪ね、晴子さんの写真をみせて結婚してはと勧めたが、彼は容姿があまりよくないねというので、私はそれは普通かも知れぬが賢明そうな顔であり、穂積家は学者の家で、その娘を妻とすることは、よい意味で若い学徒に望ましいことであると云って説得した。かくて、この二人は上田万年先生[203]〔一八六七～一九三七〕を媒介者として結ばれた。後日譚だが、ある日私の家へ知らぬ人から手紙が来たので開いて見ると、その人は兼々晴子さんを嫁にせんと望んでいて、この度

〔197〕一九一四年渋沢寮が曙町一二番地に引越しており、田中秀央・艶子夫妻の新居は、そこから三〇歩ばかりの所であったため、その後も度々秀央は渋沢寮に出かけている（史料編1－4）。新居選びは、こうした渋沢寮との地理的近さが背景にあったものと推測される。

〔198〕目白中学は、一九〇九年に目白駅近くの近衛篤麿邸内に東亜同文書院を併設したことに始まる。現中央大学附属高等学校。

〔199〕言語学者・音声学者、東京生まれ。一九〇五年東京高等師範学校卒、〇八年東京帝国大学言語学科卒。同年東京高等師範学校教授。三〇年東京文理科大学教授。四五年退官。『英語青年』第一一二巻第三号（一九六六年）に、市河三喜・金田一京助からの追悼文が掲載されている。

〔200〕史料編2－1参照。

〔201〕国文学者、福井県生まれ。一八九二年東京帝国大学国文科卒。九五年第一高等学校教授兼高等師範学校教授。九八年東京帝国大学助教授、一九〇二年教授。一八年国学院大学長。

〔202〕史料編2－4参照。土居光知が晴子死去の翌年、『英語青年』第九〇巻第二号（一九四四年）に「市河晴子夫人を悼む」という哀切な一文を寄せている（のち土居光知前掲『文芸その折り折り』に再録）。また娘の野上三枝子が綴った「歩み去った父」（『英語青年』第一一六巻第七号、一九七〇年、市河三喜先生追悼特集）も参考となる。

〔203〕国語学者、名古屋生まれ。一八八五年帝国大学和漢文学科入学、チェンバレンに師事。九四年留学から帰国後帝国大学教授。九八年国語改良会を設立。一九〇一年、文部省専門学務局長兼務。二六年退官後、国学院大学長に就任。

私が二人を結ばんとしておることを知って、若し二人が結ばれたら、二人は安全ではなく、私も普通ではすまさぬという強迫状であった。この手紙はその後、穂積重遠博士に見せたら呉れとのことなので、差上げた。

11　末松子爵

またその頃のある日、学士院会員の子爵末松謙澄博士[204]［一八五五～一九二〇］が私の家へ馬車をつけられた。私はその時、浅野家の家庭教師として出浮いて留守であったので、妻がその趣を告げると、また来るといわれて名刺をおいて去られた。私は帰宅してこのことを知ったので、電話で御用の趣を質したところ、明日行くとのことであった。翌日午前一〇時頃に末松先生の馬車がついた。奥の一室に食卓机を出した。先生の御来訪の目的は、先年、学士院出版として、先生と宮崎道三郎[205]先生［一八五五～一九二八］との共訳のローマ法典ユースティニアーヌス法学提要[206]の誤訳や脱落を、先日の言語学会の際宮崎先生に御話したことについて教えを乞い度とのことであった。そこで私は兼て高柳賢三[207]氏［一八八七～一九六七］から同氏のラテン語練習（私は高柳君にラテン語を教えていた）の目的で送られてあって、小生が原典と比較して書込みのある上記の法学提要を取り出して、気付いた点を御話したところ、後から後からと質問が出て、一二時になった。まだ質問は終っていない。先生はどこか昼食の料理家へ案内せよと言われたが、そのようなことの経験のない私は致し方なく白山上のある料理家へ御案内した。昼食後、また馬車で私の家に御同伴して午后三時頃まで同じ仕事をした。ちょうどその日は艶子が長女悠紀子を生む前日大正四年八月三日であったので、妻はかなり苦しかったろうが、御眼のわるい先生には、それは全く気付かれなかったようである。去らるるにあたり、先生は、「君の家もせまいようだから、どこか近所に家を一軒借りてくれ。そこへ自分が来て君に教えてもらうから」と言われるので、それは恐れ多いと言うと、然らば、室を二つほど借りてくれと言われたので、それもことわり、小生が暇の時に小生の方から芝区西久保城山町の御邸に御伺いするということで御同意を得た。いよいよ私はローマ法Institutionesのラテン文原典と取組むことになったので、英訳や独訳を参考しながら、末松先生らのやられた訳文に手を加えることとなった。

それ以後は度々東大へ電話が来り、私に授業すみ次第昼食ぬきで直ちに子爵邸へ来てくれとのことであった。それで私がそのようにして用意した書込本をもって御伺いすると、御座敷に昼食の用意がしてあって、大抵御夫人と三人で昼食した。昼食前に時間があると先生と小生とは私の書込を中心に論ずるのであるが、昼食の際、私が最も困ったのは子爵が食事中でも時々、食後は直ちに、よくローマ法の原典で我々が論じていることの質問をされることであった。ところが私は少年時代からずっと、食事中は学問のことは一切口にせず、食事と食後の休息には一時間を与えることにしていたので、これには全く困った。それでも最初のうちは致し方なく負けて御相手をしていたが、考えてみると我々の仕事はかなり長くかかることなので、このようなことは全く度々起ると考えられた。そこで私は終にこれを避けるために、食事が終ると直ちに立って、便所へ行く振をして、先生の御家の数室をぶらついて多くの書画を拝

---

[204] 史料編2－18参照。

[205] 法制史学者、三重県生まれ。中村正直の同人社、次いで開成学校で学んだ後、一八八〇年帝国大学法科卒。八一年同助教授、八八年同教授。九三年に帝国大学に法制史比較法制史講座が設置されるや初代教授となる。一九二二年退職。

[206] 同書は『ユスチーニアーヌス帝欽定羅馬法学提要』という書名で、一九一三年富山房から出版された。同書は訂正増補版が一六年に出版されていることから、田中秀央はこの改訂作業を援助したものと思われる。

[207] 法学者、埼玉県生まれ。一九一二年東京帝国大学法科卒。東京帝国大学助教授を経て二一年教授、四八年退官。のち成蹊大総長。戦後直後、貴族院議員として憲法草案の審議に参加。

見して時を過して席にかえることにした。

食後によく先生が言われる英文の手紙を速記させられた。英語には多少の自信はあったものの、これはかなり苦しかった。しかし一通り出来ていたと見えて、先生もよしと考えられたか、将来小生が英語で侍医医博三浦謹之助教授[208][一八六四〜一九五〇]の長男紀彦君の英語の家庭教師となる原因になったようである。それは後日、穂積老先生から聞いた話だが、ある日学士院の会議を終った時、末松先生が突然立たれて、諸君の中に英語の先生の入用な方はなきやとのこと、誰のことかと思うていたら、それは小生のことで、三浦先生が申込まれたそうである。私は三浦家の英語の家庭教師にもなったのである。末松先生は全く学究者であって、我々の仕事で少しでも疑問があると、直ちに馬車に乗って東大図書館やローマ法の大家で東大教授春木先生[209][一八七〇〜一九四四]を訪ねてお教を乞われた。芝白金から昔風の一頭立の馬車にのって街を過ぎ、殊に二重橋近くの宮城前の広場を通った記憶は今も眼前に彷彿としておる。

末松先生との仕事は大正六年に完了した。満二年かかった。そしていよいよ仕事が終って昼食の御馳走になったが、その際子爵は日本勧業銀行の小切手(後で見たら二〇〇円)と御自作の詩の御揮毫とを下さった。その詩は

残花三五点展入石泉流

最好箇中趣鳥鳴山更幽　である。

春の桜の散る頃には、この詩の掛軸を掛けて五十有余年の昔を偲んでおる。私も若かった。時代もよかった。ああ

12　栄一子爵

その頃私は敬三君に御祖父栄一子爵の御揮毫を一つ御願した。敬三君から私が好きな文句を知らせよとの御便りが

あったので、早速私は論語の中から次の二つの文句を選んで、何れでもよいから御願いして下さいといって、それを御渡しした。その句の一つは

顔淵第十二の　居之無倦行之以忠　であり、他は

子罕第九の　譬如為山未成一簣止吾止也

譬如平地雖覆一簣進吾往也

であった。渋沢子爵は大正四年の夏箱根の避暑地で他の書と共にこの二つの句も書いて下さったので、ある日敬三君がこの二つを御持参下さった。私は一つ御依頼したのだから一つ戴きますと言ったら、敬三君が、「祖父が切角書いて下さったのですから二つとも貰いなさい」と言われたので、あつかましくも二つとも戴いた。しかも、「居之無倦行之以忠」は、額として表装してあった。その後、穂積家へ参上した際、陳重先生が「君のところへ、先日渋沢の老人の書が届いたそうだが、未だ表装してなければ、序があるから表装してあげるから持参しなさい」と、小生の財政を考えての御懇切なる御言葉であったので、私はまた、この御好意にあまえた。前者は私の家の二階にかけてあり、後者は正月などによく応接室の床間に掛ける。何れもケーベル先生から戴いたFestina Lenteと共に、私の一生の行路の指針句として私を導いてくれておる。[210]

[208] 内科医学者、福島県生まれ。一八八七年帝国大学医科大学卒、ベルツの助手となる。東京帝国大学講師・助教授を経て、九五年教授、一九二四年退官。その後同愛記念病院長。〇二年日本神経学会を創設。

[209] ローマ法学者春木一郎のこと。史料編2－26参照。

[210] この項については、史料編1－4参照。

13　長女悠紀子、次女英子

私達の初めての子はこの家で大正四年八月四日に生れた。名付の親は穂積陳重先生で、大正天皇の御大典にちなんで悠紀子［一九一五〜一九九九］と名付けて下さった。悠紀子の誕生はケーベル先生が東大から去られて横浜に居をうつされた大正三年（一九一四）の翌年であって、先生からも御祝の手紙をもらった。

艶子は産後肋膜をわずらったので、斎藤医師にかかっていたが、療養のため横浜の本牧の民家の一室を借りて養生につとめた結果、三ケ月ほどで全快して帰った。私は時々見舞たが、当時ケーベル先生は横浜のロシア総領事Wilmの二階の二室を借っておられ、久保君[211]も横浜にいたので時々御伺いした。

家族が一人増したし、収入も少しふえたし、又、国許から母を迎えねばならなくなったので、私は移転した。今度の家は曙町一二番地で、以前の家とは一丁ほどの距離であった。家は一軒建の平家で、玄関が二畳、その左方が四・五畳の居間、そのとなりに台所、玄関の正面の客間が六畳、まわり椽でよい家であった。この家には末松先生はよく馬車で来られたが、はじめての御来訪の時は、家の前の道が狭くて馬車が入らぬので、馬車をおりられて「田中君の家はどこだ」と大声で歩いて来られたので、それを聞いて、我々はさあ先生が来られたと云ったものだ。又、切角御出でになっても、小生が留守の時は、紙を求められて、それに用事を書いて帰られたが、大抵はなるたけ早く一度御伺いせねばならぬような用件が書いてあった。

我々は幸福であった。私はこの頃、兼てから末松先生をたすけてやっているローマ法の法典の邦訳でいそがしく、度々末松邸からむかいが来たし、夏は二度末松先生の鎌倉扇ケ谷の御別荘に行いて仕事をした。別荘でも末松先生は実によく勉強された。私は早起きなので子爵の別荘で御手伝をしていた夏は、大抵五時半には二階の室より下へ降りて洗面するのであるが、私は、その際しばしば子爵が机に向ってローマ法の訳に手を入れておられるのを見た。今一度このような人の御手伝がしたい。

この頃大正六年に次女英子が生れた。名付の親は、艶子を殊に愛しておられた渋沢敦子夫人(敬三君の母)であった。英子の出産後、艶子は再び肋膜炎にかかった。斎藤医師によると今度の病気はたちがわるいとのことであった。そこで三浦謹之助先生に御相談したところ、直ちに愛弟子勝沼精蔵氏[212][一八八六〜一九六三]をよこされた。勝沼さんは三浦先生の御言葉として入院せよと言われた。

14 艶子の入院と死

艶子は遂に東大病院に入院した。先生の特別の御配慮で二階の個室で養生することになった。しかし後で幹雄君(艶

[211]『ケーベル先生とともに』(岩波書店、一九五一年)の著者久保勉のこと。史料編2－11参照。久保がケーベルの家に寄寓するようになったのは一九一一年である。同書に寄せた安倍能成の序文には、「それから大正三年(一九一四)の夏まで三年余り、久保は神田駿河台の先生の家に同居し、その年先生が東京大学の職を解かれ、南独のミュンヘンをめざし、欧州に帰るために久保をつれて東京を引き払ふとすぐ、第一次世界戦争の勃発に妨げられ、横浜のロシヤ総領事館に船を待つ間の生活が、はからずも九年に延びた間、久保は横浜に移って親しく先生の世話をし、大正十二年(一九二三)六月十四日、先生の地上に於ける最後の日に及んだ。」(一五頁)とある。また同書には田中秀央の姿も度々登場する。

[212] 内科学・血液学者、兵庫県生まれ。一九一一年東京帝国大学医科大学卒。一九年名古屋医専教授、以後愛知医大教授、名古屋医大教授、同病院長、航空医学環境医学研究所長を歴任。四九年から一〇年間にわたり名古屋大学長。この間日本血液学会・日本航空医学会を創立した。

子の兄）から聞いたことであるが、艶子は肋膜炎から肺結核になって、それで逝いたのであった。医師は私にはこのことは言われなかったので、毎日病院を見舞いながら、今に全快するとのみ信じていた。逝いたのは大正七年九月三日であった。

悠紀子と英子とは祖母みねと女中アサとの世話になった。英子は乳がないので全部牛乳であった。艶子の葬儀に竹村夫婦、宮本兎八郎夫妻、艶子の母が来てくれた。そこで誰が話を出したのか、英子は艶子の次兄で宇和島町賀古町で弁護士をしている法学士国松福禄氏の養女となることに決めて、一同が宇和島へつれて帰られた。国松福禄氏には子供がないので、何かと好都合のようであった。福禄氏の妻君世はよく世話してくれた。これら英子を世話して下さった人々は何れも今は亡くなっている。英子はこの人々の世話で発育し、九信君の所望により九信君の姉友恵さんの一人息子田中基雄氏に嫁ぎ、今は東京都杉並区阿佐ケ谷に住み、養女廣子と女中四人で暮しておるが、指アツ術に秀でており、生活も楽なようである。私は京都から東京へ行くと泊めてもらい、必ず指アツをしてもらう。そして私の身体がよくととのうておると褒めてもらうのである。

私は童謡が好きだ。この年になっても大抵寝る前（午后八時頃）に一五分か三〇分は日本童謡集[213]を繰り返し読むことにしておるのみならず、床に入っても毎晩「青い眼をしたお人形は」「あの町この町日が暮れる」「青い月夜の浜辺には」「雨がふります雨がふる」「雨々ふれふれかあさんが」「雨降りお月さん雲の蔭」「あの子はだあれ、だれでしょうね」「いつも見る夢さびしい夢」「海は荒海、向うは佐渡よ」「海は昼眠る夜も眠る」「夕やけ小やけの赤トンボ」の一〇の童謡は必ず、そのほか思い出すままに若干の童謡を唱するのであるが、これは私の子守歌否老人歌であって、私はいつかして安眠するのである。それらの童謡の中の野口雨情作「十五夜お月さん」[214]は、長女（四才）が今少し年取っていたら、妹がこの際東京を去って田舎へ行いた時の気持をよく歌うておるようである。

十五夜お月さん　御機嫌さん
婆やはお暇とりました
十五夜お月さん　妹は
田舎へ貰られてゆきました
十五夜お月さん　母さんに
も一度わたしは逢いたいな

15　静枝との結婚

かくて一年は流れた。その時当時東京へ来て住んでいた田中九八郎叔父（私の母の弟で、九信君の父）は、私の口添で東京帝国大学文科大学内の史料研究室に写字生として務めていたが、その家は東京都〔ママ〕小石川区林町九四番地であって、家族は九八郎叔父、おつね叔母、マサル、無事郎の四人であったが、私の実兄良馬も一時同居していた。その家と同じ番地に富山県士族でもとは大蔵省や日本銀行などにつとめていた山崎茂苗[215]という人が、老母と姉妹二人の娘と共に

[213] 与田準一編の岩波文庫版『日本童謡集』のことと思われる。

[214] 野口雨情は茨城県生まれの詩人。「十五夜お月さん」は、『金の船』一九二〇年九月号に掲載された。与田準一前掲『日本童謡集』に収録されている。

[215] 各年の職員録によれば（国立国会図書館蔵）、一八九九年二月時点で新潟県中頸城郡小出雲村の小出雲葉煙草専売所七等属に山崎茂苗の名前が見える。一九〇一年四月時点で六等属となるが、翌年五月を最後に職員録から名前が見えなくなる事から、日本銀行へ移ったと推測される。当時の住所は東京市小石川区林町九四番地。

住んでいた。姉は東京女高師出身、妹はお茶水高女卒後、第［　］回臨時教員養成所を首席で出た。小生が老母や幼女をかかえて不自由に暮しておるのに同情して下さった九八郎叔父が、山崎家の知り合いの薬剤師某を介して、山崎氏に姉妹の中の一人を出されぬかと懇談したところ、山崎氏も同意されたので、母を大切にし、幼児をよく養育して下さる人なら有がたいと云い、その他年令をはじめ色々の点を考えて迎えたのが妹の方で現在の妻である。媒介者は小生の友人土居光知君夫婦にお願いした。式は大正八年［　］月［　］日、東京市本郷区本郷四丁目の燕楽軒であげ、来客は穂積先生、佐伯好郎[216]先生［一八七一〜一九六五］、上田万年先生、藤岡勝二先生、市河三喜君達、九八郎叔父、良兄など三〇人ほどであったと思う。

16　再生活

私の再生活は家は従来のものであったが、家には久々ぶりに日が照りはじめた。私は当時東京帝国大学文科大学講師としてギリシア語・ラテン語を一週六時間教えるほか、慶應義塾に一週二時間、浅野家で一週一回二時間、目白中学へ一週六時間ほど働いていたが、ある日佐伯好郎氏（静枝［一八九三〜一九七二］がお茶水女学校で英語を教わったトナミ夫人[217]［一八六八〜一九五五］の夫）が来訪あり、同氏が英語主任をしている蔵前の東京工業専門学校[218]の英語の教師として来てくれぬかとの交渉をうけた。しかし私は英語専門でないからとお辞わりしたのだが、その実は同氏が如何ようにでも助けるし、私がそこへ務めることは校長吉武栄之進先生[219]の大なる希望であるからとのことであった。それで終にその御言葉にあまえて、御願いすることとなり、目白中学の方は金田一京助氏[220]［一八八二〜一九七一］に後任となってもらった。そして市河君にも相談して、同君の註をつけたジーキル・ハイド The Strange Case of Dr. Jekyll and Mr.

Hydeを教科書に使うから、質問をきいてくれと約束した。

いよいよ私は蔵前高工で英語を教えることになって、一週六時間六〇円の月給であり、帝大よりはよかったが、専門でないので下しらべの時に時々教科書に不審な点が出ると市河君に質すのであったが、ある一個所は市河君にもわからぬとのことであった。ところである日のある時佐伯先生が授業中の私を呼ばれるので出てみると、先生が大いに立腹しておられた。それは教室に学生がはいり切らぬという先生と、はいりうるという教務との争であって、私はその際、教室で座ることが出来ず立っておる学生がいることの証人になれとのことであった。

丁度その年の早春のある夕、我々三高出身の在京同級生数名は珍らしく東上された恩師榊亮三郎（当時京大教授）先生をお迎えして、浅草のある料亭で食事を共にした。その際に榊先生が私に「京都へ来る気はないか」と言われた。これまでに末松先生や春木先生が私のために「海外留学」のことや「助教授」のことなどを東大文科大学長上田万年先生に御話し下さったのだが、一向によい返事がなかったので、東京にいて色々と内職をしてかなりな（月約一八〇円）収入を得て、負債の返済も約束通りにぼつぼつと果たし、故郷の母にも多少を御小費も送れることにはなっていたが、勉

---

[216] 史料編2－13参照。佐伯好郎と田中秀央の関係については、史料編1－6参照。

[217] 佐伯となみは、信州松本藩の城代家老林家に生まれた。同志社女子学校専門部を卒業後、アメリカに留学。帰国後は御茶の水女子高等師範学校・同女学校の教員であった（法本義弘編『佐伯好郎遺稿並伝』中の「佐伯好郎先生年譜」）。また『英語青年』第一一一巻第九号に収められた篠田錦策「佐伯好郎先生の思い出」の中にも、となみに関する記述がある。

[218] 現東京工業大学。前身は一八八二年に設立された東京職工学校。九〇年に東京工業学校、一九〇一年に東京高等工業学校と改称。蔵前にあったことから「蔵前高工」とも呼ばれた。

[219] 日本に近代色染学を導入した先駆者。一九二〇年一二月～二六年東京高等工業学校校長（『東京工業大学百年史　通史』、東京工業大学、一九八五年）。したがって、田中秀央が英語を教えた一九一九年から二〇年にかけては、正確に言えば校長ではない。

[220] 史料編2－10参照。

強する時間の少ないので困っていた際であったので、私は榊先生に「勉強さして下さるなら行きましょう」と御答えした。

やがてその年、即ち大正九年五月九日に我々は長男をさずかった。その上にその一ケ月後の六月九日に榊先生から京都帝国大学の文科大学では教授会で満場一致で小生を助教授として迎えるとのことを御手紙で委細に知らせて来た。私は直ちにこの事を横浜のKoeber先生に御報告したら、先生は京大には波多野精一、深田康算先生[221]［一八七八〜一九二八］など先生の愛弟子もいることであるので、大いに悦んで下さった。

このことがどのようにして東大に知れたのか、六月のある日市河君と大学で会い、その帰途同伴して歩いていた際、東大は京大と同じ待遇をするから東大におらぬかとの話が出た。東大は私の母校であり、恩人ではあるけれども、京大に対する約束を今更破ることは私には出来ないので、やはり京大へ行くことにすると答えた。京大行が決定したので、穂積先生のところへこのことをお知らせするために御伺いした。先生の御書斎で色々と御話し、御諭しも受けたが、その中で、先生が「君は東大の恩を知らぬ」と言われたことに対し、私は末松先生や春木先生の御好意や、その結果や、榊先生との御口約を御話して、「狭い日本のことです。どこに居ても真に己が道に精進して、御国のために尽せば、それでよいではありませぬか」と泣いて言った。老先生も私の心を解して下さって、「自分も老人だから、重遠や市河の考もお聞きなさい」と言って下さった。両君には異存はないのである。[222]

扨、東京生活の「思い出」を終るにあたり、殊に私の記憶に残っている三つのことを附記する。

17―1　東京生活の思い出

忘れもしないが、東京帝国大学文科大学では、外国語の試験を通過したものでなければ、卒業論文は出せぬことになっていた。それで私は入学後の最初の機会にその試験を受けた。然るところ、幾日かの後に、その合格者の姓名が文科大学本館の一階の大講義室の入口の壁に発表された。ところが驚いたことに、私の姓名はその中にない。まさか不合格になるような答案は書かなかった筈だとは思ったが、姓名が見当たらぬので不安であった。その際、私と同じような自信のあった木村泰賢（印度哲学）君が大いに不思議に思い、いささか立腹気味で文科大学の事務室へ行ってくれた。彼が帰っての報告では、成績優秀な者の姓名はFree Passということで、普通の成績の学生とは区別して、姓名を出さなかったのだとのことがわかった。後になって考えれば、道理であの市河三喜君の姓名もなかったのである。

17―2　Koeber先生

私は明治三九年九月東京帝国大学文科大学言語学科の学生となり、ギリシア語・ラテン語のほか、言語学科学生たる故もあってか、英・独・仏・伊・梵の諸語を学ぶこととなった。ギリシア語の先生はケーベル先生というえらい人

---

〔221〕美学者、山形県生まれ。一九〇二年東京帝国大学哲学科卒。同年から五年間ケーベル宅に寄寓。一〇年留学から帰国後京都帝国大学教授、美学・美術史を担当。二八年腹膜炎のため現職で没した。

〔222〕史料編2―30―5参照。

だとのみ聞いて、その講義に加わったが、聴講生は約二〇人ほどであった。私は質問されるのが恐ろしいので教室の隅の方にいた。ケーベル先生の第一印象は見るからに温和な人をひきつける美しい先生であった。この先生を見るために約二〇名もの多くの学生がギリシア語の組に来たものと思う。それで日が経ち寒くなると共に一人減り二人減りして、一二月頃には数人になった。かくして我々の一ケ年は経過し、明治四〇年九月我々は二年生となったが、その時のギリシア語の二年生は私と私の三高からの同窓友人である前田太郎君[223]［一八八六～一九二二］と二人になった。ところが前田君はその専攻のロシア語の方が忙しいので、ギリシア語は放棄すると言い出した。彼がやめたらギリシア語二年生は私一人となり、そうなると中々に重荷と思われるので、彼に去らぬようにと極力とめたが、終に彼は去った。私一人となった。これは明治四〇年一一月頃のことである。それからいよいよ教室で師一人に弟子一人という、まことに贅沢ではあるが、そこに力の湧いて来る授業や人格形成が始まった。

ある日授業が終って、先生がこの次の土曜日の夕食に来るようにと招待して下さった。私は全く悦しかった。それで、その日に神田駿河台鈴木町の御邸へ参上して夕食の御馳走になったが、何かしら、先生の前で、私は何の恐れなどいうものは全く感ぜず、父母の前におるかのように、温かく殆んど平気で御馳走になった。その席で先生は私に西洋古典語をやる堅い決心があるかを確められ、bonus vir semper tiro というGoetheの言葉を下さった。又、ある時は先生は私がどんな時間割で勉強しているかを問われたので、多少心中誇らしげに西洋古典語のほか五つの言語を学習していると申しあげた。すると先生はmultum non multa(much not many)と言われた。家へ帰ってこの句の意味を考えて、それまで一週三二時間ほど学習していたものを一週一六時間に減じ、一意力を西洋古典語の学習に注ぐことにした。その後も全く度々先生の御宅で夕食をいただいたが、必ず何か無形のよいものを戴だいた。私が甘党で御遠慮なく食べるので食卓で先生はそれを知っておられた。それで御かずが一まわりして、更に残ったものが廻わされ、それが私のところに来ると、先生はあの温顔に微笑を浮べられながら私の方に顔を向けられて、「May I eat all?」と言われるのであった。このMay I eat all?なる句は必ずしも先生の食卓で私が使用し始めたものではなかろうが、しかし少なくとも私はそれを最初おそるおそる使用し始め、後にはさかんに使用して先生を笑わせたものであろうと思う。

Koeber先生の教室では講義としては御好きなHomerosやHoratiusのほかに、哲学のものもあった。その一つGreek Philosophyは一九一〇年に、Propädeutikは一九一一年に哲学科の学生を主として講ぜられたのであったが、私も拝聴したので、その筆記が今も手許にある。殊に先生が東大において特に我々大学院の学生（斎藤信策[224]〔一八七八～一九〇九〕、石原謙[225]〔一八八二～一九七六〕、石川達三、市河三喜、田中秀央など）のために、明治四三―四四（一九一〇―一九一一）即ち先生が東大を去られて帰国の途につかれた大正三年（一九一四）の三年前に講ぜられたAllgemeine Poetikは、何かしら私には貴いもののようであったので、特に注意してnoteを取り、宅に帰ってはそれを清書し、不明の点は友人のnoteを借りて明らかにした。先生はこの講義に使用される各国語の引用句を紙片に書いて来られて使用し説明されたのであるが、その際に出るギリシア語・ラテン語の詩句は度々私に訳せと言われたので、困ったことも多かった。この紙片は使用後御返しせんとしたところ不用だと言われたので、私の許に残ることになり、現在私のnoteとその清書とを

---

[223] 名古屋生まれ。三高を経て一九〇九年東京帝国大学言語学科卒。市河三喜・田中秀央と同期。ロレンスの弟子。訳書に『エスペルセン教授語学教授法新論』（一九一三年）がある。『大英和辞典』（大倉書店）編纂中に死去。『英語青年』第四五巻第九号（一九二一年八月）に市河三喜が追悼文「前田太郎君に関する事ども」を寄せている。

[224] 高山樗牛の弟で評論家・文学士の斎藤信策のこと。東京帝国大学独逸文学科卒。雑誌『太陽』や『帝国文学』で評論活動を行ったが、のちケーベルに就きギリシャ哲学を研究した（山形放送（株）山形県大百科事典事務局編『山形県大百科事典』、一九八三年）。

[225] キリスト教史学者、東京生まれ。一九〇七年東京帝国大学哲学科卒。二一～二四年東京帝国大学助教授、二四～四〇年東北帝国大学教授、四〇～五二年、東京女子大学長。のち青山学院大学教授。

とじたものの中にはって大切にしてある。まことに美しい先生の筆蹟である。

先生からはよく書物もいただいた。先生はよい本は時々二冊求められて、その一冊を下さった。書物のことで私は先生から御注意を受けたことがある。それは私がギリシア文化史を研究してみたかったので、私としては大金である三〇円ほどを出して有名なJ. Burckhardt: Griechische Kulturgeschichte[226]三冊を買求めてある日先生に多少誇らしげにこのことを御話しした。すると先生は、あの本には善いところと悪いところとがあるのに、それすらもわからずして、あの本を買うて読み、玉石混合で信じては困ると言われた。私はなるほどと思い、いたく恥じた。私は書物の選択の重要性をふかく悟った。

先生がいよいよ東京を去られる日には朝から御手伝にいって色々と働いた。私が求めたのか、先生がやると言われたのか知らんが、今私の家には先生の御所持であったものが、かなり多くある。例えば、1. 書物、2. フクロウ、3. 色々の小さな品々、4. 大鏡、5. ベッド、6. 洋服その他であるが、私にとりて今でも眼前にうかぶのは、先生が常に御使用になっていた食堂の椅子とナプキン・リングであり、殊に将に東京の御家を去られるまでにぎっておられたペン軸とペンとである。

17—3　John Lawrence先生

先生は我々が大学生になった時、即ち明治三九年にロンドン大学の講師をやめて、東京帝国大学文科大学の英語・英文学の教師として来られた。これは日本の英語学会にとっては最大の幸福であった。それというのは、それまでは日本の大学にはどこにも英語・英文学の教授は久しくきれていて、東大には独文、仏文には独人、仏人が教授格で教師としていたのであったが、英文にはそのような英人はいず、講師の英人や米人がいたに過ぎなかったのに、J. Lawrence先生が英文学の教師として来られたからである。日本の大学には外国文学や外国語には未だ日本人の教授は一人もおらず、日本人は助教授か講師かであった。このJ. Lawrence先生は英文学というよりは英語学の方に秀でておられたということは、日本の英語学会の幸であった。事実日本に外国文学・外国語の研究室を設けられたのもJ. L. 先生であり、そこでseminarを始められたのも先生であった。市河三喜君の如き英語学者が出たのも、先生の力が大いにあずかって力がある。先生の研究室は勿論、英語・英文学の研究室であって、そこへ入るには試験があった。ある日Koeber先生が私に、今度来られたJ. L. 先生は西洋古典語がよく出来られるから、そこの研究室へ入れてもらって、西洋古典語を勉強するようにと言われた。しかし私は受験して落ちるのはいやですと言ったら、Koeber先生が自分がL先生に頼んでやると言われた。その御蔭で私はL先生の研究室でラテン作文やHomerosやVergliusの個人教授を毎週二時間宛うけることが出来た。冬になるとスティームが通るが、それも午后四時には止って寒くなるのである。すると先生は御自宅（芝区氷川町）で教えてやると云われて、お伴をして先生の御宅へ行き、ストーブをつけて、午后八時頃まで二時間ほど教えていただいたことも度々であった。勿論先生も私も夕食はしていない。食事の時間は正確に守って来た私はかなりつらかったが、先生の熱意にひっぱられてついていった。下宿に帰って夕食するのは午后九時である。全く苦くて、度々御断わりしようかと思ったこともあるが、やはりがんばり通した。自分がうれしい。K先生とL先生とは、今は東京市豊島区雑司ケ谷の墓地にお互に近いところに眠っておられる。私は東上すると何はおいてもこの二先生の御墓に参るのである。

〔226〕 J・ブルクハルト著、新井靖一訳『ギリシア文化史』全五冊として、筑摩書房から翻訳が出ている。

私は英文学研究室やL先生の御宅では只一人HomerosやVergiliusやLatin作文など、西洋古典のもののみを教わったが、教室では、先生は勿論西洋古典の方は関係されなかったので、しかも英語のすきな私は先生の御講義にも出席して、noteを取った。それらは先生が東大の教師となられ、一九〇六―一九〇七年に講ぜられた、History of the English LanguageとそのA brief Summary; 次に一九〇七(明治四〇)年にはじめられて一九〇九年まで二ケ年の連続講義のPrinciples of Syntax and Prosody; 次にIntroduction to the Studies of Shakespeare等であり、今でも手許にある。

L先生が逝かれた時には、御家族はLondonに帰っておられたので、そこからの御夫人の指示によって、市河君が御遺物の処理にあたった。私も御手伝に行っていた。L先生御持の西洋古典関係の御書物は大部分私がもらったが、その中にはAmeis(?-)のHomerosのIlias, Odysseyなどもあった。大本棚は市河君が、立派な中本棚は小生と土居君とが二つ宛もらった。その際市河君は小生の外套の貧弱なのを見て、L先生が常に召しておられた頗る軽い上等の黒外套とL先生が召して講義され、しばしば白ボクで白くなるのを見た先生のモーニングとを私にもらってくれた。外套の方は今は大分に傷みかけたので大事に取りあげてあるが、モーニングの方は今でも私は使用し、殊に現在つとめておる京女大での初講義にはこれを一週間着て行って何か話すことが恒例となり、学校でも評判らしい。

17―4 先生達

東京帝国大学では浜尾新[227]総長［一八四九〜一九二五］、坪井九馬三[228]［一八五八〜一九三六］、上田万年両文科大学長をはじめ、K先生、L先生のほかに、教授藤岡勝二(言語学)、教．大塚保治[229](美学)［一八六八〜一九三一］、教．元良勇次郎[230](心理学)［一八五八〜一九一二］、助．福来友吉[231](変態心理学)［一八六九〜一九五二］、教．高楠順次郎(梵語)、教師．

Emile Heck[232]（ラテン語）、講師.Arthur Lloyd[233]（英作）〔一八五二〜一九一一〕、講.バッフ[234]（フランス語）、教.Florenz[235]（ドイツ語）〔一八六五〜一九三九〕、講.夏目金之助[236]（英文）〔一八六七〜一九一六〕、講.鈴木貞太郎[237]（英語）〔一八七〇〜一九六

---

〔227〕教育行政官、兵庫県生まれ。幕末藩命で英仏学を修め、一八七二年文部省に入り、南校舎中監事となる。七四年アメリカ留学から帰国後東京開成学校校長心得、校長補。八〇年に文部省に戻り専門学務局長などとして文部行政に携わる。九三〜九七年、一九〇五〜一二年と長期にわたり東京帝国大学総長の職にあるなど、東京帝国大学の成立から確立に至る過程に深く関わった。第二次松方正義内閣の文部大臣。

〔228〕歴史家、大阪市生まれ。帝国大学理学部で化学を学んだ後文学部に転じ、一八八三年以来同学部で歴史を講義した。八七年文科大学に史学科が創設されリースが着任したのを機に欧州に留学、九一年帰国。一九〇四〜一二年文科大学長。二三年に退官した後は、国学院大学で教鞭をとった。

〔229〕美学者、群馬県生まれ。一八九一年帝国大学哲学科卒。留学から帰国後東京帝国大学美学講座初代の主任教授となる。一九二九年退官。

〔230〕心理学者、兵庫県生まれ。一八七四年宣教師J・D・デイビスより受洗。翌年同志社英学校に入学。七九年津田仙の学農社に招かれ、のち耕教学舎（東京英和学校）の運営に当たる。八三年渡米、哲学博士の学位を得て八八年帰国、東京英和学校に復職。帝国大学文科大学の講師として精神物理学を講じた。八九年外山正一・神田乃武とともに正則中学校を設立。翌年文科大学教授。九三年から心理学倫理学論理学第一講座担当。

〔231〕心理学者、岐阜県生まれ。一八九九年東京帝国大学哲学科卒。催眠術に心理学の立場から取り組んだが、一九一三年迷信の奨励者として東京帝国大学を追われる。二六年高野山大学教授。

〔232〕一八九一年から一九二二年まで在職。バッフと同じくローマ・カトリック教会マリア会に属する神父。同教会が経営する暁星中学校の教師を兼ねた。

〔233〕イギリス人。ケンブリッジ大学卒。慶応義塾・海軍大学校などで教えた。一九〇三年にラフカディオ・ハーンが文科大学講師を退職した後東京帝国大学に招かれ、英文学を講じた。

〔234〕一八九〇年から一九二二年まで在職。ローマ・カトリック教会マリア会に属する神父。同教会が経営する暁星中学校の教師を兼ねた。

〔235〕一八八九年から一九一四年まで在職。帰国後、ハンブルク植民学院（後のハンブルク大学）の教授として日本学担当、さらに同大学の総長を務めた。日本文学・宗教についても、『日本文学史』を始めとした著作がある。

〔236〕夏目漱石のこと。東京生まれ。一八九三年帝国大学英文科卒。東京高等師範学校教師、愛媛県立松山中学教員、熊本第五高等学校教授を経て、一九〇三年第一高等学校教授に任じられたのに伴い東京帝国大学講師を委嘱される。〇七年本格的作家生活に入るため教職を辞した事から、〇六年九月に入学した田中秀央は漱石に教えを受けた最後の学年となる。

六〕、講．上田敏[238]（英語）〔一八七四～一九一六〕、助．青木得二[239]（?）（ドイツ語）、講．上田整次[240]（ドイツ語）〔一八七三～一九二四〕等の講義をきいた。Lloyd先生からは「思い出の記」の和文英訳を教わり、上田整次先生からはドイツ語の集中講義の際、先生が出来のわるい学生や、先生が姓名と顔とを一緒に覚えておられぬのを幸いとして、訳するようにと姓名を呼ばれても立ってやらぬ学生に対して、色々とひどい言葉でひねくられたことを聞いた。例えばたまに勇気（?）のある学生が立って訳する際、誤訳などすると彼の出身高等学校やそのドイツ語の先生までが、ひどく罵られるので、終には誰も呼ばれても、それに応じなくなった。東京帝国大学では私は出席がよかったためか、文科大学の運動部の委員にもなっておる。

今一つ思い出すことは、大正の中頃に我々言語学出身者及び学生は閑話会という会を創って、家を構えている者（但し教授は除く）が、毎月（?）交代に当番となり、自分の宅に諸兄の集合を乞い、色々な話をしたことである。その人々の姓名は金田一京助、後藤朝太郎、神保格、荻原藤吉[241]〔一八八四～一九七六〕、高橋某[242]、市河三喜、田中秀央、高畑彦次郎[243]、前田太郎、大溝惟一[244]等であったが、昭和四五年五月には、生存者はそれらの人々の中で、荻原と田中とのみとなった。

VIII 京都生活

1 京都生活

いよいよ私は大正九年［七］月［一〇］日に京都帝国大学文科大学[245]の講師の辞令を受け取った。それで大正九年［ ］月［ ］日に母ミネ（六九才）、妻静枝（二八才）、長女悠紀子（五才）、長男真希夫（一才、五月九日生）［一九二〇～一九九九］をつれて、新橋駅から京都へと向った。京都での最初の住家は、友人前田太郎君の世話で、御親族の吉田善太郎[246]

［237］鈴木大拙のこと。金沢生まれ。東京専門学校、帝国大学哲学科選科で学ぶ。東京帝国大学講師、学習院大学教授、大谷大学教授を歴任、英語を教える。仏教、特に禅の研究で有名。

［238］詩人、英文学者、東京生まれ。一八九七年東京帝国大学英文科卒後、大学院でラフカディオ・ハーンに師事。九九年から東京高等師範学校教授。一九〇三年から東京帝国大学に出講。〇八年欧州留学、同年京都帝国大学教授。四一歳で急逝した。

［239］青木昌吉［一八七二～一九三九］のことか。青木昌吉は一九〇八年に東京帝国大学助教授に任じられている。

［240］独文学者。一八九五年帝国大学独文科卒。一九〇七年東京帝国大学助教授、一六年教授。一九世紀ドイツ文学史、ドイツ演劇史などを専門とした。

［241］俳人荻原井泉水のこと。史料編2―7参照。

［242］田中秀央の前後に言語学科に所属した学生から推して、一九〇八年卒業の高橋安親ではないかと思われる。

［243］一九〇九年東京帝国大学言語学科卒。二四年現在美術工芸学校講師として京都帝国大学近くの吉田町近衛に住んでいた（前掲『大正十三年六月　東京帝国大学文学部出身者氏名録』）。

［244］一九一二年二月に秀央の父精一郎が死去した際、大溝惟一より悔み状が送られている。住所は「新潟県西蒲原郡巻町字渡場町　山口屋方」となっている（田中家文書）。また前掲『大正十三年六月　東京帝国大学文学部出身者氏名録』では、職業・住所欄は空白である。

［245］この前年の一九一九年二月に京都帝国大学の各分科大学は学部に改称されているので、正確には文科大学ではなく文学部である。

（現当主）の御父君の御骨折りで、京都市左京区岡崎の神楽坂の南側の畑地にあった二階家であった。そこで一ケ月程住んでいたが、色々と都合がわるいので、困っていたところ、念仏堂の庵主がその知人で北白川の住人内田某氏の話として北白川の石問屋吉村小右衛門[247]氏の先祖代々の居宅（当時吉村氏一家は二条駅の西側の通りにある家に引越して石問屋をしていた）を貸すという話をもって来た。行って見ると中々によい立派な家で前後に庭があり、裏は白川が流れていた。京都式に家の中に通った内庭があって、その向って左方の主家は玄関三畳、その右側（東）が食堂五畳、その右（東）側二畳、その右に風呂場、その右が便所（外便所）であり、玄関の北側に三畳、その東側が八畳（主室）、その東に植込みの内庭があった。たたきの内庭は南側に大きなカマドが三つあり、その内庭を出ると右側に井戸があった。内庭をへだてて、部屋があったが、部屋は二階が東と南とに窓のある六畳、階段の右側（西）は内蔵式になっている四・五、左側は六畳で東と南とに窓があった。この六畳を母の室にした。主家の正面即ち西側は薪木などをおくために中二階になっていた。この家は最初は水道がなかったが、やがて引けた。家主の吉村さんは私達には頗る親切であって、大学の先生であることのためか全く信用して下さって、上記のような家でありながら家賃は月二三円で、敷金も必要なかった。その代り畳、建具等の造作は一切借家人持ちということであった。この家は私には大いに気に入った。やがて私は大正九年一一月［八］日に京都帝国大学助教授となって、此処から毎日研究室へと片道二三分、歩数二八〇〇歩ほど白川街道を徒歩で往復した。全く楽しかった。よく勉強もした。私達一家はこの家で一三ケ年を楽しく無事に過したが、その間に起った主要な事は、

2　留学

大正一一年七月二五日文部省海外留学生として二ケ年間欧米各国へ行くことになり、氷川丸（一〇、〇〇〇噸余の船）二等船客（私は一等船客としての旅費はもらっていたのだが、［μηδὲν ἄγαν］の信念により、船でも汽車でも旅館でも万止むを得ぬ時以外には一等には御遠慮することにして今日に及んでおる）で神戸港を出港した。大正一一年というと、第一次欧洲大戦後であり、日本は大いに発展の途にあったので、ドイツへ私費で留学して医学を研究し肩書を得んとする医者が多かったので、我々二等船客三〇名（?）ほどの中一〇名ほどは医者であった。途中、上海、香港、シンガポールに寄港し、［　］月［　］日にマルセーユ港についた。この五〇日ほどの長い船旅及び［　］月［　］日ロンドン着までの船旅中の出来事を若干挙げて見ると、

（a）上海では二泊したが、その間、船から上陸して、街を見て歩いたが、ただ雑然たるきたない街との印象以外に残っていない。

（b）船には自信があったためか、台風の来たらんとする七月末に船に乗った。すると果たせるかな船が上海を出て台湾海峡に来た時、船は大風にみまわれた。私は会社員井口誠一氏と二人で二等室におり、上が井口君、私が下のベッ

［246］麩屋町竹屋町下るに住み貸家業を営んでいた吉田善太郎と思われる（『明治大正昭和　京都人名録』日本図書センター、一九八九年）。

［247］村上雄次郎『第二十九版　日本紳士録』（一九二五年、〈財〉交詢社、前掲『明治大正昭和　京都人名録』所収）に、「吉村小右衛門」が職業石材商、住所西ノ京小倉町として掲載されている。また所得税納税額二三五円、営業税納税額八九円となっており、相当な資産家であったことが判明する。

ドにいた。あまり船の動揺がひどいので、二人共眼を覚ましていたら、われらの室に海水が入ってきた。これは大変と思い荷物などは井口君の床にあげ、戸を開けて見ると、甲板から船室へ降る階段を海水が流れ下っているので大いに驚いた。これは甲板へ出る戸を水夫が閉め忘れたため、そこから海水が流入したのであった。やがて風もやみ朝になって食堂へ行った時は二等食堂には一〇人ほどしか朝食に出て来なかった。船長の話では、昨夜の風波はかなり烈しかったので、船長としては陸や暗礁に乗りあげないようにとのみ注意して舵を沖へ沖へと取っていたとのことである。

(c)香港：台湾海峡での大時化の後、われらの船は香港についた。イギリスの治下にあるため、この港ではじめて多くの西洋的のものを見た。勿論支那人の街も見たが。はじめてケーブル・カーで山に登り、総督の邸をはじめ多くの美しい別荘を見、殊に香港を一望におさめた。

(d)シンガポール：この英国領の港についての記憶は全くないが、当然寄港したものと思う。それは兎に角、季節が八月であったので船の中はかなり暑かった。シンガポールを過ぎてやがていよいよ印度洋に入ったが、その印度洋上一週間ほどは全くなすことがないので、時々デッキ・ゴルフなどをやった。そのうちに私が東大の講師であった頃ラテン語を教えた学生の一人であった加藤文雄君(日蓮宗から留学生としてイギリスへ行く人)に会い、同君の御世話で船客の有志達十数名(主として医者)にラテン語の手ほどきをすることになった。教室は二等のサルーン。印度洋でもかなりな時化に会ったが、一同恙なく講習を続けて、スエズを過ぎ地中海に入り、約二週間毎日一時間半ほどの稽古であった。その時講習生一同より謝礼として一、〇〇〇円をもらった。当時は一ポンド一〇円、一ダラー二円であった。私はこれでギリシア・ローマの色々なことを表わしておる頗る大型の絵本四冊をOxfordで買求めて記念にしていたが、今はこの本は他の書物と共に、京大文学部に「田中文庫」の一部として残っておる。

（e）マルセーイユ：船は途中スエズ運河を通過し、Genovaへ立寄った後［　］月［　］日マルセーイユ港についた。そこで我々は別れることになった。というのは多くの人々、殊にドイツ行の人々は勿論、イギリス行、フランス行の人々もこの港で完全に船をおりて目的地に向うのであるが、私は一生に一度ジブラルタル海峡とビスケー湾を見んものと出発の日より決めており、旅行券もそのようにしておいた。しかしお互に別れるとなると一つ一緒にマルセーイユ見物してはということになり、私が通訳として働くことになった。その時私はフランス語で会話したこともないし、平常はフランス語の本はあまり読まないので、この役には少なからず心細かったが、強く乞われるままに、自分のフランス語の力で何とかやって行けると思うて、おこがましくも一同と共に出かけた。百貨店に行って何か買わんと思うて、フランス語で言って見たら、一向に通ぜぬようであり、女店員の言うことも私には全くわからない。多くの友人達の前でこのようなことになったので、私は私の一生において最も困ったことになり、それこそ全く赤面し、青面したことであろう。そこで私は心の中で神や仏にお願いして、私の厚顔の許しを乞うと共に、今後はフランス語は全く知らぬ者となり、自分の用以外、他の人にはそれで通すと誓って今日に及んでいる。多くの友人は己がじし各地へ向った。

加藤文雄君は船はよわくあるし、近道でもあるから、マルセーイユからフランスを縦断してパリを経てイギリスへ行くこととのみ私は考えていたのに、左様にしなかった。彼氏の言葉によると、彼氏は英語はよわいし、私と別れては何かと英国で困るのみならず、行先が我々二人共同じくOxfordであるので、是非同行させてくれとのことであるので、私においては勿論異存なく、二人は一緒に氷川丸の残り少ない船客としてマルセーイユ港を出発し、ジブロールター、ビスケイ湾を経て（此処では又大西洋の波浪にかなりひどくゆすられた）［　］月［　］日に無事ロンドン港につき、宿をとった。これが故郷を出てから［　］日目に生れて初めて異国の宿に泊った第一夜であった。翌日加藤君は少しロンドン見物をして後Oxfordへ行ってはと言われたけれども、私は未だ英会話もろくに出来ない際にLondon見物するよりは、先づOxfordにおちついて、英会話にも多少上達して後にLondon見物した方がよいといったので加藤君も同意した。

3　Oxford

私は浜田耕作先生[248]［一八八一〜一九三八］から先生がOxford留学中におられたMrs. Whitmarsh氏への紹介状をもっていたので、加藤君と共に自動車でWoodstock Roadの夫人の家を訪ねた。その家は後に榊亮三郎先生がCastleのようだといわれたように実に立派な邸で家は地下室つきの二階のレンガ造り、室の数は一五ほどもあったろうか。案内のベルを押すと、やがて現われたのがエリザベス王朝時代のイギリス夫人を思わしめるような服装をした六〇才ほどの夫人であった。浜田先生の紹介状を見せると、やがて、フロム・ツー・ダイと耳にひびく夫人の声、それをfrom to dieととったので変なことを言う人だなとは思うたが、once more pleaseと言いながら、これはfrom to-dayだなと勘づいたので'yes'と答えて二人共その日からその家の下宿人になった。

大分と日がたってから食卓でこの時のことを夫人に話したら、自分はそのようなcockney英語は使用せぬと言って笑われた。この邸は一種のcosmopolitanの家であって、客である下宿人には日本人のほかにフランス人、ノルウェー人もいた。英人Mr. Bartletという父と娘さんとが二階の二室を借っていた。家にはMiss Taylorという三五才位の女性がいて、家の世話をし、夜は女主人と一緒に寝て彼女を暖めた。頗る親切な女であって、私より先にこの家にいた黒田チカ[249]（博士となる）さん［一八八四〜一九六八］と親しく、私も色々と特別に親切にして貰ったので、Oxfordを去る際には金の腕時計を礼にやった。家には私のほかに、島村盛助学士[250]、皆川正禧学士[251]なども いて、彼氏達はよくWhitmarshの悪口も言ったが、私は何も悪口などいう点を気付かなかったので、それもわかったか、それとも外の人は高等学校教授であるのに、私は帝大助教授であるためか、とにかく、食卓では私は女主人公に近く、Mr. Bartlettと向あって席をもらった。加藤君は家庭教師について英語を勉強して、大分に力もついたようであったが、Miss. Taylorに言わせると私の方が英語は大分と達者であるが、私のthinとthoughtなどにあるようなthの発音は加藤君の方がよいと言った。何かしらこのthの発音は私には苦手なのである。

ある日の午后Mr. Bartlettと一緒にOxford河の河畔を散歩していた時、俄に曇って来て、雨が降りそうになった。そこで私がit threatens to rainというたらMr. B氏は大いに私の英語を褒めて下さった。

Mrs. Whitmarshは保守党（Conservative）の有力夫人の一人で甚だ世話ずきであったので、Oxfordでの色々の催物に我々日本人を紹介して下さったが、その際時々寄附金を求められることがあったので、ある日本人達はそれをいやに思うていたようである。

---

［248］考古学者、大阪府生まれ。東京帝国大学卒業後、一九〇九年京都帝国大学講師に就任、一三年助教授。一六年教授となり、新設された考古学講座を担当した。イギリスの考古学を学び帰国後日本の考古学の基礎を確立した。三七年京都帝国大学総長、翌年在職中に没した。

［249］有機化学者、佐賀県生まれ。一九〇六年東京女子高等師範学校卒、一七年東北帝国大学理科化学科卒。日本最初の女性理学士。一八年紫根の色素シニコンの構造を決定して後、東京女子高等師範学校教授。二一～二三年オックスフォード大学留学。定年後は理化学研究所で研究を続けた。豊増幸子『黒田チカ（一八八四～一九六八）』がある。なお留学後、田中秀央とは書簡のやりとりが続き、親しい間柄であった。

［250］埼玉県島村繁の長男。一九一〇年東京帝国大学文学科卒。私立下野中学校・私立埼玉中学校各教諭を経て、二〇年山形高等学校教授。

［251］英文学者、新潟県生まれ。夏目漱石の弟子。

4　Oxford大学

私はOxfordへついた翌々日浜田先生の御紹介状をもって、先生の恩師Prof A. Sayce（Orientalistで言語学者）をQueen's Collegeの先生の研究室に御訪ねした。折よく居合わされた鶴のようにやせて気品のある老教授は心よく私を迎えて下さった。そして浜田先生の御紹介状によって、私が日本人として初めて西洋古典語を専攻する者であることを知られ、色々と御親切に話して下さった。数日後S先生からお手紙が来て、私を無試験でOxford大学の正式の学生として寮に入れてやるから、銀のスプーン何本、銀のフォーク何本、皿何枚など持参して来いとのことであった。当時留学生は月三〇pounds（三〇〇円）位もらっており、W夫人のところの室代や食料代や洗濯代などを引いても、毎月一五〇円ほどは残るので、上記の入寮支度も出来ぬことはなかったが、私も三七才になっているので若い大学生との一緒の生活も何かと不都合であり、又私には癖があるばかりでなく、留学の目的は西洋古典語の勉強にあるのだから、寮生活の必要はなかった。それでS先生を御訪ねして、この趣を御話したら、そうなのかと言われると共に、私がOxford大学にある二一のCollegeのどのCollegeにおいても、無料で講義が聴けるようにしてやろうと言われた。当時Oxford大学では一講義一期の授業料は一〇Shillingであったようで、私の友人達は何れもそれを納めていた。このように好遇された私がOxford大学できいた講義は、

Prof.Murray: Text-Criticism of Greek Poetry

Prof.Craigie: Latin Language

Prof.Wright: Philology
Lect.Livingstone: Latin Literature

などであった。Murray先生、Craigie先生、Wright先生の講義は大体一五人ほどの聴講生であったが、Murray先生のnoteが最も取りにくかった。Craigie先生、殊にWright先生はその頃すでにStandard的な西洋古典語発音であった。Livingstone先生のnoteは最も取り易かった。先生のお宅には日本の富士山の刺しゅうがあった。宗教学のCarpenter先生は日本のことに興味をもっておられたので、加藤君と共に時々御訪ねした。これらの先生の御宅には御茶に呼ばれて行ったことがある。吉本さんという日本人がおられたので、そこも二回ほどお訪ねした。

私達はOxfordの中心街から徒歩で帰宅することが普通であったが、その途中である小間物店に度々立寄った。そうするとそこの女店員達はいつも我々を見ては何かしら笑うので、我々としては我々の英語が変なので笑うのだろう位に考えて彼女達と店とをlaughing girlsと命名していた。後日になってわかった事だが、この店は本職は女性用の小間物店で男性用の品は附属的に置いておるのに、それに御構いなく、我々は度々そこを恰も普通の小間物店として利用するので彼女達が気の毒に思うて笑ったのであるらしかった。

郵便屋が書留現金をもって来ると、門のあたりからにこにこして来るので、我々の方でも心附けをやった。

Oxfordの傍を流れておる小川でMiss Taylor等と一緒にボートを浮べて、河辺の喫茶店で軽い食事をしたこともつい昨日のようである。

Oxford大学について、今一つ忘れてはならぬことは、私のイギリスを去ってフランスに行くことがきまったことを知られてSayce先生はある日のQueen's Collegeでの夕食に私を招待して下さった。有名なOxford大学の寮生活の一場面を小生に見せようとの御親切からであったと思われる。御招待の時日に御伺いすると、全く古風な食堂に通されたが、その一側に少し高くして教師達の食卓があり、平地には学生の食卓があった。七〇人もおったであろうか、その中には故高橋是清［一八五四〜一九三六］さんの御子息もいられたとか。その正座の真中に私は据えられた。全く驚いた。とにかく大学生と共に簡素な夕食を共にして、その雰囲気に接することが出来て、生きた経験をした。やがて私は先生達と一緒に食堂を去ったが、先生達は先生達だけで二階の別の室でお酒を飲まれた。私の送別の意味であったろう。私は悦しくて、且つ甘いお酒であったので、少し不注意に何杯か飲んだ。少し寒い夜であった。いざ御暇乞いして立去ろうと思って立ったところ、足がよろめいた。私は酒は好まぬながらも祖父も父も酒には強かったようであるため、私もその蔓をひいてか、私は酒を少々飲んだとて酔うことはなかったので、この時は全く驚いた。かかる先生方の前で外人の面前で醜態を演じたくないので甚だ当惑した。窮すれば通ずるの一つか、先生の中のお一人が私に日本のことを問い始められたので、これを利用して時を待てば、酔も覚めると考えたので、そのつもりで、その質問に応じているうちに午后九時頃になって、酔も覚め、然るべく御礼を述べて帰途についた。これが私の八十有余年の歳月中において、只一度の酒酔いの経験である。

イギリスに滞在中、私はOxford以外の土地へは旅行したことはない。Londonに当時正金銀行員として来ておられた渋沢敬三氏を訪ねて、一晩お世話になったのと、Miss Taylorに誘われてBritonへと一日の旅行をしただけである。Miss Taylorには御世話の礼として銀製の腕時計を与えた。彼女からはnecktieをもらった。Whitmarshの家で彼女が私に日常使用のためにくれたパンを切ったり果実の皮むきなどに用いる大形のナイフは、四五年あまりをへた今日でも十分に使用が出来て、私の食卓にある。現に今朝（昭和四五年七月二二日朝）私は磨き用のペーパーで、その赤い錆をすりおとしたら全くきれいになった。英国人のナイフですよと言っておる。

5　France

私はいよいよ［　］日にイギリスを引きあげて、フランスへ渡ることになった。私はフランスには数ケ月滞在して後、ドイツ―イタリア―ギリシア―アメリカと旅して、なつかしき祖国日本帝国へ帰る予定であった。私と一緒に島村盛助君や皆川正禧君もフランス見物に同行した。我々はルーブル博物館に近い一旅館（ジェルマン氏経営）に宿を取って、各自自由にParis見物をした。私はいつも一人で出かけた。私の行く先は毎日ルーブル博物館であり、その休日の日はPalais des TuileriesかSt. Germainの森をはじめ郊外であった。宿は室も食事もよく、人も親切であったが、窓を開けても一本の樹も見えない。自然の好きな、草木を愛する私は、家から植物を見ることの出来ない生活には堪えられない。それで毎日何となく不快な気持であった。その気持が私の容姿に現われたとみえて、ある日のこと、この旅館の若主人が私に何か不快なことがあるのかと問うた。恐らく彼氏は私が彼の旅館のサービスについて私が何か不快に思うているのであろうと考えて問うたのであろう。

そこで私が上のことを話したらば、それならば自分の父母がParisから汽車で一時間ほどの田舎町Champagne sur Oiseにある別荘に住んでいるから、そこへ行かぬかとのことであった。私には願ったりかなったりであった。私はOxfordで書きはじめたLatin語の不変化辞Quinについての学位論文もまとめたく、それに好きな郊外生活も楽しめるので、是非頼んでくれと願った。話はすぐまとまったので、私は島村、皆川両兄を宿においたまま、［　］日そこへと引越した。

今度の宿は予想にたがわず、丘陵の中腹にある立派な家で、家には五〇才位の御夫妻と下男と犬とがおり、広い裏の果実園続きに、若夫人の御里があった。私はこの家の二階の立派で、見晴のよい一〇畳位の室を借った。赤ら顔の御主人は多少英語は出来たが、大柄の御夫人はフランス語しか知らず、日本についても、小生に日本には電車があるかという質問をして、夫君に叱られるという位であった。私のフランス語は上述の理由で私の口からは出でず、食卓での会話も主人を通して、あるいは手まねなどでやってのけた。よく勉強が出来たし、好きな山へも登った。鹿狩も見たし、Gipsyがこの町へ来た時にも遇った。又、この町の素封家での競売で私は二つの油絵を買うた。そこで五ケ月ほど御世話になったが、その間、理髪をするためや、買物のため数回Parisへ出た。そのある時の帰途、汽車をまちがえて乗ったため、家についたのが夜の一一時半頃であった。門でベルを鳴したが通じなかったので、門を乗り越えて屋敷にはいり、玄関のベルをおして、主人が出て来て家の人となった。後でこのことを人に話したら、よかったなと言われた。門を越える時、家の人に見られたら、一発だとのことであった。

6　Italy

私がFranceを立ってItalyへの旅に出たのは［　　］であった。途中France内ではどの市にもとまらず、一路Simplonトンネルによって Alpsを通過して北伊の古い都Milanoについた。そこで最も驚いたのは、かの立派な大寺院である。入場料を払って、中を見せてもらい、塔にも登って見た。MilanoからVeneziaへ行った。VeneziaでもSt.Marco寺院に感歎し、Palazzo d'oraやRialto橋を見物し、船でVenezia沖のMurano島へも行った。それからPaduo, Bolognaを見物し、Pisaでは斜塔にも登った。次いでFlorenceでは数日を過して、Michelangelo のDavideをはじめ色々と古いものを見物し、その丘陵にも登って、久々ぶりに十分に自然に接することが出来て京都を偲び悦しかった。Florenceで美学者矢代幸雄君[252]［一八九〇～一九七五］を訪ねて数時間を過した。

私がローマについたのは［　］日であった。勿論旅は一人である。ローマの駅から街の中央にあるあるホテルへ行って一室の客となった。

ローマの大詩人Vergilius Maro[253]（七〇―一九A.C.）が、その大作Aeneisの第一巻三三行に

Tantae molis erat Romanam condere gentem

と歌い、スペインの大文豪Miguel de Cervantes Saavedra[254]（一五四七―一六一六）が、その名著Don Quixoteの中に

Roma non fue construida en un diaと書いて、我々には「ローマは一日にしてならず」という言葉で伝っておる偉大なるローマへ私はついたのである。

私のイタリア滞在は二ケ月ほどであったが、その間ローマでは（1）古代ローマの水道の遺跡、（2）フォルム・ロマーヌムの遺跡、（3）Colosseumの遺跡、（4）Pantheonの遺跡、（5）St.Pietro大寺院、（6）ローマの七つの丘の遺跡、（7）ローマの城壁の遺跡、（8）カタコンベ、（9）ポポロ広場、スペイン広場、ベネチア広場など多くのローマの広場、（10）ローマにある多くの美術館、殊にバチカン美術館等を朝早くから夕方まで一人で足に任せて見物した。中でも最も印象的であるのはフォルムとバチカン美術館であり、フォルムは時を変えて数回赴いて、古代ローマを偲び、七つの丘

---

［252］美術史家、横浜市生まれ。一九一五年東京帝国大学英文科卒。一七～一九年第一高等学校教授、一七～四四年東京美術学校教授。二一年ヨーロッパに留学しイタリア・ルネッサンス美術を研究。二五年帰国。二七年美術研究所（現東京国立文化財研究所）の創設に関わり、三六年から所長。四二年教育勅語誤読事件で退任。六〇年大和文華館を創設し初代館長。

［253］ローマの詩人。トロイア軍の指揮官アエネアスのローマ建国に至る物語である『アエネイス』は名作として知られている。

［254］スペインの小説家。『才気あふれる郷士ドン・キホーテ・デ・ラ・マンチャ』は当時の騎士物語を風刺した名作。他に『模範小説集』などがある。

でも色々と歴史のコマをえがいた。バチカン美術館はさすがに思うことが多く、中でもミケランジェロの二つの傑作画であるシスティナ礼拝堂の天井画「創世紀物語」と正面の「最後の審判」とは今でも心にはっきり残っておる。

ローマでは数回日本公使館をお訪ねして、色々とお世話になった。またその当時ローマのカトリック神学校で勉強していた岩下壮一君[255]〔一八八九～一九四〇〕（富豪岩下清周氏[256]〔一八五七～一九二八〕の一人息子で、美しい壮年、脚がびっこであったが小生が東京帝国大学文科大学で講師となった際、その第一回の教え子の一人）を、その寮に訪ねて、何かと教えてもらった。彼は日本に帰って後、大いになすあらんと期待されていたが昭和〔一五年〕に逝いた。ローマ見物中で殊に気付いたことの一つは、物乞いする少年が多かったことで、彼らはかなりしつこく、我々についてきて、何かをねだった。

私は〔　〕日ローマを発して、Napoliに赴き、その美しい風景を眺め、カプリにも行ったが、Napoliの国立博物館ではローマでは見られなかった、多くの立派な古美術品の前で古代のギリシアやローマの上に想像の翼をのばして足を留めることが度々であった。

ナポリからはるかにVesuvius活火山の噴火の烟を眺めたが、やがて私は電車でPonpeii市へと向った。この市は人の知る如く、Vesuvius火山の麓にあったローマ人の繁華な地方都市であったが、西紀七九のVesuvius火山の大爆発で埋まってしまったが、その後発掘の手がのびて、現代に、ローマ人のその頃の日常生活の有様をまざまざと示してくれている。

［7］

私は［　］日に再びローマへ帰って来て、二日ほど滞在していよいよ待望のギリシア旅行へと［　］日ローマを発し汽車でイタリアを横断して東へ向い、［　］日に東岸のAdria海にあるBrindisi港についた。此港でギリシア行のギリシア汽船を待っているうちに、色々の経験をすると共に、何かしら口には表わし得ないような楽しみと共に寂しさを感じた。汽船はBrindisiを出港して東へ向って一路アドリア海を横断して対岸のギリシアのCorfu（Corcyra）島についた。船は少しゆれたが、私は同室のギリシア人と雑談で時を過した。その後普通ならばCorinthus湾に入り、コリントス運河を通ってAthenaiに行く筈であるが、その当時はこの運河が地震のため塞がっていたので、致し方なく、イオニア海をペロポンネーソス半島の西岸にそうて南下し、嵐で有名なその南端を廻航してようやく［　］日に遥か沖からAthenaiのAcropolisを眺めつゝ、Piraeus港へと着いた。税関で一通りのことを済して、Piraeus港よりAthenaiへは電車もあったが、私は自動車で［　］通りのPalace Hotelへついた。そこで大正一二（一九二三）年東京大震災をきいた。このHotelはAthenai市の第二のHotelであるが、私の主義で第一のHotelであるQueen's Hotel（?）には行かなかった。例の如く静かな室を註文して、その客となった。その翌日私はギリシア公使で知人でもある川島信太郎氏[257]［一八八〇～一九五七］

［255］史料編2－5参照。

［256］実業家、長野県生まれ。一八七八年三井物産入社。八八年退社し、翌年品川電燈を起して社長。九一年三井銀行副支配人に就任後、支配人、大阪支店長を歴任。九六年退職して北浜銀行創立に加わり常務、一九〇三年頭取。積極的な貸出政策で多くの企業に関わったが、一四年に破綻。〇八～一四年衆議院議員。

を訪ね、中食の馳走になり、風呂にも入った。彼氏の紹介で親日家Sophocles Hadaverdoglu Theodotosと親しくなり、ギリシア滞在中色々と御世話になり、彼氏の尽力で後日ギリシア学士院、アテネ大学名誉博士など数々の名誉をうけ、殊にギリシア皇帝からPhoenix二等勲章も戴くことになった。やがてHotel生活では費用がかかるので、普通の下宿にうつり、そこから毎日見物に出かけたが、毎朝同じ場所で朝出る時も夕方帰る時も同じ露店の主人と会うので、語り合うた。

私は［　］日にAthenaiの大学と図書館とを訪ねたが、その後も数回赴いた。Dionysos演劇場の遺跡では、その見物席の最前列にあるDionysos神の神官の席であって二千数百年前の美しい光をしているものにも坐して見たし、OrchestraやSceneの遺跡もよく見た。Odeionの遺跡やMuseion丘にある所謂Sokratesの獄舎というものも訪ね、Pnyx丘の民衆の集会場で昔を偲び、又Areopagos丘でギリシア神話の光景を心に描いた。それからいよいよAcropolisの西側の石段を昇って、Propylaeの門を経て、右側のTemple of Nikeで美しい小さなギリシアのTempleをまのあたりに見て驚きの目をみはった。AcropolisではParthenonやErechtheionや、Acropolis Museumでギリシアを満喫した。現今Acropolisから見ると北側にアテナイの町があり、南側は家など少ないが、昔はAcropolisを中心として、その周囲に街があったことは、その遺跡がこれを証している。東側にはMonument of Lysikrates, Olympeion, Stadion, 北側にはTheseion, Dipylonなどがある。Pnyxの丘やAreopagos丘は西側、Dionysos劇場、Odeionなどは南側にある。Palace Gardenにも行った。Stadionはアレキサンドリア住のギリシアの豪商の寄附になるものの由、全部大理石からなっておって、実にすばらしいものであった。

私はある日電車でAthenaiの西方にあるAkademeiaの遺跡を訪ねてみたが、そのことは後に一つの小論文[258]にした。私のギリシア滞在は大正一二年の冬の三ケ月であったので、ThebaiやOlymposなど北方の旅行はやめにした。而して

［　］月［　］日Athenaiの駅を汽車で出発して、途中MegaraやDelphoiによって遺跡を偲び、第一夜はCorinthosで、第二夜はCorintos湾の入口にあるPatrasのHotelで過した。夕方になったので電燈を付けようと思ったが、付かないので客係の人に質したところ、その頃ギリシアは第一次欧洲大戦後、経済が甚だ苦しいので、電燈をやめて、ローソクを使用していると言って去った。見るとテーブルの上にはマッチとローソクとが置いてあった。

翌朝Patrasを立って待望のOlympiaに向った。Olympia村に着いたのは、その日の夕方であったと思う。早速Olympia村での唯一のHotel Olympiaの客となった。このHotelは中々立派なものであった。その翌朝早くHotelの裏山に登り、その後朝食してからいよいよOlympiaの遺跡を見に行った。今から約二五〇〇年ほど以前の色々の神殿や競技場の遺跡をBaedekerの案内訳を片手にゆっくりと見て歩き、その昔の偉容を偲んだ。毎朝食事が終ると遺跡見物に出かけることにした。その遺跡の東側にある松などの茂ったKronosの丘にも登った。ある朝Olympiaの美術館を訪れたが私の外には見物客はなく、私一人であった。それはOlympiaの遺跡で発掘され、この美術館にあるギリシアの男性美の象徴と言われ、世界の至宝の一つである、名工Praxiteles作のHermes神を見るためであった。この美術館は平家で大して大きくはなかったが、そこにはOlympiaの遺跡で発掘された古美術品が集蔵されているのである。それらの美術品を次々と見てまわったが待望のHermesに会えないので、致し方なく守衛さんに質したところ、ギリシアは地震が多い

［257］京都府生まれ。一九〇七年東京高等商業学校専攻部卒。同年外交官試験に合格。中国・アメリカ在勤を経て、一九年条約局第一課長、通商局第二課長。二二年一等書記官としてフランス在勤。翌年通商局総務課長。二三年臨時平和条約事務局部長。二七〜三二年特命全権公使としてギリシア在勤（『新版日本外交史辞典』山川出版社、一九九二年）。田中秀央の留学時期と川島のギリシア公使在職期間が合わないが本文のままとした。

［258］のちに、「プラトーンのアカデーミアーに就いて」を『京都女子大学紀要』第七号（一九五〇年）に、「プラトーンのアカデミアーに就いて」を『古代学』第二巻第三号（一九五三年）に発表している。

ので、万一にも美術館が崩れてHermes神を傷つけてはならんとの考えから、美術館の裏手（東?）に木造の小さな小屋を立てて、そこで休んでもらっているとのことであった。そこへ行って、実物を見て、美術のことには全く素人である私でさえも、すばらしいなと思った。

Olympiaには五日滞在した。そのHotelは私の海外旅行中で御世話になった多くのHotelの中で、私に最も気に入ったものであった。

［8］

［　］年［　］月［　］日Olympiaに別れをつげて、同じ途を一路Athenaiに帰った。Athenaiに［　］日間滞在して後［　］月［　］日Pyraeus港から船でイタリアへ向い、行きと同じ旅路で［　］月［　］日にローマへ帰った。ローマへ数日滞在して後、いよいよ［　］月［　］日にローマを立って、従兄田中九信君がいたSwissのBerneに向った。［　］月［　］日無事Berneにつき、九信君のいた同じ宿にとまった。美しい整った首府Berneの市街を二日ほど見物して、［　］月［　］日一人でBerneの東方にあるLucerne湖へと出かけた。目的はLucerne湖の東端LutliにあるWilhelm Tellの遺跡を見るためであった。Lucerneについたのが午后一時頃であったが、夏のことと て遊覧客が多かった。直ちにRutli行の汽船に乗って美しいLucerne湖を東へと進み、やがてRutliに着き、そこで遺跡を見物して同じ船でLucerneに帰ったのは、［　］月［　］日の夕刻六時頃であった。私は知らなんだが、この夜はLucerneの夏祭りにて各地方からの多くの人が来ていた。夏のこととてまだ明るかったけれど、上記のことは知らず不注意にも宿を定めていなかったのでこれは大変と気付いたから、夕食もせずにLucerne駅へ行き、宿を求めて駅員にも相談したが心当りはなかった。はて困ったが、致し方

がないので足に任かせてLucerneの街を宿を求めて探し歩いた。数軒訪ねてみたがどこも満員とて断わられた。その時に私がよそ人であるためかとも僻んでみたが、こうなると腹がきまって、致し方なかったら駅で一夜を過す覚悟をしながら、なおも歩き続けている内に私の様子を見てある人が宿を紹介してくれたので助かった。渡る世界に鬼ばかりではないと思った。

翌朝早くLucerneを立ちBerneに帰って、一泊の後、［　］月［　］日、九信君に別れを告げて今一度フランスの旧宿へ帰ることにした。それはかのSt. Germain村のMr. Germain氏の家に私の荷物をおいたまま、イタリア、ギリシアの旅に出たので、今一度そこへ行き、荷物をまとめて、ドイツへ向う予定であったからである。勿論多くの書物などの荷物は一年ほど前にイギリスを出る時、日本へ向けて送ってあったので、フランスには大した荷物はなかった。しかしイギリスを出てから半年あまりになるので、何かと荷物が増加したので、ここで又大きなトランクを求めて其処から日本へ送った。Berneからフランスへの途中、SwissのGeneva湖の一端にある美しい古いChillon城砦を見物して、そこから汽船でGeneva湖を横切って、Genevaにつき、先の例にこりたから、先づ宿を取って夕食し、美しい湖畔の景色をながめ、翌朝は湖畔に沿ってかなり歩いた。

［六］月［一八］日フランスの旧宿につき、荷物をまとめて、一泊の後Germain氏夫妻に別れを告げて、ドイツへの旅にのぼるべく、パリ市へ出た。パリには泊らず、直ちに汽車でドイツのLeipzigに向った。それは私が学位論文として兼々着手していた「Quinとその歴史的用法」(De Particulo Quin et ejus Usu historica)について、世界の最大の図書出版市であるLeipzigの有名な図書館に行って、研究するためであった。Leipzigに着いて下車して数歩すると、一人の上品な老婦人が近づいて来て、宿を探すのではないかと問うた。その頃は第一次世界大戦(一九一四―一九一八)後であって、ドイツは敗戦国として非常によわっていて(但しMarkは五〇銭という平常相場にはなっていた)、戦前は裕福であった家で

も経済的に苦しんでいたので、この老婦人も何か悪いことを考えて小生をひっぱりに来たのではないかと、また邪推して、彼女には然るべく言葉しながら、すたすたとプラットホームを歩き進んだ。しかし彼女はしつこく付いて来るし、その態度も言葉も信用しうるようなので、ままよ自分さえしっかりしておれば大丈夫だと考えなおして彼女の言葉にはじめて耳を貸した。はたせるかな彼女はある貴族の未亡人で召使女と二人で暮している。家が広いから室を貸したいとの話であった。それでその家へ行って一室をかり一週間ほどおり、一人でLeipzigを見物していたが、何となく気がおちつかないので、別の下宿屋へ引越した。その下宿屋からLeipzigの図書館は近かったので、直ちに図書館へ行き、館長に会い、自分の身柄と目的とを話したところ、大いに好意的であって、あらゆる便宜を与えてくれた。私の在独は二ケ月間ほどであったが、その一ケ月はLeipzigでの図書館通いであった。その後Dresdenで有名な美術館を訪ね、Weimarで Goetheの旧居を訪ね、Heidelbergの古城や哲学者の道も一人で見物し、ゆっくり歩いた。それから［　］月［　］日に首都Berlinに行って、先づ宿を取り、翌日からBerlin大学や図書館や市街見物をした。私は穂積陳重先生から御手紙で、先生が大分以前にBerlinのある店で購求され、先生の書斎にあって、私も拝見したことのある正義の女神の像（美しい大理石製の一尺ほどの女神で、手に棹秤を持っており、そこにfiat justitia, ruat caelum「たとえ天が落つるとも正義は行われよ」とのラテン語がついていた。）が、大正一二年九月の関東大地震でなくなったので、新しいのを買って送ってくれとのことを依頼されていたので、それをある日の午后五時頃御指定の店で求めて、先生あて送って貰った。その店を出て日暮近くBerlinのある街を帰途へと急いでいたところ、ある街角で急に現われたある女から声をかけられて全く驚いたが、わからぬ振をしてすたすたと歩み去った。二ケ年あまりの外国滞在中、この種の女から誘われたのは前後これきりであった。

［　］月［　］日にBerlinの見物を終えて、またフランスへ帰って、［　］月［　］日にフランスを去ってイギリスへ渡り、

渋沢敬三さん（日本正金銀行員）の御宅で数日御世話になって後、〔　〕月〔　〕日に〔　　〕号でPlymouth港から船出して大西洋を渡り〔　〕月〔　〕日に無事New York港につき、自由の女神にあいさつをした。New Yorkで街を見物し、〔　〕月〔　〕日Chicagoに行き、見物をすませて、〔　〕月〔　〕日Niagara瀑布に行いて、その偉容に驚いた。〔　〕月〔　〕日Buffalo市に一泊したが、その夕方、郊外の湖水で全く静かな大自然の中で自分の務を終えて西に没せんとする太陽を見た時に徳富蘆花先生〔一八六八～一九二七〕の「自然と人生」の中の「相模灘の日没」にある名句[259]を思い出して声をあげて泣いた。

〔　〕月〔　〕日にBuffaloを出で北米横断の北線（the North）で、〔　〕日かかりで合衆国を横断して、〔　〕月〔　〕日にSeattle市についた。この市では見るもの聞くもの、何となく日本的のものが多かった。此処で三高時代の友人中野直吉（鉄道省官吏として海外に出張していた人）に巡り会い、同じ宿に泊って数日を過した。いよいよ〔　〕月〔　〕日日本郵船の氷川丸の一等客の一人となって、太平洋を横断してなつかしい祖国へ向うことになった。

太平洋では波は少し高かったが平気であった。

---

〔259〕『自然と人生』は一九〇〇年八月民友社から刊行された。その後一九三三年に岩波文庫に収められた。「相模灘の日没」は、同書中の「相模灘の落日」のことであろう。

［9］

［大正一三］年［九］月［　］日横浜港についた。埠頭には［　　］達が出迎えてくれた。

それから東京へも立寄らずに妻子と共に汽車で京都にむかい［九］月［　］日に恙なく京都駅につき、車を連ねて北白川仕伏町六一番地のわが家につき、［大正一三］年［九］月［一二］日に母上にお会した。母上は当時七三歳であられたが全く全く小生の帰朝を悦んで下さったが、恐らく母上の悦こそ最も純で強いものであったろうし、小生のそれも左様であった。帰朝したら直ちに大学へその趣を知らせるのがよいと土居光知君（東北帝国大学教授）から聞いていたので、翌［九］月［一三］日直ちに京都帝国大学文科大学へ向い、途中兼ての土居君の言葉通りに帰朝届を投函し、京都帝国大学文科大学事務室を訪ね事務官伊津野直氏に会い、昨日帰朝したと報告した。すると伊津野君は小生の帰朝のことは自分達の方で都合よくやるのでしたのにと言われた。それは文部省の規則として留学期間（当時は大抵満二年）より早く帰朝すると、その日数だけ日割で計算して返債することになっていたのであるが、小生は一五日早く帰朝したので、その趣をしたためて、上記の如く投函したのであったが、その間の呼吸を事務の方でうまく調節するという意味であったらしい。帰朝した当時の文科大学の建物は全部木造であって、研究室など全く当時の中学校の室と同じで、ただ中にあるのが多くの書物という点で異なっていた。私に与えられた研究室はこの木造研究室（二階建）の東南端の二階の一室であった。私の書物の大部分を移し、毎日朝八時半から午后三時半ないし五時迄、同じ白川街道を徒歩で二〇分、約二三〇〇歩を楽しく往復した。この間私は大正一四年［　］月に「Quinの歴史的研究」について学位論文[260]をLatin語で書いて提出した。それが色々の都合で審査がおくれていたが、榊、波多野両先生からのお言葉もあって、審査が進むこ

図11　京都大学文学部の旧中央館

となり、終に六年後の昭和五年九月に文学博士となり、昭和六年三月京都帝国大学教授となった。

そのうちに文科大学の校舎も新築することになって、先づ今日の中央教室という名の美しい建物が出来、その中の若干室が我々教官の研究室になった。その際、各教官の研究室割当てについて相談をしたが、すべての教官が小生が最もよく研究室を利用するから、小生が第一に自分の好きな室を選んだらよいと言われたし、事実左様であったので、遠慮なく最もよい室を選んだ。それは現在の文学部事務室の真上の二〇畳ほどの室であって、東と南とに窓が二つずつあって、南の窓からは京大の時計台の時計も見えるという、ほんとにすばらしい良い室であった。東の窓下に小さな芝生の植込みがあったが、性はせっかちな癖に、芝生の上を歩いて近道をすることの大きらいな私は、度々東の窓から見ていると北の方から来る人々のかなり多くが、わずか数歩をおしんでか、この少なな芝生にも道をつけるので、窓の上から、「そこは道ではない」と大声で注意して人々を驚かせたことが度々であった。その他の芝生の上を近道せんと横切る人には、その何人たるを問わず、注意を喚起した。私はこれで有名になったらしいし、事実昭和二一年三月定年で退官し、敗戦後職もなかった頃、京大の芝生の監督にならんかと、かなり真剣に考え、又、若干の友人達にも話したことがある。

今一つ研究室の思い出は、未だ京大に時計台なく、いよいよそれを造らんとした頃、営繕課長の永瀬君[261]が来られて、時計の文字のことについて小生に質問された。小生はアラビア数字の起源や発達のことは全く知らぬため、それには一言もせず、ただローマ数字のことを御話ししたことがあったが、爾来京大の時計台を見る度に、その数字と共にその頃を偲んでいる。

私はあまり社交的でなく、専攻の学問も西洋古典学であるので、私の研究室へは来客は少なかったが、その中で記憶に残っている数人をあげると、岩波書店の初代の店主岩波茂雄君[262]〔一八八一〜一九四六〕や生活社社長故鉄村大二氏、三高の大先輩林茂久氏、田中文庫寄贈者で東京博物館長浅野長武氏があった。研究室での話は種々雑多であったが、中でも嬉しく記憶に残っておるのは、ある日林さんが来られて、色々話しをして後、「君と話すと腹の底から何もかもすっかり思うことが話せるのでほんとに気持がよい」と言われたが、それを聞いて私は林さんはほんとに私を知っていて下さると思うて実に悦しかった。いつもまた来て下さいと言って御送りした。これらの方々は何れも今は故人である。

その頃のある日［　　］の一一時頃私は研究室へ入ろうと廊下を歩いていたところ、天野貞祐君[263]［一八八四～一九八〇］と落合太郎君[264]［一八八六～一九六九］とが何かおとなしく論争しているのを見た。何だか少し変なので失礼ながらおたずねしたところ、両君の友人であり、小生の東大講師生活の最初の教え子の一人である故京大教授九鬼周造君[265]［一八八八～一九四一］の遺稿出版について、その校正を両君に御願いしてあるらしく、出版書店の岩波書店からは順序正しく、その校正刷を両君に御送り致しおるも、その校正が入念居士落合君のところでとかく停滞して印刷上困ることが多かったらしく、それを天野君が注意したところ、「九鬼は君一人の友人ではない」と言って落合君が言っているのを聞

［260］正式な題目は「羅甸助辞 quin 及ヒ其ノ歴史的慣用ニ就キテ」である。

［261］永瀬狂三のこと。建築家。一九〇六年東京帝国大学工科大学卒。〇九年から京都帝国大学の建築部に勤務、二九年まで在職した。京大構内の多くの建築物の設計を行ったほか、敦賀町庁舎、京都成安女子学院などの設計も行った（『京都大学建築八十年のあゆみ』、京都大学広報委員会、一九七七年）。

［262］史料編２－６参照。

［263］史料編２－２参照。

［264］史料編２－９参照。

［265］哲学者、東京生まれ。男爵九鬼周一の四男。一九一二年東京帝国大学文科大学哲学科卒。二九年京都帝国大学文学部講師、三一年助教授。三五年教授に就任して哲学史を担当した。ハイデッガーの手法を適用して日本人の精神構造を分析した『「いき」の構造』（岩波書店、一九三〇年）は名高い。

いた。両君共親友思いの結果このようなことになったのだと考えられるので、小生が笑をもってその場を笑っておさめたようである。

教授会での思い出の一つに、私は独文学教授成瀬清君[266]〔一八八四〜一九五八〕の隣に席を取っていたが、話の好きな成瀬君は、教授会中にもしばしば小声で私に話しかけたものだ。その一つに'in vino veritas'（酒に真理）ねと言われたので、小生も小声で返事をしていたら、美学の植田寿蔵君[267]〔一八八六〜一九七三〕から教授会中に「私言してはいかん」と叱られた。恐らく口が動くのを見てのお注意であったと思うが、恐れ入った。又、ある日のこと教授会の休憩中にテーブルの上のお菓子をつまみながら、成瀬君が自分がやめたら小生に京都帝国大学の剣道部々長になってくれと言われた。しかし小生は剣道は宇和島中学三年生の時に何かの都合で一日剣道着をつけ、お面をかぶって、師範八島忠一先生――先生はその数年ほど以前には私の村三浦村の大内浦駐在所の巡査であられ、立派な体格の方であり、その後全国剣道大会でも優勝されたときく――に手をつけて貰うことになったが、「お面」と一本来たとき、頭もかなり痛く、眼から涙も出たので、これでは頭を害すると思うたので、ただ一日一時の稽古で止めてしまったことを話してお辞退した。しかし小生は勝負が、全力を傾けてやることが好きであり、当時毎年京都市岡崎の武徳殿で行われていた全国高等学校専門学校武道大会の熱心な参観者であったことを知っていた成瀬君は、剣道の経験はどうでもよい、その熱心な愛好が大切であり、且つ京大の剣道部員達も、そのような小生でよいと言っているから、部長になってくれと懇請された。私は「長」と名のつくものは嫌であり、且つ自分のそれに適せぬことは十分に知っていたが、友人の懇請に動かされて、「見部長」というつもりで、それには多少の自信もあったので、お引受して、昭和二一年一二月定年退官に到るまで約二ケ年間、その席につき、退官の時に剣道の達者な石橋雅義氏[268]〔一八九六〜一九七八〕に部長の席を伝えた。私が大人になって後、「長」と名のつくものになったのは、当時同志社大学文科大学の講師であった私が、末の息子田中和夫（現山崎和夫）が同志社中学でお世話になっていた頃、校長の野村仁作先生に乞われて、和夫の中学三年四年の時に同志社中学父兄会会長になったことと、上記の京大剣道部長との二回だけである。

私が京都帝国大学教授になったのは、昭和六年三月であるが、西洋文学第二講座担任ということであった。当時は現在と異なり京大では外国文学語学の講座名を、東大が英文とか独文とか明らかに打ち出しているのに対し、ただ西洋文学第一、第二としてあるだけであったので、しかし事実は第一は独文、第二は英文（第三＝仏文は未だない）[269]となっていたが、この名称の自由なるを利用して、且つ英文科に適当な教授がなかったため英文科は助教授（石田憲次[270]〔一八九〇〜一九七九〕）をその中心とすることとして、多くの教授達の御同情もあって、私は西洋文学第二講座を担当することとなり、その内容は西洋古典学ということになった。その後、昭和七年四月二〇日恩師榊亮三郎先生が定年退官されるや、私は先生の持っておられた梵文学・梵語学講座を兼担した。

当時京都帝国大学文学部には仏文学・仏語学の講座はなかったが、ようやくそれが設けられることとなり、昭和八年三月三一日に西洋文学第三講座が出来、[271]その内容は仏文学・仏語学で、その初代の教授として助教授太宰施門氏[272]〔一

---

〔266〕文学者。第三高等学校教授を経て、一九二〇年京都帝国大学文学部助教授に就任。三〇年教授となりドイツ文学を担当した。

〔267〕美術学者。一九二二年京都帝国大学文学部助教授に就任。九州帝国大学教授を経て二九年京都帝国大学教授、美学美術史学を担当した。

〔268〕化学者、千葉県生まれ。一九二四年京都帝国大学理学部助教授、三六年教授となり分析化学を担当した。のち金沢大学長、奈良大学長を務めた。

〔269〕この記述は正確ではない。京都帝国大学文学部では西洋文学第三講座は一九二五年五月に設置されている。ただし、その時には教授は配置されず、太宰施門が助教授としてフランス文学を担当した。

〔270〕文学者、山口県生まれ。一九一六年京都帝国大学文学部卒。二三年京都帝国大学文学部講師、二四年助教授。三四年教授となりイギリス文学を担当した。

〔271〕注〔269〕に記した通り、この記述は誤り。

〔272〕文学者、岡山県生まれ。一九二一年京都帝国大学文学部助教授。三三年教授となりフランス文学を担当した。日本で初めてフランス文学通史『仏蘭西文学史』を刊行。

八八九〜一九七四〕が任命された。法学士落合太郎君は多くの教授の好意によって助教授となった。この両氏は何かしら、その間がうまく行かないようであった。

その後、昭和一一年一〇月一九日言語学講座担当の新村出博士[273]〔一八七六〜一九六七〕が定年退官されることになるので、その後任のことを考える必要が生じた。そこで、東大文科大学言語学科出身の故をもって、私に言語学を担任せんかとの内交渉があった。しかし私は、私が動いては、日本におけるそれまでの西洋古典学の発展発達に障害を及ぼすし、恩師にも申し訳ないと考えたので、断然と御断りして、法学士ではあるが、彼は言葉というものについては、立派な一見識のある友人落合太郎君を推挙した。しかし教授たるには学位が必要なので、落合君に急いで何か書くようにと告げた。同氏もそれを諒として、やがて一論文が呈出され、その審査員を選定する必要が生じた。その際新村教授が、落合君の論文の題目では、その主審が自分でなくなるかも知れぬ故、内容は変えずともよき故、自分のところへ論文主審権が来るように題目を変えてくれぬかとの御考えを小生にもらされた。落合君も大分考えたようであったが、先生の御好意に従った。私は審査員の一人であった。その審査が何かと長びいているうちに、色々の事情もあって、落合君は九州帝国大学へ教え子進藤誠一[274]君などの招きに応じて、そちらへ行かんかと考えられることになった。それを知った私は、ある日の夕刻彼の上京区東桜町の御宅に訪ね、極力思い留まるようにと願うた。その際折よくも同僚の故田辺元[275]〔一八八五〜一九六二〕から同じ意見の手紙が来たので、ようやく考を翻えさすことが出来た。

やがて新村教授主審のもとに落合君の論文[276]は通過した。落合太郎君は昭和一二年一二月一五日教授となり、言語学講座を担当した。

上述の如く私は西洋文学第二講座を担当し、西洋古典文学・語学を教えていたが、何様にもこの講座は西洋古典学の講座と決定しているのでなく、事情によっては他の外国文学の講座になる可能性が多く、殊に歴史的に見て英文科・

英語学に立返る可能性が強かったので、私は何とかして独立した西洋古典文学・西洋古典語学講座を造りたいとたえず念願していた。その頃、天の恵みによって、友人天野貞祐氏が文部大臣になられた。同君は京都帝国大学文学部で同僚であり、殊に西洋古典学については、熱心な支持者であることを私は知っていたので、終に思い切って、京都大学に西洋古典講座を創設され度との懇願書を出した。その後、天野さんは文部大臣を辞されたが、彼氏の暖かい、学問尊重の御精神は、次の文部大臣〔岡野清豪〕氏によって実現し、京大に昭和〔二八〕年〔八〕月〔 〕日から日本で初めての、しかも唯一の西洋古典文学・西洋古典語学の講座が創設され、その第一代の教授は松平千秋[277]博士〔一九一五〜〕である。私は実に悦しかった。先生に報告すると共に、天野君に心から御礼の手紙を出した。これで私の大仕事の一つは見事に完成した。

私は昭和二一年三月京都帝国大学内規によって定年制退官となり、その翌年なる昭和二二年一二月京都大学名誉教授となった。一年半ほど私は大学の無籍者であったわけだ。戦後の動乱の際とて、このようなことは私のほかにも多々あった。

---

〔273〕史料編2－17参照。

〔274〕文学者。一九四九年九州大学文学部教授に就任、フランス文学を担当した（前掲『紅もゆる』、九州大学七十五年史編集委員会編『九州大学七十五年史』九州大学出版会、一九八九年）。

〔275〕史料編2－19参照。

〔276〕落合の学位論文の題目は「具体的言語ト抽象的言語（言語学的文学論）」で、一九三六年一一月一〇日に学位を授与されている。

〔277〕言語学者。一九四七年、田中秀央の退官後に京都帝国大学文学部助教授に就任。五八年に教授となり、ギリシャ・ラテン文学を講じた。厳正な原典批判に基づくヘロドトス『歴史』の翻訳は著名。

IX　京都生活中の内職

私は京大在職中稀少価値とでも言うべきか、京都市内の色々の大学で西洋古典語を教え、時には言語学も教えた。即ち京都帝国大学へ来た翌年大正一〇年四月同志社大学講師となり、昭和二一年四月同志社大学客員教授となり、同志社大学文学部教員適格審査委員会で、適格第一号として認められ、追放を免れた。その他昭和三年四月龍谷大学の、昭和二四年四月大谷大学の、昭和二六年四月京都学芸大学[278]の講師となってつとめた。私は六三才の時に、昭和二四年四月創立の京都女子大学の創立と共に迎えられて教授となり、英文科に籍をおいて古典ギリシア語、古典ラテン語、言語学を教えて現在八四才に至るまで務め続けているが、天地の恩により心身共に健やかである。又、昭和二七年四月創立の池坊短期大学の出来る際には、初代の学長で、小生の東京時代の教え子佐々木喜市氏や総理事山本忠男氏の懇請によって、教員の七割を推薦し、自分は言語学を教えつゝ今日に及んでいる。

私は現在従三位勲二等であるが、この長い人生の旅路において、

昭和二年六月ギリシア政府よりキリスト十字勲章、

昭和一三年六月ギリシア国皇帝よりフェニクス勲二等勲章、

昭和一四年五月アテネ大学名誉博士、

昭和二六年五月アテネ学士院会員、

昭和三六年一一月紫綬褒章、

昭和四一年五月銀杯三個一組下賜の名誉を受けた。

紫綬褒章や銀杯下賜の際は、妻と二人で東上して式に列し、何れも受賞者の代表者となった。

X 現住所（左京区北白川上池田町一）

先に述べたように私達一家は京都へ来てから、即ち大正九年九月［ ］日から一ケ月ほど左京区岡崎神楽坂の南側の借家で暮して後、いよいよ一〇月［ ］日から左京区北白川仕伏町六一番地にある吉村小右衛門氏の家を借って大正九年［ ］月［ ］日から昭和八年［ ］月［ ］日までの一三ケ年を過した。その間に私生活上の出来事の主要なものは次男健夫が生れ、三男茂信、四男和夫が生れたことである。健夫は妻の求めにより、体中にある頃からすでに山崎家再興のため、その養子となり、生れると直ちに山崎健夫を名乗った。三男は母方の祖父茂苗の茂と父方の曾祖父信茂の信をとって、つけた名であるが、生後二週間ほどで逝いた。健夫は京都第一中学校三年生の時、腸カントンのため三日の患で急逝した。それで四男の和夫が山崎家をついで今日に及んでいる。この一三年間の最大の出来事は母上が昭和七年六月一日で亡くなられたことである。原因は母上が平常御自分の室の東窓下の二坪ほどのところで、楽しみと兄上への御送金のため（？）とで養鶏をやっておられたが、その際、傷をされ、そこから丹毒の黴菌がはいったものと

［278］現在の京都教育大学。一九四九年五月、京都師範学校と京都青年師範学校を包括して、いわゆる新制大学の一つとして発足した。六六年、京都教育大学と改称した。

思われる。一週間ほど河根医者のお世話になられて、終に逝かれた。実に悲しかった。父上には何の御恩返しも出来なかったので、せめて母上にだけはと努めて来、母上も私をたよりにして下さっていたが、母上の御願望の第一と思われる故郷の土地と屋敷とを出来るだけ買戻して御先祖様に御奉告することを努めていたのであったが、事未だ半途でくずれてしまった。母上の御病中は出来るだけ母上の側にいるように努め、御遺骸も自分自ら第一になって御棺におおさめしたりしたためか、母上が逝かれて七日ほど経て私自身が丹毒にかかった。原因は恐らく私の鼻の内部を私が爪で傷つけ、そこから黴菌が入ったものと思われる。河根医に診察してもらっていたが、終に思い切って京大の松尾巌[279]博士［一八八二〜一九六三］に御願して来診を乞うた。私が病気の経過を話しているうちに、松尾氏はわかったわかったと言われ、薬を京大病院へ取りに来るようにと言われて去られた。この病気は伝染するので妻をはじめ子供達もなるたけ小生の病室には来ぬようにし、専ら女中の石阪千代の世話になった。よく世話してくれた。私の病気は一ケ月ほどかかって全快したが、後年このことを従兄田中九信君に話したら、経路は鼻だと同じ意見であった。爾来私は鼻孔はなるたけ指でいらわぬことにしており、一日に必ず朝洗面の際、がんそう、眼水洗いと共に五回は鼻孔に水を入れるし、外より帰宅した時も同じことをすることにしている。しかも何年頃からか明らかでないが、私の臭覚はこの数年（S四五）来なくなっている。

母上の御在世中は私は出来るだけ母上の御考えに従うことにつとめていたので、妻としても恐らく多少の不平はあったと思うが、後に私が彼女に「つつまし」の綽名をつけるようになったほどに、妻は私の意をくんで母上に対しし御在世中に何一つ反言したことはなかった。これで私は大いに助かって、家庭的不和というものを味わずに毎日を楽しく学研に専念することが出来た。

ところで母上が逝かれて後は、妻も自分の希望を口にするようになった。その第一は借家でなくて、自分の家を建てんかということであった。彼女の言葉によると人は一生に三度家を変えるとのことであって、結婚当時の家、活動期の家、老年の家というのである。我々は当時この活動期にあったので、彼女はそれを言うのである。私もその考には賛成ではあったが、母上の御在世中は御遠慮して、これをおさえていたが、今やその心配もなくなったので彼女の言葉に耳を傾けた。家主の吉村さんは我々の家が旧式なので、そこから百歩足らずの彼の所有地百坪ほどに二階家を建てて小生に移り住まれてはとすすめて下さったが、小生達はその当時住んでいた家で満足しており、一方家賃も倍額（月四五円）ほどになるので、その御好意を謝絶した。そこでその家には京大教授の喜多源逸博士[280]［一八八三〜一九五二］が初代の住人となられた。

さて我々の家を建てるための地所について吉村さんに相談したところ、全く小生を信じて下さっていたので、彼氏の所有地ならば、どこでも必要なだけ貸してやるとの有がたい言葉であった。丁度上記の新しい家の西隣に彼氏の土地で花造りに貸しておる土地が二百坪ほどあった。妻はそれに眼をつけ交渉して快諾をえた。それ以来妻は朝に昼に夕にその土地を訪ねて太陽の光線を調べ、家の方向を考えていたのである。それから彼女は我々夫妻、子供四人、女中合計七人が住む家、しかも一万円以内の費用で全部仕上げるということで、日夜、その設計に急がしくなった。出来上った図面（別図）[281]は二階八畳、四・五、納戸、下階玄関二畳、応接室六畳、老人室四・五畳、食堂四・五畳、客間八畳、台所三畳、女中部屋二畳、風呂場二畳、物置三畳に、南側長縁という広さであるが、甚だ多くの造りつけ戸棚、

［279］医学者、京都府生まれ。京都帝国大学卒。一九一三年京都帝国大学医学部助教授。二〇年教授となり内科学を担当した。

［280］化学者、奈良県生まれ。一九一六年京都帝国大学工科大学助教授。二一年工学部教授に就任して工業化学を担当した。燃料、人造繊維、合成ゴムなどの研究で著名。退官後浪速大学（現大阪府立大学）長も務めた。

［281］別図は見当たらない。

引出などがあり、殊に当時としては全く珍しく、食堂と台所とが甚だ簡単に[redacted]のガラスの小戸で連絡がとれるという便利さである。これは今でも来る人々を驚かしているのである。

いよいよ家を建てる決心も出来た頃のある日、いつもの理髪店の美留軒こと上田[redacted]さんのところへ行って、留吉さんに調髪してもらいながら家を建てんと思うているが、よい大工さんはないかと話[redacted]。すると上田さんが、自分の弟で右京区の嵯峨野で大工をしている上田市太郎という者がある故、それにやらしてく[redacted]ぬかとのことなので、その人を小生は全く知らぬが君を信じて御願いすることにすると言って約束した。その時の[redacted]は留吉氏は「誓言」として一枚の紙に書いて送って来た。今でも手許にある。留吉さんは小生の家には大学の先生方[redacted]られるから、その人々にも見てもらって、将来のために最善をつくしてやらせるとのことであったが、小生が職人さ[redacted]は仕事の途中で酒代をくれということがあるそうだが、そのようなことは一切せぬことに願うといったのに対し、[redacted]吉さんは決してそのようなことはさせぬと言った。その後上田市太郎さんが持って来た「田中博士邸新築工事見積明[redacted]書」という半紙一三枚のものによると、小生の二階建三五坪ほどの家とその周囲の垣などの総工費は五八九九円一[redacted]であった。その後多少の変更があったので、結局は七五〇〇円であったと思う。この家の建築の中心は客間八帖の北[redacted]に押込みの形をしているケーベル先生の長さ七尺の木製ベッドをうまく入れることであった。このベッドは先生[redacted]東京御在住の頃ずっと御使用になっていたもので、横浜を移られる際小生に下さったものである。そこに昼は家族の[redacted]具を入れ、夜にそれを取出し、そのあとに小生が寝るので、夏は金網戸を作らせた。今(S四五・七)は私は二階の[redacted]畳に一人で寝るので、ここは寝具のほか、色々なものが入っている。

出来上って見てたしかによく出来、しっかりした家であると上田君兄弟に感謝した次第である。[282] 現に[redacted]日(昭和四五年七月)に到るまで、特に家の手入をしたことは、ただ大屋根の瓦をふき変えたのと、ヴェランダにお[redacted]をつけただ

図12　晩年の田中秀央と妻静枝

けで、内部は戸でも障子でもうまく合っている。去年の暮から妻が病臥しているので、此の頃（S四五・七月）色々と物をさがさねばならぬことが度々であるが、その都度到るところで、妻がつつましく、且つ物をちゃんと整理しているのにぶつかって驚いている次第である。家の建築についての一つの挿話を語って見ると、建築も殆んど出来あがったある日のこと、大工上田さんが職人慰労のために五〇円くれぬかと申出てた。私はやっぱり来たなと考えながら、それは留吉さんも知っているのかと反問した。すると兄は知らないのですとの返事であったので、それでは約束にちがうから出せぬと一応拒絶した。しかし建築も日時も誤らず立派に出来ているのに感謝の気持を抱いていたから、何かして報いたいと思っていたため、とっさに玄関に簡単な傘立てを造ってくれと頼んだ。二三日経て彼はそれを造って持って来た。注文通り甚だ簡単なものであって、精々三円ほどのものであったが、私はそれに対し五〇円を出した。彼は驚いて固辞したが、私は承知でこれを五〇円に買うのだから何人にも文句はない筈だといって彼を説得した。この傘立ては四〇年後の今日でも玄関の靴脱ぎのところにある。この上田さん兄弟も今は彼の地に行いてしまった。よい兄弟であった。

新しい家に我々一家が引越したのは昭和七年六月二八日であった。我々夫妻、悠紀子、真希夫、健夫、和夫の六人と女中石坂千代とであった。引越しの際にも、旧宅と新家とが百歩もへだたっていないので、特に引越の車なども やとわず、家族の者や好意ある人々の手伝いでやれた。

新しい家に引越して、さすがに悦しかった。わが家の憲法とも言うべきは、朝は六時起床、夜は一〇時消燈で、朝食は七時半、中食は一二時、夕食は六時であった。私は中学時代から五時半起床、九時半臥床を励力して、七五才の時に三ケ月間心臓を患って、前川春男医師や和田弥三郎医師にお世話になり、色々の人々の御見舞を受けたが、その中で、当時の京大学長であった平沢興氏がある日見舞に来られて、私の日常生活を問われたので、朝五時半起床、冷水摩擦、柔軟体操（一〇分）、それを終えて女中をおこし六時半迄勉強、六時半妻をおこし、夜も就寝前に体操をすると話し、この自分にかんする生活は中学時代からであると答えたところ、平沢君は、そんなに勉強せずともよからん、老いて来たので、朝も今少しおそく起き、冷水摩擦や体操はやめ、夜も今少し早く床につくようにし、出来れば午后一寸でもよいから昼寝する、昼寝が出来なければ横になるだけでもよいと言われた。平沢君のこの言葉は何かしら私には大いに語るところがあったので、病気がよくなってからは、彼氏の言葉に従って、此の頃（S四八、四九年）には起床は六時五〇分、夜の臥床は八時三〇分とし、昼寝一時間ほどとしている。ただ多年の習慣で六時前には眼がさめるが、六時迄は何となく過し、六時にラヂオをつけ、それを聞きながら、床の中で、手足の指や脚のももや顔、頭などをまさって、腕も動かし、深呼吸、腹式呼吸などを行うことにしておる。その数三〇〇〇、夜は就寝前に健康ブラシで身体、手足を一〇五〇摩擦することをしていたがやめた。私はどうも数と親しいようだ。その他の運動としては毎朝食後表の庭を三〇分あまり掃くことにしておる。その時に口ずさむ歌は二宮尊徳先生の

音もなく香もなく常に天地は
書かざる経を繰り返しつゝ

である。これを唱しながら苔の上に軽く箒をころがすと大自然の恵みの有がたさが身にしみてわかる。しかしこの前庭の掃除も昨年末（四四・一二・二八）妻が病んでからは、何かと怠り勝で、主として山崎陽子がやってくれておる。

［282］この秀央の新宅は、後に『京が残す「先見の住まい」』（京都新聞社、一九八九年）に紹介された。

又、私は自動車にはつとめて乗らぬこととし、大抵のことは徒歩で行うことにしておる。市電や市バスは勿論ずっと長らく利用しているが、下車の際は必ず大声で「有がとう」という。大声で言うのは、それを聞ける人々も同様にしてもらいたいからである。又、電車やバスで私は席を譲ってあげるにふさわしい人には席を譲るし、又、荷物を持てる人から荷物を腰の上に預ることにしておる。この二つは多年私が実行し続けているものであって、これだけは自分ながら、自省するとき「あれうれし」の声を自分の中から聞きうる、自分にもよいところが、まだ残っていると感ずることである。この二つは今は全く自覚のないもので私の第二の天性とでも言えると思う。

私達一家は幸福に新しい家で毎年を過すことが出来た。その間の一つの不首尾は長男真希夫が昭和一三年の三高入試に失敗したことであり、殊に悲しきは次男の山崎健夫の逝去である。彼は背丈の低い少年であったが、京都一中の三年生の時の春のある土曜日学校より帰宅して、腹が少し変であると言うので、近くの医師の来診をあおいだところ、急性腸カタルだから、日曜日と月曜日ぐらい静養したらよくなると言って帰られた。ところが、その夜大いに苦しむので、私が医者は急性腸カタルといわれ、すぐなおると言われたのに、男のくせになさけないと言ってしかった。妻はそれをきいて、私との間に口論もした。益々苦しむので夜中に医師をよぶようにと妻が言ったけれど、医師も春はねむいだろう、六時になったら迎えようと言っておるうちに益々悪しくなったので六時をまたず、五時頃に行いてお願して来てもろうたら、医師は「シマッタ」早く大学病院へとのことなので、当時小児科部長であった服部峻治郎[283]博士[一八九〇〜一九八三]に電話しておいて、急ぎ自動車にのせて大学病院へ行いて、先生に見てもらったところ、腸カントンとて大腸の中に小腸が入り、大腸の通路をふさぐ病気とのこと、その間にも彼は次第によわっていってしまった。服部先生は腹部を切開してもよいかとのこと故、同意して切って見てもらったら明らかにそうであった。この病気は中々判断むつかしきものの由にて、名医も度々失敗し、ヘボ医もぴたりとあてられるものとか、後日になって知った。山崎健夫は山崎家の者であるので、彼の生命保険で得た金子で山崎家の菩提寺である富山市辰己町の興国寺へ小さな梵鐘を寄進した。この寺に昔から伝わっていた鐘は第二次世界戦争の際寺と共に焼けて失われていたので、寺の求めによって寄進したのである。南禅寺の帰雲院に田中家先祖代々の墓を建て、そこに分骨した。

その後私の家は無事に歳月を過し、私は昭和二一年三月二日で満六〇才になるので京大内規によって定年退官することが近くなって来た。その以前から第二次世界大戦で我々日本人は食糧難をはじめ、あらゆる物質に欠乏していたので、色々と困ったが、幸いに所有物を売ることはせずにすんだ。長男真希夫は相生町の海軍工場へ海軍中尉としてつとめており、末子山崎和夫(三高生)は学徒動員、長女の夫山岡亮一君も陸軍経理員として、中尉として深草の兵営に住み、やがて出征した。私も京大生の学徒出陣の際一中隊長として彼等を率いて深草まで徒行した。

戦争は益々烈しくなって来り、敗戦の色が明らかになり、小生の退官もせまって来たので、妻とも相談して、退官後は故山に帰って、従兄九信君のすすめる名誉村長にでもなろうか、そのために家を売却しようかとまで考えたが、そしてその買手も小生の教え子である斎藤為三郎君もその一人であったが、妻が売るのは見合わして、貸すことにしようとなり、陸軍中将の某氏も申出でた一人であったが、未だ何れとも決定せぬうちに、安米の何とかいう共産党の人が村長として立候補するとのことを聞いたので、人と競争してまで村長にはならぬと決心して、ことわってやった。三浦からは小生の決意をひるがえさすために特使を派遣するとの報があったので、断然とその無効なることを告げてやったので、その方は片附いた。

いよいよ定年退官の日が近づいたある日の教授会の際、京大本部の事務局長[284]から使が来て、浅野長武様が本部へ来

[283] 医学者、兵庫県生まれ。一九三一年京都帝国大学医学部教授に就任して小児科学を担当した。五一年から五三年まで京都大学長を務めた。

られ、小生に会い度との伝言であった。そこで教授会が終るとすぐ本部に行って浅野様に御会いした。当時は金円の封鎖時代で、何人もある額以上は自分の金円でも自由には使用出来なかった苦しい時代であった。浅野様と局長と三人で色々の話しをしたが、その際私が私の西洋古典にかんする蔵書約三五〇〇冊ほどを、住友吉左衛門[285]さん〔一九〇九～一九九三〕あたりが買って、京大へ寄贈して下さると悦しいがと言ったら、浅野さんが直ちに、先生（小生）の御恩報じに自分にそれをさせてくれぬか、幾何円位ですかと問われた。私もそれを考えたことはなかったが、何かしら頭に三万円位とひらめいたので左様に言ったら、浅野さんが、今は封鎖だから、自分に金を持っていても何にもならん、それを小生の図書購入にあてて京大に寄贈したら三万円が生きてくると言われ、局長もそれなら京大も有がたいとのことなので左様にすることに決めた。ところで、その寄贈文庫の名称を私は浅野文庫にしたいといったのに対し、浅野さんは、それではいけぬ、田中文庫にと強く主張され、局長も浅野さんの御好意をくんで田中文庫がよからんと言われ、結局田中文庫ということになって、小生の退官と共に小生の大学における研究室にあった西洋古典にかんするものと自宅にあったその種のものと、合わせて三五〇〇冊ほどが田中文庫として京大文学部の言語学科の図書と隣して保存されておる。私はうれしかった。小生の研究室にあって西洋古典以外のものは、同志社大学予科を卒業し京大文学部へ小生が選科生として入学をすすめて入学した中坊亮太郎[286]（弁護士中坊忠治氏長男[287]）君が二〇〇〇円もって来て、これで小生が不用の本をわけてくれと言うたので、同君に殆んどすべて譲ってやった。その中には亡兄良馬が持っていたThe Century Dictionary 一二冊や小泉八雲全集の豪華版や漱石全集や小生が高校時代から買い集めた英文学の本Aster Library の多くの本もふくまれていた。中坊君は今は逝き人の数に入っている。Century Dictionaryを買戻したいと父君に御話したけれど、すでに行衛がわからなかった。田中文庫について、一つの挿話を話すと、私がある日友人に僕は末の娘を京都大学の文学部の人に嫁がせたと言ったところ、その人が君にはまだ娘があったのか、文学部の誰のところにやったのだと問われたので、小生もいつまでも彼氏をつっているのも失礼と考えて、文学部の図書館へだと言った。彼氏は未だ不審そうな顔をしていたので、小生がギリシア語では書物のことをβίβλοςというが、それは女性であるので、私の京大教授生活の最後の年の女の子という意味であったのである。

国へ帰るのをやめ、未だ京大に籍があったので、毎日研究室へ通っておった。京大の研究室までは時間二二分、歩数二六五〇歩ほどであったが、途中の農学部入口近くの電車道に大阪の秋田屋書店[288]の出張所があった。その主任の八束清君と親しくなって大学よりの帰途に時々立寄った。当時は大東亜戦争中で物資が大いに欠乏していて、牛乳など中々飲めなかった。ある日秋田屋に立寄ったら牛乳が出た。とても悦しくてがぶがぶと飲んだ。それを見て八束君が先生いつでも御立寄り下さい、牛乳なら何とかしますからと言った。その後、またある日立寄って牛乳の馳走になったが、その際八束君が一つ御願があるというので何かと質したところ、京都府立第一高女の英語の先生の塩尻清市氏が中学校の先生に格さげ（学歴がよわい）になるのだが、彼の英語の力は大丈夫だから、小生が京都女子大学教授に御内定の由だから、是非そこの先生に推薦してくれとのことであった。力は塩尻君が芥川君の河童《カッパ》を英訳して、それが有名であることでわかるとのことであった。私は八束君を信じて、増山先生[289]〔一八八七～一九六九〕と朝倉君[290]とに話し

[284] 京大に「事務局長」という役職が置かれるのは一九四六年四月一日であり、当時は存在しない。おそらく、その前身の役職「事務監」の任にあった本田弘人のことかと思われる。

[285] 父の死去により一七歳で住友家一六代を継ぎ、住友合資会社代表委員・社長となった。アララギ派の歌人でもあった。その蔵書は別子銅山記念図書館に寄贈され、「泉幸吉文庫」となっている。

[286] 一九五三年から五六年まで京都女子大学教授。

[287] 中坊公平の父。追悼集『中坊忠治と富』がある。

[288] 大阪の出版社。東洋史学者宮崎市定の『料亭』等を刊行するなど、京都大学の研究者に親しまれていたが、一九四九年に解散した。

[289] 増山顕珠のこと。僧侶、北海道生まれ。一九三〇年浄土真宗西本願寺北米開教総長就任。四七年から五八年まで京都女子学園長を務めた。

たら、増山先生が田中さんの推薦ならもらおうと言って下さった。塩尻君は昭和二四年より四五年春まで、京女大英文科で英作文を教え、四五年春七〇才の定年で退職され、今は京女大の名誉教授である。

XI　京都女子大学生活

籍がなくなってからは教官閲覧室へ行って勉強していた。その頃（昭和二三年秋）のある日朝倉惟孝（当時京都女子専門学校主事）（?）が来訪され、女専で英語の先生が都合で辞職されたが、その代りに来てくれぬかとの話であった。それに対して、小生は英語専門でないと言って断わったが、ほんの数ケ月のことだし、増山校長も是非小生をむかえたいと言われているとのことなので、西洋古典語と英語との関係などを話しておればよからんと考えたので御引受けて京都女専の講師になった。それから昭和二四年になったら、その年の春から京都女専は廃校となり京都女子大学が創設されるので、小生にそこの英文科の教授になってくれとの話なので、よろこんでお引受して、ギリシア語、ラテン語、言語学科を受持つことに内定した。

京都女子大学英文科の主任教授は、もと第三高等学校の英語の主任教授で、優秀な先生であるということは英語に関心をもつ者の中で早くから知られていた。[291] 小泉八雲先生の昭和二〇年頃に生存せる唯一の弟子とかであり、夫人は音楽家安藤幸子[292]［一八七八〜一九六三］（バイオリン）（?）であったが、先生の京都、夫人は東京と別居されていた。英文科の専任の教師は一〇人とはなかった。当時私の受持ち時間は毎週ギリシア語、ラテン語何れも上級、下級各二時間、言語学二時間であったから、毎週一〇時間であった。その後京都女子短期大学、京都女子大学夜間部が増設されると、週一四時間位になったこともある。

第一回の卒業生は中村米以下十数名であった。その頃の英会話の外人講師にMiss Happerという六〇才ほどの婦人があったが、彼女は何かしら小生に話しかけるので親しくなって、妻の友人の小林信子（静坐の教師）さんとこに御願いして、一室に下宿することになった。ある日研究室で「能」の話が出たが、幸い隣が国語国文学研究室であったので、そこに「能」の権威者阪倉篤太郎[293]先生がおられたので、H女史を同伴して御紹介しようと思って行った。小生は多分英語で通訳せねばならぬだろうと考えていたら、阪倉先生は英語で立派に応答されたので、驚いた。あとで、この驚いたことを阪倉先生にお話したら、先生が自分ははじめは英語の先生になる考で英語を勉強していたが、眼がわるくなったので、それをやめて国文学に転じたと言われた。最近（S四五・七・一二日）に京都の名医である林良材博士に拝借していた「父を繞りて」を返却のため、その御宅をお訪ねして、応接室で色々と話しているうちに、林さんは三高で阪倉先生からドイツ語を教わったと言われた。

昭和二四年四月一日より京都女子大学（西本願寺経営）の教授となったが、初代の京都女子学園長兼京都女子大学学長は北海道出身の増山顕珠（勧学）であった。先生は無骨なようなうちに、どこかしら人情味の豊かな人であって、殊に人はその第一印象でわかると考えられ言われていたことは、小生も全く同じ意見であって、うれしかった。太っ腹で

[290] 朝倉惟孝のこと。一九四五年から五五年まで京都女子高等女学校・女子専門学校教諭、京都女子専門学校司事、京都女子大学教授などを歴任。
[291] 安藤勝一郎のこと。東京帝国大学卒。一九一一年から四一年まで第三高等学校教授として英文学を講じた。四九年から五九年まで京都女子大学教授。のち成蹊大学長（前掲『紅もゆる』など）。
[292] バイオリン奏者の安藤幸のこと。幸田露伴の妹。東京音楽学校教授。
[293] 教育者。第三高等学校を経て東京帝国大学文科大学卒業。一九〇七年から四二年まで第三高等学校教授を務め、国語を担当した。四三年から六四年まで京都女子専門学校（のち京都女子大学）教授を務めた。

学校経営の才にも富んでおられて、昭和二四年四月京都女子大学長になられてから女子大学は隆盛の一途をたどって、やがて昭和〔二五〕年にも京都女子短期大学も創建された。爾来〔三三〕年まで学長であったが、昭和〔三六〕年龍谷大学に経済学部を創設されるにあたり、ぬかれてその学長となり、昭和〔 〕年〔 〕月までその職にあって、腕を振われていたが、昭和〔 〕年病のため退職され、昭和〔四四〕年逝かれた。増山さんは良いと思うたら思い切って実行する人であった。その一例は教授会（当時は教授のみ）の開会が、告げられた時間より一〇分あまり、いつも後れるので、終に時間のやかましい小生が定刻通りにされるよう進言したら、それを採用された結果時間厳守が行われるようになった。しかしその後は学長の変ると共にこの時間厳守は必ずしも行われず、大抵一五分位はおくれる。これには日本人の時間厳守の精神の不足のため、教授会会員が定められた時間に会議室へ来ぬため、開会定数（全員の三分の二）に足らぬため、当局が開会し得ぬのであるが、私は当局はこの定数などやめて、時間が来たら、人員に関係なく開会したらよいと思う。そのようにしたら会員の時間観念も醒めて来て、定刻開会が可能になると思う。

第二代の学長は藤音得忍氏[294]〔一八九四〜一九七二〕であった。彼氏は西本願寺執行長もやった人で、三高の卒業生で法学士である。温厚な人であるが、一面人に任かしきるという風があったので、学監が面白くない人事行政をやるのを知られなかったようである。藤音さんは昭和〔三三〕年〔六〕月から昭和〔四三〕年〔六〕月まで学長であられたが、眼がわるく、昭和〔四三〕年〔七〕月退職され、今は大分県佐賀関市の自坊におられる。第三代の学長が現任の結城令聞[295]氏〔一九〇二〜一九九二〕であって、昭和〔四三〕年〔七〕月就任された。同氏は東大の印度哲学の出身で、小生の友人故木村泰賢君の弟子であり、その後をついで東大教授であった。剣道の師範であって、それらしく立派な体格である。ただあまりに民主的というか、人々の意見をいろいろときかれるので、教授会（専任の先生全部約一五〇名）が進行がわるい。学監制度をやめて、総務部とされたことは、彼氏の行える最初のよいことであったと思われる。私は今（昭和四五年三月で満八四才）京女大で六時間教えているが、それは毎年初等ラテン語週二時間、言語学二時間のほかに交代で隔年にギリシア語初歩と、梵語の語構造とである。そのほかに私は池坊短期大学で創設以来毎週土曜日に二時間言語学を教えている。池坊短大の創設の際には、その教員組織について初代の学長故佐々木喜市（東大在職の頃の教え子）氏や総理事故山本忠男氏から依頼をうけたので、その七割ほどは私が推薦したことであった。京女大へは宅前から市バスで五分、里の前から市電二五分、東山馬町停留場で下車して、徒歩で約一三分、一五〇〇歩ほどで私の研究室へ行ける。池坊へは宅前から市バスで二五分ほどで、四条烏丸通西で下車してすぐである。何れの学校でも教えることは大いに楽しく、老いを感じない。

XII　今日此頃の生活（昭和四四年秋）

私達老人夫妻の日常生活は上記の如く、昨今（昭和四四年一二月二八日）は全く幸福で、西隣に長女の婚家山岡亮一一家、西南隅に四男山崎和夫一家が住んでおり、私達二人は午前八時に朝食を終え、私は仏前にお経をよんだ後一休みして、前庭を一時間ほど、竹帚をころがし、尊徳先生の御歌を口ずさみながら、一日の仕事をはじめ、妻は室の掃除をはじめて、一日の仕事にかかるのであり、天地の恩によって、二人共心身共健康であり、収入も毎年二五〇万円

［294］僧侶、大分県生まれ。龍谷大学教授、浄土真宗本願寺派執行、執行長、総長を経て、一九五八年から六八年まで京都女子学園長を務めた。

［295］仏教学者、兵庫県生まれ。一九四九年から六三年まで東京大学東洋文化研究所教授。六八年から八一年まで京都女子学園長を務めた。

ほどあって、子供達の物質的援助を受くる必要もなく、時々我々二人は幸福な者の仲間入が出来ると天地に、父母に感謝しつつ毎日を送っていた。

ところが「好事魔多し」という古語の如く、私達のこの幸福にも一大事が起った。それは忘れんとしても忘れ得ないこと――昭和四四年一二月二八日午后七時一〇分小生が入浴せんとして、シャツ一枚つけて浴室へ入らんとせし時、変な声がするので、最初は表通りにおける何かの声かと思っているうちに、更に聞えてくるので、不思議に思い、便所をのぞいたところ、そこに老妻がキンカクシに頭をたれて、小声でうなっている。そこで山崎と山岡との者に援助を求め、彼らの好意によって、最初は山岡志郎が附近の吉村家に下宿せる山崎君（府立京医大研究生）を呼び、その後高月清君[296]や附近の岡崎医者も来て手あてをして下さった。清君の言葉では今夜も心配だとのことで、岡崎の東レの会社にいる真希夫にも電話して、彼はその夜の内に来た。一同眠ずに看護し、色々相談の結果、夜が明けたら、附近のBaptist病院へ入院さすことに定めた。翌二九日の朝清君の尽力により、且つは妻の運によって、清君の知人なる児島［　］医の御配慮もあって、Baptist病院の個室が都合ついて、そこで療養することになった。悠紀子の尽力によって、付添婦も見つかった。妻は入院当時は意識も言葉も全くたしかであり、一同大いに気をよくしていたが、清君が二週間目あたりが、あぶないから注意せよと言われたが、はたして、その通り、二週間ほど経て病勢は悪化して、意識なども弱く、記憶も不確かになった。それから病気は一進一退であって、付添婦も三人変った。その間小生は一人で自宅で暮し、毎日午后三時頃に見舞に行き、その際下手な歌や俳句を作ってもって行き[297]、妻に読んでもらうことにしていた。その他近親者が入り変り立ち変り訪ねるほか、多くの見舞客もあった。そのうちに主治医児島さんが三月一ぱいで、月が変ったら退院で、自宅で療養されてもよいと言われた。月が変って妻は自分が設計して建てた家に帰って来て、その下階の八畳の客間で病を治することになった。幸い悠紀子の尽力で今出川通寺町西の敬愛会から古川しげのさん

郵便はがき

料金受取人払

左京局
承認
1134

差出有効期限
平成18年
12月31日まで

606-8790

（受取人）
京都市左京区吉田河原町15-9
京大会館内

京都大学学術出版会
読者カード係 行

■ご購読ありがとうございます。このカードは図書目録・新刊ご案内のほか、編集上の資料とさせていただきます。お手数ですが裏面にご記入の上、切手を貼らずにご投函ください。

お手数ですがお買い上げいただいた本のタイトルをお書き下さい。

■本書についてのご感想・ご質問、その他のご意見など、ご自由にお書きください。

■お名前

（　　　歳）

■ご自宅住所

〒

■ご職業

■ご勤務先・学校名

■所属学会・研究団体

●ご購入の動機

A．店頭で現物をみて　B．新聞広告（紙名　　　）
C．雑誌広告（誌名　　　）　D．小会図書目録
E．小会からの新刊案内（DM）　F．書評（　　　）
G．人にすすめられた　H．テキスト　I．その他

●ご購入書店名

都道府県　　市区町　　書店

京都大学学術出版会 TEL (075)761-6182
FAX (075)761-6190

という六七才の付添婦が来てくれた。彼女は声が大きく、戸のあけたてなど荒いが、非常な清潔家で洗濯は週に二回小生のものを、妻のものは毎日でも必要に応じてするのである。殊に時間を少し手前からかかっておく性質なので、この点は全く小生の意に合い、又、非常に正直であって、万事任しうるのであるが、欠点は腹を立てやすいことである。彼女は今月（昭和四五・八・一八）で五ケ月ほど続けて来ており、大抵一〇日間後二夜一昼の休日をとって、三日目には早く帰ってくれる。給料は会の方へ一日一六八〇円の割でおさめて、その中から一日一五〇〇円の割で彼女が受取るのであるが、そのほかに、真希夫がチップとして一日一五〇円の割で送金して来る。そのほか山岡、山崎の両家からは絶えず労力的奉仕をしてくれるのみならず、小生は妻の入院中は毎日夕食を山崎でいただくこととし、山岡では週に一回夕食をいただいていた。妻が退院し、付添婦が出来て家事を見てくれることになってからは、私は水、金の両日の夕食を山崎で、山岡ではその時々によばれている。

妻は朝食はオカユに副食物、それにトマト、バナナ、イチゴなどを細かくくだいたもの、昼食は小生がオートミールに妻と牛乳、蜂蜜入りで作り、夕食ははじめはオカユであったが近頃はパン又はカタクリを柔かく食べよいようにして、副食物をつけてやる。

妻は悠紀子の案で朝食と夕食とは座椅子にもたれて、その前に机を御膳代りにしたものを置き、一人でサジ又はハシで主食をとり、副食物は適宜に授けてやる。三日に一度ほど夕方に三八度ほど熱が出るが、昨今はそれも少しよく

〔296〕高名な血液病学者。京都大学教授、熊本大学教授を経て、現在㈶田附興風会北野病院理事。当時は京都大学医学部助手。秀央の叔母ウメが伊予吉田（元吉田藩陣屋町）の豪商法華津屋高月定太郎に嫁いでいたが、その孫に当たる。一九九五年文化功労者。

〔297〕秀央、静枝の作った俳句は、静枝の死後、一族によって出版された。田中秀央・静枝『思い出草』（出版代表者山岡悠紀子、一九七六年八月）。

なった。バプテスト病院の児島医が週に一回、マッサージ師小倉勇さんが週に二回来てくれる。古川さんの留守の時は悠紀子と陽子とが交代で一夜づつ来てくれ、月に一回位の割で滋子も来て泊って世話してくれる。真希夫も大抵月一回位は来て泊る。真希夫は東レ関係の岡崎エンジニアリング会社の出張主任であったが、この昭和四五年八月一五日で部長になった。ただ彼の右手がパーキンソン病のため、少しふるえるので困っている。字を書くのには差支えない。公明がこの春から大津で模型船や汽車の店を出したので、うまく行けば良いがと一同で心配している。正明は浪人生活、愛子は岡崎高校で光っている。和夫は京大教養部の教授、理は近衛中学の二年生、英語は級でも一番よく出来る由、彩は北白川小学校二年生、絵が非常に上手である。亮一君は六一才、悠紀子は五三才で、住友生命の勧誘員をつとめ、その他色々といそがしく、亮平は京都府立大農学部四回生、耕作は鹿児島大水産科二年生、志郎は京都産大一年生である。これで妻の病気が全快したら、一同仕合せであるがと、皆な協力して、その目的のために努力している。私は昨今何も手につかず、色々の本をよんだり、雑用におわれている。ただ夜九時に就床してから朝七時までの間に七回ほども小便するので、これには困っているので、Baptist病院で平野亘先生にみてもらって一ケ月あまりかよったが、大してよくならず、平野さんは殆んどよいから当分休むと言われ、ほっとして毎日の日常生活をしておるのが現在である。

第二部　史料編

1　追悼文・回想文

1 市河三喜「ケーベル先生について」

（『思想』一九二三年八月号「ケーベル先生追悼号」）

　ケーベル先生に関して何か追憶の文章を書けとの注文を受けたのであるが、先生と自分との関係は極めて薄かったので余り長いものを書くことは出来ないが、たゞ先生からギリシャ語を教はつた関係があり、且その教はつたギリシャ語が今日多少御役に立つてゐる者の一人として当時を少しく回想して見度いと思ふ。同じクラスで先生にギリシャ語を教はつた田中秀央君や石原謙君は今共に海外にあつて此号に筆を取るには間に合ふまい。自分達の前にも先生からギリシャ語を習つた人は幾人も居たであらうが、多くは長持せず、偶々二年位続けた人があつても大した進境は見せなかつたらしい。そこへ田中君のやうな初からギリシャ、ラテンを専攻しやうといふ人間がやつて来たのであるから、我々のクラスが先生にもてた事は著しいものであつた。自分も専門の立場からギリシャ、ラテンの智識を甚だ必要とするので、負けずに勉強した御蔭で間もなく先生の信用を博し一二度御馳走に招かれた事もあつた。併し何と云つても先生に一番可愛がられて何かにつけて非常に御世話になつたのは田中君である。田中君も万事先生に相談し先生の指図に従つて何事も決すると云ふ風であつた。実に先生が田中君に対して尽された親切は日本人の師弟の間には見られないやうな厚い情宜の籠つたもので、字義通り「恩師」であつた先生の死を異境で聞いた同君は如何に驚き悲しんだ事であらう。自分は田中君と親しい関係から絶えず先生の美しく敬慕すべき性格を蔭ながら偲んでは居たが、大学卒業後は自然先生との関係も疎遠になり、一回も先生を訪ねた事もなく、先生もまた自分の名を忘れられて仕舞つた事だらうと信じて居たが、三四年前田中君が突然京都大学へ転任といふ時に、東京では後任がなくて困つて居るやうだと言つたら、'Why not Ichikawa?' と言はれたと、当時田中君から聞いて、一〇年来一回も御目にかゝらなかった一学生の名を、老齢の外国人である先生がよく覚ゑてゐて下さつたものと有難く感じた事があつた。

　先生はギリシャ、ラテン殊にギリシャ文学に対し非常な愛着を持つてをられた。随つて学生がギリシャ語を勉強するのを非常に喜ばれたらしい。処が初めは好奇心で大勢やつて来るが一学期と経たぬ内に次第に落伍する者の多いクラスの中で、何時迄も踏みこたへて益々馬力をかけるのは先生の所謂“philologians”ばかりなので、偖こそ永く先生の記憶に残つて居たのであらう。先生のギリシャ語の智識は甚だ正確なるものであつた。唯惜しい事には発音が全然ドイツ流だつたので、語頭のSをZに発音したり重母音eiを「アイ」、euを「ヲイ」と発音したりして、それを忘れてもつと合理的な発音を更めて学ぶに我々は可成り骨が折れた。それにドイツ語は得意であつたが英語が余り自由でなかつたので、我々の比較的正しい英語が通じない事があり、折角適当なる場所に適当なる言葉を見付けて正しい発音で言つても、却つて目的を達せず、先生に通じさせる為に故らに多少間違つた発音をしなければならないやうな事などあるのは自分には非常に苦痛であつた。それが為め心ならずも三年の後には先生の許を離れてロレンス先生について続いてホーマーを読むことになつた。併し自分のギリシャ語の基礎はケーベル先生によつて築かれたもので、せめてそれを崩さないやうにして行くことが先生へのよい回向だらうと考へる。

先生は真の学者であつた。教授法などは顧みられなかつたやうである。教授法などで蔽ふことを要しない或る物が絶えず先生から輝いて居た。我々はそれに接することを喜んで先生の授業を受けたのである。先生は又稀に見る教養の人であつた。自分は其後欧米に於て先生の様な人及び学者には幾度か接する機会があつたけれども、兎に角日本に来る外国人中では先生のやうに学問と教養とを兼ね備へた人はユヴェナーリスの「黒き白鳥」よりも珍しい。恐らく先生が最後であらう。生前今一度ドイツを見られなかつた事は遺憾な事であつたかも知れないが、変り果てた故国に帰られて、其生ひ出でし処彼を知らず、彼亦其生ひ出でし処を知る由もなき悲みを味はるゝよりは、其生涯のベストパートを過された日本の土地に安らかに眠られて、末長く先生を慕ひまつる数多き弟子等の手厚き回向を受けられんことこそ却って先生にとって此上なき満足であつたと思ふ。

2　田中秀央「榊先生を憶ふ」

（三高同窓会『会報』第二号、一九五二年）

榊亮三郎先生逝かれて早くも七年、来る八月二四日は、その七回忌の御命日に当る。今、先生の追憶を新たにして、ありし日の御俤を偲びたいと思ふ。先生は明治三一年から四〇年までの九年間を、その母校我らの三高で、主としてドイツ語の教鞭をとられ、その後、昭和七年停年退官に到るまで二六年の長きに亘り、京都帝国大学において、主として梵語、梵文学を担当し、学生の指導と研究とに没頭せられたのである。先生の語学の才能は驚嘆に価するもので、専門の梵語はいふに及ばず、英、独、仏の諸国語にも正確に精通せられ、ギリシア語、ラテン語にまで達してゐられた。著書は極めて稀であるが「解説梵語学」「梵蔵漢和四訳対校翻訳名義大集」は、今尚斯界に重きをなしてゐる。

先生は折田校長を大変尊敬し、三高を愛してゐられたやうで、私など先生から親しく「折田さん」といふ言葉を屢々聞いたものである。先生は私の三大師父の一人であり、微力な私を陰に陽に培ひ育てて下さった御恩は永久に忘れることは出来ない。

榊先生を憶ひ出して、第一に我々の脳裏に浮んで来るのはこわい先生といふことである。それ程に、その授業なり指導なりには厳しいものがあった。従って三高、京大を通じて、学生々活中に、先生に叱られた思出をもつ方々は相当に多くあることと思ふ。私も三高で先生のドイツ語の授業の時、珍らしく頭が痛かったので眼を閉ぢていた処、忽ち「田中眠っている」との声の弾丸が飛んで来た。然し事実眠ってゐたのでなかったので、存外平気で事情を申述べた処、先生も釈然とされたやうであった。また先生は靴以外の履物で教室に這入ることを悦ばれなかった。そのために叱られたり、退室させられ、素足になって後に入室を許された学生もあった。然しいかに叱責せられても、その底には、当人の為を思はるる温い情愛があったので、反駿《ママ》を感ぜざるのみか、後で必ず感謝の念を抱くのが当時の学生であった。次に先生がいかにその弟子を愛されたかの一例をあげてみよう。一高の卒業生で岩瀬健司君といふ青年が京大の榊教授のもとで梵語を学習したいとの念願で、佐伯好郎博士を介して、小生に榊先生への紹介を依頼された。そこで同君を伴ひ直接お願ひしたところ、先生は梵語のむつかしいことを説かれ、この発願を思ひ止まるやう勧告せられた。然し同君の切願とその真剣さとは、遂に先生を動かし、御同意を得ることが出来た。彼は非常に優秀な学生であり、学習も並々ならぬものがあったので、先生もその将来を嘱望してゐられた。が、不幸にも病魔の襲ふところとなり、志を得ずして夭折した。その際先生は非常に落胆せられ悲痛に堪へない御様子であった。これはその後、彼のために自費をもって盛大な追悼会を洛東の智積院で営まれたことによっても推て知ることができる。先生は情の人であった。私も涙なくしてはゐられなかった。先生はペンよりも筆を好まれたやうで、弟子達にも筆の使用を奨められた。現に私が先生から頂いた多くの音信は、その殆どが筆で書いてある。但し私にこの忠言を云はれなかったのは、多分拙文悪筆の私を到底度し難いと考へられたからではなかったらうか。たしかにこれには自信がある。

次に先生の還暦祝賀会(昭和七年四月五日)について、その発起人の一人としての感想を記してみよう。先生は普通一般の常識からみると、偏屈家(?)で頑固であられたし、一方私は常に人の口と腹とは一つであると信じてゐるので、この祝賀会の方法、次第などは、すべて先生の御意思に従って取行はれた。見方によっては、何か物足らぬ感を抱かれた方々もあったかも知れぬが、先生は満足して下さったやうに思はれたし、我々も悦しかった。そのことは永井栄蔵君(三高の同級生で、後に朝日新聞に入り、その天声人語の生みの親で瓢斎と号す)と小生とが自動車でお迎へに行った時の御様子や、式場都ホテルまでの車中でのお話などで推察せられた。

先生は家庭的にも物質的にも、必ずしも恵まれてはゐられなかったと愚考せられる時代もあったが、諦念といふべきかストイック風と称すべきか、無頓着と思はれるほどに淡々としてゐられ、常に弱き者をたすけられた。昭和六、七年頃、相国寺東門前町のお住居には孤独の生活が訪れた。小生は努めて度々お邪魔してお話を承はり、亦お慰めもした。或時のことカトリックの牧師と共同で羅和辞典編輯計画をたててゐることをお話ししたところ、大変なお叱りを受けた。これも子を思ふ厳父の言葉と考へ、不快に感ずることなく、有難たく承はることが出来た。時には理不尽と思はれることもなきにしもあらずであったが。

先生は昭和八年六月一一日、誰にも通知せず、極く少数の者に見送られて、三十有余年の学究生活の思ひ出の京都を去って、和歌山県下の故山（船戸）に帰られた。その秋には東京都杉並区西荻窪に移られ、御家族と御一緒に暮されることとなった。東京では、先生が兼々ネパールから将来せられた「新出梵文無量壽経」（現在京大足利惇氏教授保管、研究継続中）の研究に没頭してゐられたが、満洲事変や大東亜戦争の勃発は、お仕事の上に種々な障碍をもたらしたばかりではなく、先生自身の頑健な御心身も、栄養不良のため、遂に慢性腸カタルを引起された。かくて養生のため昭和一九年五月二八日に東京を引払って故山に帰省された。その後、新宮市に、次いで三重県下の神志山村に移られ、御家族と共に老後を養ってゐられたが、遂に昭和二一年八月二四日安らけく逝かれた。享年七五才。

顧みて、不省なる私が西洋古典学の一老学究として今日なほ感謝の日を送り得るのは、三高時代の先生の厳にして温いお教訓の然らしむるところであり、大正九年東京を辞して、この美しい静かな京都におちついて、Festina lente! と研究に専念しうる道を拓いて下さった素因も亦先生によるのである。この御高恩を何をもって報いるべきか——ただ西洋古典学の発展に微力を尽して、上天の霊に応へんと覚悟しているのである。

終りに先生は有名な写真ぎらいだったので、ここに掲載するに適当なもののないのを遺憾に思ふ。以上尽きぬ思ひ出を拙い筆にまかせて書き終へながら、遥かに先生の御冥福を祈る次第である。

Festina lente! 合掌

昭和二七年八月一六日大文字の送り火燃ゆる夜に。

3 市河三喜「ある友人の話」

(同『旅・人・言葉』ダヴィッド社、一九五七年、文中のT君が田中秀央のこと)

なんども書き立てて恐縮だが、京都のT君は学生時代からの友人で、ちょっと変った人である。いい意味において変った人、常人と撰を異にする人で、その生活態度には学ぶべきものが多々あるけれど、われわれにはなかなか真似ができないのである。非常に正義感が強く、一例を挙げれば、電車の中でタバコを吸う人があればズカズカとそばへ行って、「電車内は禁煙ということになっていますからタバコはおやめになったらいいでしょう」と注意する。敗戦で人心が荒々しくなっているから、そんなお世話を焼くと、「何を生意気な!」と引きずりおろされて袋だたきにされるよ、と友人から注意を受けてしばらくやめていたがどうしても腹の虫が承知せず、このごろまたこの車掌代りの役を一手に引受けたようだ。

停年退職後ある短期大学の教授になったが、その大学はT君のおかげで教授会を時間通り正確に始めるようになった。時間の非常にやかましい人で、朝は五時半に起き洗面後冷水摩擦——腕は何回、脚は何回ときまっている——をしてからラジオ体操をする。それから御飯たきは自分でやる。お経を読み聖書を読み(むろん時間はきまっている)、六時半になって家の人を起し七時食卓につく。新聞を読む時間は大抵一五分以内、学校へは徒歩で行くがその歩数も数えてある。教室にいる時はしばし黙祷する。これは学生にも説明したそうだが、教室は神聖な所というばかりでなく、台所に荒神様があるように、教室にも守護神があるという考えで、こう考えれば試験の時にカンニングもできなくなるわけである。家に帰ってからの勉強にもちゃんと時間割が出来ていて食事の時刻は最も厳格である。

ある時私達は六時の食事に呼ばれたが、見物の都合でどうしても間に合わず、三〇分ほど遅れて行ったらすでにお客なしで食事を済ませていた。遠来の珍客に対しても時間厳守の鉄則は破ることができないのである。そうして九時半には床につく。その前に必ず家中——相当広い——の戸締りを見て歩く。家族の者にも言い渡して九時二五分を門限とし、令息が酔払いの友人を介抱したために一〇時ごろ帰って来たらこんこんと説諭されたという話もある。学生時代には五時に起きて九時に寝、会合があっても九時までに間に合うようにさっさと一人引揚げたものだ。思えば四十数年間、時計でさえ機械を取換えなければ狂ってしまうのに、よくもこうした規則正しい生活を続けられたものとただただ驚くほかはない。恩師ケーベル先生の言葉(ラテン語で)「常に同じくあれ」「ゆっくり急げ」を拳々服膺して今日に至り、見かけも気持も四〇年前と変らず、そして四〇年前恩師のかたみとして頂いた洋服――「恩師の御衣」――を一着に及んでこの間もはるばる拙宅へやって来た。持ちもよければ持たせ方もよい。貧乏なくせに金持の真似をして懐を破裂させてしまうようなことはしないのだ。

要するにT君の生き方は「守る」という一語につきる。法を守り時を守り約を守る。身を守り家を守り分を守る。どれもルーズな日本人には苦手で、われわれが筆をもってちょびりちょびりつっつく弱点を同君は実行をもって矯正しようとして自分の関係する狭い範囲内では成功しているのである。

とかく日本人は破ることばかり知って守ることを知らない。とうとう国まで破ってしまったのだが、その中にあってT君のような人は真に千人に一人、否一万人に一人といっても過言ではあるまい。見習って然るべき存在と思うがゆえにここにまたまた御紹介する次第である。

(二七・四)

また市河三喜「学者かたぎ」(同前書)でも、次のように田中秀央について触れている。

古典学者でT君というのがある。専門から浮世ばなれしているが、学生時代には恩師ケーベル先生からbig baby(大きな赤ん坊)と言われていた。ある意味においてこれは一般学者の通有性とも言えるが、しかし当のT君は非常に規則正しい生活をしていて、一しょに下宿していた時も、朝は五時に起き、井戸端で冷水摩擦をする、それが左腕は何回、右腕は何回と、ちゃんときまっている。食後は必ず三〇分間散歩をする。雨が降ればそれに代る運動をする。ホーマーを読んでいても正一二時になれば、たとえあと二三行で巻の終りになるところでもピタリと本を閉じて下へおりてくる。その時食事の用意が出来てないと「恥を知れや!」と言って御機嫌斜めだ。夜は九時に寝るから、集会でも何でもそれに間に合うように退席する。こういう風で出来るだけ押し通して来たから、「おれは長生きするぞ」といばっていたが、実際長生きするかも知れない。

4 田中秀央「論語についての追憶」
（『青淵』一九六〇年九月号、渋沢青淵記念財団竜門社）

市河三喜君、土居光知君及び小生の三人の東京帝国大学大学院の学生が、恩師ロレンス先生の御すすめによって、東京市、本郷区、駒込、神明町に、一家を借って、共同生活をしていたのは、今から約五〇年ほど以前、明治の末期から大正の初期にかけての三ケ年ほどであった。

その頃、渋沢男爵家が、本郷区、曙町、三番地に学寮を設けられたが、その寮長は、私の中学時代一年下の同窓生の法学士で第一銀行々員加賀谷真一君であった。穂積陳重先生の御推薦とか聞いていた。私は、その頃、上述のように、三人の共同生活の一員で、東京帝国大学文科大学の一講師であったが、渋沢寮の寮長加賀谷君が、銀行の用事で、何かと多用であったので、同君から、小生にも学寮へ来て暮してくれぬかとの相談を受けた。そこで、市河、土居の両君にこの話をしたところ、土居君は已に結婚もしておられたので、両友の快諾を得た。

学寮における私の役目は、寮生の英語の質問に応じてくれればよいとの、頗るのんきなものであった。めったに質問されなかったから。ただ、私が真面目に勉強するのと、時間正しく行動し、寝起きすることが、多少とも寮生のために役立つとでもの考えで、穂積老先生の御言葉もあって、寮に迎えられたことと思う。寮には、加賀谷君と小生とのほかに、渋沢敬三君、信雄君、智雄君、尾高朝雄君の四人の東京高等師範学校附属中学生徒達がいた。これらの生徒達は眠いことであったろう。とかく、朝床をはなれることが鈍く、そのため、敬三君を筆頭として、学校の授業におくれそうになることが度々であったが、小生は——この歳になるまで、定められた時間に後れたことのない小生——そのような際には、度々「恥を知れや」の言葉と共に、若い寮生の蒲団をまくったものである。これには、敬三君等の母堂である賢夫人渋沢敦子夫人から、少しも御遠慮なく、厳しきしつけをとの御註文を受けていたことも、与って力があった。

さて、この「恥を知れや」という語句は、我々三人の共同生活の頃、どんな動機であったか忘れたが、とにかく、私が何かにつけて、口くせにしていた句で、一種の間投詞的のものであった。他の二人は、常々、この語句を、あまり気持よく思うてはいなかったが、さりとて、正面から、咎めるほどには重要視していなかったらしく、そのままで、「恥を知れや」は、一向に減ずることなく、私の口から発せられていた。親友達が、その頃、その名に叛かず、そのような言葉はよせと言ってくれたら、私には、下に述べるような、いたい灸は、すえられずにすんだものであったのである。二人の友は、口では言わないが、いつか目に物見せてやろうと、その機が来るのを待っていたのである。いよいよその日が到来した。或る日、我々三人は、フロック・コートを着て、揃って家を出て、巣鴨線の電車に乗るために、すたすたと歩みながら、富士前神社を過ぎ、巣鴨病院(今日の理化学研究所)の横を通っていた際に、二人の友は笑いながら突然に異口同音に、「田中恥を知れや」と言った。この言葉が唐突であったのと、その原因も判らなかったため、私が不思議そうな様子をしていると、二人は小生のズボンの方に眼をやって笑っているので、そこを見ると、私のズボンの前から、白いワイシャツが堂々と出ている。生来せっかちの私が、ズボンのボタンをかけることを忘れたのである。江戸の仇を長崎で討たれたと思いましたが、しかも、この語句は、執念深くも、なお私を離れず、後に、渋沢寮へ持ち込まれて、そこでも、上述のように、かなり度々使用せられた。

ところが、或日の午后、渋沢老子爵が、寮へ御立寄りになったので、我々一同は、うやうやしく御迎えした。その際、子爵は、ひそかに小生にむかい、「田中さんは、恥を知れやという言葉を、軽くやたらに使われるそうだが、この言葉は、武士の言葉であって、そう軽々しく使用すべきものではないから、今後は、やめられた方がよいでしょう」と言われた。鶴の一声か、小生は爾来、この句を一切口にせぬことになった。

聞くところによると、その頃、穂積重遠先生が、御親戚の青少年を集めて、論語を講じておられたのだが、御都合で、自分はそれをやめられて、今度は老子爵御自身が、自ら我々に論語を講じ、話して下さることになったのである。その少し以前に、私は渋沢寮の一員となっていたのである。

その後は、月に一度位の割合で、王子の御別荘曖依村荘において、論語の会が開かれたが、この会は、子爵を中心に、聴講生一同先ず支那料理の御馳走になって、腹からして支那式にして後、御話を承わるのであった。聴講者の中には、時には明石照男、穂積重遠、阪谷希一、穂積真六郎氏をはじめ、渋沢子爵家に縁のある色々の方々がおられた。老子爵が、論語を一読されて後、難解の字句を説明され、論語の内容の説明を、御自身の豊富な体験をもって、御親切に、面白く御話し下さったことは、聴講者一同にとって、まことに有益であった。曖依村荘から渋沢寮までの帰途は、その御話を反芻するのに、まったくあつらえむきであった。そのうちに、論語の辞句の点で、子爵にも疑義があられたのであろうか、当時、東京帝国大学助教授?で、その道の権威であった宇野哲人博士を聘して、論語の講義を承わることになった。正直なところを言うと、子爵の御講義の方が、生きていて、面白かったように思う。

その後、大正一三年に、渋沢寮は、もとの寮に程近い、曙町一二番地に引越したが、その年に、私は曙町一三番地の棟割長屋にわが家を持つことになった。寮とは三〇歩ほどの距離なので、度々御邪魔した。或日のこと、私が敬三君に、老子爵に何か書をお願いして下さらぬかと言ったところ、同君は快く承知して下さったので、私は、かねがね、論語の中に標しておいた次の二句を写して、御渡して、御願いした。

顔淵第十二、二九二

居之無倦行之以忠

子罕第九、二二三

譬如為山未成一簣止吾止也

譬如平地雖覆一簣進吾進也

であった。子爵は愛孫の願を入れられて、その二つともを書かれ、前者は横書にして、その左端に「青淵」とあり、後者は二行の縦書で、その左端に、「大正乙卯八日青淵書於小涌谷客舎」とある。子爵が、箱根の御宿で、白い襷をかけられて、御揮毫になっていられる御写真が、他の多くの御写真と共に拙宅にあって、その御在世当時を偲ばせるのである。

やがて、その秋の或る日、敬三君が、居之無倦行之以忠の御揮毫を額にして、他の御揮毫と共に、御祖父様より小生へとして、御恵与下さった。その際、小生は、二つの句のうち何れかの御揮毫をお願いしたのであるから、二つ戴くのは、あまりだと御辞退したところ、敬三君が、折角、祖父が二つ下さったのであるから、二つ共戴きなさいと言われたので、少しあつかましいと思いつつも、その御好意を有がたく御受けすることにした。その後、穂積男爵家から、老子爵御揮毫の掛軸用の書が小生の方にあるとのことだが、表装の序があるから、表装して差上げるとの御親切な御言葉があったので、これにも亦甘えて、立派な表装をして戴き、今も毎年、新年の床の間を飾り、心をしめるよすがとなっている。

人々の知るように、居之無倦行之以忠は、論語で、この句の出典では、「之」は政治を指しているのであるが、私は之を各自の天職と解して、座右の銘としている。かく応用が出来ることも論語の長所と思う。それにつけても憶い出されるのは、私が、今から五〇年あまり以前の明治四二年七月に、東京帝国大学文科大学を卒業して、その足で、恩師ケーベル先生の御宅へ御礼に参上したところ、先生が、あの美しい童顔に微笑をたたえられながら、私の卒業を祝って下さると共に、お前にこれをやろうと言って下さったのがラテン語句Festina Lente（ゆっくり急げ）である。この句は、先の論語の二句と同じ内容の教えであると私は思い、それにそうべく努力している毎日である。

敬三君に、上述の二つのものを戴いてから已に四〇年あまり経過した昨年の夏、私は内なる声を聞いて、論語を読むことになった。その際、私が手にした論語の本は、題して、「新訳論語」といい、昭和三一年一〇月一二日穂積重行君から恵送されたものである。この本は、重行君の父君である重遠先生が、若い人達のためにと、論語至愛の情に燃えつつ、その博学強記をもって、論語を平易に読み、解釈されたものである。私は、論語を、ゆっくりと声を出して読んで見たが、そこには、何とも言えぬ味があって、今更に、古典中の古典の味が、少しずつわかるような気がした。西洋人にとって、聖書が必ず読むべき第一の書物であるように、東洋人には、論語がそれであると思った。青淵先生が、論語を最も尊重されたのは、まことに故あるかなである。私は昨年、二ケ月ほどかかって、論語を一通り通読し、五日ほど経て、再読を始めた。内容は勿論、格調も、一度より二度、二度より三度と繰り返して読むにつれて、愈々有がたく、調子のよいのに気がついた。屢々、何かしら、目頭が熱くなった。歳のせいかも知れないが。先日再読を終えたので、次には、更にゆっくりと読んで見んものと、その時が来たら、その気の起こることを待っている。

――Fstina Lente――

――昭和三五年四月二五日午後八時――

（京大名誉教授・京都女子大教授・文博）

5 田中秀央「三高時代の思い出」

（三高同窓会『会報』第二一号、一九六二年）

私は明治三六年三月に愛媛県立宇和島中学校を卒業して、幸いにその年（友人の谷川瑛君の話では、一部甲類の最年少者として）天下の三高に入学した。現在七五歳の稍々長い私の生活において、最も嬉しかったことは、この天下の三高に入学できたということであった。当時を思い浮かべると、あの若かりし頃の白線三本の帽子が目の前にでてくる。その帽子は虫に喰われてなくなったが、徽章は大切に保存している。

三高に学んで特によかったと思うことはない。すべてが等しくよかったのだから、その中には京都の自然ももちろん入るのである。私は親の恩で、秩序ある自由のうちに青年となり、世の移り変わりには殆ど無感覚であったので、三高に入学しても、その象徴といわれる「自由」ということを、在学中殊更に意識したことはなかった。私は、二年生、三年生時代を浄土寺元真如堂にある尼寺念仏堂で過ごしたが、自然の好きな私は、毎土曜日には、独りで鹿ケ谷から大文字山に登り、銀閣寺の北側に降りて来るのであった。また、毎月一度は白川口より比叡山に登って、坂本に降りるのを楽しみとしていた。何も「山には自由あり」と人のいう自由を自覚し、それを求めてではなかったろうが、何かしら、好きな美しい山を、独りで思うがままに、或いは歩み或いは休みながら、尊徳先生の「音もなく常に天地は、書かざる経を繰り返しつつ」を自分なりに体験し得て、人生行路の指針を見いだしたことは、三高に入学ができたことより生じた大きな賜物であって、今でも三高の精神に感謝している。

三ケ年の三高生活中、特に印象深かった先生には、入学当初に面接して下さった古武士折田彦市校長がある。先生とは在学中ただ一回だけやっているかねというお言葉を受けただけだが、先生のお姿を校内でお見かけすると、いつも三高へ入ってよかったと思うた。また二年生三年生の時に、ドイツ語を教えて下さった榊亮三郎先生がある。先生のご専攻は梵語学であるので、明治三九〜四一年にかけて、京都帝国大学に文科大学が開設されるや、三高で西洋史を講じておられた坂口昂先生と共に、大学の方へ籍を移された。当時の三高は雌伏して雲を待つ立派な学者がたくさんおられた。これらの立派な学者の三高教授としての晩年に親しく教えを受けた我々は幸いなりしかなである。榊先生のドイツ語の御授業は頗る厳格であった。おかげでドイツ語の力が正確に進歩した。あの特長あるアー バー（aber）の発音は今でも耳底に残っている。我々は三年生一部丙類として、先生から Andersen の Bilderbuch ohne Bilder を教科書としてドイツ語を教わっていたが、先生のご説明は決してお上手でもなく、ましてや面白いとは言えなかったが、何となく我々を引きつける力があった。事私事にわたって申し訳ないが、この授業の或る時、私は私特有の病気――甘いものを食べ過ぎると、天より罰せられて、三〇分ほど眼がかすんだようになり、活字が鮮明に見えない状態――が起こった。それで仕方なく観念して、頭を支え眼を閉じていたところ、忽ち教壇の上から「田中は居眠りしている」との雷声が聞こえた。驚いて立って事実を申しあげたところ、ただ「そうか」との一声で、お互いに後は快晴、この人間的な温かい先生のお蔭で、私は大正九年の秋から京都帝国大学へ迎えられ、自分に与えられた天職に、東京帝国大学文科大学を卒業したときに、恩師ケーベル先生から給うた Festina lente（ゆっくり急げ）を信条として精進し、今日まで楽しく己の道を一筋に牛歩することが出来たのである。

また、英語の主任教授に伊藤小三郎先生があった。先生は、英文を読む場合でも、訳する際にもめったに自分の方で読んだり訳したりして下さらなかった。のみならず、或る生徒が誤読や誤訳をしても、先生の方から一々訂正して下さらず、誰か或る生徒が、その誤りと考えられる点について質問すると、詳しく親切に教えて下さるという風であった。このように先生の授業は或る意味では大学式教授であったので、下調べせぬ生徒は大して力がつかなかったようである。私も時々質問する一人であったが、私は「差し支えないですか」という時に方言的に「かんまんですか」と、いつも言ったらしい。そのため、本来せっかち性の私は遂に友人たちから「かんまん」という綽名をいただいた。

その他、西洋史の坂口昂先生、漢文の山内晋卿先生、ドイツ語の内田新也先生などは特異な存在であった。

先生のことを書いたついでに三高三年間の生活中の多くの友人達の中から、若干名を挙げると、瓢斎の号で、名天声人語子であった永井栄蔵君、英語の天才乾哲蔵君、柔道部の主将渓内式〔二〕恵君、ボート部の主将野草省三君、「紅もゆる」の作者沢村専太郎君（以上故人）、日本新聞学会長小野秀雄君、故山にあって晴耕雨読の歌人木村満三君や神戸在住の谷川瑛君などがある。

平凡単純な生徒であった私には、裏話的なものは全くない。ただ私の三高生活において、多少とも同級生のお役に立ったことがあったとすれば、先生に休講の交渉をする際に、時々級長のお供をして目的地に行き、無言のお供で我々の目的を達したことである。

寮生活には多少のおもいでがある。田舎の中学で祖母や親戚の許から通学して、寮生活の経験のまったくない私は、明治三六年九月に天下の三高の寄宿舎に入り、北寮第六室を六人の友人と共に勉強室とし、其の二階の広い室を一二人(?)の友人と一緒に寝室にすることになった。私は夜九時には、独り寝室へ行くのであったが、他の方々は、午後一一時頃まで己が自恣、室に入ってきた。そのため、音には殊に敏感な私は、毎晩一一時ごろまではまったく眠れなかった。然し最初のうちは多くの友人と生活を共にし、心地よいラッパの音で食堂に行って、皆と一緒に食事をすることが珍しく、楽しいために、毎晩寝られないということの苦はうち消されていた。然し日を経るにつれて、この珍しさが薄らいで来ると共に、寝られないことが苦になってきた。たしか、その年の一二月のことであったと思うが、やむなく退寮せんと決心して、そのことを願い出た。校医の鈴木宗泰先生は、診察されて、トラホームでもなく、脚気でもなくどこもわるいところはないとのこと。それで舎監の林和太郎先生は、寮の規則に照らして、退寮を許可して下さらない。日を経るにつれて私には寮生活が益々苦しくなってきた。そこで親族の医師の手紙をたずさえて、再び林先生を訪ねて、「でも寝られないので、苦しいのです」と、熱心に御願いした。人を見る目のある林先生はついに許して下さった。

我々の三高時代（明治三六〜三九）、私は父母から毎月一五円の送金を受け、室代二円、食費六円(?)、雑費三円ほどで生活し、幸い、酒にも煙草にも縁が無いので、多少は本が買えた。四条や京極の方には全く足が向かず、私の行くのは、吉田山や法然院が主であった。その頃の法然院はほんとによかった。木魚の音と読経の声とは絶えることなく度々訪ねる私の心を洗ってくれた。私は今でも法然院が最も好きだ。絶えることの無かった木魚の音、読経の声は、悲しくも失われているが。

紀念祭については、殆ど思い出はないが、日露戦争の最中、明治三八年一月旅順要塞陥落の快報来るや、我ら三高生は意気軒昂比叡山に登り、将門岩のところに、祝賀の記念碑（木製）を建て、声を限りに帝国万歳を三唱した。その後、約二〇年を経て、再び第二の故郷京都の人となったとき、そこを訪ねたが、碑の跡形もなくなっていた。

神戸在住の外人との野球試合や一高との野球試合には、必ず観戦して青春の血を湧かし、声をからした。置塩や松田などという名と顔とが今でも眼前に現れる。

三高と一高とは、嘗てはよく比較され、我々は「自由」を、彼は「自治」を、旗標にしていたのであるが、私が京都帝国大学に奉職しているうちに気付いたことは、（或いは私の思い違いかもしれないが）、この旗標は、事三高に関する限り、次のような点でも現れていたようである。例えば、京都帝国大学文科大学や文学部で、誰か新しい教師を求める際、一高出身の教授や助教授達はあらかじめ会合して話し合うように思われたが（ある一高出身の教授にこのことを質したところ、彼氏は否定された）、三高出身者は、私の知る限り、聞く限り、そのようなことは全くなく、教授会で各自自由にぽつりぽつりと投票していたようである。これも「自由」の精神の発露であろうか。三高といい、一高というような一種党派的な狭い考え方は、よいことではないが、大正時代頃までは、そのようなことも、あながち悪いとのみ考えられていなかったようである。

三高は京都大学に吸収せられたので、同窓者の数は年と共に減少して行くことであろう。また、由緒ある自由の鐘の音は永遠に消えたなれど、我ら同窓者は、この世にある限り、我らの旗標「自由」のために、「秩序ある自由」のために各自の最善を尽して、衆生の恩、祖国の恩に報いたいものである。

Festina lente

昭和三六年一一月一五日

京都市北白川にて

（明治三九年一部文卒）

6 「南予の群像〈31〉田中秀央」

(『新愛媛』一九六五年八月二一日付)

哲学者で、ギリシャ・ラテン語の権威だったケーベル博士は日本に一五年いた。ずっと東京帝大で教えたが、〝でし〟は一人しかとらなかった。その最初で最後の〝でし〟というのが秀央(ひでなか)だ。わが国西洋古典学(古代ギリシャ・ローマの語学、文化学)の創始者である。

　生家は宇和島市三浦の旧庄屋。同家に残っている記録類は〝田中文書〟(既巻[刊]六巻)として中央の学界でも学問的に貴重なものとして盛んに研究されているという古い家柄だが、「どちらかといえば武ばった家風。文学、音楽には縁の薄い方だが、秀央が文科系統で成功したのは岩松の国松家から養子にきた父親の血をうけついだせいかもしれない」とはイトコの田中九信さん(八一)=宇和島市大内=の話。

　秀央は、九信さんより二つ年下だが、宇和島中学では同級だった。三〇人ほどのクラスに「田中」が五人いて、友だちも先生もずいぶん困ったという。五人のうち四人は親類の間柄だった。頭も良かったが、勉強もよくした。いまでいうガリ勉型だったようだ。〝朝型〟で、朝は猛烈に早く起きて勉強、学校へもいつも一番にいっていたが、夜は九時きっかりで打ち切るのが習慣だった。いまでもそうだが、きちょうめんな性格はきびしいほど。彼の〝時間割り〟は何分まできっちり書き込んであって、それを守りとおした。「頼りにするから」とノートは持たず、片っはしから頭にしまいこんでいった。

　親類のものばかり五、六人が一軒借りて〝寄宿舎〟のような生活をしていた。元気盛りの中学ぼうずのことだから、ずいぶんにぎやかなものだったが、正課の体操のほかはスポーツに興味のない秀央は、机から離れたことがなかった。〝カメ〟のようにコツコツ、一歩一歩前進しつづけた。柔道やボートの選手だった九信さんより、ずっと小柄な〝カメ〟さんだったが「三年になると、急にムクムク伸びはじめ、あれあれといっているまに私より高くなったのにはあきれた。それから〝長スネ彦〟というニックネームがついた。」

　三高では英文科、尼寺に下宿してあいかわらずコツコツとがんばっていたが、医大に進んだ九信さんや友人に「英文学ではメシは食えんぞ」と反対され、東大ではケーベルのたった一人の〝でし〟となったわけだ。渋沢家の学生寮の舎監をしたり、ローマ法のほん訳をアルバイトしたりしたこともあった。

大正一三年、スイス・ベルンに留学中の九信さんをたずねて秀央がやってきた。同じ家で生まれ、きょうだいのように育ったふたりにとって、日本をはるかに離れた異国での再会は感激そのものだった。これからイタリア、ギリシャへ回る秀央のスケジュールをふたりでつくりながら、楽しい日をすごしたものだ。

自分でつくった分単位の〝時間割〟とぜったい狂わさず、「時間が惜しい、といって新聞は読まない。それでは世の中のことがわからんだろうというと、大事なことは家のものか友人か、だれかが話してくれるといっていた」(九信さんの話)。典型的な学研・秀央は、一般の人の目には〝変わった人物〟に写るらしい。増田秀臣さん(六四)＝宇和島市本町・元三浦村長＝は

「京大の教授だったころだと思うが、毎年のように夏休みになると家族連れで帰省されていた。学者だけに変わっていた。私たちが冗談やふざけた話しをすると、いやな顔をして横を向いてしまわれるといったふうで、どちらかといえば気むづかしい人だった。大内に田中さんの所有だった小さな島があって、家族みんなで泳いでおられることもあった。ときには九信さんと〝うちが本家だ〟〝いや、うちだ〟とふたりで冗談ばなしに口げんかされたりすることもあった。そんなときは別に変わった人だとも思わなかったが…」

また川井又一郎さん(四一)＝同市大内・市議＝は

「最近は好々爺になられたが、こわい人だった。いつだったか、先生(秀央のこと)の帰省中のことだが、朝いっしょに海岸にいるところへ、小学校の教頭が通りかかったので、〝おはようございました〟とあいさつした。教頭が通りすぎるやいなや〝いまのあいさつはなんだ。おはようございました、じゃない。ございますだ。もっと文法を勉強しろ〟とひどくしかられたが、いまでも思い出す。京都でも、歩くときはぜったい〝左側通行〟。これはいまでも厳守されているそうだ。字のへたなことは〝日本一〟。横文字ばかりだからだろうが、自分でも苦笑されている。とにかく徹底的な〝学者〟ですよ」と話していた。

九信さんによると、〝重箱に辞引きを入れた〟ような学問の虫の秀央は、ことし七九歳だが、学問への情熱は少しもおと

ろえない。京大教授を退官後は、竜谷大、大谷大講師をつとめ、現在も京都女子大教授、池坊短大講師。そのかたわら著述生活をつづけ、三八年には民主主義の大憲章、イギリスの『マグナカルタ憲章』をほん訳出版、いまも自著『羅和辞典』の改訂増補版の校正に暑さを忘れているそうだ。

7 田中秀央「佐伯好郎先生の追憶」

（法本義弘編『佐伯好郎遺稿並伝』一九七〇年）

佐伯先生が景教のすぐれた研究者であることは、かねがね聞いておったが、直接その人に接するようになったのは、大正八年の春、私が三三才の頃からである。その頃、私は東京市本郷区曙町一二番地に住んでいた。或る日、態々先生が拙宅をお訪ね下さったが、折悪しく私は不在であったので、妻（妻は先生の奥様から、お茶の水高等女学校で英語を教わった）が、その由を申上げたところ、少し御相談して御願いしたいことがあるから、また出なおして来ると申されて帰られたとの事。

帰宅して、妻からこのことを聞いたので、早速電話して、御都合を伺い、御指定の日時に、市外淀橋西大久保の先生の御宅をお訪ねした。その際、当時、先生が英語の主任教授をしておられた東京高等工業学校（東京工業大学の前身）へ英語の講師として来てくれないかとのお話であった。その頃、私は東京帝国大学文科大学で、ギリシア語・ラテン語の講師をつとめるかたわら、先生の旧藩主浅野侯爵家で語学の家庭教師をしており、元来英語には興味をもってはいるものの、英語は専門でないので御辞退した。ところが、先生が言われるには、そのことは十分に承知しておるが、吉武栄之進校長も小生を迎えることを大いに希望しておられるし、英語の方のことは、及ばずながら自分が力になるから、心配せずにとのことであった。妻にも相談して御返事することとし、帰宅して妻に相談したところ、妻には異存はなく、私も好きな英語のこととて、大胆とは思いながら、御引受けすることとした。かくて、大正九年四月一日からは、私は東京高等工業学校の英語の講師をも兼ねて、一週六時間の授業をすることになった。教科書については、友人市河三喜君に相談したところ、同君が註解をつけて、岩波書店から出版しておる、Robert Louis Stevenson作Dr Jekyll and Mr.Hydeという小説を推薦された。

扨、いよいよ高工の教壇に立って、日もまだ浅い或日の午前一〇時頃、英語講師のtiroは精根を傾けて授業をしていたところ、突然に先生が教室へ来られて、田中君一寸来てくれとのことなので、学生諸君には、しばらく待っていてくれるよう言いおいて、先生について教室を出て、別の広い教室へ伴われた。そこには多勢の学生がおり、席がなくて立っているものも十数名はあった。そこで先生は、〝田中君、君が見る如く、この教室は超満員だ。今、君の見ることを、何か必要の場合には証言してくれ給え〟と言われた。

その時は、変なことだなと思ったが、あとで色々気付いて見ると、先生は教室が狭くて学生がはいりきれないから、教室を変えてくれと教務課へ申し込まれたのに対し、教務課では、学生の数だけの机は入れてあると言い、そこに両者間に溝が生じたのであることがわかった。このようなことは、その後、私自身でも経験したことであるが、この辺にも、先生の御気性の一面が伺えるような思いがする。その後、時々御宅へ御伺いして御教示を乞うていたが、先生は私達の恩師Raphael von Koeber先生をいたく尊敬されていて、私がケーベル先生から目をかけて教えてもらっておることを悦んで下さったのを知って嬉しかった。

私は大正九年の秋から、京都帝国大学助教授として、文科大学で西洋古典語を教えることになり、一五年間住みなれた東京を去ってなつかしい京都の人となったので、先生の許は、僅か数ケ月しか英語の教師として勤めなかったが、しかしその数ケ月は、内容的にはかなり多くのよいことを教えてくれた。私の兄田中良馬も私の紹介で先生の知遇を受けた。先生の御交誼を受け、何かとお世話になり御教示に預ったが、先生は下問を恥じずで、私の専門の上では、度々質問され、廿日市の市長となられるまでは勿論、その後も引つづき御長逝までの長い年月絶えず御親切な温かい御手紙を下され、御著者［書］もその都度御恵与に預った。御大作である景教の研究をはじめ、景教僧の旅行誌、羅馬法綱要などの名著は大切に書架の飾となっている。かつて御来駕の節御揮毫頂いた折本に

がまことによく先生を記念しておる。

静山在上　流水在下

昭和三十年五月念一日　八十五翁景道

Festina lente

（京都大学名誉教授、京都女子大学教授、アテネ学士院会員、文学博士）

8 田中秀央「John Lawrence先生と市河三喜博士」

（『英語青年』第一一六巻第七号、一九七〇年、「市河三喜先生追悼特集」）

私が市河君を知ったのは、明治四〇年九月即ちわれわれが東京帝国大学文科大学二年生の時であった。ちょうどその時John Lawrence先生がLondon大学からわれわれの大学に英語学・英文学の教師として来任され、やがて、恐らく日本においては、はじめて外国語の研究室を開設された。先生は西洋古典語の造詣も深く、文学よりは語学の方が御得意であったようである。その点、市河君にとっては何よりの幸であり、ひいては日本における真の英語学の創建に最も意義のあることであった。Lawrence先生の研究室では、先生から特別指導をうけるための試験に合格した若干の英文学・英語学の学生がその恩典に浴していたのであって、市河君は言語学科の学生ではあったが、入室を許可され、それらの学生の中でも特に先生から目をかけられており、英語学のほかに、VergiliusのAeneisも読んでいた。小生もまた、言語学科の学生であったが、Lawrence先生の西洋古典語の学識の深いことを知っておられた恩師Raphael von Koeber先生の御紹介で、無試験でHomerosのIlias, Odysseia、VergiliusのAeneisの講読を、個人的に教わった。

次に、話が多少私事にわたって恐縮だが、Lawrence先生は、教え子の長所や特質を、よく知っておられたようである。その一つに、われわれが東京帝国大学大学院学生になった翌年、即ち明治四三年の春のある日、研究室での授業が終った後、先生は私に市河君と一緒に生活しながら勉強してはどうだと言われた。兼々こいつは偉い、こいつには叶わないと畏敬していた銀時計市河君とのことなので、先生のこのお言葉うれしく、力を得て、市河君にこれを伝えたところ、当分一人でいたいとのことなので、致し方なくそのままになっていた。

そのうちに、大学院特選給費生の第二回目の選考が始まった。ある日の午後、市河君が、文科大学の正面の大講義室の大開き戸のかげに小生を呼び、特選給費生に志願したかと問われたので、志願したと答えたところ、それなら僕は引こうと言った。その時には、何故に市河君が引いてくれたのか、その理由は不明であったが、とにかく、友のこの言葉はほんとうに嬉しく、ありがたく、彼の手を握って、ありがとうと言った。彼は例の如く微笑を浮べていた。かくて、私は第二回の大学院特選給費生になることが出来た。

後年のある日、市河君と私とが井の頭公園を散歩していた際、その時の事情の一部を市河君が話してきかせてくれた。それによると、Lawrence先生が、われわれ二人は卒業論文は同点であったが、口頭試問で市河君が優っていたので、彼が言語学科を首席で卒業し、明治四二年七月恩賜の銀時計をいただいたので、特選給費生の場合にも、彼が第一候補に挙げられるべき筈であった。ところが、第一回の時に、英文科の千葉勉氏が選定されているので、第二回目にもまた、英語関係の市河君が申込むとなると、選定の際、お互に不利であるから、西洋古典学の田中に譲って、立候補を差控えてはどうだろうと市河君に言われたとのことである。

特選給費生の選定も終ってから約半年を経た明治四三年の秋、市河君が一緒に生活せんかと言うので、小生には異存はなく、直ちに相談は出来た。ところが、この話を、どこで誰から聞かれたのか、土居光知君が自分も仲間に入れてくれぬかとのことなので、われわれ二人は悦んで同意した。幸い東京市本郷区駒込神明町に、手頃な二階家が見つかったので、それを借り、愈々三人の大学院学生の楽しい生活が始まった。市河君は阿部伯爵家の家庭教師、土居君は日蓮宗大学教師、小生は特選給費生。この共同生活は、明治四三年秋から四五年秋まで続いた。

Lawrence先生が、一人異境で客死されたとき、イギリスにいられた御遺族から、先生の日本にある御遺物の処理を、多くの御弟子の中から、特に市河君を指定して御一任になったことは、先生の、ひいては御遺族の、市河君に対する信頼を示してあまりある。

Festina Lente

Now thou art gone, and never must return!

But, O tha heavy change, now thou art gone,

—John Milton

9 土居光知「駒込神明町時代の市河君」

(『英語青年』第一一六巻第七号、一九七〇年、「市河三喜先生追悼特集」)

私は大学生時代(明治三九―四二年)の市河君についてはほとんど何事も知らない。市河君は英文学科ではなく、言語学科に属していた。その頃言語学科では、国語学の橋本進吉博士、アイヌ語の金田一京助博士、ギリシャ語学の田中秀央博士のような本格的な学者を輩出させている。そして市河三喜博士はこのグループのうちで若く、傑出した学者であった。恩賜の銀時計の拝受者であり、首席の卒業者であったので、当然大学院学生として、特選給費生に選ばれたのであろうが、市河君はそれを望まず、主としてロレンス教授に師事し、――これは卒業以前からのことであって、卒業論文は「'for' の意味の歴史的展開」に関しても、ロレンス教授が主査となり、教授の綿密なメモが、卒業論文に添わって、野上三枝子夫人のもとにのこっている――教授のゼミナーに出席されていた。

市河君が家を持とうと考えるようになったのは卒業後二年目、明治四三年五月のことであった。令兄の書家市河三陽さんが結婚され、きまった職もなく、いつまでも部屋住みの身でいるのは窮屈であり、そうかといって下宿住みもおもしろくないので、貸家を探したところ、駒込神明町に家があった。それは八畳三室、六畳二室、四畳半と三畳という家で、庭も相当広く、室に余裕があるので、田中君と私とに話され、私らはこれ幸いと、市河君の好意にあまえ、便乗させてもらうことになった。家賃は一五円くらいであったと思う。市河君が借り主で、生活費の勘定方をひきうけてもらい、市河君を「みきさん」と呼んでいた、従来から市河家と親しかった、「おばさん」に監督をしてもらい、女中をおき、二年間楽しい生活を送った。

三人のうちで、田中君は時間をきちんと守り、六時に起床すると、冷水摩擦、深呼吸、体操を欠かすことなく、その手足運動の回数まで、八の倍数に定めてあった。私らもそれを見習って、ながく実行してきたが、三人ともに八四歳まで生きられたのは、そのためかと思われる。

ここで市河君の勉強ぶりをちょっと紹介してみると、四四年の夏、ひと月ばかり大学の研究室へ通って、Stevensonの Treasure Islandを初めから終りまで、問題になると思われる語句を、一々N. E. D. でしらべながら読んだといっていた。これは一九二一年研究社から発刊されたTreasure Island, ed. by Sanki Ichikawaの発端となったものであろう。大学の文学部には心理学科などを除いては、そのころまで研究室などはなかったが、ロレンス先生がセミナーの演習をするため、図書館の裏側にあった(?)医学部の教室を借り、机、N. E. D. などを置いた時から始まったようである。また、N. E. D. は未完結で、当時はPの部まで出版されており、これもロレンス先生がその価値を説き、学生に知らせたもので、個人で三百円ほどの金を出してこの辞書を買った人はなく、他の研究者の来ない休暇中に研究室に来て、この辞書を利用するほかはなかった。

市河君はまたこの時代に、Icelandic, Norse, Danishなどの語を学んだようである。それは、まず、辞書と、文法書と、それらの言語に翻訳された新約聖書を求め、文法書を参照しながら、辞書で各語の用法などをしらべ、マタイ伝を原文、英訳本、既修のIcelandic, Norse, Danish訳などと比較しながら諳誦するまで読むという方法であった。かかる方法により、数か月の中に一つの言葉を修得したようであるが、それらを利用することがなかったので、晩年には忘れてしまったと語ったことがあった。

神明町時代に市河君をよく訪問したのは、「英語青年」の編者喜安さんであった。喜安さんは、"for"に関する論文を読者にもわかるよう簡易にして、「青年」にのせてくれるようにと懇請したが、市河君は別の研究を書こうといって、月二回刊行の「青年」に毎号一年間寄稿し、それをまとめて『英文法研究』と題して、大正元年研究社から出版した。

市河君はまたChaucer, Shakespeare, Miltonを始め、文学書を

も、文学として、読まれていた。その頃田部重治君がよく神明町の家を訪問し、Browning の Sordello や Dramatic Lyrics や、Rossetti のソネット集 The House of Life などを市河君と私とで毎週一夕ずつ読む、三人のセミナーを持とうといった。これらの詩は、西洋詩歌の素養のない私らには難解であったが、Sordello は David Duff の An Exposition of Browning's "Sordello" をたよりにして読み、My Last Duchess のような詩は Lafcadio Hearn の講義によって理解を助けられたことが多かった。この講義は田部君の令兄隆次さんが筆記し、後に出版された Interpretation of Literature, Appreciations of Poetry の底本となったもので、私らはそれと、Browning Society の研究冊子などによって Browning, Rossetti などの詩を多少理解することができたが、市河君も熱心で、私らの質問を語学的に解決してくれ、後に On the Language of the poetry of Robert Browning と題する論文を書き、文学博士の学位を受けられた。

注．なおこの一文は、土居光知『文芸その折り折り』（荒竹出版、一九七三年）に再録されている。

10 松平千秋「田中秀央先生と日本の西洋古典学」

（『古代文化』第三八巻第八号、一九八六年）

1

田中秀央先生がラファエル・ケーベル博士の門下生であることは多くの人の知るところである。ケーベル博士は、日本の西洋古典学の父と言ってよい人であるが、田中先生は、ケーベル博士が日本の土に蒔いた古典学の種を、発芽させ育て上げた功労者である。

ケーベル博士の出自については、久保勉『ケーベル先生とともに』（東京、昭和二六年）の冒頭に、ケーベル博士は一八四八年一月十五日、ドイツ系ロシヤ人で実際の枢密顧問官であったグスタープを父とし、マリアを母としてモスコーの東方ヴォルガ河畔の古都ニシニイ・ノヴゴロドに生れた。ケーベル家は元来ドイツのザクゼンから出ており、先生の中のロシヤ人の血はスウェーデン人の血のまじっていた母方から来たものである。一歳にして母君を失った先生は、母方すなはちレヴァールから来たレービンダー家の祖母君のもとで、乳母を雇って育てられた(一二五頁)。

とある。はじめ音楽家を志すが、性格的に演奏家として立つには不向きであることを自覚し、この道に進むのを断念して哲学の研究に向う。ドイツ各地で当時高名な哲学者たちに師事するが、エルンスト・ヘッケル、クーノー・フィッシャー、エドゥアルト・フォン・ハルトマンなどが、彼の最も敬愛した師であった。このように彼の学者としてのアウスビルドゥンクはすべてドイツにおいて完成したのであるから、その血統とも思い合せて、彼をドイツ系ロシヤ人と呼ぶよりも、ロシア国籍を持つドイツ人と呼ぶ方が一層適切であると言ってよい。

明治二六年(一八九三)ケーベル博士は恩師ハルトマンの推薦によって来日し、東京帝国大学に哲学の講師として赴任する。ケーベル博士は、哲学のほかに、ギリシア、ラテンの語学、文学、さらにドイツの古典文学についても講義を行なった。哲学以外はいわば契約外で、西洋文化の理解の為には西洋古典の知識が不可欠の基礎課目であるとの信念から自発的に行なったものである。

ケーベル博士の講義を聴講した学生の中からは多くの人材が輩出したが、久保氏の前掲の著書では、それらの人々の名を三段階の時期に分けて記してある。古いところでは岩元禎、桑木厳翼、姉崎正治、高山林次郎、波多野精一、続いては石原謙、阿部次郎、田辺元、安倍能成等があり、著者と同年代では岩下壮一、九鬼周造、和辻哲郎、田中秀央の名が挙げてある。しかしこの内後々まで西洋古典学を専攻したのは著者の久保勉と田中秀央のお二人だけである。

ケーベル博士は学生たちをよく自宅に招いて食事を供した。終生独身であったから、その気安さもあったであろうが、一番の理由は彼が学生を吾子のように可愛がっていたからに相違なかった。そういう時のケーベル博士は、すっかりくつろいでよく冗談を言い、学生たちをからかって喜んでいたという。

久保は特にケーベル博士に愛され、ドイツ語に堪能であったこともあって、大正の初期からケーベル博士の家に起居するようになり、一種の学僕として彼の身の廻りの面倒を見ること一〇年にわたった。そしてそれはケーベル博士の逝去の日まで続いたのである。

もちろん田中先生もケーベル邸に出入した学生の一人であった。ケーベル邸に招かれた時の田中先生について、次の様な微笑ましい情景が描かれている。

…ギリシャ語の時間のあった木曜日には、田中君等と一緒に夕食に招かれることも屢々であった。さういふ折にはよく甘党の吾々のために特に注文されたライスプディングが出たが、一応皆が食べ終って、まだ半分位も残ってゐるのを見ると、先生は大の甘党の田中君にイート、イートと云って勧められ、田中君の方でもにこにこしながら素直にそれをみんな平げるのであった。またそれを見て如何にも満足さうに先生が笑はれた光景が今なほありありと眼前に浮んで来る。田中君はその無邪気で素朴な性質と素直に先生の指導に従って、脇目もふらず古典語の研究に専念してゐたので先生の気に入ってゐた（久保、前掲書、八八～八九頁）。

田中先生は、卒業後もケーベル邸をよく訪問されていたようで、御長女の悠紀子さん（山岡京大名誉教授夫人）のお話によると、先生に連れられてケーベル先生のお宅へ伺った、ということである。田中先生は、大正三年に結婚しておられるので、令嬢を連れてケーベル邸を訪ねられたのは、大正四年以後のことで、横浜の友人士が東京大学を退職した大正四年以後のことで、横浜の友人宅に寄寓していた時期に違いない。

ケーベル博士は二一年の長きにわたり、しかもその間一度も中断することなく、東京大学の教壇にあったが、大正三年（一九一四）に大学との契約期限が切れて帰国することになった。しかるに出発直前第一次世界大戦が勃発して帰国の望みを絶たれることになる。友人のロシア領事の官邸に寄寓し、一九二三年六月逝去するまで終にこの仮の住居を離れることがなかった。運命のいたずらという外はないが、帰国を果せず異国の土となったことが、ケーベル博士にとって不幸であったとは必ずしも言えぬように思う。彼には家庭がなく、在独中に得た恩師や友人たちの多くは、既に他界していたであろうから、他国とはいえ多くの忠実な門下生に囲まれて世を去ったのは、むしろ幸福な生涯であったのかも知れない。

2

田中秀央先生は、明治一九年（一八八六）三月二日、愛媛県北宇和郡三浦村で、田中精一郎、みねの四男として誕生された。田中夫妻には四〔三〕男〔三〕一女があったというから、先生は男子としては末子であったわけである。入学された小学校は三浦村立大内小学校と言い、中学校は宇和島中学（今日の宇和島東高校）であった。ついで京都の第三高等学校に進学、明治三九年に卒業、東京帝国大学文科大学に進まれた。四二年に卒業、大学院を経て四五年同大学の講師に就任、古典語を教えられた。大正九年（一九二〇）七月、京都帝国大学文学部講師として招かれて京都へ赴任、同年一一月には早くも助教授に昇任されている。大正一一年から約二年間、文部省在外研究員として渡欧、主として英国において西洋古典学を研究、一三年に帰朝せられた。

昭和五年、文学博士、次の年に文学部教授に任ぜられた。その後西洋文学第二講座、梵語学梵文学講座の分担を経て、一三年には西洋文学第二講座担任となり、事実上わが国最初の西洋古典学・西洋古典文学の講座が開設されることになった。

二一年三月を以て停年退官、その後は京都女子大学に教授として就任、四九年米寿を迎えられた機に退職されたが、同年八月六日に逝去された。

京都大学在職中に叙勲三回（四等、三等、二等の瑞宝章）、ギリシア政府から勲章授与二回、またアテネ大学からは名誉博士の称号を贈られている。

以上が田中先生の生涯の概略であるが、幼年時代から三高、東大における勉学時代にわたって、今日我々が具体的に知り得る所は殆どない。当時先生と親しかった方々は、既に故人となっておられるし、また先生は、我々後輩に御自分のことを語られることは稀であった。先生は謹厳で酒も煙草も嗜まれなかったので、酒席で思い出話を伺うような機会などもなかったという事情もある。ケーベル博士の許で学んでおられた頃は、前に掲げた同門の人々との間に交友関係があったことはいうまでもないが、それらについても有力な資料が残っていないのは遺憾である。市河三喜、土居光知のお二人とは、ほぼ同年輩であったこともあり、特に親しくしておられたようであるが、いずれも既に物故しておられる。山岡夫人のお話では、先生御自身が書き残されたノート風のものがあったということで、探して見付かったならば見せて頂けるはずであったが、本稿を草するのには遂に間に合わなかったのは遺憾である。

京大に移られてからのことも、筆者は漸く昭和一〇年に入学した者であるから、それまでのことは先輩たちから折々に伺った断片的知識しかない。前述の如く先生が昭和六年に教授になられた時に西洋文学第二講座分担を命ぜられ、同八年には梵語学、梵文学講座をも併せて分担されるようになるが、これは本来先生が坐られるべき西洋古典語学・西洋古典文学講座がまだ開設されていなかったための便宜的措置で、西洋文学第二講座というのは英文学のための講座である。それが昭和一三年に、上の二講座の分担を免じ、西洋文学第二講座担任を命ずという辞令が降りたのは、文学部教授会が西洋古典語学・文学を講座外正科として開講することに決したためで、翌一四年から専攻学生を収容し得る独立科目となったのである。この措置は西洋古典を重視した京大文学部の英断によるものであったが、田中先生の多年にわたる研究及び教育における業績が、その最大の原動力になったことは言うまでもない。先生退官後は筆者が講師、ついで助教授としてこの科目を担当したのであるが、事実上独立したと言っても、正式の講座として認可されたものではないので、言うなれば他講座に寄食している状態でこの科目は存続していたのである。

西洋古典語学・西洋古典文学の講座が正式に開設されたのは、漸く昭和二八年になってからである。この間田中先生初め、退官・現職の教官が講座開設に尽瘁されたようであるが、中でも天野貞祐先生の努力によるところが最も大きかったと聞いている。元文部大臣であった先生の影響力が強く働いたであろうことは、容易に推察できる。後年東京大学文学部にも西洋古典の講座が新設され、今日独立の講座を持つのはこの二大学のみである。

昭和二五年には、日本西洋古典学会が結成され、学会事務は京大の西洋古典研究室が主として担当し、研究発表会の開催、学会誌の編集を行なって今日に至っている。ケーベル博士によって蒔かれた西洋古典学の種子が、田中先生によって育てられ、ここに漸く枝葉を拡げて来たと言ってよかろう。

3

田中先生の業績は多方面にわたり、また数も多いので、ここに一々挙げることは難しい。

著書としては、ギリシア語、ラテン語の文典、教科書、辞典の類、また文学史などがある。我国における西洋古典学の先駆者として、先ず啓蒙的、教育的な面を重視せられたのは当然であった。筆者が古典語を学び始めた頃は、ギリシア語では先生のGrammaticae Graecae Rudimenta（東京、昭和二年）が、ラテン語ではNova Grammatica Latina（東京、昭和四年）が最も権威ある文法書とされ、我々もこれによって学んだものである。ギリシア語文典は文法用語が全部英語で記されており、従って我々年代の者は、後々まで文法の術語を英語で言う習慣がついたほどである。ラテン文典では邦訳が試みられているが、それらは試訳の域を出ず、今日でも比較的広く用いられているのは、deponentの訳語である「形式所相動詞」くらいであろう。ギリシア文学史は二種あり、一つは井上増次郎との共著、他は黒田正利との共著に成る。後者（東京、昭和一四年）は七〇〇頁を越える大著で、我国における最初の本格的なギリシア文学史と言ってよい。ラテン文学史は先生おひとりの著述で、昭和一八年に生活社から刊行された。後に触れる同書店刊行の『ギリシア・ラテン叢書』の第一冊目に当る。

辞典類では、羅日辞典（Lecicon Latino-Japonicum）（東京、昭和二七年）と落合太郎共編の『ギリシア・ラテン引用語辞典』（東京、昭和一二年）がある。いずれも今日も尚広く利用されている辞書である。

訳書は約三〇冊を数える。ギリシア・ローマの古典作品のものが多いのは当然であるが、近代の学者による研究書の翻訳もある。注目に値するのは、初期の作品にローマ法関係の原典訳が三冊もあることである。いずれも末松謙澄共訳のもので、当時高名の法学者が古典語の専門家を協力者に望んだ結果であろう。『ユスティニアーヌス帝欽定羅馬法提要』（東京、大正四年）、『ガーイウス、羅馬法解説』（東京、大正六年）、『ウルピアーヌス、羅馬法範』（東京、大正六年）がそれである。後年京都女子大学在職中に発刊されたマグナ・カルタの訳註（京都、昭和三三年）も、遥かにそれに繋る業績であろう。また古典以外のものとして、浜田耕作、泉井久之助、長沢信寿らと共訳の『サンデ、天正年間遣欧使節対話録』（東京、昭和一七年）がある。

近代欧米の古典学者による著述の翻訳としては、『ブッチャー、ギリシア精神の様相』（和辻哲郎・寿岳文章共訳、東京、昭和一五年）が最も広く読まれ、古典専攻者のみならず、近代文学の研究者をも裨益するところが大きかった。

ギリシア・ローマの古典作品の翻訳が最も多いのは勿論で

あるが、ギリシアではホメーロス（越智文雄共訳『イーリアス』上巻〔東京、昭和二四年〕；松浦嘉一共訳『オデュッセイア』上・下〔東京、昭和一四年〕）、悲劇作家（内山敬二郎共訳『アイスキュロス、悲壮劇』〔東京、昭和一八年〕；内山共訳『ソポクレース、希臘悲壮劇』〔東京、昭和一六年〕、内山共訳『エウリーピデース、希臘悲壮劇』〔東京、昭和二四年〕）、ほかにクセノポーンの小篇数冊などがある。

ローマ作家のものとしては、木村満三共訳『ウェルギリウス、アエネーイス』上・下（東京、昭和一六年）；越智共訳『ウェルギリウス、田園詩、農耕詩』（東京、昭和二一年）；黒田正利共訳『ホラーティウス、詩論』（東京、昭和二年）；村上至孝共訳『ホラーティウス、書翰集』（東京、昭和一八年）；泉井久之助共訳『タキトゥス、ゲルマーニア』（東京、昭和七年）；角南一郎共訳『キケロー、義務について』（東京、昭和三四年）などが挙げられる。

訳書のほとんどが共訳であることについては、『自分は文章に自信がないから』と先生が洩らされたのを聞いたことがあるが、そのような配慮をなさる必要はなかった、と筆者は思っている。先生としてはそういう理由ばかりでなく、若い門下生を引き立てるお積りもあったのであろう。共訳者はいずれも古典に関心のある人々ではあったが、古典語の知識については必ずしも専門的な学力を具えていない場合が少なくなかった。近代語訳から重訳された原稿を、先生が原典と照合しつつ訂正加筆されたようである。先生の原典翻訳に臨む態度は極めて厳格で、一語一句もおろそかにはせぬという風であったが、そのために共訳者の側では不満を抱く場合もままあったようである。筆者が記憶するところでも、ある人が原典に「盾と槍」とある所を順序を逆にしたというので憤慨しておられるのを見たことがある。先に挙げた『ギリシア・ラテン引用語辞典』は落合太郎先生との共著であるが、これは田中先生が先に原典から訳されたものを、落合先生が添削なさるという方式であったらしい。いつか落合先生が私共に、『僕が切角直したところが、戻って来たゲラを見ると元のままだった』と笑いながら話されたことがあった。お二人は気心の合った友人同士であったから、それで済んだであろうが、恩師に遠慮せねばならぬ後輩の場合には、多少鬱屈した気持が残るようなこともあったのではないかと想像される。

戦時中の末期に生活社という出版社が、ギリシア・ラテンの古典叢書を計画し、採り上げるべき作品と翻訳者の選定を田中先生に一任した。先生は数人の古典学者を集めて協議され、昭和一八年に先生の『ラテン文学史』を皮切りに、続々と重要な古典作品の訳書が刊行された。この叢書の刊行は戦後まで続いたが、間もなく出版社が経営不振に陥って中断の止むなきに至った。しかしその間、青木巌『ヘロドトス、歴史』上・下(東京、昭和一五年、一六年);同氏『トゥーキューディデース、歴史』上・下(東京、昭和一七年、一八年)、同じく青木氏の『プルターク英雄傳』(東京、昭和二三年);村川堅太郎『エリュトゥラー海案内記』(東京、昭和二一年);森田慶一『ウィトルーウィウス、建築書』(東京、昭和一八年)などの大作を含め一〇点に余る原典訳が完成し、学界に貢献する所が大きかった。

4

田中先生の人となりについては、先に引用した久保氏の著書からの一節――ケーベル邸に招かれた先生が、ライス・プディングをすすめられるままに平げる場面が、実に良くその真面目を示している。多年にわたって先生に師事してきた筆者の如きは、その場の先生のしぐさまで眼前に見る想いがするほどである。先生の天真爛漫ともいうべき率直さは、恐らく天性のもので、幼年時代から生涯を通じて持ち続けられたものであった。先生の人生観は極めて単純明快なものであったから、それに抵触する行為に対しては容赦するところはなかった。筆者は先生から面と向って叱責されたことは余りなかったが、一つだけ今でも強く記憶に残っていることがある。学生時代ギリシア語の講義を受けていた時のことである。教科書は多分クセノポーンの『アナバシス』であったと記憶する。受講生は筆者一人で、第一時限の授業であった。当時は午前八時始業であったから、夜更しの癖のある若者には辛い授業であった。当時北野に住んでいた筆者は、どうやら既に幾度か遅刻して先生を苛立たせていたものと見える。先生の研究室に入るなり、先生は声を荒げて度重なる遅刻を責められ、こちらは恐れ入ってひたすら宥恕を乞うしかなかったのである。

先生が時間に厳格であったことは人々のよく知る所であった。授業のあるなしに拘らず、先生は毎日午前八時前には必ず研究室に来ておられた。文学部の教授諸公の大方は、授業日以外に研究室に来られることは稀であったから、先生などはむしろ異例の存在であった。この時間についての厳格さは、家庭生活においても――というよりむしろ家庭では相手がお身内であるために一層甚しかったものと想像される。夫人はじめ御家族の御苦労がお察しできるように思う。恩師のケーベル博士も日常の生活が極めて規則正しかったことは知られている。『カント程ではなく、また神経質に努力した結果でもなかったが』ケーベル博士の一日は判を押したように規則正しかった、と久保氏は記している。田中先生はケーベル博士よりも少しく「神経質」であったのかも知れない。ケーベル博士との比較ということになると、もう一つある。ケーベル博士は酒と煙草もほどほどに愛好した人であった。むしろエピキュリアンと言ってもよい、とは久保氏の評言である。同門の美学者深田康算の言葉として「ケーベル先生の中のエピキュリアン風なところは僕が承け継ぎ、ストイック風なところは久保君が承けついだ」と久保氏は書いているが、田中先生は久保氏と共にストイック風なところを継承されたわけである。先生がいつか外出先で大変咽喉が渇いて、出されたビールを一口飲み、ビールがこんな旨いものだとは知らなかった、と言われたという話をある先輩から聞いたことがあるが、真偽のほどは定かでない。

また、ある時先生から頂いた葉書の終りに、Festina Lente とあるのを見て、一寸ショックを受けた記憶がある。「ゆっくり急げ」というラテン語の格言であるが、この時は特に自分に対して先生が警めのために書かれたものと思って考え込んで終ったのである。ところがこれはケーベル博士が愛用した格言で、田中先生がそれを継承されたものに相違ないのであるが、いつの頃からか、通信文の終りに「敬具」代りに常用しておられたことが判った。特に筆者宛の訓戒ではないことも知って一安心したのであったが、そう言えば先生には気短かな一面が確かにあった。授業の際、黒板で書き間違いをされると、手近にある黒板消しは用いずに、指で消すのが先生の癖であった。それもかなり強烈な勢いで黒板をこすられるので、シュッシュッという音がいまでも筆者の耳底に残っているほどである。先生はこの句を自戒の意も籠めて用いておられたのかも知れない。

先生は、昭和四九年八月六日夜逝去された。享年八八才であった。葬儀は同月八日に南禅寺の塔頭帰雲院において行なわれた。当日の朝はむしろ肌寒いほどの爽涼さであったが、日中は流石に暑くなった。葬儀は午前一〇時半に始まり正午に終わった。筆者は葬儀委員長の大役を仰せつかり、霊前に弔辞を捧げたが、その中で先生が生前着用しておられたケーベル博士から拝領の外套に触れ、この古ぼけた外套こそが、日本の西洋古典学の発祥と発展を示すシンボルであった、と述べた。

先生のお墓は帰雲院の墓地にある。

第二部　史料編

2　田中秀央宛書簡

[1] 浅野長武［一八九五～一九六九］

旧安芸広島藩主浅野家の当主、侯爵、東京国立博物館長。田中秀央が英語の家庭教師をつとめて以来長年にわたり厚い親交があった。

---

1 ［一九一四年］七月一日

［封筒表］
「府下巣鴨町上駒込
九十六番地
田中秀央様
平信」

［封筒裏］
「七月一日
府下目白学習院
寄宿舎第二寮
浅野長武」

拝啓
来る五日午後一時より御来邸被下度候、尚復習の範囲は左の如く御願申上候
高等独文読本
1. Karl der Grosse
4. Das Rittertum
9. Das Glück durch die Gelbwurst
16. Hannibals Zug über die Alpen
20. Das Bild des Grossvaters

若し当日御差支あらば真に恐れ入り候へ共、その旨小生まで御一報被下度候、御都合御宜しければ別に御返事には及ばず候、いつも勝手のみ申上げ恐入候、先は御願ひまで
七月一日　長武
田中先生
尚当日午前久保［勉］先生に御来邸いたゞく事を、本便と共に小生より同先生まで御知らせ致し置候、為念御知らせ申上候

2 ［一九四七年］七月一六日

謹啓、酷暑之候愈々御安泰奉賀候、陳者今般京都帝国大学文学部に御蔵書御寄贈無滞御終了御安心被遊候御事と拝察仕候、茲に先生の学界に於ける御業績と共に、斯界に裨益する所尠からざることゝ欣快之に過ぐるもの無之候、過日御地に参上の節は一方ならざる御高配を蒙り、毎々の御芳情千万忝なく厚く御礼申上候、先は右御挨拶申上度如斯御座候、頓首
七月十六日　浅野長武
田中秀央先生
玉案下

3　［一九四七年］七月二八日

謹啓、酷暑之候愈々御清勝奉賀候、陳者此程は御蔵書数々御恵贈に預り、御芳情之段真に難有深謝仕候、先きニ頂戴仕り候書籍と共に記念として永く珍蔵可致候、先は書中を以て右厚く御礼申上度、如斯御座候、頓首

七月二十八日　　浅野長武

田中秀央先生

玉案下

注　2と同じ用紙を使用して書かれている事から一九四七年と判断した。

4　一九四八年一月二八日

［封筒表］

「京都市左京区

北白川上池田町一番地

田中秀央様」

［封筒裏］

「一月二十八日

神奈川県小田原市

幸一丁目八七四

浅野長武」

久しく御無沙汰申上げて居りますが、其の後御変りあらせられませんか、御伺ひ申上げます、私方も一同無事に過して居りますから、何卒御放念下さいませ

今度ハ貴著「新羅甸文法」とウェルギリウスの「田園詩・農耕詩」を御恵与下さいまして、正に落掌、いつもながらの御芳情厚く御礼を申上げます、この頃私ハ読書を楽しみと致してをりますので、何よりも嬉しく、早速拝読致したいと存じます、旅行をしてをりまして、昨夜帰宅致して御書物を初めて拝見致しました次第で、御礼を申上げますのが真ニ遅れまして恐縮でございます

三月にハ帰省致したいと思ってをりますから、其の頃御地に参上御高話を拝聴致したいと存じます、京大の田中文庫も段々整理も出来つゝあるさうで、御同慶に存じます、その内御一緒に文庫も観たいと思ひます

この頃私ハ周《〔週〕》に二回づゝ池袋の豊島商業学校に校長として出かけ、それを主な仕事と致してをります、そして内に居ります時ハ、今まで書いた論文の中幾つかをまとめてみたいと存じます、また何かと御教示を仰ぐこともございませうから、何卒御指導下さいませ

気候不順の折から、呉々も御身を御大切に遊ばしませ、末ながら皆々様へよろしく御申上げ願ひます

先ハ延引ながら御礼申上げます、頓首

一月二十八日　　長武

田中秀央先生
玉案下

2 天野貞祐［一八八四～一九八〇］

哲学者、神奈川県生まれ。一九〇二年京都帝国大学文科大学哲学科卒。第七高等学校・学習院教授を経て京都帝国大学助教授、三一年教授、四四年退官。その後甲南高・第一高等学校校長、日本育英会会長を歴任。戦後は教育刷新委員会・中央教育審議会などの委員や会長として教育政策の形成に直接携わった。第三次吉田茂内閣の文相。

1 一九四四年三月一七日

［封筒表］
「左京区北白川上池田町一
田中秀央様
平信」

［封筒裏］
「天野貞祐
京都市左京区下鴨下川原町四六
電話上③七九七三番」

拝啓、承れバ御令息様にハ目出度く三高へ御入学のよし大賀至極に御座候、同志社四年より三高入学といふ御成績、御本人の為に喜ぶべきのみならず、伝統の誇るべきもの有りながら、私立の為とかく重んぜられざる傾向ありし同志社の為、実に慶賀に堪へず候、平生の堅実なる御教育の結果に由ることにて、祝意と共に深甚の敬意を表する次第に御座候
先ハ御祝詞まで、拝具

三月十七日　天野貞祐

田中大兄
御座下

2 一九五二年六月一八日

［封筒表］
「京都市左京局区内
北白川上池田町一
田中秀央様」

［封筒裏］
「天野貞祐
東京都武蔵野市吉祥寺五六七
（武蔵野局区内）
電話ムサシノ三九四四」

御手紙拝見いたしました。御労業「羅和辞典」御完成の趣、大賀至極に存じ上げます。小生平生あまりラヂオを聴かぬ為、今朝貴兄の「朝の訪問」きゝおとし、後より知りて非常に残念に思いました。
さて古典語講座は本年度においてハ是非共成立せしめ度く、小生も事務当局によく話すつもりです。京都大学の方より順

序を先きにして要求されるならバ、必ず出来ると信じます。

学生の活動には実に閉口いたします。破防法にしても十分研究したわけでもなく、漫然と雷同している学生が多いのではないでしょうか。目下の共産党の暴力活動は恐るべきものがあります。それより或はなお恐ろしいとも言えるのは七十万の鮮人です。鮮人を利用されたらば大変なことです。要するに場合によっては日本もソ連の衛星国になってもよいというのでなければ、破暴《防》法に反対はできぬ筈です。この法律は少しも思想を束縛ハしません。天皇制廃止を唱えることさえも出来ます。吉田内閣打倒などはいくらでも宣伝できます。学者や学生の騒ぐわけハないと思います。勿論こんな法律はない方がよいのですが、目下の社会状勢止むをえないのです。

旗のことハ小生も赤旗にハ反対です。同志社でしたらば校旗を用いてハどうかと考えます。

とり急ぎ御返事まで。

末筆ながら奥様お始め皆々様よろしく願上げます。匆々敬具

六月十八日　貞祐

田中学兄

御座下

3　一九五二年七月二十七日

［封筒表］
「京都市左京局区内
北白川上池田町一
田中秀央様」

［封筒裏］
「天野貞祐
東京都武蔵野市吉祥寺五六七
（武蔵野局区内）
電話ムサシノ三九四四」

七月二十三日附御はがき有り難く拝見、御高情たゞ感謝あるのみでございます

古典学講座は文部省にては必ず承認する筈です、問題は大蔵省ですが、何とか貫徹いたすつもりでをります、種々の事情より小生の退官も近く実現せざるをえませんが、小生の在職の如何に拘らず、古典語講座の成立は可能と考えております、ソホクレス氏のことについても事務当局によく話しておきます

皆様の御健康をいのり上げます、敬具

田中学兄　七月二十七日　貞祐

---

3 市河三喜［一八八六〜一九七〇］

英語学者、東京下谷に書家市河三兼の次男として生まれる。

一九〇九年東京帝国大学言語学科卒。一二～一六年英米などに留学、帰国後東京帝国大学助教授、二〇年教授、四六年退官。日本における科学的実証的英語研究の基礎を築く。二九年日本英文学会、三一年日本シェークスピア協会設立に尽力。

1　一九一三年六月一六日

［封筒表］

「H. Tanaka, Eng

Tokyo, Japan

東京市本郷区曙町

十三、ホノ三加賀谷様方

田中秀央様」

角力の絵葉書正に落手、サトウの写真滞りなく着いた由、安心致候

僕もあまり手紙を出さぬが内地よりも殆んど通信なし、南日《［恒太郎］》君、土居《［光知］》君益元気の事と思ふ、貴兄も不相変ヴィゴラスにや、或はいゝ話でも始まりしや、大溝《［惟一］》は如何せし、大溝といへば僕も来年からロンドンの下宿に大溝的の生活をして、出来る丈多くを古本の購求に費す積である、今迄の所でも一月20磅位は本の方に飛んでるやうに思ふ、日に十数冊宛の平均で増えるのだから、一々書ひて行く暇もなし会計を立てることもしないが、兎に角九月迄の学資も残り僅になつた、実に愉快である

New Engl. Dict. も買つた、もう二箱日本に送つた、近々又三箱ばかり送る、帰朝の日には一寸したライブラリーが出来る、それ許が楽しみなり、外の留学生は喰ふ事、着る事のみ考へ、本に金を投じやうなど殊勝な考を有せるもの少し、独力故中々骨が折れる、英国に学べきものに時と金を費すの途Pleasure-seekingかbook-huntingの二つあるのみ也、これは何も大溝的誇張でもなし、呵々

大学は四月末に始まりて六月始めに終る、学生はいづれも遊んで許り居る故、何れも元気よきヴィガラスの顔をして居る、牛津《［オックスフォード］》は日本でいへば学習院の如き所ならん、教授は立派な邸宅を構へて居る、俸給は一万円に達するもの少からず（授業は一週二時間か四時間にて）、英国に来て感ずることは、若者の容貌美しきことなり

一週間許まへ旅行に出かける、ウェールズから愛蘭《［アイルランド］》の方へ、言葉が通ずる故何処へいつても面白く、百姓屋などに泊ることもあり、日本の空を望んでなつかしく思ふこともなし

序ながら小生の留守宅は

鎌田町六ノ十二
に引越したれば、御通知致し置く
敬三《〔渋沢〕》氏等如何、別封の切手はマンチェスター地方にて買ひたるもの、少し許なれど小供等に切手を集めてる小供（尾高？）にやつて呉れ玉へ
別封の手紙はロレンス先生へ、藤岡《〔勝二〕》先生に先日古本屋のカタログを御送り致したれど、内スキートの蔵書は最早過半売れてしまひたり、ノルエー、スキーデン等より購買者ありし為、そのやうよほど人の買はぬやうなものでなければバ、もう残つて居ず
此旨先生に言伝てられたし

六月十五日日曜
晴天　　牛津にて
田中秀央様　　市河三喜

2 〔一九一四年〕三月二九日

〔封筒表〕
「H. Tanaka, Eng
Tokyo, Japan
東京市本郷区曙町
十三、ほノ三
田中秀央様」

三月八日附の御手紙有難く拝誦、何故にや貴兄よりの御便りは夏期旅行前封書一回（之に対しては端書と古切手封入の手紙を差上げたる筈）と、斎藤《〔勇カ〕》君と連名の端書一回受取りたるのみのやうに記憶する、其他は何処に宛てられたりや、或は途中紛失したのではないかと思ふ、二三の書信は単に剣樹《〔ケンブリッジ〕》大学宛で来たので、剣樹の郵便局では処置に苦んで、其儘送還してしまつたさうだ、時々そんな間違のあるのには実に弱る
兎に角日本より余りたよりなき今日此頃、貴兄の手紙は大日に雲霓を望むが如くに非常なる喜びを以て読んだ、僕も藤岡《〔勝二〕》先生はじめ兄等に対し故国の友人に対しあまり音信せぬ分、実は英人との書信の往復に少からぬ時を費して居るので、心ならずも御無沙汰致し居る次第、且つ同一文句の手紙や端書を方々に出すことの厭な自分は、名《〔銘〕》々に違った事を通信しやうとする為、却て手紙書くのが一種の苦痛になり、知らず〳〵無音となる訳、不悪御用捨
扨、僕の本を言語学教室に預けるやうにとの藤岡先生の提議に対しては、下の条件を以て承諾することにする
僕の送った本は言語学（各国言語に干するものを含む）、英語学、

英文学に干するものゝ外、随筆、小説やうのものも数多あり、其中言語学教室で入用なのは言語学と英語学に干するもの(英文演習室にも少々預け置きたり、必要な分は《もの丈》ロレンス先生にいうて転居せしむる事不可なし)丈だと思ふが、其中には今は絶版となって得難きもの、其他limited edition, private edition等にて、非常なる高価を払ひて求めたるもの、殊にスイートのライブラリーより買ひしものゝ内には、スイート其他名士の筆蹟を残したる所謂手訳本、著者よりの手紙を挿入せるものも二三《少からず》あり、小生の今記憶せる処にては

L. L. Bonaparte Pamphlets (bound)
A. J. Ellis Pamphlets (〃)
H. Sweet Hanbk of Phonetics
〃 Manual of Shorthand
Craigie Scotland's Rimur

等は此種の書籍なり、これ等は寧ろ硝子張の中に入るべきものにて、参考用に使用せざる事、其他数多くの小冊子(pamphlets)や紀要の別刷等は、再び求め難きものにて、注意しないと紛失し易きもの故、其心にて特に気をつけて貰ひ度き事New Engl. Dictionaryは使用随意勝手なり、大に学生の参考になることゝ思ふ、其外昔よりの英語辞書数多あり、グラマーの種類も多し

要は先づ貴兄と前田〔太郎〕君とでも一所に飯田町の家へ行って、土蔵にしまってある本を一々検査し、各書籍の表題・内容をしらべて教室向きのもの丈撰んで(言語学、ラテン、ギリシヤ、英語、アングロサクソン、アイスランド、スカンディナヴィア語学、独語、仏語等、其外辞書類)持って行かれたし、これらは悠に一日を要す、それが面倒臭さければ、悉皆其儘運搬してもよけれど、兎に角こまかきパンフレットに到るまで一々著者名、表題を書き記したるリストを作って、一部小生の許まで送り下され度き事、そは小生も一度にあまり沢山買ったので一々名を記して置かず、只自分の記憶に依頼したのみ故、どんな本を送ったのか忘れてしまったものもあり、これは是非願ふ。

セミナーに預けた本は金さへ出せバ又買へる本故、二三冊の紛失位は覚悟の上預けたのだが、今度の本はそうでなく、冊々辛苦の結果手に入れたので、金は兎も角労力を費したること夥しき、迚も門外の人の想像し得る所にあらず、金もあり余りを投じたのではなく、衣食を節し人が一週二ギニー(Is quem scimusのやうに)で下宿して居れバ、自分は一週二十四志で下宿するといふやうな塩梅で、貴兄ならバ迚も堪えられな

いやうな生活をして、一月に十ポンドを余して買ったもの、小生には生命にもかへ難き宝なれバ、いづれは大学なり或はもっと一般学生の利益となるやうな所に寄附でもする考なれど、今迄人にかして自分の本が一冊ならず行衛不明になった経験を有する僕は、又かゝることに甚無責任なる日本人の性質を知る僕は、聊か二の足を踏む次第わけだが、言語学の為又学府としては殆んど御話にならぬ程恥しくも又憐れなる大学のライブラリーを補ふ為、自ら進んで藤岡先生の乞を提議を容れて、まだ見ぬ自分の本を提供して学生のdisposalに置くことにする、願くは此心を諒として特別の注意を以て取扱はれん事を望む、運搬の際も貴兄よろしく監督して、バックのいたまぬやうに一々包む事、それ丈の労は無論、貴兄がとる事と信ずる

前田君にもよろしく頼む、僕は最愛の小供を人手に頼む心を以て自分の本を兄等の責任と使用とに委する。

飯田町より大学までの運賃は無論言語学の方で出して貰ひたまへ、けっして貧乏□□[汚損]飯田町の兄の手から出させたくない。

では上の大意を藤岡先生にいって宜敷取計って呉れ玉へ、どうせ自分では読み切れぬ本、且政府の金で買ったもの故、一般学生の使用に供すること聊か惜む所にあらず、寧ろのぞむ所であるが、得てなくなり勝ちになる故、特に注意せられん事を念をした次第までの事なり

三月二十九日　市河三喜

田中秀央様

57. Westbourne Park Crescent, London, W.

僕の住所は七月末頃までかはらず

不取敢御返事を待つ

本と結婚したる小生の品行は大丈夫なり、安心あれ

四月上旬金が来たら暫く旅行に出かける、といふと羨ましいかも知れぬが、小生の旅行は人のとはちがひ、雑嚢を肩にかけての乞食旅行、昼食もせずに歩くこともあり、寧ろ艱難を求めに出かけるのにて、我々の連中の中にては南日[恒太郎]君以外に真似の出来ぬ旅行なり

土居[光知]君によろしく、氏よりも手紙を待つ

南日君にも仝上、高柳[賢三]君も仝上（上野道輔君とは時々芝居へ行つたりしてよく会ふ）

大溝[惟一]の近況は？

仝時に飯田町へは手紙を出して置いた

3 ［一九四〇年］

［封筒表］
「京都市左京区北白川仕伏町二
田中秀央様
親展」

［封筒裏］
「東京帝国大学附属図書館長市河三喜」

前略、かねて御心配有之候佐伯好郎氏論文、本日の教授会に於て見事パス致候間、不取敢御しらせ申上候、発表はズっとおそく相成べく候間、左様御含み願上候

注　市河三喜は一九四〇年六月一五日から四六年一〇月四日まで東京帝国大学附属図書館長を務めた。封筒表の田中秀央の住所は誤記と思われる。

4 ［一九四三年］一二月一四日

［封筒表］
「京都市左京区北白川
上池田町一
田中秀央様」

［封筒裏］
「東京都
牛込区北山伏町二五
市河三喜」

お手紙有難くくり返して拝読しました、真の持つべきものは友なるかなの感を深くしました、小生も心を振ひ起してこの大試練を切抜けて、雄々しく立上り度ひと思ひますから、手を貸して下さい
明治天皇御製の「雪にたへ嵐に耐えて後にこそ松の位も高く見えけれ」の御歌をくり返して居ます
それにつけても日に増す寂しさは言ひ知れぬものがあります、食事の時、就寝後その他時と処とを嫌はず、涙が落ちて仕方がありません。三枝子《[市河]》は幸人前ではシャンとして居ます、小生も出来る丈生活を規則正しくして、貴兄にあやかって長生をするやう努力したいと思ってゐます。兄弟同様に相談し合ひたいことは小生も願ふ処です、元来の筆不精なれど、今後は当方に起つた問題については絶えず報告して御意見を伺ふことにしますからよろしく、では今度はこれで失礼
これより十日祭、明日は埋葬、多摩墓地に二つの新しい柱が立つわけです

十二月十四日夜　市河三喜

田中秀央様

5 一九四三年一二月一七日

［封筒表］
「京都市左京区北白川
上池田町一

［封筒裏］
「牛込北山伏町二五
市河三喜」

田中秀央様」

いりこと石鹸御送り被下有難く存じます
今日早速賞味しました
一昨日埋葬が無事済みました、多摩墓地に三栄《[市河]》の隣に墓標も新しい、その隣も又新しい墓標を建てました、扨それより勇気を振起して新しい生活へはいり度いと思ってゐますが、マダくし〳〵して困ります
野上夫妻《[豊一郎・弥生子]》の処へは此間行つて三枝子《[市河]》をよろしく頼むやう申して来ました、矢張養子は絶対不可能、小生と同居することも原則としては認められず、その時の情勢に依ること丶して、なるべくは新家庭は新家庭らしく成城の家で始めたいやうです、その時小生がついて行くことには反対もないやうです
それから宮地常子(三栄の婚約の娘)には、英文科卒業の教へ子のうちからい丶人――東京在住で係累の少い人――(三男以上の人、即四男カ五男)を撰んで話をして見たいと物色中で、略い丶人がありそうです、この話がまとまればこの夫妻に牛込の宅に住んで貰ひ、小生も一所に居ることも出来ます、それから斎藤《[勇カ]》君に万事御願ひしてあります、成行はまた後から御知らせしますが、此話がまとまれバ三枝子も一生姉妹《キャウダイ》分として相談相手が出来る訳で、小生としても非常に安心が出な訳です、以上序なから御報告まで

十二月十七日　市河三喜

田中秀央様

6　一九四五年一二月二八日

[封筒表]
「京都市左京区北白川
上池田町一
田中秀央様」

[封筒裏]
「東京帝国大学附属図書館長
市河三喜」

その後御無沙汰申上候、先日は真希夫《[田中]》君突然来訪、生憎ゆっくりお話する時間無之候而も、有望なる田中第二世としてうらやましく歓談致候次第に候、扨、明年は貴兄も小生も停年に相成事に候が、貴兄の後任として野上素一君の件は如何取運バれ居候や、実は仝君此間大島《[浩]》大使の一行と共に帰朝、目下は小生の牛込宅二階の一室に寓居致居候、近日御地に伺ふ筈と申居候へ共、若しその前に京大側の意向、或は貴兄の見通し等御差支なき範囲に於て率直に御内報賜はらバ幸に存じ候
右乍御迷惑私事に亘り恐縮に候へ共懇願に及び候、匆々

十二月二十八日　市河三喜

御返信は世田谷成城宅に御願申上候、匆々
田中秀央様

7　一九五三年一〇月三日

［封筒表］
「京都市
　左京区北白川
　上池田一
　田中秀央様」

［封筒裏］
「東京都世田谷区
　成城町48
　市河三喜」

前略、その后相不変御元気の事と存じ候、さて封入致候紙片に書かれた文句の出典等につき御教示願ひ度、乍毎度御迷惑よろしく御願申上候、土居［光知］兄は愈々一家を挙げて東京に移住することに決し、目下土地を探して居る処に候
これが早く実現すれば今度貴兄の上京せられる時は久し振にて三人会合し得ること丶、今から楽しみに致し居候、早々
十月三日　市河三喜
田中秀央様

［紙片］
quam parvo liceat producere vitam の出所
In omnibus nequiem quaesivi, er nuaquam inveni nisi in angulo cum ibro は Imitatio Christi のどこにありや
Greek Anthology の簡単な説明願いたし（一二三行にてよろし）
Apuleius ヲ Appuleius ト綴ルコトアルカ

4　市河晴子［一八九六〜一九四三］

市河三喜夫人。穂積陳重と渋沢栄一の長女歌子との間に生まれる。

1　一九二九年六月五日

［封筒表］
「京都市上京区北白川
　仕伏町六一
　田中秀央様」

［封筒裏］
「東京市牛込区北山伏町二十五番地
　市河三喜
（電話牛込一、七〇〇番）
　昭和四年六月五日　晴子」

御老母様御かくれ遊しましたそうで驚きました
くれ〴〵御くやみ申し上げます
こんなことなら春にまゐりました節御宅へ上って御目にか丶ってをいたものをと残念に存じます

春は思ひかけずいろ〳〵御世話様になりましたのに、あの後三枝子《〔市河〕》の御でき五つ六つあちこちに出来、それからはしかをはじめやっと三枝子がなほると三栄《〔市河〕》がかぜをこぢらせて一月近くぶら〳〵して居りますので、何だかごた〳〵暮してゆっくり御礼も申し上げず失礼いたして居ります、市河《〔三喜〕》もこゝしばらく検定試験でいそがしがって居りますので、くれ〴〵よろしく申し上げろとのことでございました

市河晴子

田中秀央様

少々ながら御香料御仏前へ御そなへ下さいまし

2 〔一九三〇年〕

〔封筒表〕

「京都市北白川仕伏町

六二《〔一〕》

田中秀央様」

〔封筒裏〕

「東京市牛込区北山伏町二十五番地

市河三喜

（電話牛込一七〇〇番）

晴子」

この度はいよ〳〵博士に御なり遊したと新聞で拝見、御よろこび申し上げます、今何か御祝の御しるしでも上げたいと市河《〔三喜〕》と話しあひましたけれど、思ひつきもないもので、長いことしまひ込んであった花瓶、こんな時に浮世の風にあてゝやって頂けるやうになったら、花瓶も生れ甲斐があったやうなものと、御送りいたしましたから、御たなの隅にでも置いて下さいまし、私が、だって箱が古びてしまったからわるいワって申しましたら、市河がじあ長年秘蔵の品って書けばいゝって云ひますから、そんなこと云ったら田中さんに例の「はぢを知れや」をおっしゃられてしまふって笑ひました。あしからず。

御宅でも去年はごた〳〵御病気やら何やら御つゞきの御やうすでございましたが、今度は次ぎ〳〵御目出度い方がかさなりましょう。でも御目出度につけて母様が御存生だったらさぞ御よろこびでしたろうにと、残念でございますね、私方も当年は無事に暮して居ります。京都の暑さは激しいよし、御大事に遊しまし

市河がくれ〴〵よろしく、何だか今夜はいそがしいとか云ふので、私から

晴子

秀央様

5 岩下壮一［一八八九〜一九四〇］

カトリック神学者、東京生まれ。実業家岩下清周の息子。一九〇一年暁星学園中学部の時受洗。東京帝国大学ではケーベルの下で中世哲学を専攻。第七高等学校教授。留学中に神父への道を志し、二五年ベネチアで司祭に叙される。同年帰国して麻布教会司祭となるとともにカトリック研究に従事した。

1　［一九二五年カ］七月二四日

［封筒表］
「京都市上京区
北白川仕伏町六一
田中秀央様
貴酬」

［封筒裏］
「七．二四
岩下壮一」

拝復、御返事がをくれてすみません、猶、御分りならぬ所は御面倒でも重ねて御質問下さい。
帰朝以来忙しかつたので遂御通知を怠つてゐたところ、新聞屋の種子に使はれて広告されたので、たいていの人は私の帰国した事を知つてゐるので通知をよしました、やはり私は日本人だけあつて米の飯と沢庵で幸福に暮してゐます、京都へゆく様な時にはお尋ねします
上記は私の私宅ではありませんが、移転は当分しません、御来訪の節は御端書でも下されば幸甚、外出勝ちですから、所は大森省線駅より約十分のところです、御一家の御清福を祈りつゝ

七月廿四日　岩下壮一

田中秀央様机下

2　一九二八年七月三一日

［封筒表］
「京都市上京区北白川
仕伏町六一
田中秀央様」

［封筒裏］
「七、三一
東海道裾野
岩下壮一拝」

田中秀央殿
拝復、旅行、引移等の為御返事延引申訳ありません
ローマ字問題の最公平なる解決として
（一）カンドウ師の原稿には全部ローマ字をつけ（勿論日本語を先にして）
（二）貴君の追加せられし部分は省略されては如何
理由、貴君の御協力なくバカンドウ師の原稿だけの辞典が出版された訳で、それでカンドウ師はいゝと考へられ

たのだから、それだけにローマ字がつけば文句はない筈
だと思ふ。如何？
(三)固有名詞はカンドゥ師自分でやる計画であったのだから、
これはできるだけ簡単にローマ字をつけてやったら如何、
たとへば
Vergilius Roma no shijin（+17A. Ch.）
猶御心配の如き誤解は全然ありませんから、御安心下さい、
返事延引の理由上述の通りなり、申訳ありません、おゆるし
乞ふ

岩下壮一拝

昭和三年七月三十一日

6 岩波茂雄［一八八一～一九四六］

岩波書店の創業者、長野県生まれ。一九〇五年東京帝国大学哲学科選科入学、〇八年卒。翌年神田高等女学校に勤め教頭となる。一三年神田神保町に古書店を開く。一四年夏目漱石の『こころ』を最初の出版物として刊行、翌年には「哲学叢書」を出して成功、書店として飛躍した。

1 ［一九二〇・二一年］一二月一七日

［封筒表］
「京都市上京区
北白川仕伏町六一
田中秀央様」

［封筒裏］
「　岩波茂雄
東京市神田区南神保町十六番地
岩波書店
電話九段一二八〇番
一二八一番
電略イ又ハイワ
振替東京二六二四〇番
大正　年十二月十七日」

謹啓
其内御無音奉謝候、益御清適賀込候
さて御手紙拝見、哲学辞典の編纂につきては一方ならぬ御尽
力相煩はし奉謝候、編輯の方は目下高橋穣・上野直昭二氏に、
校正は小熊虎之助文学士に一任いたし居り候へは、其方より
編輯及ひ校正方針につき委しく御説明申上ぐべく候
又大兄の言語学者としての立場に関する弁明の明記は、辞典
計画兼発行者として小生の責任上より十分責任を以て左様い
たすべく、此点は御安心被下度候
又編纂の責任者及校正主任より申上ぐる事に関しても、出来

る丈け御寛容の御取扱被下度、何分純理論一本調子にて進みかたき事情有之、統一又は便宜主義の必要上協定・妥協等いたす事有之候
右不取敢御知らせまで、拝
十二月十七日　岩波茂雄
田中様侍史

2　一九二九年五月二四日

［封筒表］
「京都市上京区北白川
仕伏町六十一
田中秀央様

［封筒裏］
「東京市小石川区小日向水道町九
拾二番地
岩波茂雄
電話小石川一四三四番
昭和　年五月廿四日」

拝啓
羅和字典の件、申上げし氏と協同中止する事に手続をすましましたから、左様御了承下さい。岩下［壮一］氏四月上旬西下の際、御寄りして事情申上げるそうです。
そして此上の事につきては小生も其内に御地に参りますから、其時御相談致す事といたします。
右御知らせまで
廿四日　岩波茂雄
田中様

3　一九三八年九月一三日

［封筒表］
「京都市左京区
北白川上池田町一
田中秀央様」

［封筒裏］
「九月十三日
東京神田一ツ橋
岩波茂雄　」

拝復
益御清適奉賀候、いつも御無沙汰の段御許し被下度候
さて御話の件大賛成にて何か此方面にて御役に立ちたき所存之処にて、又久保［勉］君との共編［カ］も御願いたし度候
右便用数参考までに御知らせ被下度候
又御辞典は三千五百印刷、千九百製本全部うれ、只今百部製本中に御座候
右御返事まで、拝［カ］
九月十三日　岩波茂雄
田中様

7 荻原井泉水［一八八四〜一九七六］

俳人、東京生まれ、本名藤吉。一九〇八年東京帝国大学言語学科卒。河東碧梧桐の新傾向俳句運動に参加。一一年河東と『層雲』を創刊、新傾向俳句派の中心となる。六五年芸術院会員。

1　一九三五年五月四日

［封筒表］
「京都
京都帝国大学文学部教室
田中秀央様」

［封筒裏］
「東京麻布区新堀町三番地
荻原井泉水
——電話高輪一四五八番
荻原藤吉
(旧臘、鎌倉の宅を引払ひ右に移りました。猶、電話が開通いたしました。)
昭和十年五月四日」

拝呈、其後ハ御無沙汰申上候、御清健の御事と奉存候、さて甚突然乍ら御教へ願ひ度件あり、御面倒ながらよろしく願上候

火中の書
火の中で燃えてゐる書物の意
(火の中から取り出した本といふことにてもよろしく)
のラテン語ハ何と訳したらば妥当ニ候や

五月四日　荻原藤吉
田中秀央様

2　一九三六年八月一三日

［封筒表］
「京都
京都帝国大学文学部気付
田中秀央様」

［封筒裏］
「昭和十一年八月十三日
荻原井泉水
東京市麻布区新堀町三番地
［電話三田(45)四二〇三番］」

拝啓、本年の酷暑秋ニなつても不衰、御起居如何ニ候や、御伺申上候、さて平生ハ御無沙汰申上をり、用件の時のミ御面倒を願ふ事恐縮ニたえず候へども、又御示教を願度候

身辺の書
(自分の身のまはりの、身にちかきことを書綴りたる本)
(単数)
といふ事、ラテン語にて何と書き候や、御教へ被下度候

八月十三日　　荻原生

田中様

3　一九五三年一一月二八日

［封筒表］

「京都市左京区
北白川上池田町一
田中秀央様」

［封筒裏］

「鎌倉市（大船局区内）山ノ内
荻原井泉水
――北鎌倉、建長寺前――
昭和廿八年十一月廿八日」

御手紙なつかしく拝誦しました、御地の《は》三宅の紅葉の美しい季節、当地は鶴ケ岡の銀杏すでに散りて、裏の山ではもうツバキがさいています、鎌倉は何といっても暖く、年寄りには好いところです。さて、先日の小生の放送おきゝ下さつたよし、旅人の心といふことに就ては、旧著に（大正年間）「旅人芭蕉」「続旅人芭蕉」の二冊あり、それを戦後に抜抄したものあります、前便を以て拝呈しました、御ひまの時に御覧いたゞきたし、その本のトビらに御所望の芭蕉の句書しておきました、なお小生のツイデを以て他に拙著数冊同封しておきました、御笑覧下されば本懐です。

寒い頃は籠居していますが、来年新緑の頃には御地ニ参ります（五月二日神戸にて小生グループの大会あり）、其節には御目にかゝり度く、鬼にわらわれながら楽しみにいたしましよう。和田涌［カ］三郎氏にはよろしく御あいの時に御伝え下さい。新村［出］先生にも久しく御目にかゝらず、御会いしたくおもつています。

十一月廿八日　　荻原生

田中秀央様

---

8 尾高豊作［一八九四～一九四四］

教育運動の指導者、出版人、秋田県生まれ。一九一七年東京高等商業学校卒業後、古河商事に入社。一九年教育学術出版の刀江書院を創業。三〇年郷土教育連盟に加わり、さらに日本児童社会学会を創立、雑誌『児童』を創刊した。

1　一九二六年八月二〇日

［欄外右］

「大正十五年八月二十日　東京市九段中坂下　中山ビルディング内
刀江書院

電話四谷二二二三・五四九六番
振替東京七三一一八番」
尾高豊作
田中秀央様
御侍史

御書面拝読仕候
扨、予て御話有之候「ホラチウスの詩学」、近日御脱稿の御予定ニて被為入候処、右ニ対し岩波書店に於て出版の希望申越候為め、従来の事情ニほだされて、諾否御決定ニ御困り被遊候由、縷々拝承仕候
始め岩波書店と御交渉の際、同店にて一旦躊躇いたしたる為め、刀江書院へ御下命被下候筋合ニ相成居候処、弊書院としてハ既ニ万事御約束済の事として出版予定をも作成仕り、暑中休暇終了匆々機を見て河野氏をも訪問の上、ギリシア文字の件も交渉いたし、若しその方面ニ於て自由を得られざる結果は、更に有力なる印刷所を督促して同活字の製造をも命じ可申と心組罷在候次第ニ御座候、先般御書面頂戴仕候節、右御脱稿は相当日子を要すべきやニ拝察仕り、未だ河野氏とハ御話合ひいたし居らざるも、万一河野氏がギリシヤ文字の活字を作成する事が岩波書店の仕事と密接なる関係を有するならバ、河野氏と御話合ひいたしても、その結果甚だ面白からぬ義理合ひと相成可申、その辺多少始めから懸念いたし居るところニ有之候へども、他の印刷所に於てギリシヤ文字の作製が可能なる場合は、頗る問題ハ簡単に解決いたすべきものと存じ居候、小生近日中兎ニ角印刷所並ニ河野氏を訪問いたし、その辺の予想を見きはめたる上、至急御確答申上げ度く存候ニついてハ、今暫く岩波への御返答ハ御猶予被成下まじく候や
先ハ右御返事迄如此ニ御座候
追て
羅和辞典の件ニつき御話有之候由、若し御書面ニて尽し難き事ならバ、小生貴地へ出向き委曲御話承ハるもよろしく、その辺の御様子重ねて御漏らし被下度、伏して願上候、匆々頓首

2　一九二九年一月二三日

［封筒表］
「京都市上京区北白川
仕伏町六十一
田中秀央様
親展」

［封筒裏］
「東京市神田区駿河台北甲賀町
二十三番地
尾高豊作
電話神田（25）三一八九

三二七一

昭和四年一月廿三日」

一月二十三日

尾高豊作

田中秀央先生

御侍史

その後ハ御無沙汰いたしました、実ハ本月十日頃京都ニ出張して居りましたが、親戚ニ不幸があって、予定より早く帰京して、御尋ねする機会を失ひました

さて、この度の御手紙ハ誠ニこちらから絶えずその御沙汰を承ハる事を期待して居った位でありまして、古典叢書の大成を真から望んで居ります、昨夏御面晤の節、その御話がありまして、新村[出]先生その他の諸先生との御相談が、如何御進捗かと絶えず心ニかゝって居りました処、此度、他の書店との関係並ニ貴台御計画のホメロスが、都合よくこの叢書と結びつく運びともなりましたら、一番結構な事で御座います

私ハ、古典叢書と申しても、出来れバ、哲学方面その他社会的乃至歴史的方面にも及ぼし度いと望んで居り、且つ、それハ何れもその道の大家の注解を加へたものであり度いと、常ニ希望して居りました、西田幾多郎先生と過日御話しいたしました時も、現代[近]の欧米ものの翻訳ハ、出来る丈け止めて、是非古典の翻訳丈けハ完全ニしておき度い、目抜の名著丈けニ限りこの企てを各方面ニやってはどうか、大いニ助力してもよいなどと申されて居られました、その際も、多少、貴台との御話を心ニ置いて自分の計画をほのめかして賛成を得た次第で御座います

勿論、急にハ揃って出せる筈はありませんが、ホメロスのものが貴台ニよってその劈頭第一ニ掲げられる事ニでもありますれバ、実ニ嬉しい限りです、どうか、具体的ニ御話を御進めの程念じて居ります、御相談の必要があれバ、何時でも貴方ニ出て見る積りです、何分の御沙汰御待ち申上げます

榊[亮三郎]先生にハ、数々の御高慮ニよりまして、常ニ当初の御話を進められつゝあるとの御事、何から何まで、御世話ニなって真ニ感謝の他ハ御座いません、私も遠慮して、その後大変御無沙汰ニなりましたが、またその内、御催促の意味でなく、御挨拶ニ参りませう、どうぞよろしく御願いたします、希臘文学史の御仕事も一日も早く御完成をお待ちいたして居ります、黒田[正利]さんニ呉々もよろしく御伝へ下さいませ

ヨハネ伝福音書出来の節、早速御報告申上げるへきでありましたが、終ニその事なくして、却って御鄭重なる御言葉ニ接し、難有存じ上げます、シラー先生も、山谷[省吾]先生も、この刊行を非常ニ喜ばれ、この方面の読者からも好評を博して居り

ます
御会ひの節ハ、よろしく御伝への程祈り上げます
先ハ右御無沙汰の御詫びを兼ね、御返事迄、匆々頓首

3　一九二九年二月一四日

［封筒表］
「京都市上京区北白川
仕伏町六十一
田中秀央様
親展」

［封筒裏］
「東京市神田区駿河台北甲賀町
二十三番地
尾高豊作
電話神田（25）三一八九
三二七一」

田中秀央様
御侍史
尾高豊作拝
二月十四日

拝復
一月三十日、二月十二日附両度の御懇書誠ニ難有拝承仕候、古典叢書計画ニつき、種々御周囲の御事情有之候ニも不拘、特ニ小生の案ニ御決断被下、御懇篤なる御指示を賜ハり候段、衷心感謝仕候
仰せの如く他書店との関係も有之候間、成るべく速く、この計画を具体的ニし、学界・読書界ニ予告いたしおく必要を痛感仕候
御話ニ従ひ

1. Homeros: Odysseia　田中秀央・松浦嘉一　両文学士共訳並ニ註釈
2. …ギリシア文学史　田中秀央……
3. ……ラテン文学史　黒田正利……
4. Vergilius　……

は近刊の中ニ入れて、適当の時機ニ発表いたし可申候、これニつき過日も申上候通り、小生の考にてハ「古典叢書」は、苟も古代文芸の源流を探る意義深き出版事業たらしむるものとして、単ニ文学のみニ限らず、哲学、歴史、法学、社会科学ニも亘り度く、夫々有力なる担当者並ニ監修、校閲者を定めたきものと被存申候、西田［幾多郎］先生にハ来週月曜日ニ鎌倉ニ訪れ、委曲御相談可仕候（先生の御住所ハ鎌倉乱橋材木座三六八にて候）
就てハ、例の榊亮三郎博士の西域記は是非この叢書中ニ加へて頂く訳にハ参り申さずや、御高慮被下度候、その内小生も博士に御面会懇願仕り度存居候

その他、新村〔出〕、濱田〔耕作〕先生方にも段々御相談いたし、適当ニ拡張可仕かと存居候
弟朝雄〔尾高〕も愈々二月二十八日神戸出帆にて海外留学の途ニ上り候、この計画を話出で候処大いニ喜び、朝鮮の大学にても目下古典的法律経済書の翻訳事業を目録〔論〕見居候事故、よきものが出来れバ之れニ参加せしめられ度きものと申居候
この叢書の特色としてハ「註解」を附する事ニいたし度く存候
一時ニ沢山出す事ハ欲せず、逐次最高権威のものを撰出するを希望仕候
将来この計画ニ次ぎ、例のHome University Library式のものを出版いたし度く存居候が、その場合にハ又、貴台にも、適当のもの御高案賜ハり度願上候
Vergilius と云ふハ Vergil Polydore (1470) の事ニ候や、一寸伺ひおき候
先ハ右御返事旁御相談申上度、如此ニ御座候、匆々頓首

二月二十二日
尾高豊作

田中秀央様
御侍史

4　一九二九年二月二二日

〔封筒表〕
「京都市上京区
北白川仕伏町六一
田中秀央先生
至急親展」

〔封筒裏〕
「東京市神田区駿河台北甲賀町二
十三番地
尾高豊作
電話神田（25）三一八九
三二七一
昭和四年二月二十二日」

拝復
二月十六日の御手紙ありがたく拝見いたしました、古典叢書の劈頭を飾るべきホメロスのオディセイアの件につき、種々御高慮被遊居らるゝ御事情、誠ニ御尤もの御事と存じます、松浦〔嘉一〕氏の御同意ハ如何で御座いましたでせうか、御申聞けの理由ニて、小生直接岩波書店ニ交渉いたします事ハ、別ニ異存も御座いませんが、本来この前の度々の関係からいたしますと、矢張り、著者直々に、御交渉下さる方が、趣旨が円滑ニ且つ穏当ニ先方へ通じませうかと愚考いたします
古典叢書の件並ニ以上の御目論見ハ、委細西田幾多郎先生ニも申上げ、非常ニ喜んで下さりました、哲学方面の案種々承ハり、何れ貴台にも御相談下さる由申されて居られました
色々の御立場を、特ニ小生の為めニ御考慮下さる諸先生の御高志ニ対し、何としてもこの計画を進展させねバなりません、

どうぞ、ホメロスの件ハ、直々に貴台から御取りなしの程、偏へニ懇願いたします、若し万々一、この件が未決定と相成りましてハ、折角の気乗りが挫折して仕舞ひませう、松浦先生ニも特ニこの辺の事情御伝への上、御意志が一日も早く御決定ニなるやう祈って止みません

先ハ右不取敢御返事旁御願申上度、匆々頓首

5　一九三五年一〇月九日

［封筒表］

「京都市左京区

北白川上池田町一

田中秀央様

親展」

［封筒裏］

「東京市渋谷区

代々木初台町五六二一

尾高豊作

昭和十年十月九日朝」

拝復、秋冷の候益御清適奉大賀候、さて過日刀江書院組織変更ニ際し、貴台よりハ特ニ御鄭重なる御祝詞を頂戴仕り、御厚情難有奉存候、当方御蔭様ニて無事消光罷在候間、御放念被成下候、黒田［正利］様よりもその節御手紙を賜ハり、例のギリシア文学史の出版の件、再三御催促の御内意を承ハり居り、心苦しく存居候、只今また御尊書ニ接し、まことニ御無沙汰のみ恐縮至極ニ存じ申候

何分にも大冊ニして、売れ行きニ対する懸念をいだき、且つ時機尚早の感もあり、最もよきチャンスを得て適当ニ出版したき旨、営業主任の考へと察せられ申候、嘗って他店よりギリシア文学史の縮約せられしもの御出版なされ候際も、重複して読者を逃がすやうなことはなきかなど心配いたしたることも有之候、尤もこれハ単独の詳解本なれバ何時出版しても物が物ゆえさしたる狂ひもなき見込みに御座候間、段々と時機を見送り居り候次第、別ニ他意なきことと御思召被下度候、もし至急出版の必要あれバ、当方の手順も一考するやう中伝へ候得共、恐らく御期待通りニ参るや否や、当方目下あれこれと手がけ居り、その一段落つかぬうちハ、専心この御命令ニ添ひ候ことも無理かと存ぜられ、遺憾至極に存候

何ニいたせ、御話合の当時から何年振りか忘れ候ほど経過いたし、その上、小生書店の方ハ爾来係のものを動かし、常ニ全体の会議ニよって仕事を進むるやうニなり居り、且つ小生自身としてハ色々執筆、講演、等ニ引き出され、実業の関係会社以外ニ教育や児童研究の団体との接触ニ忙がしく、自然京洛の地ニ遊んで、ゆる〳〵心境を披瀝する暇を失ひ居候始末、何卒微意御推察被下度候

その後は貴台には御変りなく御無事ニ御研鑽の御事と拝察、

欣快ニ存居候、呉れ〴〵も御自愛被下度候、黒田様ニ対しては特ニ御無礼ニ相成候やうの事なきやと案じ暮らし居候、御出世作といふ意味ニても有之候ハヾ、小生の懈怠を心より謝せざるべからず、その辺よろしく御指示のほど祈り上候、万一如何しても協定つき兼ね候ハヾ、小生出頭御話合可申、その上ニて他ニ適当なる書店ニ御相談被下候とも苦しからず候今一度出版ニ対する印税その他御希望等も御遠慮なく御申越被下まじくや、出来得べくんば、当初の御厚志と御交誼とをいつまでも傷けざる範囲ニ於いて、適当の仕方と時期とを御一任被下度きものと存候、先ハ右あら〳〵申述べ貴意を得度如此ニ御座候、敬具

昭和十年十月九日

代々木にて尾高豊作

田中秀央先生

御侍史

9 落合太郎［一八八六〜一九六九］

フランス文学者、東京生まれ。一九一三年京都帝国大学法科卒。京都帝国大学教授、第三高等学校校長、奈良女子大学長を歴任。モンテーニュ・デカルト・パスカルらフランス・モラリストについて深い造詣を示す。

1 一九三六年八月一一日

［封筒表］

「兵庫県津名郡郡家
志智せつ子殿気付
田中秀央様」

［封筒裏］

「昭和十一年八月十一日
京都市寺町広小路
落合太郎」

御一統様御元気の由何よりと存じます、カード二度目も拝受しました、先便之御受取申し忘れて甚失礼、御ゆるし下さい、何しろ連日の暑さ(湿気多く一層不愉快)で半病人です、しかし明朝岩波へ発送するE部にて校正は一応をはりますから御安心下さい

先日は留守宅から無花果いたゞき有りがたう存じます、御配慮多謝々々

明日からまた研究室に通ふつもり、四五日腹工合わるくして寝てゐました、少し風邪気味でもあり何となく疲労を感じてゐますが、勇気を出さなければなりません

天野［貞祐］君は研究室二階の工事のために近頃は自宅ばかりです

奥様によろしく、どうぞ御健康を祈りながら

八月十一日　　　　　　　　　　太郎
田中老兄
　玉几下

2　［一九四七年］月二八日

［封筒表］
「北白川上池田町一
田中秀央様」

［封筒裏］
「吉田本町三高宿舎
落合太郎
廿八日」

過日は失礼しました、オウィデイス原稿御とゞけ申上ぐるのが大へんおそくなり申訳ありませぬ、山科より転居のまゝ、何一つ整理するひまが無く、物探しが容易でないためと、その日〳〵の雑務に追はれ、心ならずも延引致しました、おゆるし下さい
原稿は一度通読だけいたしましたが、文章全般について手を入れる必要もあるやうに考へてをります、しかしいそぐとすれば私にはその時間がありませぬ、昨年退官してこれらの仕事を完了するつもりのところ、御承知のやうな仕儀となり、自分の時間が全然無くなりました、文学部長以来全く休息のひもない有様、御憫笑下さい
いづれ拝眉万々
廿八日朝　　　　　　　　　　太郎
田中老兄
　玉几下

3　一九五一年一〇月六日

［封筒表］
「京都市左京区北白川
上池田町一
田中秀央様」

［封筒裏］
「奈良市佐保川西町
落合太郎
十月六日」

拝啓、どうも恐縮のほかありませぬ。最初のおはがきを拝見して、やりかけの分をまとめて持参しようとしてゐましたところ、急用で北海道へ出張しました。それから東京まで戻って、学校の来年度予算やら何やら、行政整理関係の厄介な用向きで日が立つてしまひました。家内から一筆なんとか申上ぐべきでありましたが、これもカイヨウ性胃ケイレンやら心臓肥大の手あてで安静を余儀なくせられてゐまして、失礼をかさねる仕儀となりました。festina, festina のおこころもちはよくわかつてゐますが、右様のしだい、どうぞ御かんべん下さい。家内の無事を見に戻りましたが、どうやら小康を得て

をります。わたくしはまた明日から上京いたさねばなりませぬ。十三日頃には帰宅の予定。
今度の上京で、眼前の重要な公用は一応すみさうですから、お手伝ひはつづけてできるかと存じますけれど、やはりお指図どほりにして、すべて御返し申したほうがよいでせう。次の日確か月曜（十四日か十五日）にまとめて持参いたします。オクスフォードの引用語辞典一九五〇年版を手に入れました。すでに御覧ですか。われ〳〵のものと照合しかけてゐます。じつは今日あたり参上したいと思つてゐましたところ、サッポロでカゼを引いたのがまだ直らず、学校にもゆかぬやうなわけです。東京から帰りしだい参上します。

十月六日　　落合太郎

田中仁兄

玉几下

4　一九六二年一二月五日

［封筒表］

「京都市左京区北白川

上池田町一

田中秀央様」

［封筒裏］

「奈良市佐保川西町７７２

落合太郎

十二月五日あさ　」

御健勝と拝察します。小生、なが〳〵奈良を留守にいたし、両三日前帰宅したばかりのところであります。帰宅匆々、寝こみましたので、御返事おくれ、失礼しました。お尋ねの順に御答え申します。
○オウィディウスは、すでに申し上げましたと存じますが、いか様にも御自由に、御存分におあつかいください。小生はもとより、黒田［正利］もなにひとつ要求などございません。（黒田からは長らく音信ありませぬが、この問題はすんでおります。）
○岩波からは山鹿氏の名で、出版見合わせたしと書面で申してきましたのですが、出版事情からこの種のものをひかえることにしているという以外に理由を示しません。布川氏にはだいぶ以前に口頭で話をいたし、約束できたものと小生は了解していました。山鹿氏のことわりはショックを感じました。約束のあったことが記録されていたからこそ、わざ〳〵ことわってきたものと考えられます。
○右の様なわけですから、他の方面に岩波が依頼するはずはありますまい。もちろんなにも聞いていません。
○岩波ピープルがほとんど一変し、小林君も病気で信州で静養、めったに出社もせぬ由。したがって、小生は上京しても店に立ちよったことがほとんどありません。

○しかし、もう一度、小生から約束復活の意志ありやなしや、きいてみましょう。
○要用は右まででおゆるし下さい。
○小生、先月上旬は名古屋へ（これは公用で二、三日だけ）、十一日から三週間あまり、東京と熱海でくらしました。胃カイヨウもおこし、これにはおどろきました。数回レン線で検査の末、いまのところは悪性ではないらしく、リョウマチの内服薬の副作用が主たる原因らしいという診断です。（東京でも受診。）昨今リョウマチのための服薬中止。温いところで静養せよと医師のすすめもありまして、アタミ伊豆山のホテルで寝ていました。たまっている用事を片づけましたら、また出かけます。
○字もうまく（わかりよく）書けません。手拭も自分でしぼれません。
○ただひとつの小生の取柄は、多少でも食欲のあることです。少量ながら規則ただしく食事はとっています。
○昨今はカゼで、気管支炎をおこし寝ています。快方にむかっています。
○よけいなこと書きましたが、御心配かけているのであらまし御報告まで申し上げました。
○おくさまへよろしく。
十二月五日あさ7時。
奈良で太郎
田中大兄玉机下

---

10 金田一京助［一八八二〜一九七一］

言語学者、盛岡市生まれ。一九〇七年東京帝国大学言語学科卒。二八年東京帝国大学助教授、四二年教授、のち国学院大学教授。東京帝国大学在学中にアイヌ語研究を志し、アイヌ語の口承文学であるユーカラの筆録に努め、アイヌ語・アイヌ文学を初めて体系的に研究した。

---

1 一九二四年一二月一五日

［封筒表］
「京都市上京区北白河［川］仕伏町六十一番地
田中秀央様
梧下」

［封筒裏］
「東京市本郷区真砂［カ］町二三
金田一京助
十三年十二月十五日」

拝啓
久く御無沙汰致しました、御変りもありませんか、洛北の閑雅な御住居が今尚目にあざやかに浮びます、あの黄葉と清流と。奥様もどんなにか長い間御待ちわびになつて、此の頃ハどんなにか御安心やら御楽しいやらの御思ひでゐらつしやることでせう、ひとへに御推もじ致しあげて居ります

この頃横山〔重略〕といふ当地の慶応義塾出身の（そして同校の教師をしてゐる人、国語の）人、神話叢書の発刊を計画にて、私のアイヌ神話や、その外北欧のエッタだの、ドイツのニーベルンゲンリードだのを、夫々の専門家にたのんで、大いに意気込んで居ります、ついてハ、大兄にぜひギリシアの方を御願ひ致してくれとの依頼を受けて居ります、印税一割五分で、再版以上ハ別に書肆の方より御礼を致すといふことです、割合に著者の方に有利の条件のやうです、イリアド、オデッセーの原文よりの訳がほしいらしいのです、そちらで御口訳なさつて筆記するものをほしいといふ御思召なれハ、そのやうのことも取計らふらしいのです、尚々ひきつゞいて大兄のギリシア文学史といふやうなものを御発刊になるやう切に御すゝめ申してくれと申して居ります、私案ではギリシアのみならず、ローマの方も大兄に御願ひするがいゝと考へて、それも書肆へすゝめようかと考へて居りますがいかゞでせう。

橋本君〔進吉〕へも国語学概論をひとつ御すゝめしようと考へてゐるところです、この十九日に昼ハ（久し振りで）閑話会、夜は講演（言語学談話会）を、後藤君〔朝太郎〕の支那かへりを機として開くつもりです。この日ハ終日後藤デーです。

それから、一寸御伺ひ申しあげます、三省堂の英和辞典の編輯部から聞かれたのですが、

Barrytone, baritone. Greek Gram. a word with no accent on the last syllable, the grave accent being understood.

とあるのは、此ハ何如《どう》いふことでせうか、このバリトーンは何と訳すべきものでせうか、大兄に御使用の訳語おありになりますなら、聞かして頂きたいんです

もう一つ、

Improper diphthong, in the Greek language (generally printed with iota subscript … and …)

此も何といふことでせうか。訳語をどんなに云つたらよいものでせうか、御多用中恐縮ですが、どうぞ御指教の程を偏に御願ひ申しあげます

皆さま御寒さ御大事に、恐々

十三年十二月十五日　京助

田中様

2　一九三六年一二月一四日

[封筒表]
「京都市左京区
北白川上池田町一
田中秀央様」

[封筒裏]
「昭和十一年十二月十四日
東京市杉並区
東田町一ノ一一五
金田一京助」

拝復
いつも御元気にて慶賀この事に奉存候、毎度なから私事につき御配慮被成下、御厚誼のほど感謝の辞も知り申さす候、この度の御恩命一身の光栄これにすきたる事御座なく、早速御承諾の御返事差上可申筈のところ、当方の学部長や教授に一応了解を得てからと存し、遂のび〳〵に遅延失礼仕り候段、何とそ御海恕被成下度願上候、とにかくこちらの教授会にして異儀さへ無くば、喜んで参上仕るべく候間、何とぞ左様御承任〔認〕被成下度、宜しく御願ひ申上候
先ハ御封にて御わびまで、頓首
十二月十四日夜　　金田一京助
田中秀央様

11　久保　勉［一八八三～一九七二］

哲学者、愛媛県生まれ。一九一二年東京帝国大学哲学科卒。在学中にケーベルに師事、二三年ケーベルが死ぬまで助手として私淑した。二九年東北帝国大学助教授、四〇年教授。のち東洋大学教授。

1　一九一五年八月一四日

[封筒表]
「東京本郷区曙町十三
田中秀央様」

[封筒裏]
「横浜市野毛町三ノ一一七
安藤方
久保勉」

其後は如何御暮しにや、産後の御肥立ちはよいか。
偖て昨日は御高著を御恵贈下され誠にあり難う、幾重にも御礼を申上げる。
貴兄の多年に亘る不断の精励の果実を目のあたりに見ることは、僕にとつても亦少なからざる喜びである。茲に心からの御祝ひの詞を呈したい。またこれはケーベル先生に対する君の報恩の一つになる事と想ふて、嬉しく感ずる次第である。
僕は君が此のよく多くの語学研究者から嫌はれて、而かもその実必要欠くべからざる礎石（文法）の上に将来立派なる建

築を成就せられんことを祈つて止まない。
　序なから、先生の手紙の訳文の終りの方に一つ誤字を発見した。「美はしき詞ではあるが」のがに濁点が抜けてゐる。も一つ一寸見当つたのは、P234のCXXVの見出しが「て就に」となつている。
　ケーベル先生は御別条なし、二三日前岩下［壮一］君が先生を訪ねた。
今日はこれで失礼する。
　八月十四日　　横浜にて
　　　　　　　　　　勉
　秀央様

2　一九二〇年六月八日

［封筒表］
「東京市本郷区
　曙町十二ノ五
　　田中秀央様」

［封筒裏］
「横浜市山下町
　露国総領事館気付
　　久保勉」

拝啓
頃日は漸く夏らしい陽気になつて来ましたが、貴家御一同様には御変りもありませんか。ケーベル先生は先月中旬以来軽症の肺炎に罹つて居られましたが、漸次恢復せられ、今では殆ど全快されましたから、もう御懸念には及びません。
　小生先月上旬一寸帰省致し、途中京都に立寄り深田［康算］さんに会ひました。其節前方御話しの貴兄御転任の件をよろしく御依頼する旨を語りました処、及ばず乍らその話が出たならば、御尽力するとの事でした。然る処本日落手の深田さんよりの手紙によりますと、目下より〳〵内相談中であるが、十中八九は成功するだらうとの事ですから、先づ御安心なさい。兎に角榊［亮三郎］さんといふ人は一度任かされた以上は十分力を尽す人ださうですから、貴君は（そんな事は無いでせうが、他の教授達へ運動がましき事抔せずして）総て榊さんに一任され、静かに事の成行を待たれるが得策だらうとの事です。
　先は右一寸御報知します。匆々不悉
　六月八日
　　　　　　　　　　勉
　秀央兄

3　一九二〇年六月二六日

［封筒表］
「東京市
　本郷区曙町十二ノ五

［封筒裏］
「横浜市
　露国総領事館方

田中秀央様」
久保勉
六月廿六日夜」

御手紙拝見、此間は態々御訪ね下され、珍重なる御贈物まで頂戴致し、厚く御礼を申上げます。先生《[ケーベル]》はまだ全快とは行きませんが、先づ悪るい方ではありませんから、何卒御安心下さい。――偖御相談の件につき早速先生の御意見を伺ひました処、次のやうに申されました。自分は此際、nach Seinem (Tanakas eigenem) Wissen und Gewissen に行動するやうにと忠言する以外には何事も言ひたくない。それから余り色々な人の意見を訊ねることも好くないと思ふ、といふ様な御話でした。僕も、兎に角君が自身で熟慮された後、善しとせらるゝ処を断行さるるより外は無からうと信じます。

先は取急ぎ御返事まで。

先生よりよろしく。

六月廿六日夜　勉

秀央兄

4　一九四七年三月二〇日

［封筒表］

「京都市左京区北白川上池田町一

田中秀央様」

［封筒裏］

「宮城県栗原郡築館町新田東四五

久保勉」

拝復、其後久しく御無沙汰しましたが、君の方は皆さん御変りなき御様子で何よりです。また此度は御長男真希夫君が芽出度御結婚になったさうで、皆さんさぞ御喜びの事とお察し致します。茲に小生夫婦の心からなる御祝詞を申上げます。御地は戦災は余り無かったやうですが、食料事情がよくないときいてゐますので、さぞお困りの事と存じます。小生は一昨夏仙台に大空襲があった三日前にこちらへ疎開して来ましたので、戦災には逢はなかったのですが、そしてこの地方は食料事情は比較的いゝ方ですが、適当な住居が見つからず、今に困惑してゐます。昨秋表記の通り移転して来ましたが、八、六畳二間で、しかも畳も敷いて無かったといふ杉皮ぶきのあばら屋で、雨もりに困らせれてゐるやうな有様です。以前の志波姫村の部屋には相当広い畑がついていたので、野菜作りを楽しみに日を送ってゐましたが、今度の家にはたった十五坪の畠があるだけなので、弱ってゐるやうな次第です。君は御退官の後どういふ生活をして居られますか。御消息をおもらし下らば幸甚です。

終りに御一家の御健康を祈ります。何卒奥様へよろしくお

伝へ下さい。匆々不具

三月廿日　　勉

田中兄

　座下

5 ［一九五一年カ］二月一二日

拝復、六日の御懇書心から嬉しく拝読しました。色々御親切に御配慮下され誠に有難く存じます。

扨先生《［ケーベル］》の御墓掃除料の件は貴兄の御厚意にまかせ、小生が今少し経済的に立直るまでハ、御上京の時などによろしく御取計ひ下さらば幸甚です——勿論こちらでも親類の者に尚よく頼んでおいて、成るべく参詣して貰ふやうにはしますけれども。

　次に先生の蔵書については、既に雑誌『心』にも発表しました通り、大部分東京の兄の家に預けてあつたところ、終戦となりその家が売られる事になり、どこか安全な所へ移したいと思つたのですが、さういふ家がどうしても見つからないので、それに僕の仙台の家にも置く余地がなかつたので、非常に残念に思つたのですが、遂に止むを得ず東北大学のライブラリーに『ケーベル文庫』としても先生の記念になるやう一纏めにしておくといふ条件で、八千円で譲渡したやうな次第です。あの書庫ならば比較的（爆げきに対しても）安全と思つたからです。

　それから子供の育英会の補助は得られゝば有難いのですが、どんな条件なのでせうか。出来さうでせうか。一寸見当がつきません。

　拙宅にては一昨夏、家内が子宮筋腫で大学病院に入り、開腹の大手術を受けましたが、もう今は大体常態に恢復しました。子供二人は元気ですが、小生は年（六十八才）のせゐで神経痛が時々起つたり、身体中に次々に故障がおきますが、どうにかやつてゐます。

　どうぞ奥さんへよろしくお伝へ下さい。先は取急ぎ右御返事迄、匆々不乙

二月十二日　　勉

田中学兄

6 一九六一年四月二〇日

［封筒表］

「京都市左京区

北白川上池田町一

［封筒裏］

「市川市須和田町二の二七六

久保勉

田中秀央様」　　四月二十日」

拝復
一昨日は御手紙を有難う存じました。また本日は大変珍しい御菓子をお送り下され、いつもながらの御芳情、心から嬉しく、千万御礼申上げます。家内一同早速賞味して居ります。
　さて先月末には御令息も首尾よく三年半のドイツ留学をすまされ、御元気にて御帰朝の由、さぞ御喜びのこと、幾重にも御歓び申上げます。尚和夫［山崎］君へも小生の衷心よりの御祝詞をよろしくお伝へ下さい。ハイゼンベルク教授の如き世界有数の物理学者の許で御研究を続けられたことは、この上なき御幸福と存じます。御孫さんがどんなに上手にドイツ語をしやべられるか、きいて見たいものです。
　今度志賀君の出されたケーベル先生の小品集の抜粋については、印税の一部を貰ふなどとは、小生の夢にも考へなかつたことですから、貴兄がそれをおとめ下さつたので、本当によかつたと思ひます。そんなことをされるのは不本意千万なことですから。
　貴兄には今度同志社大学の方をおやめになつた由、小生もこの二三年来引退したいと考へてはゐるのですが、色々な都合で本学年はまだ講師として週一日だけ出てゐます。しかし心臓も今のところ大して悪化もしませんが、やはり年は争へないもので、視力や記憶力なども少しづつ減退して来ます。
貴兄はその後心臓の方は如何ですか。昨年お訪ねしました長女信子ももう二十五才になりましたので、よき配偶者があればと存じます。もし適当な人があつたら一つ御紹介して頂きたく、どうぞお願ひ申上げます。
御令室並びに御令息へ呉々もよろしくお伝へ下さい。家内一同より厚く御礼を申出ました。
切に御一家の御健康を祈ります。匆々不乙
　　　　久保勉
田中秀央様

7　一九六三年六月二日

［封筒表］
「京都市左京区
北白川上池田町一
田中秀央様」

［封筒裏］
「市川市須和田二ー七六
久保勉」

拝復、その後久しく御無沙汰してゐましたが、貴家御一同様御揃ひ御きげんおよろしき由、何よりの御事とお歓び申上げます。御令息和夫［山崎］君はまた御研究のためあの美しい都ミュンヘンへ赴かれたとのこと、本当に結構な次第と、心から祝福致します。降つて小生は二ケ月程前突然眼底出血のため左眼が殆ど失明状態になり、学校も休み、病院通ひをしてゐますが、はかぐ〵しく回復しないので困つてゐます。兎に角これは相当長びくものと覚悟してゐます。

　右のやうな次第ですから、甚だ不本意乍ら、志賀氏（そのケーベル先生に対する異常な傾倒ぶりと熱心は全く感服の外ありません）の御希望には副ひかねます。左眼が使へないので、自然右の方も視力が弱り、疲れ易く、読み書きも不自由なので、なるべく節してゐるやうな訳ですから、何卒御諒察下さい。

　次にお尋ねのケーベル先生の筆跡の文字は

durch irgend eine Zeitungsartikel

Es geht mir ziemlich gut, gehe aber

noch nicht aus.

Schönen Gruß, mein Lieber,

（これは小生宛手紙の末尾です）R Koeber

どうぞ奥さんへ宜敷お伝へ下さい。

六月二日　　勉

田中秀央様

追白

追伸、来る十四日には例年の通り先生の御墓参りをして、一同会食するつもりです。

8　一九六三年一〇月二七日

［封筒表］

「京都市左京区
北白川上池田町一
田中秀央様
貴酬」

［封筒裏］

「市川市須和田町二七六
久保勉
十月廿七日」

拝復

去る廿日の御懇書に対し早速御返事をと存じ乍ら、折柄色々な急用に追はれ、今日まで失礼することになりました。何卒御海容下さい。また御地の銘菓を御恵投下され、いつも乍らの御芳情誠に嬉しく、家内一同よりも呉々も宜敷御礼を申出ました。皆で毎日賞味して居ります。

　扨ケーベル先生の手訳本を御所望とのこと。ホラチウスが手許にあつた筈なので、あちこち索して見たのですが、今すぐに見出すことが出来ません。何れ見つかつたらそれを進呈しませう。実は先生の蔵書は戦争中戦災を受けない処へ疎開しようと思つたのですが、適当な所がなく、困つてゐたところ、東北大学の図書館で譲り受けたいといふので、先生の蔵書全部を譲りました。それで今手許にあるのは小生が直接先生から頂いた本だけなのです。その中にはホメロスはありません。数日前索してゐる間に見つけたものは、ホメロスのオディッセーのHilfsheft (Teubners Schul-Ausgabe) とDitfust, Griechisches Vocabularium と、小さいドイツ訳Neues Testamentなどです。何れも先生の署名が入つてゐます。これらでよければ早速進呈します。

次に小生はまだ東洋大学に出て居ります。差当りの生活に困る程ではありませんが、娘二人の結婚後にやめたいと考へてゐます。長女は二十七才、二女は廿六才です。(二人共東洋大学卒、長女は英文学、次女は国文)もし適当と思はれる候補者がありましたら、何卒御世話をお願ひ致します。

家内は別に病気ではありませんから、御安心下さい。

御すゝめ下さつたクコは宅の庭にも沢山ありますから、一つ試みませう。小生の眼はその後病院通ひを続けてゐますが、少しもよくならず、読書にも不自由なので閉口です。もう八十才にもなると、急に体中到る処老化が目立つて来ます。しかしこれも天命と観念してゐます。

志賀君には小生の志が通じて嬉しく存じます。同君からはよい印象を受けました。

乍筆末奥様へよろしくお伝へ下さい。切に皆様の御健康をお祈り申上げます。匆々不乙

十月廿七日　　勉

田中秀央様

12 高津春繁［一九〇八～一九七三］

言語学者、西洋古典学者、神戸市の富豪高津英馬の次男。英馬は田中秀央の従兄弟にあたる。一九三〇年東京帝国大学言語学科卒業後、オックスフォード大学留学。三四年帰国後、東京帝国大学助手・講師・助教授を経て、五一～六八年教授。六八年武蔵大学人文学部創設に関わり学部長となる。日本言語学会・西洋古典学会の委員長を歴任。

1　一九四五年九月五日

［封筒表］
「京都市左京区北白川
上池田町一
田中秀央様
執事」

［封筒裏］
「長野県北佐久郡軽井沢二〇六六
高津春繁」

拝啓、昨秋来空襲など慌き世相のために、毎日落着かぬ日々を送つてをりましたため、ついお便りも致さず失礼いたしました、その後の御様子いかゞかと時折妻などゝお噂申上てをります、また時々岩本氏より京都の御様子をききました、八月十五日の悲報後、東京地方はまだ〳〵多少物状騒然と致し、また一時は御承知の通り当地より東京にゆく事が出来ずなりましたために、約一週間はここにかんづめになり、近頃やつと又出かけられる事になりました、小生今度の空襲には五月廿五日に家を焼かれ、殊に蔵書が全部駄目になりましたので、之には全く平叩〔閉口カ〕致してをります、本は外のものとはちがひまして、余りにも重く取あつかひに困難なので、着物とか食器類の様には簡単にゆかず、つい後手になつてをりましたため、遂に焼かれてしまひました、それで殊にテクストが全部なくなりましたため、之にははつたと当惑して仕舞ひました、誠に勝手な事ですが、もしお手もとに不用の希臘またはラテンのテクストがござ〔い欠〕ませば、なんとか適当な値でお譲りいただけませんでせうか、とにかくある程度に手もとにないことには、小生学校の講義にも困りますので、無理なお願ひと考へながら、勇を鼓しておねがひ申上候次第でございます、又もし何か叢書式のもの、まとまつておゆずり戴けますやうでしたら、誠に幸福に存じますが、如何でございませうか、右おねがひ申上ます

なほ皆々様によろしくお伝へのほどを

九月五日　　　　　　　　　　春繁

田中秀央様

2　一九五六年一〇月二二日

［封筒表］「京都市左京区北白川上池田町一

　　田中秀央様」

［封筒裏］「東京都渋谷区初台町二の二七

　　高津春繁」

お葉書難有く存じます、久しく御無沙汰致してをりますが、お変りない御様子、何よりに存じます、幸ひ小生方も一同無事に暮してをります

つまらぬ「ギリシアの詩」おほめにあづかりまして恐縮に存じます、所謂文学的な批評や鑑賞ではない、あまり知られてゐない面を強調して紹介する積りで、あの本を一気に書きました。お気に召しましたことはまことに幸ひです

御家族御一同様にもよろしくお伝へのほどを

十月廿二日　　　　　　　　　　高津春繁

田中秀央様
　　硯北

13 佐伯好郎［一八七一～一九六五］

中国キリスト教・法制史学者、広島県生まれ。一八九〇年東京専門学校司法科卒。九三～九六年アメリカ・カナダ留学、帰国後早稲田などで教鞭をとる。一九三一年東方文化学院研究員となり、三五年『景教の研究』を完成して世界的に知られるようになる。

1 ［一九三一年］七月四日

［封筒表］
「京都市北白川仕伏町六一
　田中秀央様
　　親展」

［封筒裏］
「東京市外西大久保百六十四
　番地
　　佐伯好郎
　電話四谷四七六番」

拝啓、其後御不沙汰仕候処、愈御清祥奉賀候、陳者小生七月十四日頃、当地を発し錦地に参り榊［亮三郎］先生及羽田［亨］先生に拝姿之上、支那に参る心組ニ御座候、何卒両先生によろしく奉願候、両先生は何日頃より京都に御居に相成るや、両先生の御都合によつては小生明日にも御地に参上いたし候てよろしく御座候、羽田先生には天津の李盛澤と申す御仁御紹介を得たく候て、先羽田先生の御在京中に京都に参り度候、御多用中恐入候得共、両先生の御都合御聞の上報知被下度、奉御願候
御令室様によろしく々々
七月四日　　佐伯好郎
田中博士侍史
桑原［隲蔵］先生の墓にも参り度く候

2 一九三六年一〇月一九日

［封筒表］
「京都市左京区
　北白川上池田町一番地
　　田中秀央様親展」

［封筒裏］
「東京市外西大久保百六十四番地
　　佐伯好郎
　電話四谷四七六番
　昭和十一年十月十九日」

拝啓、其後御不沙汰仕候処御一家皆々様御清祥奉賀候、本日拙訳の抜刷到着いたし候まゝ、御笑覧に供し、御叱正を仰くことゝいたし候、何卒御教示被下度願候、誤訳の多きことは小生の覚悟するところにて、貴下の御教示によりて他日再校

又は一冊の本となすときに訂正いたしたく候、実はこの夏原稿を一応御覧を願ひ訂正の上にて発表いたしたくと存し居候も、その時間なく、取急きて印刷に廻ハし候次第に御座候、御諒察奉願候、「景教の研究」の英文六〇〇頁のもの、目下校正中に御座候て閉口いたし居候、明春には御覧に供し得ることゝ存し居候

御令室様御一家皆々様によろしく願上候

十月十九日　佐伯好郎

田中博士侍史

3　一九三八年一一月九日

［封筒表］

「文学博士

田中秀央様

徳沢龍潭君持参」

拝啓、御不沙汰仕候処、愈々御清祥奉賀候、陳者此手紙持参人徳沢龍潭君に御座候て、小生と同郷の青年学者にして、同人の御両親も御祖父母様方も小生並に小生の一家と頗る深交有るものに御座候、而してこの徳沢君は京都帝大の独逸文科を御卒業の後、米国スタンホード大学に学ひ四年専攻の上、M. A. の学位を得、更に独逸に留学し三年余、同地のインスブルク大学にてDoctorの学位を得て、数週前に帰朝せらし［れ欠］人に御座候、言語学専攻に御座候得共、主として希臘語・羅甸語を修められて、全く貴下の御指導を受けて今後大に斯学のために尽したく存じ居候、御多用中真に恐縮仕り候得共、御引受御指導被下度御願申上候、同君の父君は昨年御逝去せられ候得共、久しく西本願寺の役僧として藤枝御連枝殿の部下に御座候て、榊［亮三郎］博士とも御面識有之候、また徳沢智恵蔵氏（これは十数年前に物故せられ候）は西本願寺より印度に留学を命せられたる人に御座候て、この徳沢君の叔父君に御座候、この徳沢智恵蔵君は榊先生のよく御存しに候て、屢々小生に智恵蔵君の事を御話有之候、徳沢家と小生の一家とは久しき親敷関係に有之候間、何卒小生の親戚の一青年として御引立被下度奉懇願候、右願まて、匆々頓首

昭和十三年十一月九日　佐伯好郎

田中博士侍史

御令室様によろしく願候

4　一九三九年一二月八日

［封筒表］　［封筒裏］

「京都市左京区北白川上池田町一　「西大久保三ノ
田中秀央様　一六四
親展」　佐伯好郎」

拝啓、一昨年以来大に御不沙汰致して全く申訳無御座候、それに昨年十二月十五日家内怪我いたし、丁度一ヶ年間病床に在之ルため何も出来不申、大に失礼致候、ことに十月中旬より下女なくり［な欠カ］一時大に困り候、幸にして十一月十日よりよき女中参り諸事好都合に候間、御安心被下度願候、家内も昨今は松葉杖にて室内歩行いたし居候ヱド、疼痛に困り居候も食事其他好都合になり居候間、御安心被下度候、丁度小生の困り居候処へ御令兄様［田中良馬］より御援助を蒙り難有存し居候、小生の報告か明年五月に御座候、然るに三月までに終りたく、若し原稿の清書など明年一月か二月の頃まで御手伝被下候ハヽ、実に難有御礼申上候、何分御大切の御長男様［田中正稔］を御失ひに相成候て、衷心より御同情申上候

貴下も御令兄様のためには随分御心配相成候事はかね〳〵承知いたし居候、ことに御逝去相成候医学士の御仁の御教育のために貴下の御尽し相成候事は、御長兄様より度々承り居候、定めし御力落しの事と存候、実に国家のために惜むへき人物に御座候て、小生共も残念に存し候、御長兄様の御話にては明年二月には大阪か又は御郷里の方に御移転の御決心に御座候様伺居候、それまでの処少シ御内職にても求めたしとの御事に御座候、小生も大に御援助を蒙り得る次第に御座候、何卒〳〵御心配無之様御願申上候、愚妻よりもよろしく申上候、御令室様によろしく御願上候

十二月八日（本年も余日無之、何卒皆様御清祥奉願候）　佐伯好郎

田中博士侍史

5　一九四〇年一二月二一日

［封筒表］
「京都市左京区　東京市淀橋区西大久保三丁目
北白川上池田町一　百八十四番地　佐伯好郎
田中秀央様
親展」

拝啓、寒気相加り候処高堂各位愈々御清祥奉賀候、只今御懇切なる御手紙頂戴いたし深く感謝仕候、小生の未熟の論文か無事教授会を通過致し候は、全く皆々様の御蔭に御座候、ことに市河［三喜］博士の如きは先日石橋博士より承り候へは、屢々石橋氏に対して審査を急ぐべき御勧告をなし被下候由、小牛深

く市河博士の蔭の御尽力を感謝いたし居候、しかもこれ皆貴下の御好意に基くもの存し、重々貴下及ひ市河博士に感謝いたし候、今後ローマ法の研究に専念いたしたく候、それには一層貴下の御援助を蒙らさるを得さる次第に御座候、何卒よろしく御願申上候、Conexの第一巻だけは全部翻訳いたし、目下未発表の部分を清書いたし居候、第二巻―八巻までは中央大学の矢田一男君か引受けたしと申され候につき、同君に譲り候、小生としては一寸ローマ法に関する二三の論文を纏めて発表いたしたしと存し居候、それにつけても貴下の御著書を参照致すこと多く、一層今後の御指導奉願候、何卒御令室様によろしく奉願候（発表は三月上旬かと存し候、それまでは内秘に致しおくへく候）、また「ギリシア精神の様相」御恵与難有御礼申上候、愚妻よりもよろしく御礼申上候、頓首

十二月廿一日　佐伯好郎拜

田中博士

侍史

6　一九四一年三月八日

［封筒表］

「京都市左京区北白川

上池田町一

田中秀央様

侍史

［封筒裏］

東京市淀橋区西大久保三丁目百六十四番地

佐伯好郎」

拝啓、余寒未た去り難く候処、高堂皆々様御清祥奉賀候、先般態々御祝詞を辱ふいたし恐縮候、然るに昨年八月皆一応終了いたし候、Conex第一巻の訂正に取りかゝり候ニ、今春以来意外の御不沙汰仕候、何卒御海容被下度願候、実は本日もConexの一節に不明有之候て、貴下の御教示を仰き度存し候、何卒御教へ被下度候、小生の薄弱なる羅典語の知識にては解決不仕候、例之、IIの上に横線IIのあるものや、IIIの上に横線のあるIIIを如何に取扱ふへきかに関して、種々昔し使用仕候文法書を参考いたし候ても何等手がゝりを得す候、何卒御教示被下度願候、全文は別紙の通に有之候、乍末筆御令室様御一家皆々様へよろしく御願申上候　三月八日

佐伯好郎

田中学兄硯北

7　一〇月二九日

［封筒表］

「京都市左京区
北白川上池田
町壱番地
田中秀央様親展」

「東方文化学院東京研究所
佐伯好郎
小石川区大塚町五十六番十五号
東京帝国大学図書館内東側二階
二四号
電話（帝大構内四二六番文学部
研究室呼出）」

拝啓、愈々御清祥奉存候、陳者先日は結構なる松茸沢山御恵与被下候て、重々難有御礼申上候、本年は松茸の出来尠少ニ有之候て、東京に於いては非常に珍重せられ居候、実に難有御礼申上候、尚ほ小生のConexの訳は実に不完全のものに候得共、毎号抜刷を御高覧に供し候、御教示を賜りたく候、小生若し京都に居候ハヾ毎日でも御教示を蒙りたく存し居候、就中希臘語の方――その昔小生は希臘語の方か長所に候に――只今はだめに相成候て、久しく貴著によりて錆落しいたし居候

そのうち拝眉御礼申上候、尚ほ御令室様御令嬢様皆々様によろしく御鳳声御渡被下度く候、匆々

愚妻よりも呉れ〳〵もよろしく申上候也

十月廿九日　佐伯好郎

田中博士侍史

8　一一月三〇日

［封筒表］
「京都市左京区
北白川上池田町一
田中秀央様親展」

［封筒裏］
「東方文化学院東京研究所
佐伯好郎
東京市小石川区大塚町五十六番
十五号
電話大塚（86）五四四五番
五四四六番」

拝啓、其後御不沙汰候処、愈々御清祥奉賀候、小生は先般以来風邪のため引籠居候処、昨今略全快いたし、今日久しぶりに研究所に出勤いたし候間、御放念被下度願候、尚ほ先日春木〔一郎〕先生より田中周友様の御論文を恵与せられ候て、非常に小生を啓発せられ候、御序の節貴下より田中教授によろしく御伝言被下度願候、小生の「景教の研究」中の支那景教文献の英訳を完成いたし、近く出版する段取と相成候て、目下校正中に御座候、然るに茲に至急貴下の御教示を蒙りたき事相生し候、そは英文の“The Fragments of the Nestorian documents discovered in China”を小生は従来“Nestoriana Sinica”と致し候処、

友人より“Nestoriana Serica”とすへきではないかとの質問有之候、小生いつれにてもよいと存し候得共、貴下の御高見を拝承いたし、なるへく西洋人に笑はれない様にいたしたく候、「景教小品」の意味でNestorianaは不都合でないと存し候得共、その辺も御教示被下度願候、右願上候

御令室様皆々様によろしく申上度、愚妻は台湾に参り近々帰京の予定に御座候

十一月三十日　　　　　　　　　　　　佐伯好郎

田中博士侍史

14 渋沢敦子［一八八〇〜一九四三］

公家の出で幕末・維新期に活躍、元老院議官などをつとめた伯爵橋本実梁の娘。一八九五年、渋沢栄一の嫡子篤二と結婚した。

1　［一九一四年カ］八月一一日

［封筒表］

「田中様

御申入」

［封筒裏］

渋沢内　　「八月十一日」

御道中何卒御用心遊し候様念し上候

昨夜ハ連日御疲れの所まげておこし被下忝く候、御格別御障りも御座無く候や、酷暑の折柄何卒御用心候様願上候、扨此度御成婚ニ付ては何そ御役ニ相立候物御祝申上度存候へとも、何の心附も御座なく、誠ニ御麁末の御事ニ御座候まゝ、いかにも心ならず此儀よろしく御断り申上候、尚別封の浴衣も、是又御麁末なから御母上様へ御覧に入被下度、よろしく御申入候様願上候

御祝儀御日取御とりきめに相成候ハヽ、御一報願上候

扨又子供等事一方ならぬ御芳情ニ預り居り、厚く御礼申上候、些少にて失礼の至りニ候へとも、心はかり御挨拶の御験迄に御はしまし、よろしく御受納被下度願上候、実ハ自分又ハ子供等御出立前に御伺可申上乍筈、終日御留守の様承り、乍失礼使にて右申上候、御国元御母堂様御はしめ皆様江よろしく御申入候様願上候、早々かしく

八月十一日　　　　　　　　　　　　敦子

田中様

注　文中の「御成婚」は田中秀央と国松艶子との結婚と思われる。

2　一九二〇年一一月

［封筒表］
「京都市上京区岡崎町
西福川町一ノ十
田中秀央様」

［封筒裏］
「東京駒込神明町
三百十七
渋沢敦子内」

時分柄ます〳〵御障りも御座なく候や、左候へは先日奥様へ御便り申上候せつ伺ひおとし候へは鳥渡御尋申上候、先頃御上京のせつ召使の事仰を戴き候へば、先方の御様子如何相成候や、御国元の方御都合あしく候へは、また他の方江も御尋致し度存居候、然し御国元にて他ニ御心当り御座候へは、猶々好都合ニ御座候、かやうな失礼の事御願致し候ハヽ、何とも相すます候へとも、何とぞよろしく願上候、先は御願迄、荒々かしく

尚々先日奥様迄御礼申上候へとも、御願致し候松早速御送り戴き厚く御礼申上候

敦子

田中様

3　［一九二一年］

とかく不揃の気候にて此程中ハ袷なしき位に覚候所、また〳〵きのふより御暑く相成り、扨々いやな気候ニなり申し候、毎々御尊書為はり有難く候、此方ゟハいつも御無沙汰を申上居り、御申訳無御座候、先頃ハ御愛くるしき御写真戴きおうれしく拝受、大そふ御丈夫そふならされ何も御祝申上候

御母堂様・遊喜子［悠紀子］様にも不相替おすこやかにおまめ〳〵しく入らされ候や、よろしく御申上願上候、敬三縁談の事早速御耳ニ入候筈の所、自分ニかまけ大延引御宥免願上候、御聞及ヒの事と存候へとも、木内［重四郎］氏と縁談昨冬より初まり居り、漸くまとまり、七月十一日に取かわせを済せ申候、婚儀ハ木内氏欧州旅行の為め来春四五月頃ニ可相成と存候

敬三も正金へ勤務以来暑中休暇もなく、日々出勤致し居り、毎日のやうに学生当時をなつかしがり居申候、扨又此程ハ存寄らす好物のする〳〵沢山ニ御恵被下有かたく、折柄食事中にて早速賞翫、一同大悦厚く御礼申上候、中山氏ハ甲種合格にて何とも御気の毒ニ御座候、当時ハおもに此方に宿泊致し居られ申候、諸橋［轍次］先生も八月上旬御帰朝、子供等の期待程にハ支那めかず、元のまゝにて少々落たんの様子ニ御座候、今後御出京のせつハ是非〳〵此方へ御泊り被下度、只今ゟ御願致し置候、先は乍延引御挨拶かた一よと申上候、荒々かしく

時分から何とぞ御用心の程ひとへに念し上候

敦子

田中御両所様

御参

注　渋沢敬三と木内登喜子は一九二二年五月二三日に結婚した。

4　[一九二二年]一〇月一六日

両三日ハ久々の快晴とて、いつこの山も定めし賑はひし事と存候、先々其皆々様御障りも無御座候や、扨此程ハ御心にかけられ好物の松沢山ニ御送り戴き、当年の初物とて別して大悦ひ、拝味致し候、御案内の御文面によれは、頂戴の風に承り候へとも、夫にてハ誠ニ心ならす候故、是非とも御申聞戴き度くれ〲も願上候

照の儀ニ付私ゟも一応申上度乍存、自分ニかまけおこたり居り候所、本人ゟ申上候よしにて御懇書御遣し、私も拝見致し候、本人事早速親戚方へ参り相談致し候所、先つ現在のまゝがよろしからん、今一応国元へ紹介[照会]の上決着の事可然よし、いつれも被申候よしにて、本人ゟ只今国元へ紹介[照会]中ニ御座候、何とも気の毒の次第にて、重々察し入申候、敬三ハ正金勤務以来初めての二日続きの休日とて、大悦ひにて十五日ゟ友人と伊豆方面へ出かけ申候

信雄ハ五日ゟ黄疸ニかゝり臥床中、一人此快晴をうらみ居り申候、智雄ハ相替らずぶら〲と勉強致し居候、其方様にてハ嘸かし茸狩・紅葉狩と御楽しみニ入らせられ候事とおうらやましく存候、乍末となた様へもよろしく御伝遊し被下度願上候、何も御挨拶かた〲、荒々かしく

十月十六日　渋沢敦子

田中秀央様

5　一九二二年二月九日

大正十一年二月九日

当年ハこれ迄に覚へなき御寒におはしまし、別して御地ハいか斗と推し上候、先々皆々様折柄御障りもなく御賑々しく入らされ候事と御悦ひ申上、猶御伺申上候、此方にても去月末ゟ敬三、信雄、表次とかはる〲流感に冒[カ]され、一時閉口致し候へとも漸く下火ニ相成り、敬三も本日ゟ出勤、信雄も昨日ゟ離床、智雄、私ハ幸ニ無事消光候間、乍他事御放念為はり度候、御地方ハ如何ニ候や、くれ〲も御用心遊し候やう念し上候

左候へは旧年ゟ信雄の義ニ付毎々御懇書為はり深く〲忝く候、実ハ此方ゟこそ御願やら何角の御便りも可申上山々に乍存、信雄の事、照の事なと数々重なり今日こそと存居候内、

信雄の方も一時中止のもやう見へ、又照の方も父帰国の事なとおこり、それこれ判然致し候上と考候内、年末年始の取込にて重ね〳〵おこたり居り、何とも申訳無御座候

扨、信雄の義に付いろ〳〵と厚き御配慮ニ預り、厚く〳〵御礼申上候、仝人京大入学希望も一時まよひ居候様子ニ御座候所、当今ハ差障り無き限り入学の希望に見受られ候故、父［渋沢栄一］帰朝の上今一応熟談の上、猶更めて御願可致心組にて、仝人同道王子へ参り候所、なか〳〵忙しく、敬三も両三日前王子へ参り候所、やはり来客等にてせわ〳〵と致し居り、充分に話をまとめ兼候よしにて、私も追々切迫致し候事とて、ひとり気をもみ居候事ニ御座候、猶御申こしの如く、私も一時ハ信雄京大へ入学の場合ハ仝人の伴侶かた〳〵暫時御地へ住居致し度希望を持ち候も、多分父の承諾ハ無つかしく、猶又敬三も今秋あたりハ支那方面へ出張を命せられ候かも、従ってとても不可能の事と被存、誠に〳〵残念ニハ候へとも断念致す外無之と存候、本人ゟ家の事御願ひ致し候事と存候やも、可成三十円位の処ニ致し度ものと存居候、何れ父の許可次第更めて御願致し候へとも、何分よろしく願上候

扨又照の儀ニ付き申上候、昨秋仝人ゟ家事の事、猶母ゟ帰国をせまられたる話有之、本人も殊の外国元の事を心痛致し居り候様子、如何にも気の毒にて何とか方法もなきものかと考候へとも、是と申名案もなく拠なく当方に於ても帰国致させ候事に心積りを致し居候所、御もと様ゟ照への御書信ニ、京都へ転住し素人下宿をと考候も、当地の下宿営業法にては生活不可能故、東京へ出てハ如何との御言葉に御座候よし同人ゟ承り、ふと信雄の事を思ひ出し、もし信雄京都へ参りて借家をすれは、家事委任の人必要の事を前々ゟ話し居り候事故、御もと様仰の如く転住差支無きとの事なれは、学寮へ参られ二年なり三年なり同所へすごされ候内にハ、岡村氏の方も何とか可相成、殊ニ田中様御在住の事故気丈夫にも可被思等考居り候折柄、御姉上御来訪被下候故、右の御話致し候所、兎ニ角相談可致との事ニて、私ゟ御もと様へ早速書面可差上御約束致しなからおこたり居り、何とも相済不申候、右様の次第御含み被下度候

猶学寮の生活方法ニ付ても神田氏と共同の事故、或一定の額を双方ゟ支出して凡てを委任すべきか、又ハ報酬方法ニ可致かなど、只今考中ニ御座候、神田氏も学生の事故、一〇〇、以内と被申候よし、当方ニ於ても信雄一人のために借家致し候事はあまりぜいたく故、父にも申出にくき位に候ゆへ、やはり神田氏仝様ニ致し度と考居候へとも、右の程度にて五人

の生活致し得られ候ものにやと（家賃を含ム）不安ニ存居候、前申上候凡てを委任致す方法ハ、照母親後々の経験にも可相成かと存し、参考として御もと様御考を御申聞被下候ハヽ、幸ニ存候

此程ハ奥様ゟ御尊書為はりいたみ入候、御返書差上候筈なから失礼致し候、よろしく御申入願上候

御母堂様へもよろしく御伝願上候

前陳の次第何分文体整はすよろしく御判読被下度候、くれ〳〵も此折に御用心候様御念し上候、荒々かしこ

渋沢敦子

田中秀央様

乱筆御ゆるしを乞ふ

6　一九二二年二月二八日

大正十一年二月廿八日

廿五日御差出しの御状昨夕拝読、毎々御手数をかけ何ともいたみ入候、扨家の儀御元様御近処に御心当り御座候よし、間数と申、殊に御宅様は近くのよし、別して好都合にて何卒まとまり候へは宜しくと存候、家賃の所は無拠事と存候、右に付不取敢金弐百円丈渋沢事ム所より御送附申上候間、御落手被下度候、岡村氏着京の場合ハ御宅様へ御泊戴候よし信を被下候へとも、一人とちがひ三人も御願致し候事、あまり恐入候故、可成近き所へ宿を御とらせ被下候てハ如何に候や、然し是非と申ニてハ無之、余は何もよろしく願上候

宇和島へは旅費として三十五円程送附の心得に御座候、乍他事御含置願上候

敬三結婚ハ五月廿日前後ニ可相成と存居候、そろ〳〵気せわしく相成申候

東京ハ昨日迄陽気ちがひの暖気ニ候処、今暁より雪降り出し、俄に温度下降致し、又々寒中の如く相成り候、御地ハ如何候や、定めし御同様の事存候

何とそ〳〵御用心の程念し上申し候、乍末皆様へよろしく願上候、草々、以上

渋沢敦子

田中秀央様

7　一九二二年六月五日

大正十一年六月五日

敦子

田中秀央様

先日ハ御遠路わさ〳〵御出被下別して有難く厚く御礼申上候、扨只今（午後六時）御端書拝見、何角御配意ニ預り山々忝く候、信雄事熊本江参り度よし申出有之候由、如何なる用件

か私も一向存し不申候へとも、御承知の通りの性質ゆへ却て自由に任せ置候方よろしくと存候、只学校の方も先月中大分休み居り候事故、如何なものかと案し申候、休暇も近々の事故、休暇を利用致してハ都合あしきにや、只今の方都合よろしきにや、其辺一応御尋の上、旅費御渡し戴き度候、尚東京へ一応尋ねずともよろしきやと申ことを御注意被下れハ幸ニ御座候、今朝御奥様ゟ御手紙戴き忝く候、何れあとゟ御返事差上べくよろしく御伝戴き度候
取いそぎ御返事のミ、草々、以上

8　一九二二年七月一九日

［封筒表］
「京都市北白川仕伏町六一
田中秀央様」

［封筒裏］
「七月廿日
東京三田綱町
渋沢敦子」

其後ハ御無沙汰ニ打すき御申訳も御座なく候、俄かに御暑相増し候へとも、其御惣客様御障りもなくいよ〳〵御いさましく入らされると御悦申上、尚御伺申上候
いよ〳〵御出立もおせまりの事とて、何かと御心忙しくあらされると山々推し置申候、信雄も平素御世話を戴きなから御手伝も不申上、心付するも今一度御上京あらされると存居候所、御出ましの御様子もなく、御目もしかなわす候事残念に存候、何とそくれ〳〵も御からだ御大切ニ、平素の御希望を御達し遊し候様念し入申候、予て御餞別の御験ニ何をがなと考候へとも、是と申思ひ付もなく、甚タ失礼の至りに候へとも、御まなの御験迄ニ価額表記にて差出し候まゝ御査収被下度、猶御中元の御印迄ニ是又同便ニて差出し候まゝ御落手願上候、返す〳〵も失礼の段御ゆるし戴き度候、尚又信雄ゟ御願致し候本代金百円為替にて御送り致し候、是又宜しく願上候、学寮閉鎖中はやはり平素通りニ願上候、尚休暇中とて三人の食事等遠りよなど致し、自弁など致さぬやうお富殿へかたく〳〵御申聞被下度候
扨、御留守中学費送金の事奥様へ御願致し候事ハあまり御気の毒成故、御稽古かた〳〵信雄に責任を持せ候かとも存居候
前以て申上候事柄ニハ無之候へとも、実ハ敬三・信雄申合ひ御許様御書籍御購求の御足前ニ幾分なりとも呈上致し度予て申居り候へとも、何分にも祖父［渋沢栄一］と談合の機会なく（いつも他の事ニさまたげられ）、御出立前ニ遂ニ間ニ合はす残念ニ存候、御役ニ立つ程の事ハとても致し兼候へとも、両人の寸志のミと存候、財界不況の折柄父が何と申候や、何卒両人の志を少

しにても遂けさせ度と念し居候事ニ御座候、書そんじのミ失礼の段御ゆるし願上候、あら〳〵かしこ
猶毎々奥様ゟ御書面戴き恐入候、此方ゟハいつも〳〵失礼致し居り御申訳御座なくよろしく御申入願上候、此内ニて欠礼なく御母堂様御はしめ皆様へよろしく願上候

田中秀央様

七月十九日　敦子

9　一九二五年三月二三日

［封筒表］
「京都市上京区北白川
仕伏町六十一
田中秀央様令御礼」

［封筒裏］
「三月廿三日
東京芝区三田綱町
渋沢敦子」

大正十四年三月廿三日

田中秀央様
〃御奥様　渋沢敦子

先頃奥様より、又昨日ハ田中様より毎々の御懇書有がたく拝し上候、倫敦《ロンドン》出産の事御耳に入れ候処、此程ハ御心入れの御品御祝として頂戴致し、何ともいたみ入り、ベビーの身に早く着させ度ものと楽しみに致し居候、倫敦へも早速申遣し申候、何も〳〵厚く御礼申上候
扨又正利〔田中正稔〕様御学資の儀、先日御姉〔田中千里〕上御越の節、学資の儀ハ秀央ゟ三月迄と昨年帰朝の節申聞され居り候故、今月迄受領致すとの仰せにて、尚昨秋御許様ゟ私へも右御話有之候趣、私其折の事はつきり覚へ不申候へとも、御兄上の御為めなど御考慮あらせられ候事もやとも存、兎ニ角姉上の言葉通りに致し置き、よく御もと様と御相談致し度存居候折柄、御尊書に接し候次第ニ御座候、最初御老母様・御姉上様御二方より御もと様の御書状御持参にて御申出御座候節ハ、敬三ゟ何の申こしも無之、又御もと様も御留守の事故、兎ニ角秀央様御帰朝迄と申上置候次第ニ御座候、敬三ゟハ未だに此事ニ付何とも不申越候へども、いろ〳〵御世話様ニ相成候御もと様へ報恩の万分ノ一にも相成候へは、当方ニ於ても誠ニ仕合ニ存候事故、今後とても御もと様・正利様ゟ御申聞戴候へは、何時なりとも思召にそひ参らせ度存居候次第ニ付、御遠慮なく御申聞戴度願上候、猶御返済の儀ハ決して御心配ニハ及不申候、然し御本人様おはげみの為メ左様申上置候方よろしき様なれハ、いつれにてもよろしく、当方に於てハ決して御心配被下ましく候
御礼延引の段幾重にも御許願上候、猶信雄一昨日（廿一日）帰

京、よろしく申上候様申出申候、先ハ何もとりませ右申上度、
草々かしく

10　一九三〇年一〇月二五日

［封筒表］
「京都市左京区北白川
仕伏町六一
田中秀央様
御奥様」

［封筒裏］
「十月廿五日夜
東京芝区三田綱町
一〇
渋沢敦子」

此程ハ一方ならぬ御世話様ニ相成り、何ともありかたく厚く御礼申上候、永年の望を遂け候上、保津川下り、比叡登山、是又とても及はぬ事と覚悟致し居り候離宮拝観まてかなひ、いつれも思ひまうけぬ事のみにて、是皆御厚情の賜ものと、実に〳〵有かたく、何と御礼を申上てよろしきやら、拙き筆にはなか〳〵申尽し兼申候、何かと一通りならぬ御心遣ひ戴き候事とて、嘸々御疲れ遊し候事と存候、御心尽しにて得たる松ハ、十八日朝ホテル《ヨリ》発送、廿日の朝着致し候も、信雄の買求めて持帰り候松よりハ、新らしく柔らかくて好評を博し申候

此度ハ天候さへも恵まれ候と見へ、東京ハ廿日より廿一日にかけ大雨、廿二日丈け晴にて、今日も降りつゝき居候、何もかも全く御蔭様にて後々までの楽しき思ひ出と可相成候、此度の旅行程気楽ニ愉快にすこし候事ハ全く始めてにて、疲れなどハよそ事に被存候

信雄もいよ〳〵四五日の内に牛込の方へ住居を定める事ニ相成り、当方も又々淋しく相成り候

西谷様へおあひの節ハ何卒宜しく御伝為はり度候、乍末御子様方へよろしく御申入の程願上候

早速御礼申上候筈の所、法事等にて取込み居り大延引、不悪思召願上候、先日ハ早速御尊書為はり何ともいたみ入候、以上

あつ子拝

田中秀央様
御奥様

11　一九三五年六月二九日

［封筒表］
「京都市左京区北白川
上池田町一
田中秀央様」

［封筒裏］
「六月廿九日
東京渋谷区大正町十二
渋沢敦子」

御地水害のよし、先刻（〇半）号外とラチオにて承り、実ニ〳〵

驚き入申候、然し御住居ハ山手の事故、御免れ遊し候事と存候へとも、如何入らされ候かと御案し申上候、何よりも東京と違ひ京の出水ハ未曾有の事、何方も嘸々混雑の事と存候、先ハ不取敢御見舞迄

田中御両所様　　　　渋沢敦子

六月廿九日午後三時

---

15 渋沢敬三［一八九六～一九六三］

実業家、渋沢栄一の孫、渋沢篤二と敦子の長男、東京生まれ。東京帝国大学卒、一九二一年横浜正金銀行に入る。第一銀行副頭取、東京貯蓄銀行取締役会長を経て、四四年日銀総裁。戦後幣原内閣蔵相になったが公職追放、五一年解除。のち国際電信電話会社社長などを歴任した。他方で生物学・民俗学への造詣も深く、常民文化研究所を設立して民俗学の発展にも寄与した。

1　一九二二年七月二二日

［封筒表］

「京都市上京区北白川仕伏町六一

田中秀央様

［封筒裏］

「芝区三田綱町一〇

大正十一年七月二十二日

渋沢敬三」

御親披」

二伸、漢堡《ハンブルグ》へ御立寄の節は、正金銀漢堡支店支店長園田三朗氏及中村貫之氏を御訪ね下されば、何かと御便宜と存じ候間、御紹介の為、名紙二葉差上置候間、御使用相成度候、尚倫敦《ロンドン》阪谷希一にも御紹介致置候、御使用と否とは御勝手に候

拝啓

炎暑の候、大兄には益々御壮健奉賀候

最早日ならずして御出発、嗟かしお気忙しきことゝ拝察仕り候、従姉中村八重子（阪谷［芳郎］三女）、夫貫之兄を漢堡に訪問、為に御同船のことゝ存し候、何分よろしく願上候

扨て、今般御渡欧に就き何か御餞別にもと心掛居り候も、何も考が浮ず、遂に祖父［渋沢栄一］と談合の結果、御滞欧中書籍御購入の御手助として、金五百円也御送付申上候間、何卒御受納相成度、何か御気に入の書籍御手に入らば幸甚の至りに存じ候、時日切迫致し候に就ては、甚乍勝手明後日電信為替を以て御送金仕り候間、第一銀行京都支店にて御受領有之度、右為念申添置候

御出発御見立（オウキタテですか）も不叶残念に存じ候、呉々も
御躯御大切に遊さるゝ様祈上候
乍末筆御母堂様を始め御奥様・ゆき子［悠紀子］様等へ宜敷御鳳声願上
候
先は御見送りにかはり御挨拶迄申上候、匆々不一

大正十一年七月二十二日　渋沢敬三拝

田中秀央様

2　一九四〇年五月二八日

［封筒表］
「京都市左京区
北白川上池田町一
田中秀央様
侍史」

［封筒裏］
「東京市芝区三田綱町十番地
五月廿八日　渋沢敬三
電話三田（45）〇二九七番」

拝啓、大変御無沙汰申上ました。心にかゝり乍ら又時々は貴地を訪れ乍ら、いつも多忙で時間なく、御訪ねもしないで失礼のみ致して居ります。此の間古本屋で

Lexicon Latino-Japonicum
Depromptum ex opere
cui Titulus
Dictionarium Latino-Lusitanicum ac Japonicum
typis primum mandatum in Amacusa in Collegio
Japonico Societatio Jesu anus Domini M. D. XCV.
Nunc Denus
Emendatum Atque Auctum
A
Vicario Apostolico Japoniae
Romae
MDCCCLXX.

と云ふ、天草で出来てローマで一八七〇年に発行された日羅辞典を見付けました。一冊で七四九頁、四六倍判、日本語はイタリックで書かれて居る本です。もう御所持でせうか。もしまだだったら平素の御無音の御詫のしるし迄進呈したいと思ひます。

現代の役に立つ代物ではないと思ひますが、ラテン語の日本へ渡来史上はいゝ参考品だと思ひました。一寸御伺まで

五月廿八日　渋沢敬三

田中秀央大兄
侍史

3　一九六一年八月七日

［封筒表］
「京都市左京区
北白川池田町一
田中秀央先生
貴酬」

［封筒裏］
「八月七日渋沢敬三
会社　国際電信電話株式会社
電話（２１１）四三二一番
自宅　東京都港区芝三田綱町一〇
電話（４５１）〇二九七番」

拝復　石川老よりお聞き及びとて、小生神経痛のお見舞、ことに英子さんのシアツ仰被下御芳志辱なく、厚く御礼申上候
昨今大部工合よく相成り候間、御放念被下度、ハリやシアツもやりおり候
先は乍延引御礼迄申上候、匆々
昭和三十六年八月七日
渋沢敬三拝
田中先生

16　渋沢信雄［一八九八〜一九六七］

渋沢栄一の孫、渋沢篤二と敦子の次男、敬三の弟。

1　一九三六年三月三日

［封筒表］
「京都市北白河［川］上池田町一
田中秀央様」

［封筒裏］
「相州鎌倉海岸通
渋沢信雄」

田中秀央様
漸く昨日頃から少しづゝ春めいてまいりましたが、今年の冬は全く驚きました。滞独中穂積の従兄とブタベストへ旅行した時、丁度ヨーロッパでも四十何年振りの寒さと云ふのに出会って、五日間程積雪の為に汽車の不通で言葉のわからないブタベストに滞在を予［余］儀なくされたことがありますが、今年のやうな寒さや雪は日本では初めての経験です。さぞかし京都の底冷へのする寒さは格別であったことゝ思ひますが、別段のお障りもなくて何より結構に存じます。
おまけに二十六日早暁から実に実にいやな事件が起て、字義通り心の底からなさけなくなりました。どんな世の中になるか全く今後は見当もつきません。
しかしこんな寒さや事件をよそに僕の所は一同風邪一つひかず、その上男の子が産れて無事平穏な幸福な日をすごしてをりますから何卒御安心下さい。築地の聖路加病院に母子共入院して居ましたが、二十七日に退院しました。少し曇って居

て退院日和ではなかったのですが、何んとなく早い方がいゝやうな気がして決行した所、その翌日からは東京市中が益々不穏になって交通杜絶の騒ぎが始まったのです。全くいい都合でした。

早速お祝ひの御丁寧なお手紙をいたゞき有難く存じました。厚く御礼申し上ます。幸ひ鎌倉に帰ってからも日肥ちよく、赤坊もよくねて腹がすけばよく泣き、至極順調ですから御安心願ひます。名前は彰アキラとつけました。

石坂君のことは兄にまかせ切りで一向面倒も見ず無責任でしたが、当人が真面目にやってくれたので学校もスラスラと済み就職も出来て何よりでした。お礼のお言葉は却って痛み入ります。

京都の転勤は姉さんや先生がそちらにおられる関係上当人も大変喜んで居た様です。貯蓄銀行の地方進出は始[初]めてのことではあり、大阪を地盤にして居る有力銀行が根強く勢力を張って居る京都のことではあって、業務も中々楽ではないと思ひます。

真面目にしっかりやるやうお序のせつお伝へ下さい。

鎌倉に来て以来会ふ折も少くなりましたが、正月に三田で久しぶりに遇ったときの話では、岡村君もその後元気に頒布会の仕事に力をそゝいで居る様子ですから、御休神願ひます。

田中先生にも頒布会に入っていたゞいたとか喜んで居ました。では奥様始め皆々様によろしくお伝へ願ひます。

松田君、西谷[啓治]君にはお会ひですか。よろしくお伝へ下さい。

今春四月中旬か下旬例年通り二三日上洛したいと思っております。その節はお訪ねしてゆっくりお話申します。

右お礼まで。三月節句の日　　鎌倉渋沢信雄

2　一九四〇年一一月二一日

[封筒表]
「京都市北白河
上池田町一
田中秀央様」

[封筒裏]
「十一月二十一日
東京市品川区上大崎長者丸
二八五
渋沢信雄」

先達御越しの節は、いさゝか半病人で失礼ばかり致しました。御かまひもしませんのに、ゆっくりくつろいで下さったのを有難く思っております。静枝様や秀子[英子]さん御夫婦にも御目にかゝれて喜んで居ります。

芝居の夜は折角あんなに早く出ましたのに、自動車がなく、尾張町まで歩き地下鉄で渋谷に出ました。母には矢張り自動

車の迎へがないと無理のやうです。自分でも無理とは知り乍ら御承知の性質でガソリン節約を考へたり、新体制にそふやうに努めたりするのですが、愈々となると、つくづく自分が古い時代の忘れ物のやうな存在であると云ふことを感じて淋しくなるらしく、お伴のこちらが閉口致します。

又御上京のときは、秀子さんの方ばかりでなくこちらも御利用願ひます。静枝様から御依頼の写真は近日江木写真館へ頼みまして一葉お送り致す積りです。

同封のもの御多忙中御迷惑とは存じますが簡単で結構ですから御訳し下さい。

間違ひのない様に写した積りですが、万一誤写がありましたら御判読願ひます。

皆様によろしく、敦子よりもくれぐれもよろしく申しました。

僕の胃も歯も大変よろしくなりましたから御安心下さい。

信雄

田中秀央様

3　一九六〇年一二月一四日

［封筒表］

「京都市左京区北白川

上池田町一

田中秀央様

東京都品川区上大崎

長者丸二八五

渋沢信雄」

田中先生

幸ひ目下の処凌ぎ易い寒さなので大に助かりますが、お障りありませんか。

先日貴書御恵送いたゞき、厚く御礼申し上ます。度々私にまで御著書お送り下さいますことを、心から感謝致しております。早速御礼のお手紙を出さねば先生に叱かられるのを万々承知致して居るのですが、何んとなく忙しかったのでおくれてしまいました。何卒御許し願ひます。

忙しかった理由の一つとして、申訳けめいて恐縮ですが、裕が先月末結婚致しましたことをお知らせ致します。婚約中のことは先般六月お目にかかったとき申した様に記憶しておりますが、やっと済みまして、殊に敦子はホッとしております。

長者丸の拙宅の一部にさゝやかな家を建てまして、幸福さうに新生活を営んでおりますから、御安心願ひます。

自動車で神戸までまいりました。途中湖から比エイ山を登り、清水寺と二条城を一寸見ただけで素通り致したため、お寄り致さなかった由、失礼申上ました。
帰途は飛行機で帰京致しました。僕らの時代の新婚旅行とは大方様子が違ひ、若干年寄めいた感慨が湧きます。
愈々年末も近づきましたが、何卒御健祥にて年をお送り年を御目出度く御迎ひ遊さる様に祈ります。
乍末筆奥様に御鳳声願ひます。

十二月十四日　　渋沢信雄

17 新村　出〔一八七六〜一九六七〕

言語学者、山口県生まれ。東京帝国大学卒、東京高等師範学校教授、東京帝国大学助教授を経て、一九〇九年京都帝国大学教授、三六年退官。上田万年とともに西洋言語理論の摂取につとめ、日本の言語学・国語学の確立に尽力、『広辞苑』など国語辞書の編纂でも有名である。

1　一九二〇年六月二六日

［封筒表］
「東京市本郷区駒込曙町
十二ノ五
田中秀央殿
至急親展」

［封筒裏］
「京都上京区土手町通夷川上ル
新村出
六月二十六日」

御細書拝見いたし候、御困惑の次第逐一拝承同察ニ不堪候、実ハ当方ニ於ても当初より東大側に於ける多少の反感ハ予期いたしをり、決してスラ〳〵と進ミ話が運ぶものとハ考へをらざりし処に候が、結局貴所の御決心ニよりてハ一時の反情誤解乃至誹謗ハ免れざるものと覚悟せられ候ハヾ、先づ円満に終るものと信じ候ひし儀ニ有之候、御書状を拝見の上も今猶かく思考いたしをり候、先年京大より松本　亦〔亦太郎〕（心理）・桑木〔厳翼〕（哲学）両教授が東大へ前後相尋いで転任ありし節ニ於ても、京大ニ於てハ多少の曲折なき能ハざりし事にて、当時の当事者上田〔万年〕先生ハ其間の事情を記憶せらるゝ筈に候、小生亦右両回とも友誼上東西の間に立ちて微力を添へしことも有之、上田先生とも之に関して数々懇談を交へしこと御座候、然し両教授の意翻がすべからざるものあり、遂ニ京都ニ於ても割愛するニ決し候次第に候、況んや学術界の公義上よりせバ、惜別裡ニ両僚友の東遷を見るに至りしハ余儀なき所に候、斯くして一時の波瀾ハありしも、まづ円満なる解決を告げ、爾来東西の旧同僚ハ洒々落々交情をつゞけをり、其為め特ニとかくの反感ハ毫も残りをらずと小生ハ固く信じをり候、教授の転任ニして猶然り、貴下の場合ニ於てハ尚簡単なるものと被存候、恩義云々の事を恩人がはより被申候ハ少し妙に被思候が、恩義ハ固より恩義なるも、貴下としてハ既ニ義務を果たされしものにハあらずやと愚考いたし候、他の場合ニ照しても同様に考へられ候、東西の情誼軽重論などハ他より申すまじきことに候、又東西の反目云々との取沙汰、これハ当方ニ於てハ近時全く感知せざる所にして、一笑に附するの外なく候、少くとも貴下を聘せんとしたる場合ニ於ては、一に適材を適所に挙げんと欲するの精神ニ出でたるものに外ならず、古都の学界東西古典の攻究に適し、当大学嘗て屢々その計画を立て、榊[亮三郎]氏其他二三者の間ニハ貴君の話頭に上りしこともあり、数年前ニハ小生一箇人の考へよりして上田先生ニまで内話せしことあり、談いづれも進ミしニハあらざるも、貴下宿望の由来ハ頗る古く、毫も反目などニ根ざしせるニハあらず候、又当大学がはより東大へ向け何等懇談交渉なし云々との事も、当然なる経路にして、未だ其機ニ到らざるものと認めをりし為に候、貴下より東大先輩ニ御申出之上、相当の進捗を見ル後にて可なりと存じ候ひし次第に候、往年松・桑両教授転任談の端緒も全く同一ニ候、唯貴下の場合ハ僚友関係よりハ貴下としてハ師弟関係上お困りなるべくと被察候のミに候、之に反して officialism よりせバ、貴下の場合ハ極めて簡単に候が、そんな野暮なることハ成るべく差控へたく候、ともかく近日小生より上田部長・藤岡[勝二]教授ニ向け相当の礼を尽し懇書送るべく候へども、尚貴下の御意向を知悉の上ニ致す方可然かと存をり候、場合ニよりてハ来月中旬ニ入り候ハヾ上京の機あり候間、幾分緩和の策を講ずるやう致してもよろしく候、御含置可被下候

其後当件ニ付当方ニ於てハさしあたり助教授定員増加の計画も出来、将来の施設ニ関する予定も、都合よく進み居り候が、委細ハ面談の機ニゆづるべく候、とにかく慎重に而して決然惑ハれざるやう希申候、以上京大の当事関係者としてよりも寧ろ斯学同窓先進者としての心持の方が勝ちて書きたる点も有之やう覚えられ候、一ニ貴下の御参考ニ資するのみに御座候、従て此書状全部ハ貴下限りのものと、絶対秘密を守られ度、累を他に及ぼし、この上更ニ面白からぬ感情を東大先輩に抱かしむるニ至らんニハ不得策と存候間、単に思慮の資料ニ加へらるゝ丈に被致度、呉々も望申候、早々不宣

六月廿六日　　新村出

田中秀央殿

2　一九三四年一二月一二日

［封筒表］
「京都市左京区吉田
帝国大学文学部教授
田中秀央様親展」

［封筒裏］
「京都市上京区
小山中溝町十九
新村出」

本日会議の結果として再応打合ハせいたし候方可然と存候ニ付、あの後成瀬［清］・石田［憲次］二氏残り居合ハせられ候半ゝ都合をたずね、来週火曜日午後三時より文学部長室を借りるとも、他の室をつかふともいたし、打合せ会をひらくやうニ本夕事務室之吉田（良馬）氏ニしめしおき候、おくりあハせ相成候やう希申候、小生本夜東上、十五日（土）帰洛につき、十七日（月）午後三時以後再びお話しの機を得度、此儀御含みおき相成度候、早々

昭和九年十二月十二日夜　新村出

田中秀央様

3　一九三六年九月一〇日

［封筒表］
「市内左京区北白川池田町一
田中秀央様」

［封筒裏］
「上京区小山中溝町十九
新村出」

拝啓、一昨日ハ失礼申上候、度々御見舞ニあづかり御芳情感謝ノ至ニ存候、一昨日申上べきを失念いたし候が、小生の講義の後始末（退官前後とも）ニつきては、小生引籠申甚だ御迷惑とは存候へとも、鈴木［虎雄］教授とも御相談の上、具体案御考慮被下候やう冀申候、拙案の骨子ハ既ニ御存知之如く候ニつき、それを御参考被下候とも如何とも可然御相談置希申候、酷暑之為めか心身の工合あしく、当分出勤むつかしかるべく、尚此儘静養をつゞけをり度、此儀悪しからず御含置可被下候先ハ右御願まで如此ニ御座候、敬具

昭和十一年九月十日　新村出

田中秀央様

4　一九三六年九月二六日

［封筒表］
「京大文学部　別封添附
田中秀央様
至急親展」

［封筒裏］
「新村出」

毎度御来訪ニあづかり恐縮ニ存候
審査要旨貴所と協同の分、昨日清書を了し今朝事務室の方へさし出しおき候、取急ぎお目にかくる暇なかりしも、尚修正

の余地有之候間、よろしく御批見可被下候、原稿の方大にきたなくなりをり候へとも、其初稿本の方貴覧ニ供し候間御預りおき可被下候、清書の方ニハ字句の修正少しづゝ有之候へども、主旨ハ替りをらず候
成せ［清］、九き［周造］二君との関係の分ハ、昨日すでに閲了可決定之上印刷ニ附しあり候
他の人も本日中ニ清書是亦印刷をいそぎ度存候

昭和十一年九月廿六日　　新村出

田中秀央様

三十日ニハ出席の筈ニ候処、一昨夜来少々「膨れ」が加ハり来候間、それまでは静養自重いたしをるべく候

5　一九三七年四月二〇日

［封筒表］
「市内左京区北白川
池田町一
　田中秀央様親展」

［封筒裏］
「京都市上京区
小山中溝町十九
四月二十日　　新村出」

太田氏小生肖像画修正の事、其後小生微恙及家庭取込のため延引いたしをり候段おわたしおき可被下候
両三日前今川［太郎］氏来訪の節、同氏大学院に於る研究題目ニつき相談を受け候処、其後種々考案の末、左の如き一案を思ひつき候半ゝ、一応御考慮を煩ハし候

印欧ケンツム（ケントゥム?）語派の研究。（主として希臘・拉丁語と古代ゲルマニア語との関係につきての考察）
或ハ単ニ
「希臘・拉丁語と古代ゲルマニア語との関係《比較》研究」

右同主旨ながら、いづれがよろしきか、御一考を希ひ申候
小生健康及家事ニつき当分引こもりをるニつき書状にて申上候、早々

昭和十二年四月二十日　　新村出

田中秀央様

6　一九三七年一一月三〇日

［封筒表］
「京都市左京区北白川
上池田町一
　田中秀央様」

［封筒裏］
「上京区小山中溝町十九
新村出」

拝啓、過日ハ御光来被下高著御寄贈ニあづかり御懇情のほど難有存申候、多年御努力之成果学界積日の欠陥を充し、各種専門家・文筆家の重宝ともなり、慶幸の至ニ存候、東上中穂

積重遠博士とも此の点ニつき語りあひしこともあり、同博士亦大ニ推称をつくしをられ候、いづれ其中に拝顔の機有之が、落合〔太郎〕博士ニも序でニよろしく御鳳声可被下候、同博士も近々栄進実現の事と存候、慶賀の至ニ候、余ハ他日万縷可申上候、乍末令室へもよろしく希申候、早々

昭和十二年十一月三十日　　新村出

田中秀央様

7　一九五三年三月一八日

春暖の候ニ入りたるも、きのふけふの如き寒冷ニハいさゝか迷惑ニ存候、さて実ハ久々ニて参上の上ニて御紹介申すべき筈なるも、略儀御寛容被下度候、実ハ去る三月四日夜創元社々員柚《ユウ》登《ト》美《ミ》枝《エ》女史（小生も初見）来訪、『世界少年少女文学全集、全三十二巻』の中、「1」「古代篇」に、「ギリシヤ・ローマ神話」バルフィンチ原著（訳者未定）とあるを、貴兄に訳述（その分、種々自由に訳述してよきなるよし）していただけぬものか、小生よりおたのミしてみようと申し、紹介しておきしが、既に柚《ユウ》氏よりお願ニ及びしかもしれず候が、成るべくおくりあハせの上おひきうけ願へぬものか、小生よりおねがひ申上候、右の「1」『古代篇』ニハ、「希臘神話」のほか、「ホーマー物語」（呉茂一）及「北欧神話」（松村武雄）と、拙述の「イソップ寓話集」との四書を一冊にまとめて出だす企画のよし、条件ハ忘れてしまへり、期限ハ小生ハあまり急速にては出来ぬといふ漠然たる条件にて引きうけおきたるのみに候、何卒切に御考慮のほど希上候、小生ハ創元社ニハ往年の関係の外、最近ニハその『創元文庫』に『新編南蛮更紗』なる小著を進行中なる関係もあり候ほか、イソップハ多年の縁故もあり、協力者を得て引受けおきし次第ニ付、御迷惑甚しく候ハヽ、御門下の俊秀者をして助力せしめらるゝやうなことニておひきうけ願はるまじくや、

敬具

昭和二十八年三月十八日　　新村出

田中秀央様

8　一九五三年五月二二日

本日は再度失礼いたしました。清風荘よりかへり、Varenius の日本誌の家蔵本をしらべました。先刻の本が原刻本又ハそれに近きものと思ひます。一六四九?版ではなかつたでせうか。小生のハ一六七三版（英ケンブリッヂ版）。殆ど同じ本だとおもひます。来週金曜日（二十九日）、学芸大学にお出でのときハ、お貸しいたしてもよろしいのですが、天気のとき同大学に小

生が持参してもよし、おたちより下さつてもよろしいのです。

時宜に従ふことにしませう。

28　五月二十二日夜　　新村出

田中秀央様

［別紙］

［欄外右上］「この大きさの本（新村出所蔵本）
タイトルペイジ」

［欄外下］「昭和二十八年五月二十三日記（新村出）」

BERNHARD, VARENI

Med. D

DESCRIPTIO

Regni Japoniæ

ET

SIAM

Item

De Japoniorum Religione Siamensium.
De Diversis omnium Gentium Religionibus.
Quibus, præmissâ Difssfertatione de variis
Rerum publicarum generibus, adduntur quæ-
dam de Priscorum Afrorum fide excerpta
ex Leone Africano

CANTABRIGIÆ

Ex Officina Joan, Hayes celeberrimæ Aca-
demiæ Typugraphi. 1673.
Impensis Samnelis Simpson Bibliopoloe
Contat.

毎頁四十五行の細字づめ、全部ニて二九二頁あり、日本の部ハ二二七頁あり。

著者ハ同姓名Bernhardus Varenius. なり。

一六四九版（?）本日お示しの小本牧健二氏蔵本はアムステル版にて、初版本なりしなるべし。

小生の所蔵本ハ英国ケンブリッヂ版、一六七三年の版本にて、重版本なるべし。

内容ハ全く同一ニてなくとも共通の条多からんか。

この本の版尚いくつかあるらし。Pages等の『日本書史』参照のこと。

---

18 末松謙澄［一八五五～一九二〇］

政治家・法学者、福岡県生まれ。子爵。妻は伊藤博文の長女生子。ケンブリッジ大学卒。福地源一郎の東京日日新聞社に入り文名をはせ、伊藤博文の知遇を得て官僚となる。一八七八～八六年英留学。第二次伊藤内閣法制局長官、第三次伊藤内閣逓相、第四次伊藤内閣内相。一九〇六～二〇年枢密顧問官。一八年ローマ法研究で法学博士となる。

1　一九一五年七月二六日

［封筒表］
「東京市本郷区
曙町八ノ十四号
田中秀央殿」

［封筒裏］
「鎌倉町扇谷
別荘末松謙澄」

拝啓、過日ハ西来奉謝候
小生目下当処へ参リ居候、法学提要之義更ニ自分も再閲増補訂正仕居、大分改良致シタル積リニ候、tio, sio は高説ニ従ひチオー、シオーと致居候、御気付次第貴兄ニも目印御付置被下度候、御地ハ定て暑気難凌ト存候、折角御自愛所祈ニ候、御都合付候ハヽ、暫くなりとも拙荘ニ御転養如何ヤ、風通シハ至極よろしく候、別段御構ハ致兼候へども、小生等ト家族的ニ御くらし成れてハ如何ヤ、二階も有之候間何ニテモ仕事御携相成候へ者、勝手ニ閑暇ニ御従事出来致候、先ハ右まて、草々頓首

七月廿六日　謙澄

田中学兄
机下

2　一九一七年六月二一日

［封筒表］
「本郷駒込曙町
十二ノ五
田中秀央殿」

［封筒裏］
「東京芝区西久保城山町四
子爵末松謙澄」

拝啓、本日大学図書館ニテ一覧之
Heuman Recht Lexicon
之Index之部之中頃以後ノ処ノA)トアル処ニ、「帝政時代ニハ文武官とも苟も裁判事務ニ関係アル以上ユーデリスと号したり」ト云フ如キ事有之候ト相覚候処、〇〇〇〇ノ部分果して右之意ナリシヤ、我カ覚不申候、又其次之文句ニ
蓋シ当時ハ其以前も同様ニ司法ハ行政トノ区別確的ナラザリシナリ

ト云フ如キ事モ有之シト覚候、右乍恐縮御一覧之上正確ノ処
御一報被下度候、可相成大急ニ相願候、草々

廿一日夜　　謙

田中様

---

19 田辺　元〔一八八五～一九六二〕

哲学者、東京生まれ。東京帝国大学卒。東北帝国大学講師を経て一九一九年京都帝国大学助教授。二二年よりヨーロッパに留学、主にフッサールについて現象学を研究。二七年教授、四五年退官。翌年、「懺悔道としての哲学」を著し田辺哲学の破綻を告白。

1　一九四〇年一一月二一日

〔封筒表〕
「区内北白川上池田町一
田中秀央様
拝謝」

〔封筒裏〕
「十一月廿一日
吉田下大路町四二
田辺元」

拝啓、初冬日毎に寒さが加はりますが、大兄にはいつも御文菊にわたらせられ、何よりと御慶び申上げます。御家内皆様も御障あらせられませぬか伺上げます。さて今日は御高訳アエネーイス御恵与下され、難有頂戴致しました。御芳情感謝の至で御座います。厚く御礼を申上げます。御苦心の御移植により邦語を以て此古典を読み得られますこと、我々の大幸であるのみならず、昭代の盛事、文化への御貢献如何許かと存ぜられ、慶祝に堪へませぬ。感謝と共に敬意を表します、拝具

十一月廿一日　　元拝

田中学兄

御座右

2　一九四〇年一二月一九日

〔封筒表〕
「区内北白川上池田町一
田中秀央様
拝謝」

〔封筒裏〕
「十二月十九日
吉田下大路町
四二
田辺元」

拝啓、日毎に寒さが加はりますが、皆様御障なく居らせられますか伺上げます。さて本日学校にて御高訳御改訂のブッチャー難有頂戴致しました。毎々の御芳情深謝に堪へませぬ。

厚く御礼を申上げます。此名著が御骨折にて一層完全に移植せられ、俗人にも容易に読み得られるに至りました事、慶祝感謝の外御座いませぬ。謹みて御恐悦申上げます。不取敢御礼のみ、拝具

十二月十九日　　元

田中秀央様

3　一九四一年一一月二七日

［封筒表］
「区内北白川上池田町一
田中秀央様
拝謝」

［封筒裏］
「十一月廿七日
左京区吉田下大路町四二
田辺元」

謹啓、本日学校にて御高訳アエネーイス下巻難有頂戴致しました。毎々の御芳情深謝に堪へませぬ。厚く御礼を申上げます。不断の御骨折により着々と古典の移植が進行致し、今迄名のみ高くして容易に接触致す途も御座いませぬでした名作が、直ちに手の届くやうにして頂けますこと、実に感謝措く能はざる次第で御座います。本邦文化の為に御尽しになります御貢献の程、唯々讃仰の外御座いませぬ。衷心より敬意を表し奉ります。拝読を楽しみに期待致しつゝ不取敢御礼のみ申上げます。時下御自愛を祈り奉ります、拝具

十一月廿七日　　田辺元

田中博士

御座右

先月来の重ね〳〵の御親切、繰返し厚く御礼申上げます

4　一九四三年九月二五日

［封筒表］
「区内北白川上池田町一
田中秀央様
拝謝」

［封筒裏］
「九月廿五日
左京区吉田下大路町四二
田辺元」

謹啓、遽に秋冷を覚えますが皆様御障あらせられませぬか伺上げます。さて御世話下さいました割木今朝三十束正に配達を受けました。これで冬仕度が出来心丈夫で大悦で御座います。大兄の御親切いつもながら感謝に堪へませぬ。難有厚く御礼を申上げます。

何れ拝顔万御礼申述べたく存じますが、不取敢書中深謝申上げます。時下御一統様御大事に祈ります、拝具

九月廿五日　　　　　　　　　　　元
田中秀央様
　　玉案下

5　一九四三年一〇月七日

[封筒表]
「区内、北白川上池田町一
　田中秀央様
　　　　恵展」

[封筒裏]
「十月七日
　左京区吉田下大路
　町四二
　　　　田辺元」

謹啓、小生不行届の為折角の御親切を傷け、大兄の御心に背く如き所業に出で何とも申訳御座いませぬ。殊に今日は態々の御枉駕恐縮の至に存じます。衷心より御詫び申上げます。何卒御寛恕を賜はり度、偏に御願ひ申上げます。もとより小生に大兄のいつもながらの御親切を感謝致す外に他意のあったのでない事は改めて申上げるまでも御座いますまい。唯だ深謝の微衷を表したい余りに無考の所業に及びました次第、大兄並に御奥様の御赦しを願ふばかりで御座います。謹みて御詫を申上げます、拝具

十月七日　　　　　　　　　　　元

田中秀央様

6　[一九四九年]八月三〇日

[封筒表]
「京都市左京区北白川上池田
町一
　田中秀央様
　　　　拝謝」

[封筒裏]
「八月三十一日
　群馬県吾妻村
　北軽井沢
　　　　田辺元」

拝復、思懸けざりし御懇状と御恵贈書とを拝受仕り、御懐かしさとありがたさに打たれました。先づ何よりも第一に、大兄其後愈々御清健にわたらせられ、奥様・御子様も御揃ひ御健勝にて、平和に御暮らしあそばされます趣承り、慶祝これに過ぐるものはございませぬ。心からおよろこび申上げます。それに引換へもともと弱体の小生共、更に昨春以来愚妻重病にて、臥床を続け居り、寒さ厳しき此高原を去りたいと存じましても動くことができませぬ始末、心ならずも四年以上をこゝに暮らすことになります。その間小生はただ一度東京に出ましただけで、あとは始終此地に孤独寂寥の生活を営み、生活のためにも執筆を余儀なくされますので、今は著述業者と銘を打たれる状態です。まことに衰老病弱の余生は、家内

の多難孤寂と相俟つて、負担と申す外ございませぬ。大兄御一家の御多幸を承って衷心よりおよろこび申上げますと同時に、おうらまや〔ママ〕しく思ひますことも当然《無理がない》としておゆるし頂けますでせう。

あたかもそのやうな単独にして慰めの乏しい生活の中へ、大兄の多年御苦心に成りました世界最大の古典の邦訳が恵まれましたことは、まことに譬へやうのない悦でございます。今まで西洋近代語訳を通じて僅にその雄偉清雅な姿を髣髴するに止まりましたイーリアスを、正確にして暢達なる母国語によって読ませていただけます幸は、全く思懸けざりし所です。この幸は小生一個に止まるものでないことは申すまでもございませぬ。祖国の文運に対する御貢献は真に大なるものと申上げなければなりませぬ。大兄の御名を不朽ならしめるものと信じます。衷心より敬意と祝意とを表し奉るゆゑんでございます。これから段々寒くなっておとづれる人も無い山家の秋の生活に、この御偉業を繙き大兄の御厚情を偲びますことは、比すべきものの無い楽です。返すがへすありがたく御礼を申上げます次第です。

大兄の御齢と共に愈々御旺盛なる学問的御気魄が、引続きオデュッセイヤの御訳御完成を齎されますこととは〔ママ〕当然に御期待申上ぐべきところと存じます。御筆硯の益々御多祥ならんことを祈り奉るものでございます。

時下秋冷に近づきます折、御一統様の御自愛を祈念してやみませぬ、拝具

八月三十日　田辺元

田中秀央様

玉案下

7　［一九五〇・五一年］三月一四日

［封筒表］

「京都市左京局区内北白川上池田町一

田中秀央様」

［封筒裏］

「三月十四日

群馬県吾妻郡

北軽井沢

田辺元」

拝復、やっと春めきましたが、冬中御障なく御過しの御様子、何よりと御慶び申上げます。さて西谷〔啓治〕君一家の現状に深く御同情下され御配慮を賜はり、感謝の外ございませぬ。ありがたく御礼を申上げます。実は小生も始終同君の窮迫と家族の病人とに心を痛め、及ばずながら病息の為に新薬や滋養料などを、京都在住の哲学の卒業生に頼み贈って貰ったりして居

ります。卒業生諸君もいたく同情し、天野〔貞祐〕君文相に就任の当時、相議して西谷君のパージ解除の陳情を行ったといふことです。天野君にも事情はよくわかって居り、又東京にも西谷君に対する同情が多いのだ相ですが、他との関係上西谷君一人解除することもできがたい由で、天野君も適当の機会まで待つ外ないと言はれた由《相》です。それで小生もさういふ機会の到来するのを切に待望して居るわけです。哲学卒業生諸君の動きは漏なく小生へも伝へられ、また相談も受けるものと信じて居ます。臼井君とは小生は聯絡がありませぬ。大兄が若し同君に尋ねて御覧になれば、また最近の情報がわかるかも知れませぬ。小生も哲学の卒業生に聯絡を一層緊密にし、できる事は何でも実行に移すやうすすめませう。ただ小生は隠退の人間故、表面に立って動くわけには行きませぬ。すべては現世代の諸君に俟つ外なき次第です。

御高訳書を筑摩書房が御引受けするやう小生から御口添致す様にといふ御示唆は、色々考へましたが少々困難です。と申すのは、大兄御承知かどうか知りませぬが、同書房も御多分に漏れず、二三年前から中々苦しくて、小生の印税なども二年遅払の有様です。もちろん大兄の御訳書が世に行はれることを希ふのは切実ですけれども、筑摩の編輯部に対し門外漢の小生が何か申す訳に行きませぬ。出版に対し慎重に考慮して、此上負担を大きくしないやう、一般的に勧めて居る小生としては、単に大兄の御高訳に成る良書といふだけの理由で、出版御引受を慫慂致すし兼ねるわけです。其上井上君が内部に於て尽力致す際、小生が外部から口出しをするのは、同君に対し済まぬと思ひます。大兄の折角の御指示ですが、御免除下さいますやう偏に御願ひ申上げます。悪しからず御諒恕を賜はり度願上げます。

とりあへず御返事のみ申上げます。時下皆様御自愛を祈ってやみませぬ、不一

三月十四日　田辺元

田中秀央様

8　一九五三年一〇月一〇日

[封筒表]

「京都市左京区北白川上池田町一

田中秀央様」

[封筒裏]

「十月十日

群馬県吾妻郡北軽井沢

田辺元」

拝啓、御芳書ありがたく拝見致しました。夏以来不順の天候

続きにていつの間にやら秋冷に入りましたが、大兄愈々御清適の趣、慶賀此事に存じます。

　大兄多年御苦心の古典講座、愈々創設決定致しました由、大兄の御満悦いかばかりかと恐察申上げます。心から御祝ひ申上げます。是れ一に大兄の御力が結実致しましたものに外ありませぬ。日本の学問の為に、京大の発展の上に、画期的なる御功績、感謝と尊敬とに満たさるるしだいです。謹みて御よろこび申上げます。

　時下向冷の砌御一統様の御多祥を祈ってやみませぬ。御知らせに対する御礼と共に御祝詞を申上げます、拝具

十月十日　田辺元

田中秀央様

20 土井林吉（晩翠）［一八七一～一九五二］

詩人・英文学者、仙台市生まれ。一八九七年東京帝国大学英文科卒。一九三四年まで第二高等学校教授。一八九九年処女詩集『天地有情』を刊行、島崎藤村と並び称された。一九四〇年に『イーリアス』、四三年に『オデュッセーア』を翻訳出版している。

1　一九三九年三月七日

［封筒表］

「京都市吉田本町

帝国大学文学部

田中秀央様

恵展」

［封筒裏］

「一九三九　三月七日

仙台市本荒町二十一

土井林吉」

※先ハ東京帝大経済学部ジンガア博士の言によりて（博士はプラトーンに精し）

拝復

御懇書被下誠に嬉しく忝く拝見いたしました。

グリーキの発音は要するに推量の外なきもののよし、従来私はコンチネンタルメソット（独乙流）により、ペーライデース、アヒロイス※（アヒルロイス）、ツォイス、ポサイドーンなど記しましたが、書物にまとめる時はやはり「クラッシカル発音」を用ゐるつもりです。

又αの長か短かについては、Brasseを参考しましたが、是も確実百点でハないらし。アートレーデースは日本で八音になり七五調にのらず、よってアトライデース（アトレーデース）として記し来りましたが、或は想ふにア※ートレッデースとするが

betterか。

ポセーダーオーンも長すぎるのでポセードーンとしませう。

固有名詞は各国さまぐ\に勝手に変形し、ホメーロスがホーマア（英）となり、ホメール（独）となりオメール（仏）となりオメーロ（伊）となりますから、又ヨーハンネースがヂヨンとなりヂアンとなり、日本でハヨハネとなってゐます位――、それで私は日本の語調に都合よろしくPoetical Licenseを用ゐる積りです。

杜甫の秋日百韻の中に「顧豈丹青列」の句がある、顧凱之（顧は姓、凱之は名）の之を省いたのである。駱賓生は帝京篇に「公孫弘を孫弘と略す、公孫は性[姓]、「公」と「孫」とを切りはなすは乱暴なれど、皆Poetical Licenseなるべし

勝手にした一例を申し上げますと

『槍の名将イドメネー』としました。

イドメネーはフランス流の発音、イドメニュースは原音。他の場所ではイドメニュースとしました。

フィロロギー的にやかましく曰はば、此等は乱暴至極と叱責されませうが、私は詩の第一法則は調。（其国語の）にありと存じます故、断行した次第であります。

'Αφροδιτηを英語ではアフロダイテーと訓じませうが、私はアフロヂィテーorアフロヂーテーとしました

（アポロヂーテーは正しいかも知れませんが）

ある英語の大家が嘗てLodonをランドンと訓じたことがあります。日本でハ通用しますまい。

λとρとは日本語には区別つかず、共にラリルレロの音をかくより外はないと存じます。

――○――

以上につき何卒御高教を願ひ上げます。

三月七日　　　　　　　　　　　土井生拝

田中博士侍史

第一項の中ブリイセーィスを誤つてブリセーイスとしましたが、近刊の書中には訂正いたします。（其他沢山ありますが）

Webster International English Dictionary（Merriam Company 1926版）

Lviii. the Pronunciation of Greek

(See Blass's Pronunciation of Ancient Greek-English Tr. 1890)

Four Methods—

(a) English method (b) The Continental Method (c) Modern Greek Method (d) The Classical Pronunciation, which is now

exclusively used in Schools & Colleges of U. S. A.
此によればDiphthongsは
αι as English ai in Aisle
αυ 〃 〃 au in Out
ει 〃 〃 ei in Veil
ευ 〃 〃 ĕŏŏ
Consonantsは——
………Φ about as English ph in Loophole
………Z as zd in dāzd (daza)
××××××××××××××××
Brasse's Greek Gradus
Ἀτρείδης the first syllable is always
long in Homer (p. 75)
(Homer以外は〝アトレーデース〟〝アートレーデース〟両様と見ゆ
——私註)
Seilers Gr-Deut Wörterbuch für Homer
(S. 529)
Ποσειδάων Epic form for Ποσειδῶν
〔欄外左〕
「※『 』の符号を用ゐて
※※「愷」とも書く」

---

21 土居光知〔一八八六〜一九七九〕

英文学者、日本古典文学研究者、高知県生まれ。一九一〇年東京帝国大学英文科卒。日蓮宗大学（現立正大学）講師、東京女子大学教授、東京高等師範学校教授を経て、二四年東北帝国大学法文学部教授、四八年退官。その後東北学院大学教授、津田塾大学教授。戦後、日本ユネスコ協会連盟理事として活躍した。

---

1 〔一九三七年カ〕五月三一日

〔封筒表〕
「京都市左京区北白川上池田町一
田中秀央様
親展
仙台市北五番丁一七二
土居光知」

拝呈、その後は御無音に打ちすごし申しわけありません、殊に健夫様の御逝去につきては、早速御弔詞申しあぐべき筈のところ、小生五月十四日から二十二日迄上京中で、その後に御手紙に接しましたやうな次第で、申しわけありません。また御手紙の要件は重大にて、速答いたしかね、今日迄考へてみました。

　また某教授〔青木正児〕の転任問題に就いての御意見には至極同感にて、かつ当大学に対する御同情を有難く感銘いたしました。この問題は只今のところ双方の学部長の御談合にとゞまってをり、実行際問題に移るのは来年一、二月頃なりとのこと故に、当方にては未だ教授会の問題ともならず、学部長がひとり他人に知らさず考へてゐるやうな次第で、その学部長も六月中に改選されますので、当大学としては全く未解決の情態にあると申さなければなりません。しかし内情をきゝますと貴大学部長或は先輩教授から（いづれか正確には存じません）、まづ当人に相談があり、教授自身が内諾を与へられてゐるとのことですから、本人が転任を希望するといふ理由で、当大学教授会の問題とされるときには、慣例としても反対いたしがたく、本人の希望に添ふやうな結果になると思ひます。そして私的に考へますと某教授の御家庭の御事情が京都へ行かれることを可とされるやうでもあり、同情も致さなければならぬ次第でありまして、当大学としては非常に損失で困却することではありますけれども、この事件だけではあきらめる他はないと小生としては考へます。

　しかし某教授の問題をはなれ一般論としては、今後御同情のみならず御協力を願はなければならないことが多々あると思ひます。地方の大学文科の現状を申しますと、この両三年志望者が激減し、東京帝大がその志望者を全部入学せしめるやうになりましてからは、志望者は傍系のものに限られ、それも次第に少数になりつゝあると思ひます。今後東京帝大が二次試験を行ふやうになりますれば、優秀な入学者は殆んど跡をたつことゝ思ひます。学生が少数であることは研究の点から云へば理想的で、優秀な少数の学生がくれば勉強がよくできると思はれますが、微力な地方大学では卒業生が高等学校その他のよい地位に就職することが困難でありますので、世間からも認められた優秀でかつ有力な教授が居ることが絶対に必要であります。創立十五年にしかならず、これから認められて行くべき当大学の文科として、優秀な教授をぬきどりにさるれば、まづ第一にその学科の卒業《学》生もたちゆかず、今日のやうな時勢に於いては東北の文科の如きもの《全体が》もたちゆかず、愈々微力となり、終に《遂には》廃止のやうな運命に遇はないともかぎりません。軍事と実業とのみが重んぜられ、純粋の学問と思想とがうとんぜられる今日のやうな情態がつゞくものとすれば、日本の文科大学は互に協力し文化の支持に努力すべきだと信じます。東北、九州大学の文科が先づ微々とし振はなくなつてしまふことは、決して京都のためでもありますまいと思ひます。

かく申すことは決して大学の鎖国主義をとなへるものではなく、むしろその反対であります。或る教授が地方の小大学にあつては学問のため大した貢献はできぬが、東京或は京都に於いては大に活動ができると信ぜられるやうな場合には、一大学の利益を犠牲にしても、転任に賛成すべきだと思ひます。私もこの具体的の問題に就いては、かく信じて賛票を投ずるでせう。たゞ一般論として今後の問題として、有力な大学の停年制のために地方の微力な大学が更に微力にされることは、全体的な立場から考慮しなければならぬと思ふだけであります。教授が十年なり二十年なり講座を担任してゐる間に適当な後任者を物色し、直接間接に指導し、後任者に地位をゆづるやうにすることが担任者の責任でもあり、かくしてこそ停年制が意味があると存じますが、この人事をゆるかせにし、情実関係から任に耐へぬ助教授や講師を作つておいて、その後仕末に他《地方》の大学の中堅教授を抜きとつてくるといふやうな仕方は、慎まなけ《反省しなけ》ればならないでせう。小生の理想を申せば、教授の後任者たることが多少でも予想される講師或は助教授を選定するとき、その大学の卒業者であるとかいふやうな情実に捉へられることなく、慎重な態度で人材を天下に求むべきであつて、停年のとき人材を天下に求むるのは、なさざるには優るも、すでにおそく、他が迷惑であると思ひます。東北大学などで中堅教授を

話しが他へそれましたが、日本の文科大学は今後次第に個人主義的に、封建的になつて行く傾向が認められるのではありますまいか。大学が創立後三十年なり五十年なりの歴史をもつやうになると、講師や助教授や教授後任者を選ぶ場合に自己大学の出身者から選ばざるべからざるやうな雰囲気ができ、秀才を天下に求めることが困難になつてゐます。その結果としては学風が固定し、党派ができ、卒業者就職の縄張りができ、他の大学の犠牲に於いて自大学の繁栄を計らうとする風が起らうとする傾向が見られます。某々の私立大学に於いてはその弊がすでに著しく、自己大学の出身者を中心にせんとして反つて教授団そのものが学問的には微力になつてゐることを見聞いたしますが、これは私等も深く反省すべき問題ではありますまいか。考へてみますと問題は深いところに根ざしてゐるやうに思はれます。私は今度英国の諸大学を歴

訪するやうな機会を与へられましたので、英国の諸大学が数百年の経験の結果として、この重大な人事問題をいかに所理してゐるかをしらべて来たいと思ひます

小生は七月七日頃東京発、満洲を経てシベリア経由にて（旅券講《[購]》求中ですが）八月中旬英国着の予定、英国はオックスフォードを中心に致すことになつてをります。七月十日頃にお目にかゝりたく存じてをります、早々

光知

田中学兄

2 〔一九五六年カ〕七月二七日

拝呈

炎暑の候となりましたが、貴家御一同御清栄の由めでたく存じます、小生方も無事にすごしております、扨学士院の件は、今回学士院が独立し、終戦後はじめて自身で会員の補充をすることになりました。（一九四七、一九四八、一九四九、一九五〇、一九五三の推薦は学術会議でなされたものであります）。第一分科（文学、哲学、史学）の定員は三十名の処、京大の羽田《[亨]》氏、東大系の辻《[善之助]》氏の逝去の結果、只今二名の史学の学域での欠員がありました。七月十二日の会で二名を補充したいとの議がありましたが、二名とも史学の後《[候]》補者を入れるべきか、他の方面に適当な後《[候]》補者があるならばその方を推薦すべきのことにも異議があり、結局慎重にというので本年は一名を補充し、来年はまた一名を補充することになると思います。このような内情ですから、本年補充さるべき第一分科の一名は歴史学関係から選ばれることは大勢がきまっているように思われます。しかし欠員ができた学科の学者を必ず選ぶという方針は確定したわけではありませんので、七月二十日前後の官報に出した公告には、「第一分科は一名の欠員を補充する」ということになつております。官報の公告しますのは、各大学、各学会等から後《[候]》補者を推薦してもらうためであります。それで京都大学からも言語学会からも後《[候]》補者を推薦してくるだろうと存じます。京都大学は或は歴史方面の人を推薦してくるかとも思われますが、日本言語学会からも推薦があるとすれば、本年は無効であつても将来のことがあり（学会は最適当とする人を時々変更するわけにも行きまいから）、新村《[出]》先生に御相談あつて被推薦者になつておかれてはいかゞでありましょう。学士院会員個人の推薦は高楠《[順次郎]》、狩野《[直喜]》、辻博士等の big men の時代は有力でしたけれども、今日では大学或は学会の推薦によつて決定するようになつております、今回の如く史学畑の

学者から選ぶことに内定しておる際、小生が異見を出すのも逆効果しかないと考えますので、今回はさしひかえたく存じます。益々御自愛あつて長寿を保たるれば、学兄にそのチャンスが訪ずれるであろうことを信じます、敬具

七月二十七日　　土居光知

---

22 朝永三十郎［一八七一〜一九五一］

哲学者、長崎県生まれ。東京帝国大学卒。真宗大学教授、東京高等師範学校講師を経て、一九〇七年京都帝国大学助教授、一三年教授、三一年退官。その後大谷大学教授。留学中、ヴィンデルバントに哲学史・宗教哲学を学ぶ。西洋近世哲学史研究の先駆者。一九年には黎明会にも参加した。

1　一九三一年八月七日

［封筒表］

「区内北白川仕伏町六一　「田中秀央様」

［封筒裏］

「京都市左京区吉田近衛町九番地　朝永三十郎」

拝啓、先日は御親切の御教示有がたく存じます、contextを問合せましたところ、別紙の様な答信に接しました、之に依れば intelligence と volonté との主従関係（何れが目的で何れが手段であるかといふ）問題に関するもので、Scabellum 云々の句は「汝等の足の足台」と解してよくあてはまる様に思ひます、出典が分れば一層結構ですが、意味はそれで充分分ると信じます、先は御礼まで、匆々不尽

八月七日　　三十郎

田中学兄

［別紙］

原文数行御覧に入れます

Dans l'ordre de la nature, à vrai dire, le développement de l'intelligence peuts' expliquer par les lesoins du vouloir vivre. Jusque-là, Bergson a raison. Mais dans l'humanité l'ordre de la nature est renversé, l'intelligence devient le but.

La volontén'est plus dès lors que scabellum pedum tuorum. En ce sens, l'humanité serait bien le but de la nature.*

(p. 22 Revue de métaphysique et le morale, XXI.)

---

23 西田幾多郎［一八七〇〜一九四五］

哲学者、石川県生まれ。東大選科卒。卒業後七尾などの中学・高校で教鞭をとったあと、一九一〇年京都帝国大学哲学科助

教授。一一年に『善の研究』を著し、一三年教授、宗教学を担当した。翌年から哲学・哲学史第一講座を担当、二八年退官。

1　一九二四年一二月二九日

［封筒表］
「上京区北白川、仕伏、六一
田中秀央様
書留」

［封筒裏］
「十二月廿九日
田中飛鳥井町
三二　西田幾多郎」

御手紙拝見いたしました、借金をもち越すといけませぬから、年内に御上けして置きます
十二月廿九日　西田
田中君

2　一九四一年七月六日

［封筒表］
「区内、北白川上池田町一
田中秀央様」

［封筒裏］
「七月六日
田中飛鳥井町三二
西田幾多郎」

御手紙難有御座いまして、それでよく分ります
毎度御手数ながらδράωの過去分詞δρώμενονはωの上にアクセントがあるのですか、御教示御願申上げます、又この語には儀式といふ意味が御座いますか
七月六日　西田生
田中学兄

3　一九四一年七月八日

［封筒表］
「区内、北白川上池田町一
田中秀央様」

［封筒裏］
「七月八日
田中
西田幾多郎」

御手紙拝見、毎度御教示難有御座いました
Summa in cives ac Subditos legibusque
soluta potestas
はcives及びSubditos（Untertan）に対してSumma即ち最高の、而して法から法によつて束縛せられ、即ち法から自由な権力といふ様に解せられないでせうか、古れはボーダンが主権Souveränit[ä]tを定義した語で御座いますから、主権は法律に束縛せられない絶対の権利であるから
δρώμενονはδράωのpresent passive participleとして置いてよろしく御座いますでせうか

＊　おそらく誤記と思われるが、引用文は当該雑誌の頁には見当たらない。

七月八日

田中学兄　　西田生

24 野上豊一郎［一八八三〜一九五〇］

英文学者、能楽研究家、大分県生まれ。一九〇八年東京帝国大学英文科卒。九州帝国大学教授を経て法政大学教授、四六年同学長、四七年同総長。夏目漱石に師事し小説も書いたが、のち英文学研究、能楽研究に進んだ。妻は野上弥生子、長男は素一、次男は茂吉郎、三男は耀三。素一の妻静子は渋沢栄一の従兄弟渋沢喜作の孫、耀三の妻は市河三喜・晴子の娘三枝子で、渋沢・穂積人脈に深くつながっている。

1　一九三〇年五月六日

［封筒表］「京都市
北白川仕伏町六一
田中秀央様
御直」

［封筒裏］「五月六日
東京日暮里渡辺町一〇四〇
野上豊一郎」

啓上

御清勝欣賀此事に存上候、さてかね〳〵御話のホメロス翻訳に関する件につきては、過日松浦君［嘉一］まで手紙及び口上を以つて御返事いたし置候如く、小生としては勉強にも相成り、また張合のある仕事にて、実はやつて見度い心は山々に候へども、今年中の仕事の予定を考へて見ただけでも、どんなに忙しくしてもやりおふせきれさうも無之程に候間、なまじいお受けいたして途中から御迷惑相かけ候やうの事有之候ても失礼と存じ、遺憾ながら断念仕候、その旨詳細は松浦君来訪の節御話し致し置候間、多分御伝へ下され候事とは存候へども、大体右やうの次第にて、如何とも工夫つきかね申候間、何とぞ悪しからず御諒察願上候、或は最近に九州へ旅行の途次、寸暇をぬすみて御地へ立ち寄り候事と相成可申乎とも存ぜられ候、若しその際御目にかかる事が出来候はば、拝晤万々縷述可申上候へども、不取敢以書中得貴意申候、匆々

五月六日　　野上豊一郎

田中秀央様

2　［一九三六年］八月三一日

［封筒表］「京都市左京区

［封筒裏］「八月三十一日

北白川上池田町一
田中秀央様」

東京市荒川区
日暮里渡辺町一〇四〇
野上豊一郎」

啓上、いつも御無沙汰いたして居りますが、益々御清勝の御事と御喜び申上げます、今度長男素一［野上］ローマ大学へ参る事に相成りまして、九月二日の燕で出発して、四日神戸から照国丸に乗つて出かける事になつてゐます、それで本人途中で大兄をお訪ねしたいと申して居ります、小生も二男［茂吉郎］と共に神戸まで見送つてやるつもりですから、一処に高堂まで敬意を表しに参るつもりでゐます、三日午前に神戸のエヂプト領事館でヴィザを取る必要がありますので、御訪ねは二日の夜か三日の午後かにいたし度く思ひます、二日夕方京都で下車するか、神戸まで一先づいつてまた京都まで引返すか、今の処きまつて居りませんが、成るべく二日夜お訪ねいたし度く存じます（又は三日早朝）、万々拝眉の上で

野上豊一郎

田中学兄

3　一九三七年一月二六日

［封筒表］

「京都市左京区
北白川上池田町一
田中秀央様侍史」

［封筒裏］

「一月廿六日
東京市荒川区
日暮里渡辺町一〇四〇
野上豊一郎」

拝復

御健勝で御喜び申上げます。

Prof. Tucciには度々御逢ひの御事と存じます。元気のよい学者で、愉快な人ではありませんか。ローマでは素一［野上］がずゐぶん世話になつたものですから、小生も東京では出来るだけ役に立つ事は致して居ります。

Miss Stisamigoliは黒田［正利］氏がお世話下さるさうで、浜田［耕作］氏・黒田氏が指導して下さらば此上ない事ですが、大兄に於いてもお気づきの事は御示教を願ひます。英語は下手ですがフランス語は相当に話せるさうです。（東京に来てゐるDr. Vioといふ青年（医学士）の方は語学はもつとうまく、之は非常に元気よく勉強して居ります。

此二三日東京はめつきり寒くなりました。御地も冬はしみる事と思ひます。花の頃には都合によりてはしばらく御地へ参るかも知れません。その節はゆつくり御目にかかれるのを楽しみにしてゐます。

黒田氏には早速手紙で御挨拶いたします。岡村氏にも御序での節ちと遊びに入らつしやるやうに御伝へ下さい。
奥様によろしく。

一月廿六日　野上豊一郎

田中学兄

研北

4　［一九四五年］一二月一五日

［封筒表］
「京都市左京区
北白川上池田町一
田中秀央様御直」

［封筒裏］
「十二月十五日
東京都世田ヶ谷区
成城町四八野上豊一郎」

啓上、今年の寒さは例年よりも殊に凌ぎ難い事かと思はれますが、御地は如何ですか
さて素一［野上］こと、十二月六日浦賀着、無事十年目で帰りましたから、まづは御放念願ひます、ところが子供（二才）が風土の変化のせゐか風を引いてゴタ〳〵してゐますので、早速御地へ参り田中先生にもお目にかゝり度いといひながら、まだ失敬いたしてゐます
市河［三喜］君は隣家の事故毎日逢つていろ〳〵話したりしてゐますが、本人もドイツで米軍に捕まつてフランスの牢獄に入れられたり、アメリカに送られたりして、大分苦労した為に、自然何もかもおくれがちでゴタ〳〵してゐるのですが、今しばらく御猶予願ひたく存じます、素一御地へ参ります節は小生も大阪に用事がありますので、同行して一寸御訪ね申上げ度く存じます
右当用のみ申上げます

十二月十五日　野上豊一郎

田中学兄

25　波多野精一［一八七七～一九五〇］

宗教哲学者、長野県生まれ。一八九九年東京帝国大学哲学科卒。大学院でケーベルに師事、一九〇二年植村正久より受洗。東京帝国大学講師を経て一七年京都帝国大学教授。四一年東京に転居、四七年玉川大学長。

1　一九二四年一〇月一五日

［封筒表］
「市内北白川仕伏町六一
田中秀央様」

［封筒裏］
「田中西浦町
波多野精一」

拝啓

昨日はわざ〳〵御いでをいたゞいて、まことに恐縮でした。

私は素人ですし、殊に貴君の論文をまだ見て居ないのですから、極めて相対的な考で、ほんの御参考までに過ぎませんが、昨日一寸申上げた事を念の為め繰返へして申上げます

どうもいろ〳〵の著者がどういふ意味に使つて居るか丈では、Lexikon の Vorarbeiten の一部分といふやうになりはしますまいか。今日の学問の状態に於ては歴史的研究を要しますまいか。

一、意味の相異は歴史的変遷と認むべきか。

二、或る auther の特異点は其人丈のものか、同時代一般又は当時の多くの writers に共通するものか。

三、変遷は何故に、又如何にして起りしか。

右の如き問題に触れる為めには

一、単に literary works ばかりでなく、inscriptions 及び其他の材料を一応簡単でも考慮に入れねばなりません。literary works だけに材料を取らぬといふ事が今日の古典文献学の最も著しい特色でせう。

二、現語との関係、消長を考慮に入れねばなりません。

右一応御考慮を願ひます。

十月十五日　　精一

田中君

literary works 以外の材料の必要は一般歴史では Mommsen 以来認められて居る事、言語の研究も今日ではこの材料を使用しないでは根拠の極めて薄弱なものとされて居るかと思います。この点を昨日うかゞひませんでした。これは「歴史的研究」には極めて重要な条件と思ひますが、貴君の御意見はいかゞですか。

なか〳〵一挙にて完全は期し難いが、method だけは大体とゝのへる事、次に問題には深入りしないでも一寸触れて置く位の事は出来ませんか。

右はほんの素人論です。御参考にだけと願ひます。

2　一九三四年四月一二日

［封筒表］

「市内左京区
北白川上池田町一
田中秀央様」

［封筒裏］

「京都市左京区田中西浦町八拾番地
波多野精一」

拝啓

其後御たづね致度いと思ひながらつい〳〵御無沙汰致して

居ります。

今日他の用事で羽田〔亨〕部長に会ひましたので、序でに古典講座の件についての配慮を懇請して来ました。部長も出来るだけの努力をなす旨を答へられました。本部の会計課長とその件について最近二回相談をしたと語られました。

私は事の成行については甚だ腑に落ちない点があります。ひそかに憤慨を禁じ得ません（多分私の誤解ではあるまいと信じつゝ）。しかし事がきまつてしまつた以上、やはり人の好意にたよらないでは、事の成就は望み難いやうに感じます。今日も腹の虫をころして羽田部長に懇ろにたのんで置きました。いづれ御目に掛つてくはしく御話致しませう。

四月十二日　精一

田中学兄

3　一九四八年一一月一一日

〔封筒表〕
「京都市左京区（左京局区内）
北白川上池田町一
田中秀央様」

〔封筒裏〕
「東京都南多摩郡町田町
玉川学園住宅地
波多野精一」

拝啓
御懇書ありがたく拝誦致しました。

私の病気について御尋ねにあづかり、ありがたう存じます。直腸潰瘍に罹り八月初め入院、二回の手術を受け、九月末退院致しました。老年の事ではあり、手術も相当の危険を伴ひし由ではありますが、幸ひにして経過よろしく、遅々ながら体力回復に向ひつゝありますから、憚りながら御休心下さいませ。

キリスト教講座の現状に関し御知らせ下されてありがたう存じます。松村〔克己〕君を失ひしは甚しく遺憾の事ではありますが、今や有賀〔鉄太郎〕君を迎へ得て、安定を得たことはよろこばしく存じます。有賀君は私京都在住時代懇意に願つてゐた方で、立派な著書もあり、同志社にとつては御気の毒の事ではありますが、われ〳〵としては、適任者を得たるをよろこぶべき事と存じます。追放のため京大文学部の受けた損害は頗る大であり、私としては特に西谷〔啓治〕君の去られたのを何より悲しむべき事と存じてをりますが、事情止むを得ず、今はたゞ回復の速かならんを祈るのみです。

貴兄は相変ず御元気の様子、御よろこび申上げます。

御きげんよう。

十一月十一日　精一

田中学兄

26 春木一郎［一八七〇～一九四四］

ローマ法学者、京都生まれ。検事総長、貴族院議員などをつとめた春木義彰の養子。一八九四年帝国大学法律学科卒。九七年から一九〇一年まで独留学、帰国後京都帝国大学法科大学教授。一二年東京帝国大学法科大学教授に転じ、三〇年退官。

1　一九二五年五月二九日

［封筒表］

「京都市上京区北白川仕伏町六一

田中秀央様

御礼」

［封筒裏］

「東京市本郷区西片町十番地にノ三十三号

大正十四年五月二十九日

春木一郎」

拝啓、時下益御清穆奉賀候、陳者只今ハ御高著ノ最新版羅甸文典御恵与ヲ忝フシ有リ難ク御座候、早々本件ヲ拝見仕候処、儒帝法学提要ヨリノ例題ナリ、Vergil Horace Livius等ノauthors中ヨリノ面白ロキ例題（Dido, Romulusノ死后ノ光景）カ眼ニ付キ、前ノ補版トハ大分面目ヲ一新セラレ、益適当ナル文法書ニ相成リ、学界ノ為メ祝賀仕候、何レ緩々拝読仕ルベク候、敬具

大正十四年五月廿九日　春木一郎

田中様

2　一九二五年八月六日

［封筒表］

「京都上京北白川仕伏町六一

田中秀央様」

［封筒裏］

「東京市本郷区西片町十。にノ三十三号

八月六日　春木一郎」

拝啓、酷暑之候益御清適奉賀候、暑中見舞ノ御葉書ヲ賜ハリ有難ク候、御蔭ヲ以テ無事御放心ヲ願上候

兼ネテ御話致シ候ラテン語ノ書籍ノ大部分ハ、東大法学部研究室及ヒ東大図書館ノ方ニ未タ到着セサル由、先刻其ノ筋ノ掛員ヨリ聞知仕候、ノミナラス小生研究室ニ参リ実地見分致候カ、是ゾト申スモノ（即チ貴図書館ナリ研究室ナリニ無キモノ）ハ見当リ申サス候、昨両三ケ月前ニ丸善ノ方ヨリ代金ハ一百円ナリトカニテ、1452（53?）版ノDigestum Vetus一冊丈ヲ売物トシテ大学ノ方ヘ見セニ参リ候ニ付キ、小生ニ購入スヘキ

ヤ否ヤノ意見ヲ徴セラレタルニ付キ、如何ニモ高価ナルノミナラス、D全部ニ非サルカ故ヲ以テ、購入ノ意見ヲ付スルニチユチヨ致シタレトモ、珍本ニシテ欧州ニ於テモ鳥渡得難キモノト愚考シタレハ、購入然ルヘキ旨ヲ具申致シオキタレハ、多分購入シタリト愚考仕候、此ノ本既ニ一般ニ閲覧ヲ許ス様ニ手続出来居候ヤ否ヤヲ図書館員ニ問ヒ度存シ候カ、掛ノ人休暇中ニテ居ラス不明ニ御座候。右ノ書ハ一見スルノ価値ハ御座候

而シテ小生ノ私蔵書トシテハ到着セルラテン語、殊ニローマ法中鳥渡日本ニテハ見ルコト困難ナリト思ハルヽモノハ、僅カニGaiusニ関スル文献一二種及ヒcorpus inscriptionum Salinarum ノ Volumen I.（第一版）位ニ御座候

先ハ不取敢右御通報申上候、若シ何レニシモ御出京ニモ相成ル御考ニ御座候ハヽ、前以御一報被下度、中央大学ノ図書館ノ方ニモ多少ハラテン語ノ文献御座候、都合ニ依リテハ同大学ノ方へ小生ヨリ照会シテ一覧ヲ許スヤ否ヤヲ照会ヲ致シ候テ宜シク候、但シ一応御出京アリヤ否ヤノ貴兄ノ御通報ヲ待ツテ中央ノ方ヘハ照会仕ルヘク候、敬具

八月六日　春木一郎

田中様侍史

近世語ト羅甸・希臘語トノ関係ニ付テノ御講演ハ、頗ル有益ノモノナリト拝察仕リ候、小生モ御近所ナレハ拝聴ニ出掛度モノナリシト存候、右御講演ハ印刷セラレサルヤ否ヤ

（何分ノ御通報ヲ待ツ）

［朱書］

「若シ御出京ニテモ相成候ハヽ、御承知ノ通リノ甚タ手狭ナル茅屋ニシテ暑中却ツテ御迷惑ナランモ、数日間御来泊ヲ御待申上候」

3　一九三一年一二月二四日

拝啓、時下向寒の候に御座候処、益御清穆奉賀候、過日は御多忙中を御繰合せ被下御尊来を辱し、且錦地の名産八つ橋の壱大鑵を御恵与被下、御芳志私始め一同感謝仕候、其節拝承する処に依れば今回貴教授には東大文科の古典語学の方をも御担任に相成候由、我邦学界の為め欣賀仕候、又拝承するにOdysseyの御共訳も既に御完成の由、拝顔の時にも希望も申上候通り、成べく早き機会に於て御出版有り度きものと存居候、尚Iliadの方の御共訳も切望の至に御座候、又儒帝新勅法の邦訳は拝顔の節私個人の希望として申上候通り、御序の節雑話の一端として法学部の田中周友氏と御高見の御交換を願度候、

既に三年来御執筆のギリシヤ文学史は其の題名より拝察するに、貴教授の life work ならんかとも存候に付き、御大成の程祈上候
令夫人によろしく御鳳声を願上候
粗末なる反物壱反書留小包を以て進呈仕候に付き、貴着の上は御笑留を願上候
窮陰の折柄御高堂の万福を祈上候、敬具

昭和六年十二月廿四日　　春木一郎

田中教授殿
　侍史

追申、持病の為め目下執筆困難につき、代筆の儀幾重にも御容赦を願上候

4　一九三七年七月二一日

［封筒表］
「京都市左京区北白川
　上池田町一
　田中秀央博士
　　侍史」

［封筒裏］
「東京市本郷区西片町
　七番地
　七月廿一日　　春木一郎」

拝啓、其後御起居如何ニアラセラレ候ヤ奉伺候、陳者都合ニ依リテハ往年一二ノ法律雑誌ニ掲載仕候拙訳（学説イサンノ初ノ四巻）ヲ合本トシテ、左記ノ題号ヲ附シ度候ニ付テハ、御高見殊ニ希臘字ノ形（尚、音調ヲ附スベキヤ否ヤノ事）ヲ御教示被下マヂク候ヤ

「儒帝学説彙纂
ΠΡΩΤΑ《プロータ》邦訳」

片仮名ヲ附スル方可ナリヤ、又儒帝ト書カズ
　ユースチ（テも）ーニアーヌス帝
ト片仮名ニテ記ス方宜シク御座候ヤ、其ノ場合ニハ音量ハ右ノ通ニテ宜シク御座候ヤ
司事何カト御世話様ニ相成リ居ルコトナラント拝察、有難ク御座候
令夫人ニ宜シク御鳳声被下度願上候、敬具

昭和十二年七月廿一日　　一郎

田中秀央博士
　侍史

5　一九三八年五月二日

拝啓、暖和之候ニ御座候処貴博士殿ニハ益御清穆奉慶賀候、御芳書有リ難ク拝読仕候、田中［周友］法学士ト御共訳ノ新勅法ノ方

モ御尽力ニ依リ進捗致シ、第一期分ハ来ル秋ニハ完了スベキ由、学界ノ為メ大賀此事ニ御座候、御継続御共訳ヲ切望仕候、又貴博士殿ニハ羅和大辞典ノ御著作ニ御従事ノ由、此ノ大業ハ現下ノ所貴博士殿ニ非ラザレバ何人モ恐ラク企テザル所ナラント愚考仕候、切ニ御完成ノ程念ジ上ゲ奉候

次男司事ニ付テハ何時モ御心ニカケラレ、御芳情奉深謝候、同人事ハ酒ガ何ヨリノ好物ナレバ、其ノ後トモ酒ニ呑マレ居候事モ毎々ナラズヤ、又公務ヲ欠キバヤ事モ御座無ク、諸先生、同僚諸氏ニ不敬ノ言行御座無キヤ、懸念仕候、時々御面倒ナガラ御叱被下度奉懇願候

令夫人ニ宜シク御伝声被下度候、又荊妻ヨリ御両所様へ宜シク申上候、敬具

昭和十三年五月二日　一郎

田中文学博士殿

侍史

6　一九三八年九月六日

拝啓、残暑之折カラ貴博士殿ニハ益御清穆奉慶賀候

去ル盛夏中ニハ御祖先御敬愛御心ヨリ御郷里ニ数週間御滞在ノ由拝承仕候、過日当地ノ暴風雨ニ付キ御見舞ノ御詞ヲ賜ハリ敬謝仕候、御蔭ヲ以テ弊家ニハ何ノ被害モ御座無ク御放心被下度候、又昨日ハ台風再ビ我神国襲来ノ警報ニ接シ、殊ニ錦地方面ハ或ハ風力ノ中心トモナランカト掛念仕居候所、夕方ノラヂオノ報告ニ依リ大ニ安心、今朝ノ新聞紙ニテハ錦地ニハ左シタル損害ヲ生ゼザリシ様子ニテ、不幸中ノ幸トハ存ジ上ゲ候ガ、果シテ何ノ御被害モ無カリシヤ、御伺申上候

新勅法高訳ノ事ハ小生トシテハ御継続ヲ御願申上度、又学界一般ノ希望スル所ナランカト恐ナガラ推察仕候、就テハ小生ノ考ヲ以テ昨日一卑書ヲ穂積〔重遠〕男爵ニ差上ゲ、其ノ御内意ヲ伺オキ候条、何レ再報申上グル積ニ御座候、次男ノ儀ニ付テハ貴博士殿始メ諸先生・諸同僚ノ御援助ニ依リ、先ヅ本日マデハ一椅子ヲ汚サシテイタダキ居リ候ガ、御承知ノ通リノ不束者ナレバ将来トモ宜シク御指導御叱正被下度奉懇願候、先日帰宅ノ時ノ話ニテハ、御手当ノ方モ若干御増給ノ恩命ニ接シタル由、恐縮感謝ニ堪ヘザル次第ニ御座候

令夫人ニ宜シク御伝声被下度奉願候、敬具

昭和十三年九月六日　一郎

田中博士殿

侍史

7　一九三八年九月七日

［封筒表］

「京都市左京区北白川上池田町一
　田中秀央殿」

［封筒裏］

「東京本郷、西片、七
　九月七日　春木一郎」

拝啓、残暑尚悉ク去リ申サザル折カラ、貴両教授殿ニハ益御清穆奉大賀候、陳者兼テ御努力ノ儒帝新勅法邦訳第一期分ハ、本月法学論叢ヲ以テ御公表ノ分ヲ以テ完了ノ由、学界ノ為メ慶賀至極ニ奉存候、就テハ尚引続キテ御高訳ヲ学界ノ為メ切望ニ堪ヘザル次第ニ御座候、昨夕男爵穂積［重遠］博士ヨリ左ノ趣旨ヲ申シ越サレ候

一新勅法ノ邦訳第一期分ハ本月ヲ以テ御公表完成ヲ学界ノ為メ祝福ス

一服部報公会ニ於テ第二期御邦訳ニ対シテ金壱千円ナリ御援助申上グル様極力尽力スベキ事

就テハ貴両教授ヨリ服部報公会ニ対シテ援助申請書ヲ提出アリ度事

以上ノ通リ男爵殿ヨリ小生ニ対スル話ニ付キ、学界ノ為メ継続御努力被下度懇願仕候、而シテ第二期分トシテハ第一期分ト略同量ニテ宜シカルベクト愚考仕候

愈々継続御決定ノ上ハ申請書ヲ報公会へ御提出被下、其旨男爵殿へ御通告、又御手数ナガラ小生ヘモ一葉ヲ以テ提出ズミノ事御知ラセ被下度願上候、敬具

昭和十三年九月七日　春木一郎

田中（秀）教授殿
田中［周友］教授殿
　侍史

8　一九三八年九月一二日

［封筒表］

「京都市左京区北白川上池田町一
　田中秀央殿
　侍史」

［封筒裏］

「東京本郷西片町七
　九月十二日春木一郎」

拝啓、一昨十日附ノ田中博士殿ノ尊翰正ニ拝読仕候、右ニ依レバ新勅法御共訳第一期分ニ付テハ、御周到ナル御手続ヲ以テ最善ノ御協力ヲ御傾注ニ相成リ御訳了ニ相成リ候由、学界之為メ恐悦至極ニ奉存候、就テハ早々第二期分ニ対スル援助申請書ヲ服部報公会ノ方ヘ御提出ノ御運ニ願上度候、不取敢要旨マデ如斯ニ御座候、敬具

昭和十三年九月十二日　一郎

田中秀央殿

田中周友殿
侍史

9　一九四〇年三月一〇日

［封筒表］
「京都市上京北白川上池田町一
田中秀央殿
侍史」

［封筒裏］
「東京西片七
三月十日春木一郎」

拝啓、春風吹キ始メ候折カラ、貴教授殿ニハ益御清穆奉大賀候、先日ハ御芳書ヲ給ハリ敬謝仕候、相変ラズ御研究ニ御没頭ノ御様子慶賀仕候、貴大学ニテハ西洋古典学盛トナル兆候ヲ実現セシ由、是レ全ク貴教授殿ノ多年ニ亘ル御熱誠ナル教示ト御研究トノ結果ナリト拝察仕候ガ、唯今尚々西洋古典学ノ特別講座ノ創設ニ至ラザル由、小生ニモ頗ル遺憾トスル所ニハ御座候ガ、年老ヒ病重クシテ小生ニハ力ヲ尽クスコト不可能ニ御座候、唯友人ニ出会シ節ニ談此事ニ及バヾ希望ヲ述ブルガ関ノ山ニ御座候

引用語補イ御編纂中ナル由、学界ノ為メニ祝賀ニ堪ヘザル次第ニ御座候

高堂ノ万福ヲ祈上候、敬具

昭和十五年三月十日　　一郎

田中教授殿
侍史

10　一九四〇年八月二八日

［封筒表］
「京都市左京区
北白川上池田町一
田中秀央殿」

［封筒裏］
「春木一郎
八月廿八日
東京西片七」

拝啓仕候、残暑之折カラ高堂御一統様益御機嫌克奉慶賀候、此度ハ時下見舞之御葉書ヲ給ハリ有リ難ク御厚礼申上候、御蔭ヲ以テ一同別段ノ異状モ御座無ク消光罷在候ニ付キ御放心ヲ乞ヒ奉ル

先頃貴文科英文科在学ノ愛久沢直紀君ヨリ貴大学ニ寄贈ー相成リタル書籍ハ、同君ノ厳祖父直哉氏ガ小生ニ対スル厚キ友情ニ因リ非常ニ高キ価ニテ買取ラレタルモノト存ゼラレ候、本件ニ付テハ始終山田乙三博士ノ心配ヲ忝ナクシタル次第ニ御座候、因ニ記シ候ガ愛久沢直哉氏ハ明治廿七年東大政治科ノ卒業生(小生ト同年ノ卒業)ニシテ、事業方面ニ没頭シ遂ニ一大事業家トシテ本月十七日遠逝セラレタリ、氏ハ実ニ明治年

代立志篇中ノ人ト存ジ候
御一統様ニ宜シク御伝言被下度候
又御序ニ田中周友教授ニ宜シク、敬具
八月廿八日　一郎
田中博士侍史

11　一九四〇年一一月二八日

［封筒表］
「京都市左京区北白川
上池田町一
文学博士田中秀央殿
侍史」
［封筒裏］
「東京西片町七
十一月廿八日　春木一郎」

拝啓仕候、初冬之折カラ貴博士ニハ益御清穆奉慶賀候、陳者此度ハ古代羅馬詩聖ノ名作ノ御高訳（岩波文庫本）ヲ御恵与被下、何時モナガラノ御芳志感謝至極ニ御座候、唯甚ダ遺憾ナルハ小生ノ視力非常ナル減退ノ為メ、直チニ拝読大好物ノintellectual feast（知的御馳走）ヲ味フコトヲ得ズ候、先日御光来ノ節尊顔ヲ拝シタル第三女文（目下津田英学塾通学）ノ冬季休業モ近カキニ在リ候ニ付キ、其ノ到来ヲ待チテ尊書ヲ朗読セシメAeneas Didoノ話等ヲ面白ロク味ヒ度ト奉存候
追日冷気相加ハリ候節御自重ヲ祈リ奉ル、御奥様ニ宜シク願上候、敬具
昭和十五年十一月廿八日　春木一郎
田中博士
侍史

27 穂積歌子［一八六三～一九三二］

渋沢栄一の長女、穂積陳重の妻。

1　一九二七年一二月一八日

俄に寒冷之気候ニ相成ましたが、其御許御一同様御障りなくます〳〵御機嫌よく御暮しのことゝ存上ます、扨先頃はギリシヤ国より立派なる勲章を御授かりニ相成ましたよし、誠に御めでたく、多年御専攻之御学問に一層光輝の添ひましたこと、一同深く御喜び申上て居ります、ことにナイトと中称号は私どもには一しをゆかしく存ぜらるゝので御座ります、其節から心にかけながら今日まで延引致し、且至て軽少の品で御座りますが、綱町の渋沢と私共とから御祝のしるしまでにネクタイピン一つ進呈致します、御笑留御使用下さりませ

毎々御心に懸けられ京都名物の御菓子御おくり被下まして、今日拝受致しました、厚く御礼申上ます、御母上様と御奥様にくれ〳〵宜しく御伝声願ひ上ます、先ハ延引ながら御祝詞まで、こなた重遠〔穂積〕・仲子よりもよろしく申上ます、めでたくかしこ

十二月十八日　　穂積歌子

田中秀央様

御許ニ

なを〳〵、日増しニ寒気加はります折柄、皆々様御身の上御大切ニ御いたはりなされませ

御祝品の外に粗末のもの二品都合により明日小包にて御おくり申上ます、御受取下さりませ

2　一九二九年六月九日

［封筒表］「京都市北白川仕伏六〔町欠〕一
田中秀央様親展」

［封筒裏］「六月十日
東京市牛込区払方町九
穂積歌子」

拝啓、陳者御尊母様御事御病気之処、御養生叶はせられず去る六月二日大学病院に於て終に御永眠被遊候趣御報に接し、実に驚入申候、心ならずも近頃殊之外御無沙汰致居候為に、御病気之由存し不申、御入院中御見舞も仕らず誠に申訳無之次第ニ御座候、取あへず弔電差上直ぐニ御悔ミの書状をと存し候処、年老い候てハ御老体之御方の訃音承り候ごとに、我身も促がされ候様なる心地して、とりわけ筆とることの心憂く思はれ、且又御葬儀は来ル八月に御郷里に於て御執行と承り候故に、御悔ミの状終に今日まで延引仕候段、何卒御容謝被下度候、御舎兄様御許様御始御一同様御愁傷恐察致候、中にも悠紀子様にハとりわけ愛撫を受けられ候御祖母様との御永訣、御悲歎いかばかりと深く御同情申上候、何卒宜敷御伝声願上候、先年御送被下候御尊母様御手細工のあまたの人形、今は御形見と相成り思出にいつまでも秘蔵致べく候、軽少ながら御香料金拾円御霊前に御供へ申上度、小為替にて御送り申上候間、御受納被下度候、まづは謹ミて御弔詞まで、如斯御座候、敬具

六月九日　　穂積歌子

田中秀央様

御許ニ

猶々、御兄上様・御奥様ニよろしく御伝声被下度、重遠〔穂積〕・仲子よりも厚く御悔ミ申上候

28 穂積重遠［一八八三〜一九五一］

民法学者、穂積陳重の長男。一九二六年男爵を継ぐ。〇八年東京帝国大学法科卒。卒業後東京帝国大学講師。助教授のとき独仏英に留学、一六年教授、三〇年法学部長、四三年退官。法制・司法関係の各種審議会・委員会の委員を歴任。四五年八月東宮大夫兼東宮侍従となり、皇太子の教育にあたる。四九年最高裁判事。

1　［一九一二年］八月八日

［封筒表］「伊予国北宇和郡三浦村
田中秀央様
至急親展」
［封筒裏］「東京市牛込区南町弐番地
穂積重遠」

拝啓、大暑の候御障りもなく御消光にや、益々御勇健の御事と存上候、小生留学拝命に付て早速御祝詞を辱くし候段、有かたく御礼申上候、扨て御帰省御休養中甚た恐縮に候へ共、別紙ラテン文邦訳御校閲願度候、右は一五六三年の「トレント」宗教会議の決議文の一部に候処、法学協会雑誌来月号の拙稿中に訳載の必要有之、試みに訳出致候が、何分にも一字〳〵辞書と首引の次第に付き、大意に於ては誤りなきを信じ候へ共、字句の文法的関係甚だ曖昧にて不安心極まりなきに依り、大兄の御面倒を煩はしたき考に御座候

就ては何卒別紙御遠慮なく御訂正の上、御送還被下度、尚ほ貴訳をも御示し被下候はゞ幸甚に御座候、又甚だ勝手がましき儀ながら取急き候儀故、なるへく二十日以前に接手致す様御返書を賜はり度願上候、先は右御願まで如斯に御座候、敬具

八月八日　重遠

田中大兄
玉机下

追て小生は十月九日横浜出帆の船にて渡欧仕候

2　一九二七年一月八日

益々御健勝にて大慶に存上ます。扨て兼て父が拝借致して居りましたRoberts, Greek Epigraphyが見附かりました故、別封書留小包にて御送り致します。大変遅くなりまして、定めし種々御不都合御迷惑なりしことゝ恐縮致します。何とも申訳御座りませんでした。先は右御詫ながら御通知まで。

切に御自愛を祈上ます。

昭和二年一月八日　　重遠

秀央様

3　一九四三年一二月一五日

［封筒表］

「京都市左京区北白川上池田町一
田中秀央様
親展」

［封筒裏］

「東京都牛込区払方
町九番地
穂積重遠」

益々御健勝にて大慶に存上ます、先日来は市河［三喜］家の不幸に際し態々御上京御慰問下され、又御親切なる御意見御申聞下され、有難く存上ます、本日埋葬も滞りなく相済み、三喜君は三枝子・常子両嬢を伴ひ熱海へ静養に参ることゝなりました故、御安心下されたく、其上にて先づ三枝子の結婚問題を解決致したいと考へて居ります、野上［豊一郎］家との関係は何等変動なき様子故、一方には三枝子の健康回復、他方には同人が市河家の跡取りとなりたるについての法律問題を考へねばならぬ次第、段々と考慮相談致して居りますが、尚又御助力を願ふことがあるかも知れません、何卒今後共宜しく願上ます。先は御礼まで

十二月十五日　　穂積重遠

田中秀央様

29　穂積仲子［一八九〇～一九八四］

児玉源太郎の二女、穂積重遠の妻。

1　一九二六年六月二二日

［封筒表］

「京都市上京区
北白川仕伏町六一
田中秀央様
御返事」

［封筒裏］

「東京牛込区南町二
穂積なか子
六月廿二日」

六月十九日附の御手紙拝見致しました

御申越の御本は心がけてよくさがして見ますし、秋には一つ整理いたす積り故、しばらく御待ち下さいませ

御供物はたしかに頂いてをります、有難う御座いました、就ましては御悔ミ返しの代りニ父の遺著を一部御送り申上ますから、御受取下さひまし、右は本日あたり刀江書院より送り出したはづで御座います

又御風呂敷を御忘れとのこと、綱町伯［渋沢敦子］母様より承りました、当時の取込ミまきれニ二枚羽二重の御風呂敷が御預り申上てありますので、その二枚を綱町の方へさし上ておきました、一つは紺地に半分はしぼりのもやうがある新らしいもの、一つはみどり色にて東海銀行のしるしのあるもので御座いました、此二つの中でしたらどうぞ綱町の方へ御仰せ遊ばし御取よせニなりて下さひまし

御供物ニついて御心配をかけて申訳が御座いませんでした、どうぞ奥様ニよろしく、なほ岡村達は五月初旬より吉田白嶺氏方ニ参りました

皆々様御大事ニ、かしこ

六月廿二日　穂積なか子

田中秀央様

---

30 穂積陳重［一八五六～一九二六］

法学者、宇和島藩士穂積重樹の次男。大学南校に学び、一八七六～八一年欧州留学。帰国後東京帝国大学法学部講師、八二年教授兼法学部長。九〇年より貴族院勅選議員。一九一六年より枢密顧問官、二五年から枢密院議長。夫人は渋沢栄一の長女歌子。

1　一九一五年九月一三日

先日は態々御来車被下難有存候、扨茲に一事御面倒御願申上度義有之、「ラテン」語の諺に

天は落るとも正義を為せ

と云ふ有名なるもの有之、其原文はたしか

Faciat justitia, cadeat coelum

と云ふ様な語に有之候様記臆致し、色々出所を探し見候得共、未だ看出し得ず、若し御承知に候ハヾ御教示相願仕度候、右は有名なるものに候間、西洋人はよく承知致し居り候事と存候間、或は御問合せ被下候様相願仕度候、右御依頼申上度、艸々拝具

大正四年九月十三日　陳重

田中学兄

2　［一九一六年］三月五日

［封筒表］

「小石川曙町

田中秀央殿

［封筒裏］

「東京市牛込区払方町九番地

穂積陳重」

御案内侍史」

拝啓、先日来厚き御配慮を蒙り候結果、愈明後七日結納取交ハせ候運びに至り、大慶之至ニ奉存候、就ては好来親交往来致候始めとして、同日午后五時より拙邸へ来臨を乞ひ晩餐を呈し候ニ付ては、貴兄にも御同席相願仕度、御繁忙中何共恐縮に候得共、御繰合の上御来車被下候ハヽ、一同難有可存上候、右御案内旁相願仕度、艸々拝具

三月五日　陳重

田中学兄

座下

注　文中の「結納」は、一九一六年に結婚した市河三喜と穂積晴子との結納の事と推測される。

3　一九一六年五月七日

［封筒表］

「田中秀央殿

乞御返事」

［封筒裏］

「東京市牛込区払方町九番地

穂積陳重」

又々御尋申上度義相生じ候

「ロジック」の誤謬論法の範例として

時の前なるものは後なるものゝ原因なり

時後者は時前者の結果なり

後発事件は先発事件の結果なり

又は此事は彼事より前にあつたから必ず彼事の原因であらう

甲の発見は乙の発見の後に発表されたから乙は甲の発見を窃んだのであらう

等の事をPost hoc, propter hoc.

Post hoc, propterea hoc.

Post hoc, ergo proter (ea) hoc.

Ante hoc…

と云ふが如きformulaにて書生時代（四十余年前）に習ひし様記憶致候が、果して右は文法上正しく候や、老後の記憶甚だ確ならず候間、教を乞ひ候、印行中の著書に入用に候間、御手数相かけ候段御諒恕被下度候、艸々拝具

陳重

田中詞兄

研北

大正五年五月七日

4　一九一九年一二月三〇日

拝啓、御面倒ながら又々高教を乞ひ候事有之、歳末御多用の折柄、別して恐縮の至に存候得共、幸に垂教を辱し候ハヽ、難有奉存候

「フランス」の法律家Pierre Dubois 一三〇五年の著に De recuperatione terre sancte, と題するもの有之、右は耶蘇教国同盟して永久に平和を維持すべきを論じたるものにて、国際連盟の首唱とも称すべきものに有之、「聖地回復論」にては「エルサレム」回復を論じたるものゝ如く決ゆ［カ］べきか、或は理想境を描出したるものにて「天国回復論」の意義には無之や、兎に角正確なる訳語を得るに苦み居候間、教を乞ひ候次第に御座候

陳重

田中学兄

大正八年十二月三十日

5　一九二〇年六月二五日

［封筒表］
「本郷区駒込曙町一二ノ五
田中秀央殿
速達　至急親展」

［封筒裏］
「東京市牛込区払方町九番地
穂積陳重」

拝啓、昨夜末松子爵［謙澄］より承候所に依れば、御相談の結果、御転任を可とする者多く候由、素より小生の説にても、いづれを採るも完全とは申難き次第なるは、先日申上候通に候間、最早斯く成候上は、安心して意を決し衆説に従はれ候様致度、之が為め小生に御懸念等の事は決して無之様相願度存候、

艸々不尽

六月廿五日　陳重

田中盟兄

机下

6　一九二二年七月一四日

［封筒表］
「京都市上京区北白川仕伏町
六一
田中秀央様
親展」

［封筒裏］
「七月十四日
東京市牛込区払方町
九番地
穂積陳重」

此度在外研究員として不日海外へ御出発に相成ます由、誠に御目出度存じます。海陸御安全、御滞欧中の御健康と御成功を祈ります。別便を以て御餞別のしるしまでに微品送呈致しますから、御笑納を願ひます。多分御同船で在「ハムブルグ」横浜正金銀行支店員法学士中村貫之夫人八重子も渡欧いたし

ます事と思ひます。貫之氏は男爵中村雄次郎氏の長男です。八重子は阪谷［芳郎］の二女です。婦人にて子供連の事でありますから何卒宜しく願ひます。

右御暇乞旁、艸々不尽

七月十四日　　陳重

田中学兄

研北

7　［一九二四年］三月六日

一月二十一日附「アテネ」よりの芳信、只今拝受、倍御機嫌よく御研究学慶賀の至であります。当方も一同無事、重遠方でも先刻女子出生、母子共極めて健全であります。五月頃「ドイツ」へ御出との事でありますから、甚だ御手数乍ら、左の件相願致し度、幸に御承諾下さいますれば誠にあり難く存じます。

私の書斎の壁上に別紙封入の「ゲレヒチヒカイト」の白亜《ギブス》の肖像がかざつてありました事は、或は御記憶かとも存じます。これは「ベルリン」の有名な肖像店（名を忘れました）で買ひましたもので、最も愛重して居りましたが、大震の為めに床に落ちて砕けて仕舞ました。正義地に堕ちては大変ですが、其肖像の砕けたのを甚だ残念に思ひ、誰れか友人が「ドイツ」へ行つたら求めて送つて貰はうと思ふて居りましたが、貴兄に御願出来ますれば何よりの仕合と存じます。右の肖像は、たしか才［裁］判所（ライプチヒか？）に在るものを写したものであると思ひます。最も有名なものでありますから、他の市にも有ること丶思ひます。或は大小あるかも知れませんが、拙宅にあつたのは剣を除き身体丈が二尺計であつたと思ひます。右の腕は荷造の為めに抜ける様になつて居ります。剣と衡は木造て白く塗つたものです。小生は肖像で荷造をして貰ひました。若し幸に見つかりましたら、肖像屋から送らして下さつても宜しう御座います。代価は御命令次第直ちに送ります。肖像より直接請求するなり、或は御都合出来候ハヾ暫時御取替下さるなり、御取計を願ひ度存じます。

右は何とも御面倒恐縮で御座いますが、御聴許下さいますれば難有存じます。拙宅も洋館の方は全部破壊、目下改築中で御座います。妻よりもよろしく

三月六日　　陳重

田中学兄

8　一九二四年一二月二六日

［封筒表］

「京都市上京区北白川、仕伏町六一

田中秀央殿

親展」

［封筒裏］

「十二月二十六日

東京市牛込区払

方町九番地

穂積陳重」

拝啓、倍御清康奉賀候、陳者先般御依頼申上候正義神像購入回復之件ニ付ては、好運にも貴兄「ベルリン」に御在留中にて原像と同一型のものを二十余年前に買求めたると同一の店にて御求め被下、先般横浜着、関税も比較的低率にて通過いたし、且些の破損も無之再び正義神像を書斎の壁上に仰ぐことを得るに至りしは、偏に貴兄の厚き御友情の結果に外ならずと感佩不能措次第に御座候、就ては予て御立換被下候代価八十八「マルク」の換算額、御申越し通五十五円為替券封入仕候間、御査収奉伏希候、時下厳寒に向ひ候折柄、別して御自愛奉祈候、尚ほ令夫人へも宜しく御鳳声奉希候、謝意相陳旁、艸々不乙

十二月廿五日

陳重

田中学兄

座下

31　和辻哲郎［一八八九～一九六〇］

倫理学者、文化史家、兵庫県生まれ。東京帝国大学卒。在学中に第二次「新思潮」の同人となるなど、早くから文学・評論活動を展開した。東洋大学教授、法政大学、慶応大学で教鞭をとったあと、一九二五年京都帝国大学助教授となり倫理学を担当。三一年教授、三四年東京帝国大学教授に転じる。

1　七月三日

（この前のお手紙頂戴の節ハ、丁度病気にてふせり居り、御返事さし上げられませず、今度のお手紙をいたゞきました、昨日《只今》も亦丁度病臥中、若し延び〳〵となりましてハ余り申訳なく存ぜられますので、失礼ながら代筆にて申し上げます。）

一．寿丘〔岳〕氏〔文章〕ニハ遠慮なく加筆して貰ひ共訳者として名を出してハいかゞ。但しペダントリーに陥る様な些細な訂正は不要と存候。

二．ギリシヤ語をローマ字で綴つたのは、オックスフォードコンサイズ　ディクショナリーを模したる他、別に意味なく候。如何様にも訂正然る可く候。

三．貴兄の引用文の訳は何卒一度おやり直し願上候。貴兄よりお預り致し居り候ノートは、病気なほり次第探し出し、直ちに御送り申し上ぐ可く候。

四．岩波の方にてハ如何様とも取り計らふ由申居候。布川の話にてハ寿丘氏を共訳者としてかゝげざる方よろしとの貴兄の御意見なる由旨申し居り候へ共、助力を得し上は共訳者とするがよろしと存ぜられ候へ共いかゞ。

七月三日　和辻哲郎代

田中秀央様

第三部　解説

1　田中秀央文書（以下では田中秀央資料とする）の概要と『憶い出の記』

菅原　憲二

私たちが『近代西洋学の黎明』と題して、京都大学名誉教授であった田中秀央《ひでなか》の自叙伝『憶い出の記』を中心に一書を編纂したことについて、その発端から解説を始めたい。それには田中家文書の調査を通じた、愛媛県宇和島市三浦と田中家の方々との交流が基盤にある。

一　田中秀央資料の発見

田中秀央は『憶い出の記』の冒頭にもあるように、その生家は六代続いた宇和島藩東・西三浦の庄屋の家筋であった。三浦田中家は両三浦が属した御城下組（宇和島藩に一〇組あった代官が担当する行政上の区画の一）の庄屋の中でも主導的な位置にあった（大浦清家文書「世々繁栄記」）。宇和島藩には大庄屋という制度は無かったが、実際には、文化一三（一八一六）年、公儀浦触を下関奉行所へ届けるにあたって、藩は両三浦庄屋田中九兵衛と三机浦菊地宇右衛門を大庄屋に仕立てたこともあった。秀央が大庄屋と認識していたことにも、そのような田中家の地位と自負が反映しているであろう。

この三浦田中家（宇和島藩領の庄屋に田中を称する特に有力な家が三つあった。三浦のほかに戸島浦と高山浦である。これらを浦名を付して区別する。この三家には深い縁戚関係があり、同族的な結合体でもあった）に近世期以来の古文書史料群があることは、愛媛大学歴史学研究会（代表・三好昌文）の調査報告によって既に知られていた。この田中家文書の調査に、菅原が着手したのは一九八六（昭和六一）年の八月である。この調査は当時赴任していた愛媛大学の学生の読解力向上を主とした目的として始めた。この機会を与えてくれたのは柚山俊夫宇和島東高校教諭（当時）と後藤定志さん（当時大内地区自治会長）であった。調査の結果、愛大歴研の作成した目録が長持内の冊子に限られ、未目録のものが、文書が伝存していた「隠居所」と称する二階建ての建物（秀央の住んでいた分家の一部に相当）に膨大に存在することが判明し、以後毎年夏に調査することが定例化した。一九八七年からは飯塚（当時京都大学大学院生）が参加した。そして一九八九年に菅原が千葉大学に転勤したこと、一九九〇年川井又一郎（元宇和島市議会議長）ら地元の有識者が中心となって田中家史料保存委員会が設立されたことを契機に、一九九四年に田中家文書調査会（代表菅原）が発足した。これには柚山、飯塚のほか国立史料館（現国文学研究資料館アーカイブズ研究系）の安藤正人、愛媛大学法文学部矢野達雄、香川県歴史博物館胡光、東京大学経済学部図書室冨善一敏らも参加して、地元有志や院生学生を中心に多くの会員が全国から結集し、以後二〇〇四年八月まで計一九回の夏期集中調査合宿を実施している。このほか春秋等に目録や史料集刊行のための少人数合宿も実施している。こうした調査活動に対しては、一九九六〜一九九八年度には文部省科学研究補助金（基盤研究（A）（1）「漁村文書の総合的研究」）が交付され、また二〇〇〇〜二〇〇一年度には神奈川大学常民文化研究所から委託された研究活動の一環としても、このとりくみは位置づけられた。

その結果、二〇〇四年一一月現在までに『愛媛県宇和島市三浦田中家文書目録』一〜三集（一九九五年、一九九九年、二〇〇三年）、史料集『宇和海浦方史料――三浦田中家文書』全四巻（二〇〇一〜二〇〇四年、臨川書店）を刊行し、また機関誌『三浦通信』も一一号を数えている。

うかつにも最初は私は田中秀央を知らなかった。川井又一郎さんが中心となって編纂した『三浦誌　ふるさとのあゆみ』などには、「僻陬」の地三浦が誇るべき文化上の偉人として田中家出身の二人の人物があげられている。一人は田中九信、もう一人が田中秀央である。この二人は、『憶い出の記』にもあるように従兄弟どうしである。今でも版を重ねている研究社版『羅和辞典』の編者としても田中秀央は名を残していた。卒業した大学の文学部に田中文庫があるのを知ったのは、調査が始まってからだいぶ時間が経過してからであった。恩師朝尾直弘京都大学名誉教授に秀央の生家、三浦の田中家文書を調査している旨話をしたとき、そのことは先刻ご承知のようで、やはり京大の縁だね、ということを言われ、激励されたのを覚えている。

田中家は近世から近代にかけての宇和海地域の網主・豪農として勇名を馳せており、その文書には三好昌文、古谷直康、青野春水氏の研究によって、貴重な漁業関係史料があると知られていた。しかし調査が進むにつれ、それ以外にもっと多くの村政史料、地域史史料があり、かつ近代の田中家内部の史料（経営関係を含む）の比重が高いことが判明した。調査者を悩ませたのは、近代の田中家の人々が遣り取りした書簡類であった。そうした多くの書簡類の中で最も多いのは名望家田中家の経営が傾いていく明治～大正期の精一郎、良馬、秀央などの書簡であった。秀央の兄良馬は殆ど無名であるが、母の従弟実馬の影響で早くキリスト教に改宗し、徳富蘇峰の平民主義の影響も受けて、同志社に進学し、以後社会主義にも接近した興味深い人物である。学問を志しながらも意に反して田中本家を相続し、本家没落後は長く郷里を離れた生活を余儀なくされた。地方名望家の没落過程にあって、兄弟の一方はそれを心ならずも体現し、一方の弟秀央は多くの人脈、学脈に支えられて古典文学研究者として名を成した。菅原、飯塚らは、この全く対比的な人生を辿った良馬と秀央という人間にも関心を抱くようになっていく。

このような状況になっていた二〇〇〇年八月に、田中秀央に関する膨大な資料があるという報せがもたらされた。田中秀央の長男真希夫氏の配偶者、著名な英文学者浅田永次〔一八六五〜一九一四〕の娘であった田中滋子さんからである。

田中家の方々と直接お会いしたのは、一九九五年に刊行した『愛媛県宇和島市三浦田中家文書目録』第一集を直接お渡ししたときが最初である。すでに故人となられた田中真希夫さんにお会いしたのは療養中の東京都町田市のお宅であった。このときにも真希夫氏の身の回りの世話をされていたのが田中滋子さんである（『それでも希望がある』人文書院、一九八四年）。滋子さんはいつもお送りした『三浦通信』に対して感想を寄せてくださっていたが、あるとき、調査の参考になるのであれば、見て頂きたいものがある、と連絡をしてきて下さった。それは義父秀央の手紙も含めた沢山の資料であり、かつて北白川の秀央の家にあったものの由であった。それより前、田中公明氏（真希夫氏と滋子氏との長男、秀央の孫に当たる）から何度か、電話で秀央が住んでいた北白川の家に古いモノがまだある、との連絡は頂いていた。電話を頂いたのは二〇〇〇年八月二二日、ちょうど三浦での調査合宿の最中であったが、そのときは必ずお伺いするので拝見したい旨を伝えた。

箕面市桜ヶ丘にある田中滋子さんのお住まい、真希夫さんご一家が暮らしていた質素なお宅を訪れることができたのは、それから半年後の二〇〇一年三月二日であった。

玄関から入った右側の南向四畳半の和室一杯に、二七にのぼる段ボールや水屋、船便用の葛籠などが置かれていた。これが後に京都大学大学文書館に寄託されることになった田中秀央資料との対面である。三浦から出て京都帝国大学文学部に日本で最初に古典文学講座を開設した先達の残した資料に、私はようやくたどり着いたのであった。奇しくもそれは田中秀央の誕生日でもあった。

そのときのメモをもとに作成したのが表1の伝存状況の概況である。このときに撮影したデジタルカメラの画像ファイルは残念ながら破損したため、その後同年五月三日に撮影し直した(図1はその一部)。容器等は暫定的に1番から27番を与えている。

内容は明らかに京都時代の秀央のもので、羅和辞典編纂過程の原稿やゲラがまとめられ、葉書などは年毎に分けられており、秀央自身か、遺族の方によって丁寧に整理されたものが殆どであった。滋子さんは、この史料を研究されるなら、この場所でも、三浦の方へお送りして活用して頂いてもよいと仰った。三浦へ移動させることについては、地元の意向もお聞きして返答したいと菅原は答えた。すでにこの段階で、調査済みの田中家文書を収蔵している三浦公民館西三浦分館の史料室は、満杯の状態であったからである。そして何よりも、この秀央の資料自体が京都大学にとって重要なものではないかという感触を抱いたため、京都大学が受け入れてくれないかという希望も持ったのである。この段階では京都大学に文書館が出来るという情報を私は持っていなかった。

その夜、京都から秀央の次男である山崎和夫さん(京都大学名誉教授)もお出でになり、ご一緒に秀央の資料の点検をした。そのとき9番と番号を与えた段ボールの中から薄茶色の表紙の五年日記(一九三三〜三七年)を見出した。山崎さんのお話では、秀央はずっと毎日日記を付けていたそうで、他にもあるはずだと言われたが、今のところ先の一冊だけである(菅原「秀央日記と京大事件」『三浦通信』一一号、二〇〇四年)。そして秀央の人となりについて、夜遅くまでお話を伺うことができた。子供や孫には余りに厳格で時間にもうるさかった父・祖父は不人気であったが、彼自身は妻を非常に愛していたようである。それは後述するように、後妻静枝が亡くなったときの落胆ぶりを記した手記からも伺える。また舅としては嫁を非常にかわいがって下さったとは滋子さんの言であった。

山崎さんのお話のなかに、父が晩年自叙伝を書いていて、それを私が持っていると言うことがあった。それが今回、本

内　容　物	備　考
写真：三浦大内	北白川秀央宅の玄関に飾ってあった
写真：名切島原	北白川秀央宅の玄関に飾ってあった
葉書、手紙類	
勲章佩用許可書ほか一括（仏教大学黒筒入り）/（封筒ウハ書）「寄贈図書の礼状入り」/名誉教授授与書（←片山潜）、位記一括、京大、同大、京都女子大ほか［紺風呂敷に一括］	
1929年4月29日の京都帝国大学新聞/秀央死去時の弔電一括（トワイニング紅茶缶）真希夫氏宛の手紙/天皇御紀（1942年、箱入り）	
袋あり、山崎和夫氏のノートあり（数式）	
上2段：葉書、封書多数（秀央宛）/下段：愛大歴研編『三浦庄屋史料』一式（？）あり	
「昭和四十九年八月六日死去御香典（帳）」香典袋一括ほか、秀央葬儀関係多数	
秀央：五年分当用日記（1933～37年）/同（1938～42年）/手帳（秀央自筆の歌集句集、1972年8月17日まで）	
京都帝国大学新聞、ラテン語辞書のゲラ刷り	
手紙類（ロシヤケーキ箱）/「机の上の子引出の中にあったもの、四十三、二、十一」（缶の箱）/辞書作成のためのカード	
1954年の朝日新聞、年賀状、葉書の束	
1965年新聞「新愛媛」（秀央の記事）/ノート多数（「その時々に」「随想録」ほか、原稿下書など）/保存用古新聞（袋入）	
静枝宛の秀央の手紙/鍵の束/手紙多し（未整理）/預金通帳/扇子類	
短大ラテン語試験用紙/ギリシア語辞書ゲラ/文学部の書類	
汁碗、猪口など紙に包んであり。鷹羽紋入り	
手紙類（静枝宛多し）	
年賀状、相撲番付（1967年）、湯川秀樹の葉書（→山崎和夫氏持ち帰り）	
秀央静枝宛の手紙（戦後）	
静枝の句集（戦争中のものあり）/「渋沢青淵翁…」	
和英辞典/世界格言大全/実用いろは和英辞典ほか	
英語教科書、独和辞典など（静枝の所有物か）	明治18、19の刊行、初出か（要詳細メモ）
香箱/数珠/手紙類ほか	
手紙葉書類（1969～71年）	母（静枝）がよく使っていた衣装カバン（山崎氏談）
戦前～戦後の手紙葉書多数（1922年以降、京都へ来て以降のものか）	
秀央母ミネの葬式案内/備前長船則光の鑑定書（刀はなし）	船便用の葛籠
中三段（上2段：衣装/下1段：講義ノート、印刷用原稿など整然と整理してあり―真希夫氏の仕事か）	船便用の葛籠（1922年留学の時のものか）

表1　田中秀央資料の伝存状況

番号	容　器	大きさ	特　徴
1	額縁入り1		
2	額縁入り2		
3	トランク		(貼付ラベル)「秀央の原稿在中　S 41. 9. 10」
4	カバン		(名刺付き)「京都帝国大学文学博士田中秀央」
5	米櫃		
6	段ボール1		(内部封筒ウハ書)「三浦の年貢などのこと在中」
7	水屋	3段	上2段ガラス、下段開き
8	段ボール2	薄い	New Fashion
9	段ボール3		大阪タオル産業振興会
10	段ボール4		Kyoto Coop
11	段ボール5		VANPAC
12	段ボール6		名なし
13	段ボール7		大阪タオル産業振興会
14	段ボール8		ピーマン
15	段ボール9	小さい	
16	木箱	小さい	(ウハ書)「天保二辛卯年　吸物椀十人前」
17	段ボール10		伊勢丹
18	段ボール11		ひよこ(饅頭)
19	段ボール12		(ウハ書)「大切な手紙」「エンタイア」
20	菓子缶(金属)		(ウハ書)「歌集資料(I)」
21	木箱：光琳菓子器	小さい	(ウハ書)「大切な辞典入り」
22	木箱「不老…長寿…加寿…」		(ウハ書)「古い大切なもの」
23	小紙箱13	小さい	
24	黒カバン		
25	布張行李	大	(名刺付き)「京都帝国大学文学博士田中秀央」
26	葛籠1	大	秀央宛の宛名書きあり
27	葛籠2	大	秀央宛の宛名書きあり、三井郵船のロゴあり

書第一部に収録した『憶い出の記』である。何でも秀央の長女である山岡悠紀子さんが持っておられたもので、亡くなる前に山崎さんの手元に来たものであるという。山崎さんは、『憶い出の記』を出版したい意向を持っておられたと思う。ただそのときは、私たちが『宇和海浦方史料——三浦田中家文書』の刊行中で、まだその希望は漏らしてはおられなかった。

三月末に三浦で田中家史料保存委員会の意向を確かめた菅原は、五月三日に飯塚と一緒に田中滋子さんのお宅を再訪した。飯塚に近代史の専門家として内容を確認して貰うためである。そのとき三人で相談した結果、京都大学が受け入れてくれるのであれば、それがもっともよい保存方法であり、その方向で準備を進めるということになった。

その後、菅原が藤井譲治京都大学大学院教授に打診したところ、京都大学大学文書館として積極的に受け入れたいとの返答を得た。それを承けて一一月一九日には、箕面の田中さんのお宅を、京大文書館の西山を伴って三人で訪問した。そして正式に寄託のお願いをした。以後寄託へ向けての手続きが進み、二〇〇二年六月一二日に京大へ搬入されたのである。

二　秀央『憶い出の記』について

京都大学大学文書館に受入れられた田中秀央資料の内容については、現在、飯塚と西山が鋭意調査整理作業をおこなっている。それらの資料を分析するためには、第二次世界大戦前の秀央が自己形成を遂げた社会や人間関係はどのようなものであったか、それらの歴史性を知ることが不可欠であった。山崎さんが持っておられる秀央の自叙伝が必

図1　田中秀央文書の一部（表1、番号7の水屋）

要ではないかと次第に認識された。

山崎和夫さんが『憶い出の記』の出版希望を切り出されたのは、私たち三人（菅原、飯塚、西山）が初めて、その現物を閲覧するために北白川のお宅を訪れたときであった。二〇〇二年三月二三日のことである。秀央の自叙伝ともいうべきそれは、B5判の日章製の大学ノート四冊に、ブルーブラックインクで記されていた。

各ノートの表題、通しで付けられた頁数は左記の通りである。

『憶ひ出の記　I　田中秀央』一～一三二頁

『憶ひ出の記　II　田中秀央』一三三～二六四頁

『思い出の記　III』二六五～三九六頁

『思ひ出の記　IV』三九七～五二四頁（ただし記載は四八三頁まで）

なお、I、II、IIIは紙数三二。IVのみ紙数五〇である。

また、各ノートの内容と本書第一部の対応関係は、以下の通りである（原本の番号の間違いなどは訂正した）。

『憶ひ出の記　I　田中秀央』　I　幼年時代、肉親の憶い出

II　小学生時代

III　高等小学生徒時代

『憶ひ出の記　II　田中秀央』　IV　中学生時代

V　高等学校時代

VI　大学生時代

『思い出の記　Ⅲ』

『思ひ出の記　Ⅳ』

Ⅶ　東大卒業後十二年の東京生活　1〜6（途中）
同上　6〜17
Ⅷ　京都生活－海外研究　1〜8（途中）
同上　8〜
Ⅸ　京都生活中の内職
Ⅹ　現住所
Ⅺ　京都女子大学生活
Ⅻ　今日この頃の生活

その内容を拝見した私たちは、秀央の驚くべき記憶力に感服しながら、秀央が宇和島－京都－東京－海外－京都と生きた時代の多くの人々との交流記録に歴史的な価値があると判断した。そして直ちに三人で翻刻の分担作業に入ることにした。各人の関心、職場を考慮して、ノートⅠは菅原、ノートⅡ・Ⅲは飯塚、Ⅳは西山が、担当することにした。それと平行して、飯塚、西山は京大文書館に寄託された秀央文書資料の中から、『憶い出の記』に登場し、秀央との交流が学問的にも意味のある人物との書簡を博捜し、翻刻する作業を行った（これらは第二部史料編2に反映されている）。秀央が京都帝国大学文学部に古典文学講座を設立するに至る過程や、いわゆる「京都学派」との交流のあり方を具体的に知ることができる。なお、菅原は宇和島市三浦での田中家文書の調査が最終局面を迎えている関係もあり、この翻刻作業には加わっていないが、まもなく刊行される『愛媛県宇和島市三浦田中家文書目録』第四集には、それまでの目録同様秀央の関係文書が多く収録されている。

二〇〇二年末には『憶い出の記』の原稿は揃ったので、二〇〇三年に数回の打ち合わせ会議を経て、京都大学学術出版会から刊行する準備に入った。二〇〇四年三月には「近代西洋学の黎明」として『憶い出の記』以外の資料を付け加えることとし、秀央の人となりを周囲の人間がどのように見ていたかを知るために、関係資料を飯塚、西山が収集し採録した（秀央自身が自分に関する評論や新聞記事をスクラップにしていたものもある。第二部史料編1）。

＊　＊　＊

さて『憶い出の記』の成立年代であるが、書き出しは本文冒頭の通り、一九六六（昭和四一）年三月である。また、最終章のXII（今日この頃の生活）は一九六九（昭和四四）年秋となっていて、妻静枝が病気となり療養生活に入ったころであり、一九七〇（昭和四五）年にはいったん成稿したものと思われる。秀央はノートにすべて頁を右肩に付けているが、最初は見開き右側にのみ記している。左側は最初は全く空白であったと思われる。あとで追加する記述は左側に記す用意であろう。右側には随所に（　）や空白、また記入事項の上側に「?・」があり、あとで調べて記入する意図であったと思われる。また不明箇所がある行には行頭に「?・」があり、それらは実際に埋められている箇所もかなりある。箇所は年月が多い。そのような加筆、修正はあとから行うつもりで、秀央はコンスタントに記していったものと思われる。

そしておおよそいったん成稿した一九七〇年から加筆、修正の作業に入ったと思われる。左側への加筆や修正はノートIが最も多く、ノートIIがそれに次ぐ。ノートIVが最も少ない。それは最近の記憶がまだ鮮明であり、それだけ加筆訂正の必要性が少なかったのであろう。時折ある「今」に注目すると、注記された年代は一九七〇（昭和四五）年の八月までである。ただし、ノートIには一九七〇年の推敲は確認できない。ノートIIIからIVは連続して記され、筆も順調に運ばれているように見受けられる。しかし、その後、埋められる予定であった空白を残したまま秀央はその後の追筆をおこなっていない。それは何故だろうか。規則正しい生活、健康に十分注意をしていた秀央をして、完成をさまたげたものは、案ずるに妻静枝の症状の悪化ではなかったか。『憶い出の記』には記されていないが、妻静枝は一九七二年七月九日にこの世を去っている。秀央の手記には、彼の妻への想いが切実に記されている。しかし推敲の中段は単に精神的な支えを失ったからではないだろう。彼自身が規則正しい生活を維持し学問に専念できたのは、夫や姑に献身的な妻が支えてきたからであり、彼はその基盤を失ったのであろう。妻が死んだあとの秀央の落胆ぶりは、目を覆うばかりであったと家族の方はいう。

三 『憶い出の記』の特徴

御城下組の庄屋であった田中家は、一八七〇（明治三）年、地域住民による算用不正糾弾の動きの中で襲撃される。直後に田中家は庄屋職を罷免される。田中家が宝暦三（一七五三）年に三浦の庄屋に就任したのは、先の庄屋大塚氏が勘定不正によって処罰されたことによっている。皮肉にも、家の興隆に繋がった庄屋の職務不正疑惑が、今度は几帳面な帳簿を付けていた六代目庄屋九兵衛（九平）の身に起こったのである。この不名誉な事件に秀央は関心を持っていた可能性がある。秀央はその事件を克明に記した祖父の記録を、いつのことかわからないが三浦から北白川に持ち帰ってきたからである。しかしそのことをどう思っていたか秀央は記していない。彼をとりまく社会的な事件には関心がないか、全く記さないのが、この『憶い出の記』の特徴である。

逆に、彼と関わりを持った人、彼に影響を与えた人の記述は詳細である。八〇才にして彼の脳裏にはその人の「憶い出」が刻まれていたのである。

一一七頁の一節は、この秀央の考え方が簡潔に記されている（この「差し押さえ」の部分はほとんどがノート左側の追加部分である）。「人は決して自分一人で一人前になるものではなく、それには陰に陽に世の人々の御恩があることを決して忘れてはならぬ」と。

彼の周囲のことだけ、彼の心に止まったことだけ、彼の親しかった人々だけ（といってもそれは極めて多人数になるが）、そして彼の生まれ育った土地、その自然、そこに暮らす日々のことを活き活きと記したのである。それは彼が幸せな感慨のもとに『憶い出の記』を記したことにもよるのであろうか。

ノートIの郷里三浦の情景や人々は、極めて事細かく書かれている。子供の遊び、玄子、牛の突合、祭礼など民俗学的な情報も豊富である。彼の周囲の大人や、子供、働く人々の姿が、彼の脳裏に甦ってきたかのようである。彼が郷里三浦をこよなく愛していたことは、北白川の家の玄関に、三浦の写真が額に入れて掲げてあったことからも知られる（表1の1と2の写真。これは京都大学大学文書館には寄託されていない）。

それゆえに、様々な事柄の原因はその人個人に帰せられる。たとえば田中家没落の契機となったのは叔父九八郎の事業失敗であり、また本家の三浦撤退の責任も兄に求められるのである。彼らをとりまく社会的な状況には言及することがない。それは彼が京都帝国大学在職中に起きた京大滝川事件（一九三三年）についても同様である。彼の周囲を社会的な諸事件、戦争が通り過ぎていったかのようである。

秀央に関わった人々についての「憶い出」によって、彼を育んだ大勢の人々、彼の個性を評価した人々のことを、私たちは知ることができる。彼が京都帝国大学に日本で最初の古典学の講座を開設するに至る過程も、この人々についての「憶い出」によって語られることになったのである。

2　田中秀央の人的ネットワークと学問的業績

飯塚　一幸

一　学者としての旅立ち

本解説では、田中秀央を取り巻く人々と彼の学問的業績について、簡単にではあるが取り上げる。田中秀央は一八八六年三月二日愛媛県北宇和郡三浦村の田中家に生まれた。三浦村立大内小学校、宇和島町立高等小学校、宇和島中学、さらには三高を経て東京帝国大学文科大学へと進学したいきさつに関しては、田中秀央の自伝『憶い出の記』(本書第一部)に、かなり詳細に語られている。田中家は江戸時代、網元であるとともに庄屋も務める裕福な家であったが、明治に入り漁業から手を引いた他、種々の事情があって家運が傾き、秀央の三高生・大学生時代には仕送りもままならない程の窮地に陥っていた。地方名望家としての地位からすべり落ちていく家を傍に見ながら、秀央は親の希望通り故郷に帰り中学の英語教師としての道を歩むのか、学者としての大成を図るのか、二者択一を迫られた。父精一郎や兄良馬は、実際にこの時期宇和島高等女学校への就職活動を行っており、秀央の将来に関しては外堀が埋められつつあった(宇和島市三浦田中家文書)。

こうした状況の中で秀央が学者への道を選び取っていくに当たって大きな意味を持ったのは、友人市河三喜や師ケーベルの好意であり、秀央自身の西洋古典語学・古典文学研究の創始者たらんとする強い決意であった。日本の英語学・言語学を確立した当事者である市河三喜・土居光知との共同生活、師であるケーベルやローレンスとの人間関係や日常生活については、自伝中で様々なエピソードを交えながら活写されており、近代的学問誕生の瞬間の貴重な証言となっている。この時期の田中秀央を知るには、市河三喜「ケーベル先生について」(本書史料編1－1)、田中秀央「John Lawrence先生と市河三喜博士」(史料編1－8)、土居光知「駒込神明町時代の市河君」(史料編1－9)も大いに参考となるだろう。

しかし、田中秀央が学者として歩み始め次第に成長していくのには、もう一つ穂積陳重家及び渋沢栄一家との深い関係から築き上げられていった、幅広い人的ネットワークが持った意味は計り知れない。秀央と穂積家・渋沢家との縁ができるのは、宇和島中学の一年後輩で東京帝国大学卒業後第一銀行に入行していた加賀谷真一からの依頼により、一九一二年秋、渋沢一族の子弟のために設けられていた学寮(曙寮)の「舎監」となったのがきっかけである(第一部)。この学寮は穂積陳重の発案で設置され、一九一〇年一〇月一〇日、渋沢敬三・信雄と加賀谷真一の三人で始まった(渋沢敬三伝記編纂刊行会『渋沢敬三　上』、一九七九年)。秀央が選ばれた背後には、当時東京帝国大学法学部教授兼貴族院勅選議員であった同郷の大先輩穂積陳重の承認があったと見るのが自然だろう。一二年に欧州留学へと旅立った穂積重遠を引継いで、穂積陳重『法窓夜話』(有斐閣、一九一六年、一九八〇年に岩波文庫に収録)の口述筆記役に就いたのも同じ頃である。秀央と同居することになった渋沢一族の少年は、敬三・信雄兄弟と尾高朝雄の三人で、一四年夏に秀央が国松艶子と結婚して学寮を出るまでの約二年間、彼らとの共同生活を送った。

ところで、佐野眞一『旅する巨人――宮本常一と渋沢敬三』(文藝春秋、一九九六年)、『渋沢家三代』(文春新書、一九九八年)が明らかにしたところによれば、渋沢家は当時、嫡男篤二が妻敦子を家に置いて芸者玉蝶と同居、周囲の度重なる説得にも応じなかったために、一九一二年一月二八日、栄一の決断で篤二の廃嫡方針を決め、同年一一月一〇日の臨時同族会でこの方針を再確認している。つまり秀央入寮の頃は、敬三の将来への希望とは無縁のところで、敬三が渋沢一族の家長となるべく定められたちょうどそのときに当たった。重圧と不安の中で敬三は、一三年一月一一日、学年末試験で体調を崩し加古鶴所の病院に入院、一年落第する破目となった。この直後渋沢敦子は三田綱町の家を出て、本郷西片町、高輪車町、駒込神明町などの借家を転々とする。佐野眞一は学寮での寄宿舎生活には触れずに、「敬三は人生で最も多感な十七歳から二十五歳までの八年間を、暗い母子家庭で過したことになる」（前掲『渋沢家三代』）としているが、これは不正確である。敬三らは日曜日の夜から土曜日の午前まで学寮で暮らし、土曜日の午後から日曜日の夕方まではそれぞれの家に帰った。時には敦子を三田綱町の渋沢邸に招待して楽しい時間を過してもいる（第一部）。渋沢敦子が転々とした借家は、母子生活の場であったわけではない。敦子は日頃は「取乱したところを子供たちに見せなかった」が、「いつも哀しい内面を隠しているわけにはゆかなかったから籠る小さい家を必要とした」（前掲『渋沢敬三　上』）と考える他はない。田中秀央は結婚後も学寮から歩いて三〇歩ほどの近所に新居を構え、しばしば学寮を訪ねた（史料編1－4）。最初の妻艶子も再婚相手の静枝も、いずれも敦子に気に入られ、両家の関係は家同士のものとなり、それは秀央の京都帝国大学就職後も継続していった。敦子の次男信雄は秀央に託され京都帝国大学へと進学していったし（史料編2－14－5・6・7・8）、田中一族の期待を一身に集めて東京帝国大学医学部へと進む田中正稔（兄良馬の長男）は、秀央留学中の学費を渋沢家から受けている（史料編2－14－9）。本書には収録できなかったが、京都大学大学文書館寄託の田中秀央関係資料には、静枝宛の渋沢敦子書簡が多数残っている。秀央宛書簡と合わせると、「渋沢家の重圧に終生苦しまなければならない悲劇の女性」（前掲『旅する巨人――宮本常一と渋沢敬三』）という敦子像とは異なり、子育てと教育に心を配る姿や晩年の暮らし向きなどを垣間見ることができるだろう。

他方艶子との結婚直後、穂積家との間で一つの「事件」が起きた。友人市河三喜と穂積陳重の末娘である晴子との結婚の仲立ちである。晴子の兄穂積重遠と市河三喜は往路をともにした英での留学仲間であり、留学先の日本大使館沢田節蔵書記官宅で行われた専門家講話会でも、一緒に講演者に名を連ねている。重遠の長男重行は、「こうしたことも縁となったのか、大正五年重遠の末妹晴子と結婚する。」と書いている（穂積重遠著・穂積重行編『欧米留学日記（一九一二～一九一六）―大正一法学者の出発』岩波書店、一九九七年）。市河三喜が生活費を削りながらブック・ハンティングに精魂を傾ける姿（史料編2―3―1・2）を重遠も知っていたであろうから、二人の結婚には重遠の示唆があったのかも知れない。ともかく委細は自伝に譲るが、留学から帰国した市河を秀央が説得し、一九一六年市河と晴子は結婚する。右のいきさつがあって、同年三月七日に行われた結納の席には、秀央も招待されたのである（史料編2―30―2）。こうして、穂積家と田中秀央の関係は、郷土の先輩・後輩、あるいは学者同士のそれを越えた間柄へと成熟していった。さらに穂積陳重・重遠を通して、末松謙澄・宮崎道三郎・春木一郎ら、法制史・ローマ法など法学畑の学者へと秀央の人脈は広がっていき、それが秀央の学界での位置を決めることにもなるのである。

二　啓蒙的・教育的著作をめぐって

自伝では、学問的業績に触れた個所が意外に少ない。そこで以下では、松平千秋「田中秀央先生と日本の西洋古典学」（史料編1―10）に依拠して、田中秀央の業績と本書との関係を明らかにしておきたい。

松平千秋が、田中秀央の第一の業績としているのが、ギリシア語・ラテン語の文典、教科書、文学史及び辞典の類の執筆・刊行である。西洋古典語・古典文学研究の先駆者として、まずは啓蒙的・教育的な仕事に多くの労力を割いたわけである。この分野の著書としては、『初等羅甸文法』(一九一四年)、『羅甸文法』(丸善、一九一五年)、『羅甸文法(改訂再版)』(丸善、一九一六年)に始まる文法書がある。一九一五年八月一四日付久保勉の手紙(史料編2—11—1)は、当時横浜のロシア領事館にいたケーベルの学僕として日々を送っていた久保が、『羅甸文法』を受け取った際の感想を綴ったものである。同書の出版を「ケーベル先生に対する君の御恩の一つ」と讃え、恐らく全編を読了した上で誤字・誤植を指摘する文面からは、友人田中秀央への親愛の情が溢れ出ている。ローマ法学者春木一郎からは、一九二五年刊の『羅甸文法(増訂版)』(岩波書店)献本に対して、一六年の改訂再版とは「大分面目ヲ一新セラレ、益適当ナル文法書ニ相成リ、学界ノ為メ祝賀仕候」との感想が寄せられている(史料編2—26—1)。

文学史としては、井上増次郎と共著の『希臘文学史』(一九三三年、冨山房)、京都帝国大学でイタリア語・イタリア文学を教えていた黒田正利[一八九〇〜一九七三]と共著の『詳説ギリシャ文学史』(一九三九年、刀江書院)・『ギリシャ文学史　詳説』(一九四一年、刀江書院)、単著の『ラテン文学史』(一九四三年、生活社)などがある。この内『ラテン文学史』は、松平千秋も紹介しているように、生活社刊行の「ギリシア・ラテン叢書」の第一冊目に当たる。本書には収録しなかったが、生活社社長鉄村大二の書簡も数多く田中秀央関係資料に存在する。この「ギリシア・ラテン叢書」構想の原型となったのは、一九二八年夏に田中秀央が刀江書院社長尾高豊作に語った「古典叢書」の刊行話である。計画には新村出もかんでいた。また「哲学方面その他社会的乃至歴史的方面」にも範囲を広げたかった尾高は、田中秀央とは別に西田幾多郎にも相談をもちかけ、「近代の欧米ものの翻訳ハ、出来る丈け止めて、是非古典の翻訳丈けハ完全ニしておき度い、目抜の名著丈けニ限りこの企てを各方面ニやってはどうか、大いニ助力してもよい」との返事を引き出している(史料編2—8—2)。二九年二月には、第一に田中秀央・松浦嘉一共訳でホメロスの『オデュッセイア』、第二に田中秀央・黒田正利共著で『ギリシア文学史』、第三に著者未定で『ラテン文学史』、第四に著者未定でヴェルギリウスの翻訳物を入れる計画が立てられている。尾高は、近々西田幾多郎に会って委細を相談する予定で、さらに榊亮三郎の西域記を叢書中に取り込もうと提案、新村出・浜田耕作にも相談する旨を田中秀央に伝えている。尾高豊作は尾高朝雄・邦雄・尚忠兄弟の長兄であり、当時京城帝国大学にいた弟朝雄も計画への参加の意向を持っていた(史料編2―8―3)。西田幾多郎との相談の結果は頗る上首尾で、尾高は哲学関係の案を色々と西田から聞いて帰った。ただオデュッセイア刊行の件は、岩波書店との間で問題が生じたようである(史料編2―8―4)。結局オデュッセイアの出版が実現したのは一〇年後のことであった。『ギリシア文学史』も刀江書院側の事情や尾高豊作が教育や児童研究へ活動領域を広げたことから難航し(史料編2―8―5)、これも刊行まで一〇年の歳月を要した。古典叢書計画は実現することなく終わり、生活社の「ギリシア・ラテン叢書」へと引継がれていったものと推測されるのである。

辞典類としては、『羅和辞典』(研究社、一九五二年、一九六六年に増補新版)が、最近までほぼ唯一の羅和辞典として普及している。田中秀央は一九二六年、岩波書店から『羅甸文法補遺　羅和小辞典』を刊行した。ところが同年八月には、刀江書院の尾高豊作に羅和辞典の件について話があるとの手紙を出している(史料編2―8―1)。岩波茂雄の書簡では、二九年五月に田中秀央の要請で、人名未詳の人物との共同編纂を中止する手続きを岩波がとっており、この件に岩下壮一が関与していることも判明する(史料編2―6―2)。二八年七月三一日付岩下壮一書簡からすると、田中秀央はカンドウ神父と共同で羅和辞典の刊行に向けて作業を進めており(史料編2―5―2)、人名未詳の人物はサルバトル・カンドウ神父[一八九七～一九五五]と特定できる。カンドウ神父は南フランスのバスク地方に生まれ一九二五年来日、カトリック大神学校の校長を務めたが、第二次世界大戦に際して離日、戦後再来日して日仏学院の発展に尽力した人物である。辞典の編纂は、カンドウ神父が原稿を作成し、それに田中秀央が手を加える方法を採っていたらしい。このカンドウ神父と田中秀央の間に生じた編纂過程での意見の相違を、岩下壮一が仲裁していたわけである。岩下自身も神父であることから、カンドウ神父を田中秀央に紹介して羅和辞典刊行計画をもちかけたのが岩下であった可能性もあるだろう。結局この計画は中断してしまったが、その原因は、田中秀央が榊亮三郎に「カトリックの牧師と共同で羅和辞典編輯計画をたてていることをお話ししたところ、大変なお叱りを受けた」(史料編1－2)ことにあったのである。カンドウ神父による『羅和字典』は公教神学校から一九三四年に刊行され、一九九五年瀬谷幸男の解説で南雲堂フェニックスから復刻された。田中秀央『羅和辞典』の凡例には、カンドウ神父の『羅和字典』などを「適宜参照して語彙を補った」とあるが、背景には右に見たような経緯があったのである。こうして羅和辞典の刊行は一時頓挫し、一九三五年に再出発することとなった。三八年五月二日付の春木一郎書簡にも、田中秀央による羅和辞典編纂について触れた一節があり(史料編2－26－5)、戦前から戦中、そして一九五二年の刊行に至るまで、時には友人の協力を得たり戦時中斎藤信一の助力を仰いだりしながら(『羅和辞典』「初版まへがき」)、営々と作業が継続されていったのである。まさに田中秀央のライフワークであった。

もう一つ、落合太郎との共編『ギリシア・ラテン引用語辞典』(岩波書店、一九三七年)も、現在まで増補版・新増補版と版を重ねて長く利用されている辞典である。同辞典編纂については、一九三六年八月一一日付の落合太郎書簡に、恐らく田中秀央から校正の遅れを指摘されたのに答えた返書があり、せっかちな秀央と対照的な落合太郎の性格を彷彿とさせる内容となっている(史料編2－9－1)。五〇年一〇月六日付の書簡は、五二年に出た増補版の編集作業中のもので、ここでもまた落合太郎が秀央から作業の進捗をせっつかれ、あれこれと弁明につとめている(史料編2－9－3)。

田中秀央がギリシア神話を担当した岩波書店の『哲学辞典』(一九二二年)編纂の内情の一端も、岩波茂雄書簡から窺える（史料編2－6－1）。文中に「大兄の言語学者としての立場に関する弁明の明記」とあるのは、恐らく『哲学辞典』の凡例にある、以下の一項を指すものと思われる。

八　希臘語をローマ字に書換へるには、希臘のアルファベットを、それに該当するローマのアルファベットに移すという方法によった。これは大体に於て、現在イギリスの有力なる文献学者達の間に行はれ居るものと同一である。時代によって異同ある発音を標準とするよりも、この幾分機械的の方法が、却つて一層学問的正確を持ち得ると信じたからである。今普通に行はれて居る（主としてドイツの学者間に行はれて居る）方法と異る点を挙げれば左の如くである。

（後略）

三　訳書をめぐって

松平千秋が、田中秀央の第二の業績としているのが訳書である。英文学者松浦嘉一〔一八九一～一九六七〕との共訳によるホメーロス『オデュスセィアー』上・下（弘文堂、一九三九年）、同志社大学学長も務めた越智文雄〔一九一〇～二〇〇三〕との共訳によるホメーロス『イーリアス』上（全国書房、一九四九年）、後に京都大学文学部言語学講座の教授となる泉井久之助〔一九〇五～一九八三〕との共訳によるタキトゥス『ゲルマーニア』（刀江書院、一九三二年）をはじめ、ギリシア・ローマの古典が多いのは当然である。『オデュッセイア』と『イーリアス』の邦訳は読書界から待望されており、一九二四年には慶応義塾大学で国語の教師をしていた横山重略〔一八九六～一九八〇〕と思われる人物が神話叢書の発刊を計画し、金田一京助を通じて両書の原文訳を田中秀央に依頼している（史料編2－10－1）。その後前述したように、刀江書院の「古典叢書」劈頭を飾る構想があったが、これも実現せず、一九三九年まで刊行がずれ込んだのである。この間土井林吉(晩翠)も両書の訳述を進めており、四〇年に『イーリアス』(冨山房)を、四三年に『オデュッセーア』(冨山房)を刊行した。ただしこれは韻文訳である。土井林吉からの長文の手紙(史料編2－20－1)は、まさにこの翻訳作業が大詰めを迎えていたときに、ギリシア語の発音の表記法について自説を述べるとともに、田中秀央に質問を発したもので、先に触れた『哲学辞典』での問題につながっている。なお、『オデュッセイア』の邦訳には野上豊一郎をも加えようとしたらしいが、多忙を理由に断られている(史料編2－24－1)。

訳書のほとんどが共訳である点については、松平千秋の回想文(史料編1－10)に詳しい。少し加えるならば、刊行が遅延したために訳者の一部が出版への関与を放棄せざるを得なくなる場合もあったようである。たとえば落合太郎の手紙によれば、オウィディウス『転身物語』(人文書院、一九六六年)は前田敬作[一九二一～]との共訳となっているが、一九四七年には落合太郎が翻訳を行っており(史料編2－9－2)、六二年には落合太郎と黒田正利がオウィディウス出版に関わる権利を放棄している(史料編2－9－4)。一九四〇年に岩波書店から刊行されたブチャー『ギリシア精神の様相』については、共訳者に寿岳文章[一九〇〇～一九九二]の名前を入れるかをめぐって、賛成する和辻哲郎と反対であった田中秀央の間で対立が生じている(史料編2－31－1)。松平千秋は、共訳者の文章を田中秀央が原典と照合しつつ加筆訂正したため、「共訳者の側では不満を抱く場合もままあった」と記しているが、その背景には様々な問題が伏在しているように推測されるのである。

田中秀央はこれらの訳書を友人知己に実にこまめに献本していた。田中秀央関係資料には、それらに対する礼状が多数残っている。中でも、敗戦後群馬県吾妻村北軽井沢の山荘に隠棲した田辺元が『イーリアス』を贈られて、「これから段々寒くなっておとづれる人も無い山家の秋の生活に、この御偉業を繙き大兄の御厚情を偲びますことは、比すべきものの無い楽です。」と述べた手紙（史料編2－19－6）、視力の減退により活字を読めなくなった春木一郎が、四〇年一一月にヴェルギリウス『アエネーイス』の訳書を受け取って、「知的御馳走」を味わえないと歎き、津田英学塾に通う三女が冬季休業で帰宅したら朗読してもらおう、と書き送っている手紙（史料編2－26－11）などは、特に印象に残る。

松平千秋も注目しているように、初期の翻訳の中にローマ法関係の原典訳が三冊ある。『ユスティニアーヌス帝欽定羅馬法提要』（帝国学士院、一九一五年）、『ガーイウス、羅馬法解説』（帝国学士院、一九一七年）、『ウルピアーヌス、羅馬法範』（帝国学士院、一九一七年）であり、いずれも末松謙澄との共訳であった。その経緯については、自伝第七章に描かれており、一九一五年から一七年までという限られた期間ではあったが、末松と秀央の間に極めて濃密な関係が生まれたことが見てとれる。『ユスティニアーヌス帝欽定羅馬法提要』は一九一三年に冨山房から出版されていて、一五年のものは改訂増補版である。末松謙澄の手紙によると、知り合ってすぐ、夏休みの間鎌倉の末松の別荘に「家族的に御くらし成れては如何」と秀央を誘い（史料編2－18－1）、秀央もそれに応じて鎌倉で改訂作業を行っている（第一部）。田中秀央関係資料には、伊藤博文の長女で末松謙澄夫人である生子〔一八六八～一九三四〕や末松家を継いだ春彦〔一八九六～一九七七〕の手紙もかなりの数含まれており、末松家との関係が謙澄との間にとどまらなかったことを示している。なお、右の三著については、堀口修・西川誠監修・編集『公刊明治天皇御紀編修委員会史料　末松子爵家所蔵文書』下（ゆまに書房、二〇〇三年）に収録されている。末松謙澄宛穂積陳重書簡も参考となることを付け加えておきたい。

ローマ法との関係はその後も長く続き、京都帝国大学教授で羅馬法講座を担当した田中周友〔一九〇〇～一九九六〕との「儒帝新勅法」邦訳へとつながっていく。その第一号が『法学論叢』第三四巻第三号（一九三六年）に掲載されたのに始まり、同誌第四四巻第五号（一九四一年）に第二一号が掲載されるまで継続した。この翻訳作業は、一九三一年に春木一郎が「個人の希望」として田中周友との意見交換を促したことがきっかけで（史料編2―26―3）、穂積重遠・春木一郎らの強い支援の下で、服部奉公会から多額の補助金を得て行われたものであった（史料編2―26―7・8）。また、景教研究の第一人者として知られている佐伯好郎は、ローマ法研究にも強い熱意を持ち、『羅馬法綱要』（昭文堂、一九二七年）や『儒帝勅法彙纂』第一巻の邦訳（明治大学、一九三八年）を出しているが、秀央は佐伯からの質問に何くれとなく答えていたようである（史料編2―13―5・6・7）。

田中秀央は、言うまでもなく日本最初の西洋古典語学・古典文学研究者である。ローマ法と秀央の関係は、彼のギリシア語・ラテン語の能力や古典文学への深い造詣を、学界が一個の技術として利用したものと言ってよい。先にも述べたように、秀央は穂積陳重の著名な『法窓夜話』の執筆を手伝い、留学する穂積重遠のあとをうけて口述筆記に当たった。これも陳重が秀央の財政的窮状を察したからばかりでなく、そのギリシア語・ラテン語の能力を見込んでの指名であることは明白である。陳重はその後も秀央への問い合わせを繰り返しており（史料編2―30―1・3・5）、また息子の重遠も事情は同じで、留学のため離日する直前までわざわざ帰省中の秀央にラテン文の校閲を依頼している（史料編2―28―1）。

西洋起源の諸学問が日本に移植され、それぞれの領域で定着し確立し始めたこの時期、諸学問の基礎となっている西洋古典語学・古典文学への需要は高まっていて、田中秀央の「技術」は法学界ばかりでなく、他の分野からも同様に利用され重宝がられていった。本書に収録した書簡の中にも、ラテン文の出典を問い合わせた市河三喜（史料編2―3―7）、ラテン語の翻訳や表記法に関して意見を求めた佐伯好郎（史料編2―13―5・6・7）、大学院生の研究題目について相談してきた新村出（史料編2―17―5）、ギリシア語の語句の意味について尋ねた西田幾多郎（史料編2―

23―2・3）などの例が見出せる。日本における西洋学の水準を下支えし、その底上げを図った点において、田中秀央の果した役割を見逃すわけにはいかないだろう。

この点に関わって、エピソードを一つ紹介したい。秀央のラテン語の能力に与った人物には俳人荻原井泉水もいた（史料編2―7―1・2）。両者はともに東京帝国大学言語学科の卒で、学生時代からの知り合いであったが、井泉水の当時の日記を読む限り、秀央が出てくるのは一九〇九年四月一八に日言語学会の遠足に出かけたとき一回のみであって（『井泉水日記　青春篇下』筑摩書房、二〇〇三年）、特に親密な関係にあったとは言えない。しかしいつ頃からかお互いに本を出版すれば献本する間柄となったようである。秀央の死去直後、井泉水は秀央の長男真希夫に次のような手紙を送っている。

拝啓

御尊父御長逝ののちはやくも三十五日となりますよし、月日のたつ早さニおどろきます、日々愈御さびしき事と恐察申上ております

田中君とはケーベル先生の時間に生徒ふたりきりで、田中君が欠席すると、先生とわたくしと二人きり、一対一で汗をかかされたものでした、当時の言語学のクラス一年上下の差を入れて、上は金田一君より下ハ市河君まで凡て他界、さびしき事であります

秋ふかくなります時そ、御大切になされたし

九月十八日　　荻原生

田中真希夫様

二伸、御遺蔵の書物ハどちらかの図書館に御寄贈なさいますか、其中に言語学以外のものにて、小生の随筆、青天の書、火中の書、人生は楽し、人生は長し、人生読本などあります筈、これハ小生の手元にも焼失したものなので御譲受けいたゞければ幸に存じます

田中家では井泉水の右の求めに応じて、彼の本などを送り返したと伝えられている。

最後に一つ触れておきたい点がある。自伝中にたびたび深い思い入れとともに引用しているように、田中秀央にとって童謡は数少ない趣味の一つであった。京都女子大学の学生を前に披露に及ぶべく、ひそかに練習する姿は微笑ましい。少年時代の秀央は「唱歌」は大の苦手であって、秀央は同世代の多くの人々と同じく「歌うべきうた」を持たなかった」(成田為三「童謡の起源」『赤い鳥』鈴木三重吉追悼号、一九三六年)のである。一九一八年、鈴木三重吉が創刊した『赤い鳥』によって創造された童話・童謡は、子供だけでなく大人をも巻き込んで普及していった。河原和枝によれば、大正期の知識人たちは、童話・童謡に描かれた「無垢」なる子供の中に人間の理想の姿を見出し、「童心」礼讃は社会思潮・時代思潮となったのである(河原和枝『子ども観の近代――『赤い鳥』と「童心」の理想』(中公新書、一九九八年)、同「文化としての〈子ども〉――「童謡」をめぐって」『近代日本文化論11 愛と苦難』岩波書店、一九九九年)。童謡の歌詞に自らの人生を重ね合わせ、驚異的な記憶力をもって子供時代を回顧する田中秀央は、そうした知識人の一典型であったと言ってよいだろう。この点は、兄良馬、早世した妹弥生、田中実馬夫妻など、少年時代の秀央を取り巻くキリスト教徒の問題とともに、彼の学問の背景をなす内面を探る上でかかせない視点だと考えている。

＊　＊　＊

筆者は西洋古典語学・古典文学の専門家ではない。京都大学大学文書館に寄託された田中秀央関係資料の本格的整

理・調査はこれからである。膨大な史料の分析を踏まえて、田中秀央の生涯と彼の学問的業績が然るべき人の手によって描かれ、そして評価される日の来ることを願ってやまない。

3　大学史資料としての『田中秀央関係資料』

西山　伸

一　京都大学大学文書館とその所蔵資料

『田中秀央関係資料』（以下田中資料とする）の寄託を受けた京都大学大学文書館は、二〇〇〇年一一月に設置されたまだ歴史の浅い機関である。設置の目的は「京都大学の歴史に係る各種の資料の収集、整理、保存、閲覧及び調査研究を行う」（京都大学大学文書館規程第一条）とされており、日本で最初に設置された本格的な「大学アーカイヴズ」ということができるだろう。アーカイヴズという言葉が日本社会においてもよく見られるようになってきた昨今、「大学アーカイヴズ」をどう定義づけるかということは、それ自体大きな問題であるのでここでは立ち入らないが、とりあえず大学の機関としての営みを表す記録を適切に管理し、研究・教育や大学の管理運営に役立てるところであるとしておく。

設置から四年余り経ち、大学文書館は約一〇万点の資料を管理するに至った。それらは大きく①非現用法人文書、②学内刊行物、③個人資料、に分けることができる。①は大学の職員が職務上作成取得した文書等のうち、それぞれに定められた保存期間を過ぎたものをいう。これらは大学の動きを示す最も基本的な資料である。②は毎年多数発行されている大学の刊行物であり、例えば学生向けの入学案内やシラバス、学部・研究所等の概要、自己評価、各種委員会報告、職員録などがそれにあたる。これらも大学の社会に向けた公的意思表示といえるもので、大学の歴史を知る上で必須のものである。③は卒業生や元教職員等が所持していた各種資料であり、書簡や日記、メモ、写真等その形態は様々である。③の資料は①や②では知ることの出来ない大学の側面、例えば人間関係やある事件の裏面、授業の様子や個々の研究者の研究のあり方等を示す資料であり、われわれの大学の歴史への理解を深めてくれるものであるといえる。これら①②③の資料は、目録作成が終わり個人情報の確認を済ませた後大学文書館閲覧室で一般公開に供している。

大学文書館では、③のような個人資料としては初代総長の木下広次関係資料や敗戦直後の総長である鳥養利三郎関係資料、さらには戦後の学生運動関係資料や講義ノート等の資料を多数管理している。田中資料も言うまでもなくこの個人資料の一つである。

二 『田中秀央関係資料』の概要

菅原執筆の解説1に書かれているような経緯で、田中資料は大学文書館に寄託された。その後、少しずつ整理を進めてはいるが、量の膨大さと中身の多様性に圧倒されているのが現状である。まだ、ごく概略しか紹介できないが、以下簡単に田中資料の概要を記す。

点数として最も多いのは書簡である。特に葉書は年賀状も含めて受領した年代ごとにひとくくりにして保存されている。田中秀央の几帳面な性格は、史料編1でも友人たちの手によって繰り返し語られているところだが、ここにもそれは現れている。また封書についても古くは三高在学時代における家族との往復書簡から残されている。今回本書史料編2で紹介しているのは、このほんの一部であることをお断りしなければならない。

他に目につくのは田中の研究関係の資料である。『羅和辞典』制作時のものと思われるゲラや単語カード、講義ノートなども残されている。ただ、これらの研究資料は京大在職中のものはほとんどなく、専ら京都女子大学時代に作られたものである。また、後述するように日記も残っているが、これもごく一部の時期である。『憶い出の記』における記述の詳細さや、田中の性格から考えてまだ他にもどこかに史料が残されているのではないかという気もするが、これは筆者の勝手な推測に過ぎない。

その他、おそらく留学時に集めたであろう外国の観光用パンフレットや各種領収書のたぐいなども含め、田中資料の総点数は、二万七〇〇〇点を超えているものと思われる。この数字の確定は、今後の詳細目録の作成を待たなければならない。同様に本資料の公開についても、残念ながらまだ条件が整っているとは言えない状況である。

三　京都大学の歴史と『田中秀央関係資料』

田中の京大における略歴は次のとおりである。

一九二〇年七月一〇日　　文学部講師

一九二〇年一一月八日　助教授（文学部勤務）
一九二二年七月〜一九二四年九月　英・仏・独・ギリシア・米留学
一九三〇年九月三日　文学博士
一九三一年三月三一日　教授（文学部勤務）
一九四六年三月三一日　依願免本官
一九四七年一二月二七日　名誉教授

田中の助教授時代の京大は、後半になるに従ってマルクス主義思想への弾圧の波を受けるようになる。治安維持法の最初の適用事件となった京都学連事件（一九二五年）、経済学部の河上肇教授の辞職事件（一九二八年）などがそれである。しかし、文学部について言えば、京都学連事件における田中の三高時代の恩師坂口昂（当時学部長）の奔走はあったが、総じてまだ大正デモクラシーの影響の残る比較的自由な時期ではなかったかと推測される。しかし、田中の教授就任後の文学部は、時代の大きなうねりに直接翻弄されるようになっていく。教授就任二年後には滝川事件が起こるが、その折に総長を務め事件の解決に尽力したのは文学部出身の小西重直［一八七五〜一九四八］であった。四年後の一九三七年に総長に就任したのは田中にオックスフォードの下宿を紹介した浜田耕作であり、その浜田が翌年在職中に亡くなると、後任総長の選定をめぐって荒木貞夫文相と各帝国大学との抗争が表面化した。また、田中の退官が近くなるにしたがい戦局は悪化の一途をたどっていったが、戦時期の京大で一貫して総長を務めたのは浜田の後任で文学部出身の羽田亨［一八八二〜一九五五］であった。

しかし、このような文学部の状況について何か語られた史料は今のところ田中資料から発見されていない。田中資料の中には五年分の当用日記が二冊ある（一九三三～三七年、三八～四二年）。例えば一九三三年五月二五日、この日は滝川幸辰法学部教授の休職処分が決まる前日であり、まさに事件の最もクライマックスといってもよい日であるが、その日の日記には

（一）午前六時起床
（二）午后十時臥床
午前中授業
午后Vergilius 校閲
午后三時より緊急教授会へ
夜Vergilius校閲

とある。緊急教授会が文学部で招集されたことは分かるが、その内容については何一つ触れられていない。それよりもヴェルギリウスの校閲の方が田中の関心事であったごとくである（ちなみに起床時間と就寝時間は当用日記の五年間ほとんど変わることはなかった）。また、戦時期の文学部についての史料もほとんどない。『憶い出の記』（一七九頁）に「京大生の学徒出陣の際一中隊長として彼らを深草まで徒行した」とあるのがほとんど唯一の記述である。なお、確かに田中は当時文学部報国隊の第一中隊長を務めていたが、「学徒出陣」というのはおそらく記憶違いで、深草の練兵場で行われていた査閲に学生たちを引率していったということだと思われる。

『憶い出の記』（一六六頁）にもあるように田中は結局「長」とつく役職につくことはなかったが、次に述べるように自らの学問に関することには断片的ながら日記に記述が見られることを考えると、大学を取り巻く社会状況について

田中の関心は決して高くはなかったことが分かるのである。

田中について「わが国において最初の西洋古典学の講座開設に尽力し、また西洋古典学の研究と教育に貢献した功績は極めて大きい」(京都大学百年史編集委員会『京都大学百年史　部局史編一』一九九七年)と評価されているように、田中は学問研究を究めることで大学の歴史に足跡を残した。京大で西洋古典語学が開講されたのは一九一〇年に遡る。当初ギリシア語・ラテン語は関連諸講座の教官が担当したが、田中の着任後は彼がそれぞれ週四時間ずつ(のち六時間)担当し、教授就任後はその他に西洋古典文学普通講義として古代ギリシア文学史を毎年講じた。一九三九年より西洋古典文学が講座は設置されていないものの文学科の正科目(概説的な授業である普通講義が必修となる科目のこと)となり、田中は普通講義として古代ギリシア文学史、専門的内容を教える特殊講義ではラテン文学史概説を講じていた。つまり、文学部においては、西洋古典学が次第に重要視されていっており、それがのちの西洋古典学・西洋古典文学講座の設置につながっていくことになる。

講座が設置されたのは田中の退官後の一九五三年八月のことであり、それには松平千秋も述べているように(史料編1－10)、田中の努力に加え第三次吉田茂内閣において一九五〇年五月から五二年八月まで文部大臣を務めた京大時代の同僚天野貞祐の存在が大きかったことは疑いない(史料編2－2－2、2－2－3)。ただ、田中資料を見る限り、戦前にも西洋古典学講座設置の動きはあったようである。一九三四年四月一二日付けの波多野精一からの手紙に、羽田亨学部長に対して「古典講座の件についての配慮を懇請して来ました」との記述がある(史料編2－25－2)。前述の田中の日記にもその前年の一九三三年二月一日の項には「午后教授会にて来年度には西洋古典講座の出来ることをきく」とあり、また一九三四年四月二五日の項には「午后教授会にて西洋古典文学講座創設第一位として教授会の議決あり」とある。なぜこの時に講座が開設されなかったのかは不明だが、右の波多野書簡には羽田に対すると思われるいくらかの不信感を見ることができる。

また、田中資料中で目を引くのは研究者同士の人間関係の豊富さである。研究者としての前半生の田中のネットワークについては飯塚の解説2に譲り、ここでは京大着任後について簡単に見てみたい。特に目立つのは「京都学派」との関係である。西田幾多郎からの書簡は三通ある。いずれも短いものであるが、そのうち二通は田中にギリシア語・ラテン語について教えを乞うものである。文面の簡略さから考えて、このようなことが珍しいことではなかったのではないかと推測できる。よく知られていることであるが、西田は帝国大学文科大学に選科生として学んでいた頃、田中の師でもあるケーベルから西洋古典語を学ぶようたしなめられた経験を持つ（『西田幾多郎全集』第四版、第一三巻、岩波書店、一七六頁）が、「自己自身の思索の深化のために、あえて「古典語」の究明を、ひいては、「古典」の厳正な読みにもとづく省察を捨てたのである」（竹田篤司『物語「京都学派」』中央公論新社、二〇〇一年、三六頁）という。そのような西田にとって、ケーベルの愛弟子である田中は、自分自身の古典語の知識についての弱点を補う知恵袋のような役割を果たす人間だったのかも知れない。特に一九四一年七月八日付の書簡（史料編2−23−3）は、西田の主権概念にとって非常に重要な位置づけのものであった（詳細は、嘉戸一将「西田幾多郎と主権の問題」『京都大学大学文書館研究紀要』第三号、二〇〇五年、を参照）。

それに比べて、「京都学派」のもう一方の代表者である田辺元との関係はもっと密接であった。年齢もほとんど変わらず（田辺が一歳年長）、京大に着任したのもほぼ同時（これも田辺が一年早い）であったし、余談めいた話となるが田辺の私生活も「狂的なまでに規則的」（前掲『物語「京都学派」』二二一頁）であったと言われ、田中と相通ずるものがあったのだろうか。田中は田辺に対して自らの著書・訳書を常に送っていたようであり、それは田辺が戦後北軽井沢に転居した後も続いていた。それだけでなく、一九四三年九月二五日付の書簡では田中が「割木」を「三十束」送っておりそれに対して田辺が「これで冬支度が出来心丈夫で大悦で御座います」と感謝している（史料編2－19－4）。また、その直後には理由は不明だが、田辺が何か田中の怒りを買うような行動を取ったらしく、ひたすら謝罪している書簡も存在している（史料編2－19－5）。さらに田中と「京都学派」との関係をよく示しているのが戦後（一九五〇年あるいは五一年と推測される）田辺が送っている書簡である（史料編2－19－7）。ここで田辺は、敗戦後各学部に設置された教職員適格審査委員会の審査により教授辞職を余儀なくされた西谷啓治［一九〇〇～一九五〇］の状況について田中が同情し、種々配慮していることに感謝の意を伝えている。なお、西谷は一九五二年二月に文学部教授に復職している。

さらに「京都学派」との関係で言えば、『憶い出の記』に九鬼周造の遺稿集の出版をめぐって天野貞祐と落合太郎が言い争っているのを田中が仲裁に入ったという記述がある（一六五頁）。落合の「九鬼は君一人の友人ではない」という発言は当時の彼らのネットワークの密接さを物語っていると言えよう。

他には、教官人事をめぐるいくつかのエピソードも田中資料から見つけることができる。そもそも田中が京大に講師として着任するときも簡単にはいかなかったようである。田中を京大に呼んだのは、三高在学中にも田中を教えた榊亮三郎であった。それまで東大での就職を斡旋する動きもあったようであるが実現しないままであった田中は「勉強さして下さるなら行きましょう」と榊の誘いを承諾したのであった。恩師ケーベルは田中の京大就職を喜んでくれたが、東大の他の教官の間ではかなり強い反対論もあったようで、穂積陳重は「君は東大の恩を知らぬ」とまで言ったらしい（『憶い出の記』一三二頁）。この時すでに京大教授であった新村出からの書簡では、このような「恩義云々」「東西の情誼軽重論」に対する批判が記されている（史料編2－17－1）。当時の東西の帝国大学間の微妙な関係を見ることができるとともに、田中の優秀さがこのような反応を呼び起こしたということもできよう。

学生時代からの友人であり東北帝国大学教授であった土居光知からの一九三七年のものと思われる書簡（史料編

2－21－1）では、中国文学が専門で当時やはり東北帝国大学法文学部教授だった青木正児〔一八八七～一九六四〕の京大転任について述べられている（青木は一九三八年三月に京大教授に就任）。この頃の東北大学の中国関係の教授は中国哲学に武内義雄〔一八八六～一九六六〕、東洋史学に岡崎文夫〔一八八八～一九五〇〕、そして中国文学に青木、といずれも京大出身者であり「東北の学風は京都大学に類していて、大きな意味における中国学の樹立という点に置かれており、したがって研究室も中国哲学・中国文学・東洋史学の三学科で一つの合同研究室を構成していた」（曽我部静雄「東北時代の青木先生」『青木正児全集　月報II』春秋社、一九六九年）という。また、青木本人も仙台にはなじんでおらず、この転任はやむを得ないものと土居自身も受け取ったようである。しかし「一般論として」と断りながら、土居の展開する東大・京大が優秀な人材を囲い込むやり方は地方大学の文科を衰退させるばかりでなく、「学風が固定し、党派ができ、卒業者就職の縄張りができ」るという弊害をもたらすという指摘は鋭い。特に「軍事と実業とのみが重んぜられ、純粋の学問と思想とがうとんぜられる今日のような情態」における土居の危機感は深いものがあったことが窺われる。

また、親友市河三喜からの一九四五年一二月一七日付の書簡（史料編2－3－6）では、「貴兄の後任として野上素一君の件は如何取運バれ居り候や」と問われている。その二日前の素一の父野上豊一郎からの書簡（史料編2－24－4）も既に素一の京大就職が決まったかのような口ぶりである。田中が、この直前にイタリアから帰国したばかりの野上素一の京大就職に尽力したようである。素一の母野上弥生子の日記一九四六年一月二一日の条に「京都の落合氏よりデンポオと手紙。今のところとり込み事があるから、そのうち田中氏とうち合せて、会見の日定をきめるといって来た由、これでSの京都行きは確定したわけで、今としてはこの上もない幸運である」（『野上弥生子全集』第II期、第九巻、岩波書店、一九八七年、一九五頁）との記述がある。「落合氏」とは落合太郎、「田中氏」とは田中秀央のことであろう。ちなみに弥生子は子供たちの中で長男の素一のことが最も気になっていたらしく、一月二四日の日記には「あの子にはつければいろいろ文句があるが、「可哀さうなことも三人の中で一番である。京都へ行く時、当分いっしょについて行ってやらうか、といふ気がしてゐる」と記されている（同前、一九七頁）。野上素一の京大就職は田中の停年退官間近の一九四六年三月であり、イタリア語学イタリア文学講座の講師としてであった（翌年助教授）。

＊　＊　＊

以上は、膨大な田中資料全体からすれば、ごく一部の紹介に過ぎないが、公的文書では分からない大学の諸側面を物語る史料としても重要であることが証明できるであろう。今後、田中の専門分野である西洋古典学の研究者等とともに資料の本格的な分析を行っていくことが求められる。

田中秀央業績目録

単行本

初等羅甸文法	一九一四年	
羅甸文法	一九一五年	丸善
羅甸文法（改訂再版）	一九一六年	
羅甸文法（増訂版）	一九二五年	岩波書店
希臘語文典	一九二七年	岩波書店
新羅甸文法	一九二九年	岩波書店
Recta latini graecique sermonis pronuntiatio	一九三一年	京都帝国大学
希臘文学史（井上増次郎と共著）	一九三三年	冨山房
ラテン選文集（久保勉・神田盾夫と共著）	一九三九年	岩波書店
詳説ギリシャ文学史（黒田正利と共著）	一九三九年	刀江書院
ラテン文学史	一九四三年	生活社
ギリシア神話	一九四九年	大阪書籍
ラテン文法入門	一九五〇年	臼井書房
ラテン文法入門	一九五二年	三和書房
初等ラテン語読本	一九五三年	研究社
初等ラテン語文典	一九五四年	研究社
西洋古典語語源漫筆	一九五五年	大学書林

英語の語構造 ―西洋古典語からみた― 一九六三年 泉屋書店
語源百話 ―文化史的に見た外来語― 一九七二年 南江堂
ラテン文学史 覆刻 一九八九年 名古屋大学出版会

辞典

羅甸文法補遺 羅和小辞典 一九二六年 岩波書店
ギリシア・ラテン引用語辞典（落合太郎と共編著） 一九三七年 岩波書店
羅和辞典 一九五二年 研究社
ギリシヤ・ラテン引用語辞典（増補版）（落合太郎と共編著） 一九五二年 岩波書店
ギリシァ・ラテン引用語辞典（新増補版）（落合太郎と共編著） 一九六三年 岩波書店
羅和辞典（増補新版） 一九六六年 研究社

論文等

希臘神話について 東亜之光 一二―八、九 一九一七、一八年
古の希臘人 明治聖徳記念学会紀要 一二 一九一九年
坂口先生を憶ふ 芸文 一九―五 一九二八年
ホメーロス 岩波講座世界文学六 一九三二年 岩波書店
ギリシャ文学 世界文学大辞典Ａ２ 一九三六年
羅馬法大全中の新勅法の邦訳 服部報公会研究抄録 三 一九三七年
ギリシャ文化の行方 京都帝国大学新聞 三三四 一九四〇年

希臘文化と欧洲文化　文藝春秋六月号　一九四一年
希臘文化と欧洲文化　―国破れて文化あり　女人芸術　一九―六　一九四一年
言語　ギリシャ研究入門　一九四九年　北隆館
プラトーンのアカデーミアーに就いて　京都女子大学紀要　七　一九五〇年
榊先生を憶ふ　会報（三高同窓会）　二　一九五二年
プラトーンのアカデミアーに就いて　古代学　二―三　一九五三年
三つの文法用語　言語生活　二七　一九五三年
ローマの暦と数学　心　七―一二　一九五四年
論語についての追憶　青淵　一九六〇年九月号　一九六〇年
三高時代の思い出　会報（三高同窓会）　二二　一九六二年
佐伯好郎先生の追憶　法本義弘編　佐伯好郎遺稿並伝　一九七〇年
John Lawrence 先生と市河三喜博士　英語青年　一一六―七　一九七〇年

翻訳

Justinianus　ユ帝欽定羅馬法（末松謙澄と共訳）　一九一五年　帝国学士院
Gaius　羅馬法解説（末松謙澄と共訳）　一九一七年　帝国学士院
Ulpianus　羅馬法範（末松謙澄と共訳）　一九一七年　帝国学士院
ブチャー著　希臘天才の諸相（和辻哲郎と共訳）　一九二三年　岩波書店
ホラーテイウス詩論（黒田正利と共訳）　一九二七年　岩波書店
タキトゥス著　ゲルマーニア（泉井久之助と共訳）　一九三二年　刀江書院
儒帝新勅法第三・四・五号邦訳（田中周友と共訳）　法学論叢　三七―五　一九三七年
儒帝新勅法第六・七号邦訳（田中周友と共訳）　法学論叢　三八―三　一九三八年

儒帝新勅法第十七号邦訳（田中周友と共訳）　法学論叢　四一—六　一九三九年
ホメーロス作　オデュセイアー（上、三版）（松浦嘉一と共訳）　一九四〇年
ブチャー著　ギリシア精神の諸相（他に訳者あり）　一九四〇年　岩波書店
ウェルギリウス著　アェネーイス　上、下（木村満三と共訳）　一九四〇、四一年　岩波書店
儒帝新勅法第十九乃至二十一号邦訳　法学論叢　四四—五　一九四一年
ソポクレース希臘悲壮劇（内山敬二郎と共訳）　一九四一年　理想社
タキトゥス著　ゲルマーニア（新版）（泉井久之助と共訳）　一九四一年　刀江書院
アイスキュロス　悲壮劇（内山敬二郎と共訳）　一九四三年　生活社
ホラティウス書簡集（村上至孝と共訳）　一九四三年　生活社
クセノポーン著　家政論（山岡亮一と共訳）　一九四四年　生活社
クセノポーン著　騎兵隊長・馬術（吉田一次と共訳）　一九四四年　生活社
タッカー著　古代アテーナイ人の生活　一九四六年　全国書房
ウェルギリウス　田園詩・農耕詩（越智文雄と共訳）　一九四七年　生活社
タキトゥス著　ゲルマーニア（泉井久之助と共訳）　一九四八年　創元社
カエサル著　ガッリア戦記Ⅰ　一九四九年　岩波書店
ウェルギリウス著　アエネーイス　上、下（木村満三と共訳）　一九四九年　岩波書店
ホメーロス著　イーリアス　上（越智文雄と共訳）　一九四九年　全国書房
ギリシャ抒情詩集（木原軍司と共訳編）　一九四九年　思索社
エウリーピデス著　希臘悲壮劇　上（内山敬二郎と共訳）　一九四九年　世界文学社
クセノポーン著　アナバシス1　一九五〇年　岩波書店
リビングストーン著　ギリシヤの精髄（高塚正規と共訳）　一九四六年　全国書房
ギリシア神話（小学生全集一八）　一九五二年　筑摩書房
ブッチャー著　ギリシャ精神の様相（和辻哲郎・寿岳文章と共訳）　一九五二年　岩波書店
ホメロス著　イーリアス、オデュッセイアー　世界文学全集古典篇　一九五二年　河出書房

フェルナン・ロベール著　ギリシヤ文学史（田中敬次郎と共訳）　一九五三年　白水社
タキトゥス著　ゲルマーニア（泉井久之助と共訳）　一九五三年　岩波書店
ギリシア神話（姫野誠二と共訳）　世界少年少女文学全集一　一九五四年　創元社
ギリシア神話（中川正文と共訳）　少年少女世界文学全集一　一九五九年　講談社
キケロ著　義務について（角南一郎と共訳）　一九五九年　関書院
マーグナ・カルタ　羅和対訳　一九六〇年　京都女子大学出版部
ギリシア神話（新版小学生全集五一）　一九六二年　筑摩書房
オウィディウス著　転身物語（前田敬作と共訳）　一九六六年　人文書院
ホメロス著　イリアス、オデュッセイア　世界文学全集Ⅲ　一九六六年　河出書房新社
フェルナン・ロベール著　ギリシア文学史（改訂新版）（松村治英と共訳）　一九七二年　白水社
マーグナ・カルタ　羅和対訳　一九七三年　東京大学出版会
ホメロス著　イリアス、オデュッセイア　河出世界文学大系一　一九八〇年　河出書房新社
クセノポーンの馬術（吉田一次と共訳）　一九九五年　恒星社厚生閣
Cornelii Taciti　ゲルマーニア（第四版）（国原吉之助と共訳注）　一九九五年　大学書林

その他

エドゥアド・ア・サンデ編　天正年間遣欧使節見聞対話録
（泉井久之助など訳、浜田耕作・田中秀央閲）　一九四二年　東洋文庫

謝辞

本書を編纂するに当たっては、多くの方々から、ご支援、ご協力、ご教授を賜った。紙幅の関係でお名前だけを記すことになるが、心よりお礼を申し上げたい。

田中滋子、田中公明（社会福祉法人共働学舎理事）、田中正明、山崎和夫（京都大学名誉教授）、川井又一郎（田中家史料保存委員会代表）、柚山俊夫（愛媛県立松山聾学校教諭）、西村浩子（松山東雲女子大学助教授）、橋川賢竜（千葉大学文学部講師）、中務哲郎（京都大学文学研究科教授）。なお、『憶い出の記』や書簡類に記されたギリシャ語、ラテン語、その他の外国語の翻刻に当たっては、山本千洋（佐賀大学文化教育学部教授）、國方栄二（京都大学学術出版会）両氏のご協力を得た。記して感謝したい。

また、本書に掲載した写真、図版の使用を許可していただいた皆様については左記に列挙させていただいた。ご厚意に感謝する。

最後になったが、本書の刊行には、財団法人京都大学教育研究振興財団から、学術研究書刊行事業助成をいただいた。審査に当たった先生方、同財団の皆様に、記して感謝したい。

二〇〇五年　三月　編者一同

■図版提供・出典一覧

口絵1：田中家史料保存委員会提供
口絵2：菅原作成、『愛媛県宇和島市三浦田中家文書目録』第一集（一九九九年）から再録
口絵3：田中正明氏所蔵
図2：三浦田中家文書
図3：三浦田中家文書
図6：京都大学大学文書館所蔵
図7：『思想』第二三号「ケーベル先生追悼号」（一九二三年八月）より。
図8：『英語青年』第一一六巻第七号（一九七〇年七月）より。
図9：『英語青年』第一二六巻第一号（一九八〇年四月）より。
図10：渋沢栄一記念財団のご厚意による。
図11：京都大学大学文書館所蔵
図12：山崎和夫氏所蔵

索　　引

1．索引は，人名のみとした．外国人名の場合，本書に掲載した史料中では，カナ書きのもの／アルファベット表記のもの／それらが併記されているもの，あるいはフルネームで表記されているもの／名のみのもの，と様々であるが，原則として，編者がフルネームをカナで表記し，その後に（　）で，現代欧米語で一般的なアルファベット表記を添えた．
2．ただし，人物によっては，フルネームが分からない者，読みが不明な者があり，その場合は，史料中の表記通りに掲載した．
3．また，日本人については，改姓している場合，原則として改姓後の人名で掲載し，必要があれば改姓前の姓を（　）で補った．
4．重要な人物に関して，特に詳しく記述のある場合は，対象頁をゴチックで表記した．

[編者紹介]

菅原　憲二（すがはら　けんじ）

千葉大学文学部教授、日本近世史
1947年、広島県生まれ。

1979年、京都大学大学院文学研究科博士課程国史学専攻単位取得退学、愛媛大学法文学部助教授、千葉大学文学部助教授を経て、1996年より現職。

主要著作：『宇和海浦方史料——三浦田中家文書』全4巻、臨川書店、2001〜2004年。

「日本近世都市会所論の試み」『日本社会の史的構造　近世・近代』（朝尾直弘教授退官記念会編集、思文閣出版）1995年。

「近世初期の町と町入用——天正〜寛永期・京都冷泉町を中心に」『京都町触の研究』（京都町触研究会編、岩波書店）1996年。

飯塚　一幸（いいづか　かずゆき）

佐賀大学文化教育学部助教授、日本近代史
1958年、長野県生まれ。
1988年、京都大学大学院文学研究科博士後期課程修了、国立舞鶴工業高等専門学校講師を経て、1996年より現職
主要著作：「日清戦後の地方制度改革——府県制郡制改正をめぐる政党と官僚」『史林』（第79巻第1号）、1996年。
「明治中後期の知事と議会」『日本史研究』（488）、2003年。

西山　　伸（にしやま　しん）

京都大学大学文書館助教授、日本近現代史
1963年、兵庫県生まれ。
1993年、京都大学大学院文学研究科博士後期課程単位取得退学、京都大学文学部助手を経て、2001年より現職。
主要著作：「第三高等中学校における「無試験入学制度」」『地方教育史研究』（第23号）、2002年。

田中秀央《ひでなか》 近代西洋学の黎明——『憶い出の記』を中心に

2005（平成17）年3月25日　初版第一刷発行

編　者　菅原憲二
　　　　飯塚一幸
　　　　西山　伸
発行人　阪上　孝

発行所　京都大学学術出版会
京都市左京区吉田河原町15-9
京大会館内（〒606-8305）
電話（075）761-6182
FAX（075）761-6190
Home Page http://www.kyoto-up.gr.jp
振替 01000-8-64677

ISBN 4-87698-650-9
Printed in Japan

印刷・製本　㈱クイックス東京
定価はカバーに表示してあります